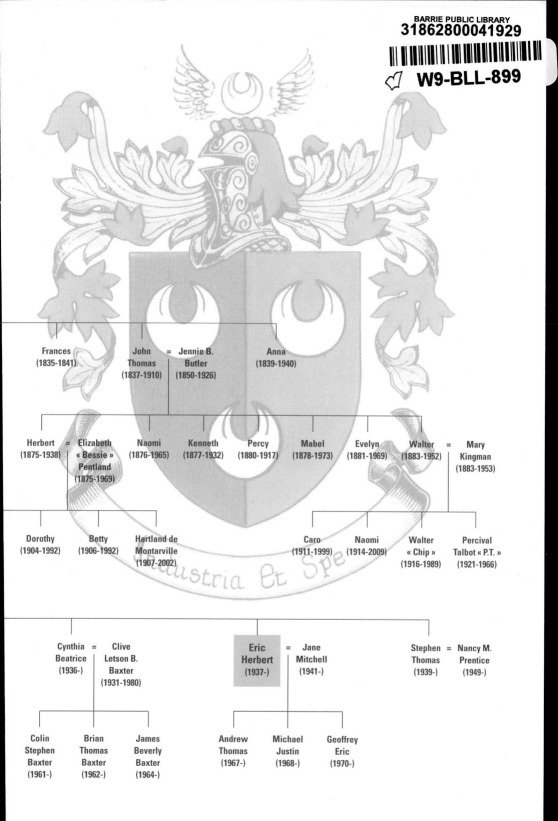

Frances
(1835-1841)

John
Thomas
(1837-1910)

=

Jennie B.
Butler
(1850-1926)

Anna
(1839-1940)

Herbert
(1875-1938)

=

Elizabeth
« Bessie »
Pentland
(1875-1969)

Naomi
(1876-1965)

Kenneth
(1877-1932)

Percy
(1880-1917)

Mabel
(1878-1973)

Evelyn
(1881-1969)

Walter
(1883-1952)

=

Mary
Kingman
(1883-1953)

Dorothy
(1904-1992)

Betty
(1906-1992)

Hartland de
Montarville
(1907-2002)

Caro
(1911-1999)

Naomi
(1914-2009)

Walter
« Chip »
(1916-1989)

Percival
Talbot « P.T. »
(1921-1966)

Cynthia
Beatrice
(1936-)

=

Clive
Letson B.
Baxter
(1931-1980)

Eric
Herbert
(1937-)

=

Jane
Mitchell
(1941-)

Stephen
Thomas
(1939-)

=

Nancy M.
Prentice
(1949-)

Colin
Stephen
Baxter
(1961-)

Brian
Thomas
Baxter
(1962-)

James
Beverly
Baxter
(1964-)

Andrew
Thomas
(1967-)

Michael
Justin
(1968-)

Geoffrey
Eric
(1970-)

Industria Et Spe

LE RETOUR À LA BIÈRE... ET AU HOCKEY

Eric Molson à la brasserie de la rue Notre-Dame peu après sa nomination comme président des Brasseries Molson du Canada en octobre 1980. Photo : collection de la Molson Coors Brewing Company.

LE RETOUR À LA
BIÈRE...
ET AU HOCKEY
L'histoire d'Eric Molson

HELEN ANTONIOU

Traduit de l'anglais
par Rachel Martinez

McGill-Queen's University Press
Montréal et Kingston | Londres | Chicago

À la huitième génération, avec espoir et amour

© McGill-Queen's University Press 2018

ISBN 978-0-7735-5313-2 (relié toile)
ISBN 978-0-7735-5422-1 (ePDF)
ISBN 978-0-7735-5423-8 (ePUB)

Dépôt légal, deuxième trimestre 2018
Bibliothèque nationale du Québec

Imprimé au Canada sur papier non acide qui ne provient pas de forêts anciennes (100% matériel post-consommation), non blanchi au chlore.

Funded by the Government of Canada   Financé par le gouvernement du Canada | Canadä   Canada Council for the Arts   Conseil des arts du Canada

Nous remercions le Conseil des arts du Canada de son soutien. L'an dernier, le Conseil a investi 153 millions de dollars pour mettre de l'art dans la vie des Canadiennes et des Canadiens de tout le pays. We acknowledge the support of the Canada Council for the Arts, which last year invested $153 million to bring the arts to Canadians throughout the country.

CATALOGAGE AVANT PUBLICATION DE BIBLIOTHÈQUE ET ARCHIVES CANADA

Antoniou, Helen, 1970–
[Back to beer... and hockey. Français]
Le retour à la bière ... et au hockey : l'histoire d'Eric Molson / Helen Antoniou.

Comprend un index.
Traduction de : Back to beer... and hockey.
Publié en formats imprimé et électroniques.
ISBN 978-0-7735-5313-2 (couverture rigide). – ISBN 978-0-7735-5422-1 (ePDF). – ISBN 978-0-7735-5423-8 (ePUB)

1. Molson, Eric, 1937–. 2. Molson (Famille). 3. Molson Canada (Firme) – Biographies. 4. Molson Coors Canada (Firme) – Biographies. 5. Gens d'affaires – Canada – Biographies. 6. Brasseurs – Canada – Biographies. 7. Bière – Industrie – Canada. 8. Brasserie – Canada. 9. Biographies. I. Titre. II. Titre: Back to beer... and hockey. Français.

TP573.5.M64A5814 2018   663'.42092   C2018-900771-0
                                                        C2018-900772-9

Composé en 11/15 Minion Pro avec Univers LT
Dessin et mise en page par Garet Markvoort, zijn digital

TABLE DES MATIÈRES

TROISIÈME PARTIE   LE RETOUR

PROLOGUE
Une recette qui remonte à la nuit des temps

Il n'y a que quatre ingrédients dans la bière. Trois, en fait : des céréales, de l'eau et du houblon. La levure n'est pas un ingrédient, quoique sa présence soit nécessaire. C'est un activateur. Elle est ajoutée, elle fait ce qu'elle a à faire et elle disparaît. Elle ne reste pas dans la bière, elle *fait* la bière.

ERIC H. MOLSON, maître brasseur

La recette de la bière est vieille de milliers d'années. Avec quatre ingrédients seulement, on peut créer l'une des boissons les plus complexes, les plus populaires et les plus appréciées au monde.

La bière est la boisson des rois et celle du peuple. Selon l'*Oxford Companion to Beer*, on en découvrit dans les sépultures des Égyptiens de l'Antiquité, Noé en chargea à bord de son arche et la reine Élisabeth 1re en buvait le matin au déjeuner. Tous les présidents des États-Unis en servaient à leur table. La bière fut d'ailleurs l'enjeu d'un pari amical entre le premier ministre du Canada, Stephen Harper, et le président des États-Unis, Barack Obama. Obama fit livrer une caisse de Molson Canadian à Harper lorsque Équipe Canada remporta la médaille d'or du hockey masculin en prolongation aux Jeux olympiques de Vancouver en 2010, et de nouveau quatre ans plus tard quand les Canadiens répétèrent leur exploit à Sotchi.

Pourtant, la bière est aussi la boisson égalitaire par excellence. Dans notre société moderne, elle est étroitement associée aux gens honnêtes et travaillants.

Son processus de fabrication exige des ingrédients d'une grande pureté, des mesures précises et des connaissances scientifiques. La réaction chimique n'est pas explosive, mais plutôt lente et mesurée, un

Caricature de Theo Moudakis illustrant Barack Obama livrant une caisse de Molson Canadian à la résidence officielle du premier ministre du Canada après avoir perdu un pari. Le 21 février 2010, l'équipe canadienne de hockey masculin avait battu les Américains par la marque de 5 à 3, remportant la médaille d'or olympique. *Toronto Star*, le 3 mars 2010. Reproduction autorisée.

tour de magie ancestral qui agit en toute discrétion. Les substances naturelles entrant dans la composition de la bière – des céréales, de l'eau, du houblon et de la levure – constituent une métaphore d'intégrité, de longévité et de complexité étonnante. La levure, plus particulièrement, est un exemple d'alchimie discrète : ce champignon commun est l'âme de la bière. Il la crée et, pourtant, on n'en trouve pas dans la bière. La science étudie la levure depuis longtemps, mais son fonctionnement conserve un certain mystère. Nous savons par contre que, lors de la fermentation, la levure transforme les sucres en dioxyde de carbone et en alcool. Au cours du processus, elle reproduit et crée une nouvelle génération de levure saine qui peut être réutilisée à l'infini. Puisqu'elle est un organisme vivant, la levure a des exigences particulières pour survivre et se développer : elle doit être maintenue pure et vigoureuse, il faut éviter de la sous-alimenter (par manque d'oxygène, notamment) et de la pousser à agir plus vite (des brasseurs se sont ruinés après avoir essayé d'accélérer son action). Dans les conditions optimales, la levure travaillera fidèlement, et une brasserie peut utiliser la même pour toutes ses opérations de brassage durant des siècles.

Molson est l'une des entreprises canadiennes les plus anciennes. Inaugurée en 1786, elle connut des débuts modestes, à l'image d'une souche de levure. Et, comme la levure, Molson jouit d'une longévité remarquable, sous la gouverne de membres de la famille du même nom, depuis sept générations.

John Molson n'était qu'un immigrant de vingt-deux ans lorsqu'il fonda sa brasserie à Montréal. Le jeune homme, motivé et entreprenant, avait quitté le Lincolnshire en Angleterre avec un petit héritage de ses parents. La brasserie devint sa famille, une famille de briques

Vue de l'usine de la rue Notre-Dame à Montréal, vers 1886, la plus ancienne brasserie en Amérique du Nord. Photo : collection de la Molson Coors Brewing Company.

et de mortier, d'orge et de malt, qu'il légua à ses enfants et aux générations suivantes. John Molson avait une vision ambitieuse : sa bière devait être « honnête », son entreprise, une « industrie stable et patiente », et sa famille, « prudente et vigilante ». Depuis plus de deux cent trente ans, John Molson et ses héritiers assument cette responsabilité. Comme la levure de bière, chaque génération de Molson se développe. Beaucoup se lancent dans des domaines différents, mais au moins une souche reste en place pour voir à la préparation du prochain brassin.

Eric Molson, arrière-arrière-arrière-arrière-petit-fils du fondateur, travailla discrètement en coulisse pour administrer un empire et en assurer la longévité. Précipité dans le monde des affaires, cet homme sans prétention sut préserver et adapter l'entreprise familiale, il reprit le flambeau de son ancêtre, à l'encontre de sa propre nature. Cette histoire est celle de l'évolution d'Eric Molson, de modeste brasseur à dirigeant de la plus vieille brasserie en Amérique du Nord ; d'héritier réticent à protecteur d'une société publique plus que bicentenaire d'envergure internationale ; de jeune homme vivant dans l'ombre de son oncle et de son père à chef de clan qui se préoccupe du bien-être de sa fratrie et élève ses enfants conformément à ses valeurs d'humilité, de persévérance et de souci de la pérennité.

Même si la bière se fabrique grâce à une suite d'opérations énergiques – brassage, ébullition, centrifugation –, c'est dans le silence et le calme des refroidisseurs qu'intervient la levure : elle produit la bière, se régénère, la nourrit, puis disparaît. Le parcours d'Eric Molson en est le reflet.

Message de l'auteure : Dans cet ouvrage, j'ai essayé d'utiliser des pronoms neutres lorsque c'était possible, mais les pronoms masculins prédominent, particulièrement dans les citations. Cette situation s'explique parce que Molson, comme tant de brasseries, est un milieu traditionnellement masculin. Au cours de nos entretiens, Eric utilisait souvent « lui ou elle » pour désigner les chefs de file et les gens d'affaires, mais craignant que la prolifération de ces pronoms alourdisse le texte, j'ai utilisé le plus souvent possible des pronoms épicènes ou masculins.

PREMIÈRE PARTIE

L'APPEL DE L'AVENTURE

1 Grandir dans le monde d'Eric

Sachant à quel point le monde de la science est source de satisfaction, de liberté et de joie, on souhaite ardemment que nombreux soient ceux qui en franchissent les portes.

DMITRI MENDELEÏEV (1834-1907)

Attablée face à Eric, je le regarde écrire. Je ne peux m'empêcher de remarquer son geste méticuleux, les petites lettres rondes et bien droites espacées régulièrement. Je me dis que la calligraphie de mon beau-père est presque le miroir de sa nature introvertie, logique et pratique, tout en étant créative.

Nous sommes dans la véranda à l'arrière de sa maison de Kennebunkport dans le Maine. C'est un endroit magnifique. À l'horizon, les reflets du soleil dansent sur les vagues de l'Atlantique qui viennent se briser sur les rochers en contrebas. De temps à autre, les cris des mouettes transpercent la pulsation de l'océan. Une sensation apaisante.

J'attends qu'Eric ait terminé de rédiger sa liste de tâches. Après quelques minutes, il dépose son stylo, range son calepin dans la poche de sa chemise et lève son regard brun clair vers moi. « Bon, par quoi veux-tu commencer ? »

C'est ainsi que débute mon aventure avec Eric. Je n'ai pas vraiment conscience de ce qui m'attend, mais je suis curieuse et j'ai hâte de découvrir ce que cet homme de soixante-quinze ans a à raconter. J'ai été surprise qu'il accepte de participer à ce projet malgré sa timidité

Eric Molson sur la terrasse de sa résidence de Kennebunkport, Maine, 1998. Photo : collection de la famille Molson.

légendaire et son aversion des projecteurs. Grâce aux efforts mesurés, mais assidus, de mon mari Andrew, il a fini par céder. « Papa, lui a-t-il fait comprendre, ton histoire peut aider d'autres gens. Ils pourraient tirer une leçon de toutes les épreuves que tu as traversées. » Avant de donner son accord, Eric a posé deux conditions : il fallait raconter les faits tels qu'ils s'étaient passés, sans fard, et le livre devait être publié simultanément en anglais et en français, puisque « nous sommes canadiens, après tout ».

Secrètement, Andrew et moi avions une autre raison de pousser Eric à se prêter à cet exercice : nous voulions qu'il s'investisse dans un projet. Après avoir pris sa retraite de Molson Coors en 2010, il a dû subir une délicate intervention chirurgicale au dos, et sa convalescence, lente et douloureuse, l'avait maintenu à l'écart. Nous avions l'impression qu'il s'isolait de tout et de tout le monde. Ce livre était le moyen que nous avions trouvé pour l'aider. Nous avions cru pouvoir rallumer la flamme qui l'avait motivé pendant sa carrière en le faisant voyager dans le passé grâce à des entrevues et des discussions.

En outre, je ne voulais pas perdre l'occasion de recueillir les réflexions et les souvenirs d'un homme que j'aimais et admirais, chose que je n'avais pu faire avec mon propre père. Depuis son diagnostic d'alzheimer jusqu'à sa mort dix ans plus tard, j'étais trop accablée de douleur pour penser à noter ses paroles. Tout ce que je parvenais à faire, c'était observer avec terreur la maladie qui grugeait peu à peu les facultés de ce père aimant, de cet ami chaleureux et de ce chirurgien orthopédique accompli qu'il était autrefois, en laissant une forme muette au regard vitreux affalée dans un fauteuil roulant. Aujourd'hui encore, je ne peux écouter les paroles de la chanson *Prairie Wind* de Neil Young sans avoir les larmes aux yeux : « *Trying to remember what my daddy said before too much time took away his head...* » (« J'essaie de me rappeler ce que papa a dit avant que le temps lui enlève sa raison... ») J'ai perdu mon père, le Dr Antonio Antoniou, en 2010 et j'aurais aimé qu'il me reste de lui plus que des souvenirs.

Avec Eric, je pouvais au moins tenter de saisir son essence, non seulement pour satisfaire ma curiosité, mais aussi pour mes enfants. Un jour, ils voudront peut-être en savoir davantage sur les difficultés et les réussites de leur grand-père que ce qu'ils pourront grappiller dans les conversations. Plusieurs facettes de « Grandpa Eric » m'intriguent. Souhaitait-il vraiment se lancer dans l'industrie brassicole ou l'avait-il fait par sens du devoir ? Comment avait-il assumé l'obligation de veiller à la pérennité de l'entreprise familiale ? Craignait-il d'échouer ou, pire, d'être le Molson qui allait mener la brasserie à sa perte ? Il est bien connu que seuls 30 % des entreprises familiales sont reprises par la deuxième génération, 12 % survivent jusqu'à la troisième, 3 % atteignent la quatrième génération, et ainsi de suite. Eric dut relever le défi de passer le flambeau à la septième génération de Molson. Réussit-il ? Put-il mener à bien sa vision de l'entreprise et de ce que le nom Molson représente ? Si oui, quels principes le guidèrent ? Comment composa-t-il avec la cupidité inévitable qui l'entourait ? Qu'en est-il de ceux qui essayèrent de l'écarter, de le forcer à quitter le poste de président du conseil de Molson et de lui ravir le contrôle de l'entreprise ? Comment réagit-il quand il se rendit compte que l'une de ces personnes portait le nom Molson ?

Il allait de soi que j'étais impatiente de discuter de ces enjeux avec lui, mais j'avais deux autres raisons d'entreprendre la rédaction de cet ouvrage.

La première concernait le style d'Eric. Au cours de ma carrière de plus de vingt-cinq ans dans le milieu des affaires, j'ai fait la connaissance de gestionnaires de tous les types et j'ai l'impression que ceux qui se démarquent ont généralement beaucoup de charisme, ils sont des communicateurs exceptionnels et naviguent avec aisance dans les eaux troubles de la politique. Toutes ces qualités sont utiles, mais si ce sont les seules ou si elles sont assorties à un *ego* surdimensionné (ce qui est souvent le cas), il arrive que les choses tournent très mal. C'est particulièrement vrai à notre époque, où la forme a préséance sur le contenu. La priorité accordée aux apparences et aux formules toutes faites, aux publications sur Instagram et Twitter, neutralise la valeur de la substance. C'est pourquoi je me pose régulièrement la question suivante : qu'en est-il des plus discrets ? Des hommes de principe comme Eric, plutôt introvertis, mais perspicaces ? Peuvent-ils, eux aussi, être des chefs de file motivants ? Peuvent-ils réussir ? Au Ve siècle avant Jésus-Christ, Lao-tseu écrivit : « Le meilleur Gouverneur est ignoré du peuple / [...] Le Sage est effacé et homme de peu de mots / Lorsqu'il a fait son œuvre et que chacun prospère / Voilà le fruit de nos efforts ! clament cent voix. » Pouvons-nous en dire autant maintenant ?

Les valeurs inspirantes d'Eric me donnèrent un élan supplémentaire pour me lancer dans ce projet. Aujourd'hui, l'argent semble être l'objectif ultime dans la vie, et l'aune à laquelle nous nous mesurons et mesurons les autres. L'argent est important, c'est indéniable, mais nous avons en quelque sorte exagéré notre attachement aux biens matériels, à la Kardashian. Tout est une question de *bling* et de la quantité d'objets que nous pouvons acheter, même si le fossé entre les pauvres et les nantis se creuse de plus en plus. Toutefois, Eric associe depuis toujours l'argent à la responsabilité et à la saine gouvernance. Combien de gens refuseraient la somme de 50 millions de dollars par principe, pour assurer la survie à long terme de l'institution qu'est Molson ?

Je chasse ces pensées pour me concentrer sur Eric et contempler la lumière matinale du Maine. « Racontez-moi votre enfance. Décrivez-moi votre vie de famille avec Tom. »

Eric se met à parler. « Tom Molson, mon père, était un bûcheur. C'était un ingénieur, un excellent constructeur de brasseries. Il s'en est toujours tenu aux éléments de base : des ingrédients de première qualité, de l'équipement moderne, une régulation précise des températures, des processus efficaces et de bons matériaux pour les immeubles. Il analysait tout à fond, puis se mettait simplement à l'œuvre. Tom donnait l'exemple de travailleur acharné.

Par contre, il n'était pas le plus chaleureux des hommes. Et il ne parlait pas beaucoup... Je ne me souviens pas d'avoir eu de longues conversations avec lui. Il était sévère, tu sais, sévère et exigeant... Mais intelligent au possible. »

« Eric ! Stephen ! Montez dans l'auto. Pas un mot de plus. Red va vous emmener à l'école. »

Les deux garçons se précipitèrent vers la Hillman pour échapper à la colère de leur père. Eric, huit ans, lança un clin d'œil à son cadet.

Les frères Eric et Stephen Molson dans leur uniforme de l'école Selwyn House, 1945.
Photo : collection de la famille Molson.

Stephen se détendit alors et, une fois dans la voiture, les deux frères éclatèrent de rire.

Chaque matin, un chauffeur en livrée déposait les garçons devant les grilles du collège privé Selwyn House, malgré leur gêne profonde. Eric détestait toutes ces « conneries ». Souhaitant plus que tout « être un gars de la *gang* », il finit par persuader Red, le chauffeur, de le laisser avec son frère à quelques rues de l'école pour qu'ils puissent parcourir le reste du chemin à pied.

On aurait pu s'attendre à une attitude différente, à des airs de supériorité de la part de garçons élevés à Westmount, la banlieue anglophone cossue de Montréal, d'autant plus qu'ils fréquentaient une école privée où enseignaient des professeurs britanniques bardés de diplômes. Tous ceux qui les connaissent trouveraient cette idée risible. Eric, Stephen et leurs sœurs aînées Deirdre et Cynthia étaient pareils aux autres enfants. Ils voulaient s'amuser, faire du sport et des « niaiseries ». Ils ne manifestaient aucune arrogance ni présomption et, à l'exception de l'allusion occasionnelle d'un voisin ou d'un membre de la famille au prestige de leur nom, ils n'avaient aucune idée du rôle éminent que les Molson jouaient depuis des générations dans la société canadienne.

Le malaise des fils Molson concernant le chauffeur fut finalement dissipé par Frank Carlin, un voisin qui proposa de les conduire à l'école avec ses propres enfants, Nan et Taylor. Chaque matin, il parcourait les rues de Westmount pour déposer Nan à l'école pour filles Sacred Heart, puis les trois garçons à Selwyn House.

Frank Carlin était un « gars de hockey », l'entraîneur en chef des Royals, l'équipe amateur de Montréal. « C'est grâce à lui qu'on est tous devenus des "rats d'aréna", explique Eric. Frank était responsable des Royals, le club-école des Canadiens de Montréal. Il nous donnait des billets, et Stephen et moi, on assistait aux parties assis au bord de la bande. À l'époque, il n'y avait pas de baie vitrée pour nous séparer des joueurs. Parfois, on allait voir deux matchs de suite – les programmes doubles du dimanche après-midi. C'était formidable ! L'équipe de Frank était tellement bonne qu'elle aurait facilement pu faire partie de la LNH. Une année, Dick Irwin, l'entraîneur des Canadiens, tirait de l'arrière 2 à 3 dans les séries éliminatoires. Il a fait monter cinq joueurs de Frank dans la grande équipe et ils ont remporté la coupe Stanley ! »

Le jeune Eric admirait les joueurs, leur vitesse, la puissance de leur coup de patin et leur habileté à manier la rondelle. Se décrivant comme un « petit maigrichon» et une « crevette », il était loin d'avoir la carrure d'un hockeyeur, mais il adorait le sport. Dès qu'il en avait l'occasion, il sautait sur la glace à la position de centre ou d'ailier gauche, mais

Photo du haut: Celia Molson en canot avec ses enfants Deirdre, Cynthia, Eric et Stephen, sur le lac Violon dans la propriété familiale d'Ivry dans les Laurentides, 1943. Photo : collection de la famille Molson. *Photo du bas*: Eric, Cynthia et Deirdre Molson s'apprêtant à partir en ski de fond à Ivry, mars 1944. Photo : collection de la famille Molson.

jamais à la défense. (En guise d'explication, Eric cite Ken Dryden, l'ancien gardien de but du CH : « La rondelle fait mal ! Tous les tirs font mal ! ») Eric, son frère et ses sœurs aimaient par-dessus tout voir jouer les professionnels et ils éprouvaient une passion pour les Canadiens de Montréal. Les liens étroits de leur famille avec l'équipe de la LNH (leur père Tom et leur oncle Hartland en seront propriétaires plus tard) n'y étaient pour rien. Ils étaient de vrais amateurs.

Le sport occupait une place importante chez les Molson. Tom encourageait ses quatre enfants, les filles autant que les garçons, à participer à des activités de toutes sortes : hockey, ski de fond, tennis, voile et canot. Ils étaient tous très actifs. Stephen excellait tant sur la glace que sur les courts, alors qu'Eric cherchait avant tout à s'amuser avec les autres. Deirdre, l'aînée, se souvient du contraste entre les deux frères : « Stephen était un magnifique athlète, mais mon père poussait Eric en lui disant des choses comme : "Il faut que tu sois un homme ! Il faut que tu fasses partie de l'équipe de hockey et de football. Tu dois faire de la compétition !" »

Cynthia, deuxième enfant de la famille, a des souvenirs semblables : « Je me rappelle Eric petit, en train de grelotter. Il était très maigre et se tenait légèrement à l'écart. Stephen était le plus tannant, celui qui nous mettait toujours dans le pétrin et nous faisait rire avec ses mauvais coups. C'était lui, l'athlète. » Quoi qu'il en soit, Eric tenait bon. Tom emmenait parfois ses fils skier sur le mont Royal. Ils gravissaient la colline abrupte, les skis sur l'épaule, ce qui était particulièrement éreintant pour un garçon comme Eric, moins costaud que les jeunes de son âge.

Toutefois, Eric et son père s'entendaient parfaitement sur un sujet : la brasserie de la rue Notre-Dame, un immeuble emblématique gigantesque sur la rive du fleuve Saint-Laurent, dans la portion est de l'île de Montréal. Tom Molson y emmenait ses enfants une ou deux fois par mois pendant le quart de soir. Eric se souvient encore de son émerveillement : « On entrait et, wow ! on avait les yeux écarquillés. Il y avait d'immenses refroidisseurs rouges ornés d'une bordure dorée qui nous faisaient penser à de gros camions de pompiers. » Quel petit garçon pourrait demeurer insensible aux compresseurs étincelants, au bruit des chaînes d'embouteillage, à l'odeur douçâtre de la fermentation ? C'était le paradis pour les enfants.

Au cours de ses rondes, Tom discutait avec les ouvriers et vérifiait les températures, les cadences de production et la propreté. « Quand on allait à la brasserie, se rappelle Cynthia, je remarquais que tous les employés se découvraient devant Tom. C'est à cette époque que je me suis rendu compte qu'il était pas mal important là-bas. »

❦

Thomas Henry Pentland Molson n'était pas le patron anglophone typique. Il parlait bien français et s'adressait d'ailleurs à ses employés dans leur langue maternelle. En plus de familiariser ses enfants à la terminologie des activités brassicoles, Tom leur démontrait l'importance de respecter les règles. Eric se souvient de la soirée où son père surprit un ouvrier, la cigarette au bec, à côté de la salle des machines de la brasserie, un lieu où les risques d'incendie étaient élevés. « Nous n'avons pas entendu grand-chose, mais nous savions ce qui se passait parce que nous voyions l'expression du type qui reculait lentement pendant que M. Tom le disputait. » (À l'usine, les membres de la famille Molson étaient généralement désignés par leur prénom précédé de « monsieur ».)

Tom initiait ses enfants à l'entreprise familiale par l'observation, sa méthode coutumière, mais il leur parlait rarement de « La Brasserie Molson Limitée » quand ils étaient jeunes. Il n'organisait jamais de réunions de famille, il ne discutait jamais des responsabilités qui accompagnaient le nom Molson, ni des implications de posséder l'une des plus anciennes entreprises au pays. En fait, explique Deirdre : « C'est seulement au milieu de l'adolescence que je me suis rendu compte que je ne portais pas un nom comme les autres. J'en ai pris conscience peu à peu. Tom n'en parlait jamais beaucoup. Il nous racontait l'histoire des Molson, il nous décrivait leur esprit d'entrepreneuriat et leur ardeur au travail, mais jamais il ne parlait d'argent, de la fortune de la famille ni de notre héritage. »

Tout ce qui concernait la notoriété de la famille n'avait aucune importance pour le jeune Eric : « J'aurais autant cherché à faire plaisir à mon père si je m'étais appelé Smith ou Jones. Je voulais obtenir de bons résultats à l'école, être premier de classe et rendre mes parents heureux. »

Tom et Celia Molson à l'hôtel Mont-Royal, le 30 août 1940. Photo : collection de la famille Molson.

Toutefois, Eric était impuissant à faire le bonheur de ses parents. Ni Tom ni sa femme Celia n'étaient particulièrement affectueux envers leurs enfants, et leurs relations étaient souvent tendues, quoique polies.

Il n'en avait pas toujours été ainsi. À trente ans, en 1931, alors qu'il se trouvait sur un paquebot au milieu de l'Atlantique, Tom Molson fut frappé par la beauté de Celia Cantlie. La petite fille qu'il avait croisée chez lui des années auparavant était devenue une élégante débutante de dix-huit ans qui se rendait visiter Londres avec sa tante, lady Mount Stephen. Résolu à faire sa connaissance, Tom découvrit son intelligence, son esprit vif et ses talents de pianiste saisissants. Il s'en éprit. Leur relation s'épanouit et ils se marièrent moins d'un an plus tard.

À cette époque, la grande crise sévissait partout au Canada. Le chômage atteignit un sommet inconnu jusque-là avec les fermetures d'entreprises. En 1933, 30 % de la main-d'œuvre se retrouva sans emploi. Toutefois, les activités brassicoles de Molson ne furent généralement pas perturbées. Bien que Celia fût reconnaissante d'être épargnée par les problèmes financiers, elle se sentait mal à l'aise de profiter de la vie au milieu de tant de misère, comme Tom d'ailleurs. Certains racontent qu'il fut traumatisé à jamais en voyant ses amis proches perdre tout ce qu'ils possédaient.

Son sens du devoir, par contre, demeura inébranlable. Tom s'enrôla dès que le Canada déclara la guerre à l'Allemagne en 1939, même s'il avait déjà trente-huit ans. Comme il avait passé l'âge d'être envoyé outre-mer, il fut assigné à la garnison Petawawa en Ontario, la plus grande base militaire du Canada, où il servit son pays durant six ans.

Celia, elle, demeura à Montréal pour s'occuper de leurs quatre enfants de moins de six ans. La résidence de briques rouges, au 10, chemin Ramezay, était complexe à tenir. Tom l'avait conçue et en avait supervisé la construction et, avec le soin caractéristique de tout bon ingénieur, il l'avait dotée des équipements les plus récents, comme des systèmes de chauffage et de climatisation centrale, sans compter la multitude d'appareils méticuleusement étiquetés au sous-sol.

Le major Thomas Henry Pentland Molson à la base militaire de Petawawa, 1941.
Photo : collection de la famille Molson.

Photo du haut: Les enfants de Celia et Tom Molson : Stephen (six mois), Deirdre (cinq ans), Eric (deux ans) et Cynthia (trois ans), le 20 mars 1940. Photo : collection de la famille Molson. *Photo du bas*: Maison d'enfance d'Eric Molson au 10, chemin Ramezay à Westmount, Québec, 1941. Photo : collection de la famille Molson.

Tandis que nous prenons le thé dans son chaleureux et élégant appartement à quelques pas du Musée des beaux-arts de Montréal, Deirdre se souvient que Celia était fort occupée pendant la guerre : « Elle travaillait pour la Croix-Rouge et les Infirmières de l'Ordre de Victoria, à la maternité, pour l'Orchestre symphonique… tout en gérant la résidence sur Ramezay parce que Tom n'était pas là. Elle supervisait aussi Ivry, la maison de campagne familiale. » Deirdre poursuit son récit d'un ton admiratif : « Elle faisait tout. Comme elle était la benjamine de cinq enfants et comme sa mère est morte alors qu'elle n'avait que neuf ans, son père lui avait enseigné très jeune à tenir maison. En plus, Celia était intelligente et elle aimait s'amuser. »

Quant à Eric, il conserve deux souvenirs de sa maison d'enfance : les instructions détaillées qu'avait laissées son père pour la gérer et la musique de sa mère : « Sur chemin Ramezay, on entendait souvent Celia jouer de beaux airs. Elle avait un piano à queue au rez-de-chaussée. C'était interdit d'y toucher. On s'amusait plutôt avec le piano droit à l'étage du haut… On en jouait parfois, mais on s'en servait surtout comme but pour nos parties de hockey. »

Les différences de caractère entre Tom, exigeant et strict, et Celia, plus insouciante et aventureuse, avaient commencé à miner leur couple avant même le départ de Tom pour Petawawa. Trop jeune à l'époque pour s'en rendre compte, Eric conserve plutôt de son enfance des souvenirs riches en musique et en plaisirs.

Le fossé entre les époux se creusa après la guerre. Celia s'engageait davantage dans des œuvres caritatives tandis que Tom se consacrait corps et âme à la brasserie tout en s'investissant dans l'avenir de ses fils. Il les encourageait à jouer tous deux un rôle dans l'entreprise. Il dit à Eric : « Toi, tu seras l'ingénieur. Étudie en science. » Et à Stephen, qui rêvait d'être enseignant, il annonça : « Tu seras le comptable. » Tom perpétuait le modèle de partage des responsabilités qu'il avait connu dans sa famille ; à titre d'ingénieur, il avait construit certaines usines de Molson alors que son frère Hartland se chargeait des finances et des négociations d'affaires. Tom n'envisagea aucun rôle pour ses filles au sein de l'entreprise, même si Cynthia et Deirdre, intelligentes et vives, avaient toujours été des premières de classe.

Deirdre se redresse légèrement en décrivant le comportement de Tom à l'égard de ses enfants. Même si elle a près de quatre-vingts ans, elle a une silhouette athlétique et joue encore au tennis deux ou trois fois par semaine. « Mon père nous a inculqué l'importance de la famille et des responsabilités. Il avait un grand sens du devoir avec toutes les tâches qu'il assumait. Il n'incluait jamais les filles parce qu'il ne pensait pas que nous devions avoir un rôle dans l'entreprise. C'était une attitude très anglaise, pas américaine, d'exclure les filles. Par contre, il était très sévère avec les garçons. Selon lui, ils avaient une situation importante à Montréal, et une responsabilité non seulement envers Molson, mais aussi envers la communauté montréalaise. En fait, Tom a transmis le sens du devoir à tous ses enfants.

« Toutefois, Tom était différent de ses prédécesseurs, poursuit Deirdre en touchant machinalement le médaillon autour de son cou. Auparavant, aucune femme ne pouvait hériter d'actions de l'entreprise avec droit de vote. Par exemple, mes tantes Dorothy et Betty, les sœurs de papa, ont reçu uniquement des actions sans droit de vote. Tom était plus moderne en ce sens-là : Cynthia et moi avons obtenu des actions de catégorie B avec droit de vote même si ni ma sœur ni moi n'avons jamais manifesté le moindre intérêt pour le milieu des affaires. Nous n'en avions pas envie. D'ailleurs, je me demande si Eric s'y intéressait vraiment. Même Tom… Je ne suis pas certaine que Tom se serait lancé en affaires s'il n'y avait pas eu la brasserie. Il adorait les bateaux, la voile, les moteurs. Il aurait pu devenir architecte naval ou quelque chose du genre… Il était un scientifique, comme Eric. »

❦

Le moment vint pour les enfants d'entrer au pensionnat. Eric explique : « C'était très courant chez les Canadiens anglais, qui avaient fait des études dans un système d'instruction copié sur celui des Britanniques. Ils envoyaient leurs enfants au collège à un jeune âge. » À onze ans, Eric devint pensionnaire en même temps que Deirdre et, deux ans plus tard, Stephen et Cynthia les suivirent : les garçons à Bishop's College School (BCS) à Lennoxville, et les filles, à King's Hall à Compton. Les

Les frères Stephen et Eric Molson s'apprêtant à partir au camp Nominingue,
juin 1947. Photo : collection de la famille Molson.

deux établissements situés dans un paysage bucolique des Cantons-
de-l'Est se trouvaient à deux heures de train de Montréal.

Eric ne quittait jamais la maison de gaieté de cœur. Il avait la larme
à l'œil même avant d'aller au camp d'été au Petit lac Nominingue dans
les Laurentides. Toutefois, le collège était pire : plutôt que de faire du
canot et de chanter autour du feu, les pensionnaires de BCS devaient se
plier à une tradition militaire solidement ancrée. Les manquements au
règlement étaient souvent punis par des châtiments corporels.

« Je détestais partir de la maison pour aller là, continue Eric. C'était
horrible. J'avais beau pleurer toutes les larmes de mon corps, Tom disait : "Mettez-le dans le train." C'était comme ça à l'époque. On ne pou-

vait pas expliquer à son père qu'on ne voulait pas y aller, du moins, pas moi. Je n'aurais jamais osé. Je ne pouvais pas lui avouer : "Je déteste cet endroit. Je veux partir." De toute façon, où aurais-je pu aller ? Toutes ces écoles se ressemblaient. »

Eric se souvient tout de même d'un enseignant qui l'aida à faire la transition vers la vie de pensionnat : Walter McMann, aussi connu sous le sobriquet de Mickey, comme la célèbre souris. (Évidemment, sa femme, qui donnait des leçons le piano, était surnommée Minnie.) En plus d'être un professeur de mathématiques exceptionnel, « très, très doué », McMann manifesta une grande bonté à Eric lors de son premier voyage en train vers le collège. « Il a dû me voir pleurer à la gare Windsor. Il a dû trouver que j'étais un petit bonhomme attachant et il s'est vraiment occupé de moi. Il a essayé de me rassurer. J'avais vraiment de gros doutes sur cet endroit. »

BCS était considéré comme un des meilleurs pensionnats. Son programme obligatoire de cadet, affilié au prestigieux régiment des Black Watch de Montréal, était l'un des plus réputés pour former de futurs chefs de file. Les garçons faisaient chaque jour des exercices militaires en uniforme, une lourde carabine à l'épaule, sous les ordres d'un sergent. C'était beaucoup trop intense pour Eric : « Je me suis donc inscrit à la fanfare. Je jouais de la caisse claire, ce qui m'évitait d'avoir à porter un fusil. » En outre, il aimait secrètement répéter son instrument. La musique lui permettait de s'évader.

Eric était très créatif lorsqu'il était question de se soustraire aux activités qui lui déplaisaient. Il réussit à se faire élire président du cercle de débats de BCS sans avoir eu à défendre un seul point de vue. Il raffinera cette technique des années plus tard dans la salle du conseil : il écoutait les opinions de tous les gens autour de la table et donnait la sienne seulement si personne ne l'avait émise.

« Généralement, ceux qui aiment parler sont les premiers à donner leur avis en utilisant des clichés et le jargon à la mode. Ça me rend fou. Et ensuite, on entend ceux qui ont des idées vraiment pertinentes. » Eric était ravi lorsque quelqu'un d'autre exprimait sa propre opinion avant lui parce qu'il n'avait pas à intervenir. Il développa son talent d'écoute et son sens de l'observation. Cette attitude lui permettait aussi de réfléchir à différentes options avant de prendre une décision. Certains

Eric Molson dans son uniforme de la fanfare de BCS, printemps 1953. Photo : collection de la famille Molson.

auraient pu considérer sa réticence comme un signe de faiblesse, mais comme l'écrivit Lao-tseu, le philosophe chinois de l'Antiquité : « Ceux qui savent ne parlent pas. Ceux qui parlent ne savent pas. »

Eric obtenait d'excellents résultats scolaires à BCS ; il arrivait toujours premier ou deuxième de son groupe. Par contre, puisque sa petite taille le désavantageait à l'extérieur de la classe, il apprit à éviter les problèmes et à se faire discret. Il ne s'agissait pas à proprement parler d'intimidation, mais certains des garçons plus vieux et plus bâtis s'amusaient à ses dépens. Eric se rappelle qu'un jour ils le soulevèrent par les pieds pour le jeter tête première dans un baril.

Même s'il était de deux ans son cadet, Stephen s'en tira un peu mieux parce qu'il était plus fort et plus athlétique. Eric misait plutôt sur son sens de l'humour pour se faire des amis et des alliés. Il fut nommé l'un des dix capitaines de l'école à sa dernière année à BCS. Dans l'ensemble, les règles sociales qu'Eric apprit au pensionnat exercèrent une influence profonde sur son style et furent à l'origine de son mépris pour les « péteux de bretelles ».

Toutefois, c'est dans les laboratoires de BCS, auprès d'un professeur légendaire craint par tous les garçons, qu'Eric fit sa plus grande découverte. Arthur Campbell, surnommé « Beaky » (un jeu de mot évoquant son long nez), lui ouvrit les portes de l'univers de la chimie. « Tout à coup, il s'est produit un déclic et j'ai compris. C'est grâce à Beaky que j'ai découvert mon amour pour la science. »

Eric développa pour la chimie une passion qui le suivra toute sa vie et fit de Dmitri Mendeleïev, le père du tableau périodique, son héros. C'est le souci de précision, la clarté et la simplicité élégante de l'œuvre du savant russe qui l'impressionnèrent, cet ordre qui se profile derrière le chaos du quotidien.

🍁

Eric se rendit compte peu après que la vie pouvait être difficile.

Celia rendit visite à ses fils quelques semaines après le début de la troisième année d'Eric à BCS. Stephen venait d'y faire son entrée. On imagine Celia hésitante, la main sur la poignée de bronze de la lourde porte, et une brise légère froissant les feuilles des érables le long de l'allée en demi-cercle du collège. Elle venait annoncer à ses garçons qu'elle partait vivre quelques mois en Angleterre avec son père. Et que Tom et elle divorceraient.

La nouvelle étonna Eric sans le déstabiliser particulièrement. À la maison, il n'avait remarqué aucun conflit entre ses parents et il avait tenu pour acquis que l'écart entre eux était normal. Le divorce était de plus en plus courant parmi les parents de ses amis. Son jeune frère, par contre, fut anéanti. Ce soir-là, Eric alla trouver Stephen dans son

Eric Molson assis sur Stephen à Ivry, juillet 1943. Photo : collection de la famille Molson.

dortoir. Il s'assit au bord du lit à côté de lui, qui fixait tristement le plancher, et posa le bras sur ses épaules : « Tu verras, on va s'en sortir. Ce sera correct... Ne t'inquiète pas. On est ensemble, hein ? »

Selon Cynthia, c'est Stephen qui fut l'enfant le plus affecté par le divorce, probablement parce qu'il était le plus jeune des quatre. « Nous avons appris la nouvelle peu après notre arrivée au pensionnat. Deirdre et Eric étaient déjà partis. Mes parents ont dû croire qu'il était préférable que nous soyons tous au collège puisque nous allions demeurer avec notre père, et non notre mère. J'avais treize ans, mais Stephen seulement neuf. Eric l'a probablement consolé. Une chose qui a toujours été claire, c'est que nos deux frères étaient très proches quand ils étaient enfants. Ils nous toléraient, nous les filles, mais ils étaient vraiment attachés l'un à l'autre. »

À l'époque, il était rare qu'un père obtienne la garde de ses enfants, mais Tom avait refusé de négocier sur ce point : si Celia voulait le divorce, les enfants resteraient avec lui.

À titre d'aînée, Deirdre fut probablement la première à apprendre la nouvelle. Elle raconte : « Ma mère est venue me voir seule. Elle m'a annoncé : "Ton père et moi, on n'est plus heureux ensemble, alors on va divorcer. Tu resteras sur le chemin Ramezay avec ton père, et moi, je vivrai pas très loin." Elle trouvait que c'était juste. C'était elle qui voulait partir et, lui, il tenait les cordons de la bourse. Il avait bâti la maison, la maison familiale, et elle s'était probablement dit que, si elle obtenait le divorce, ce serait normal que les enfants restent avec lui... C'était difficile. »

Tom faisait de son mieux pour être un bon père, se souvient Cynthia : « Je suis sûre que nous n'étions pas des enfants faciles, mais il a tenu le coup. Après le divorce, nous soupions avec lui tous les soirs dans la salle à manger principale quand nous étions à la maison. Il nous racontait des histoires sur El Alamein ou d'autres batailles de la Seconde Guerre mondiale, mais nous l'écoutions d'une oreille distraite. Nous échangions des blagues et nous étions assez turbulents. Papa était un peu dur d'oreille, tu sais – ça s'explique : il était dans l'artillerie pendant la guerre –, alors on pouvait facilement avoir une discussion complètement différente à table sans qu'il s'en rende compte. Il était très patient, mais plutôt ennuyeux et très strict. Il n'avait pas beaucoup

Tom Molson à Ivry avec ses enfants Deirdre, Stephen, Eric et Cynthia, été 1943.
Photo : collection de la famille Molson.

le sens de l'humour et il voulait toujours nous enseigner quelque chose. En fait, Tom avait une conception de la vie très sérieuse. »

Eric partage l'avis de sa sœur : « Mon père était un homme passablement ennuyeux et austère, alors que Celia était plus dynamique, plus jeune. J'ai compris son besoin de s'échapper. » Le principal regret d'Eric concernant le divorce, c'est qu'il voyait Celia moins souvent.

Il la qualifie de progressiste. Elle n'était pas le genre de mère à tout refuser et elle encouragea toujours Eric à suivre sa voie. « Quand j'avais quatorze ou quinze ans, elle me passait des livres qui étaient pas mal avancés et "salés" pour l'époque. Elle voulait que je fasse des choses différentes. Elle m'a initié à l'art et à la musique pour que j'aie autre chose que les niaiseries habituelles comme bagage. »

Eric n'eut aucune objection au remariage de sa mère. Il aimait bien Henri "Laffey" Lafleur, l'homme dont elle était tombée amoureuse, même si elle avait probablement commencé à le fréquenter alors qu'elle vivait encore avec Tom. Selon Eric, Laffey – un boursier Rhodes doté d'un bon sens de l'humour – « était intelligent en diable, un penseur tolérant et libéral, et un avocat absolument brillant, un des meilleurs de Montréal ». Qui plus est, les deux frères Molson s'entendaient bien

Eric (*debout*) et Stephen Molson sur un radeau à Smith's Cove, Nouvelle-Écosse, été 1949. Photo : collection de la famille Molson.

avec les fils Lafleur. L'été, ils allaient tous ensemble pendant quelques semaines à Smith's Cove en Nouvelle-Écosse. Les enfants passaient leurs journées sur la plage à ramasser des palourdes, à pêcher assis sur des radeaux de billots, à faire des pique-niques. Eric a toujours aimé ce genre d'activités simples et peu astreignantes.

Ces vacances dans les Maritimes étaient tout le contraire de la routine estivale structurée qu'imposait Tom à Métis-sur-Mer, où ses parents, Herbert et Bessie Molson, possédaient une résidence immense dominant le Saint-Laurent. Sur le porche se trouvait un magnifique télescope qu'Eric était autorisé à utiliser. En fin observateur, il adorait scruter les navires à l'horizon. Malgré ses occupations à Métis, Eric s'y sentait moins en vacances que lorsqu'il séjournait au bord de l'océan avec sa mère. Métis était en quelque sorte comme Montréal : en juillet et août, on y côtoyait tout le clan Molson et les mêmes familles qu'à Westmount, transplantées au bord du fleuve, qui organisaient les mêmes fêtes et poursuivaient les mêmes conversations dans une maison différente chaque soir. À partir de cette époque, Eric évita de participer à de tels événements sociaux. « Celia m'a légué la capacité de refuser d'aller à tous ces cocktails. Je n'ai jamais aimé ce genre de rencontres, et ma mère non plus. Elle trouvait qu'il y avait trop de "social" à Métis. »

Tom encourageait Eric à jouer au golf avec lui, estimant que cela lui serait utile plus tard. Mais Eric résistait : « Je n'ai jamais cru que je serais bon dans ce sport, alors à quoi bon essayer ? Pourquoi commencer ? C'est un exercice inefficace. Je préférais de loin partir à vélo avec Stephen. »

Quoi qu'il en soit, Tom insistait pour initier ses enfants à tout ce qui, à son avis, profiterait à leur développement et à leur éducation. Peu après leur dix-huitième anniversaire, il les emmena à tour de rôle prendre un bain de culture et d'histoire en Europe.

Deirdre se souvient de ce voyage avec tendresse : « Pendant les vacances de Pâques, l'année où j'ai obtenu mon diplôme de Smith College, mon père nous a invités, Eric et moi, en voyage en Italie. Celia aimait la culture beaucoup plus que Tom, mais il s'est dit qu'il *devait* s'y intéresser, alors il nous a emmenés à Rome, Florence, Venise et Naples pendant deux semaines. C'était merveilleux, avec des guides et tout le tralala. Cynthia et Stephen ont fait le même voyage deux ou trois ans plus tard. Tom nous a montré toutes ces œuvres d'art non pas par goût personnel – sauf pour l'architecture, peut-être –, mais plutôt parce qu'il se disait que ces connaissances devaient faire partie de notre éducation. »

En compagnie de ses deux aînés, Tom alla à Cassino, une ville qui avait été pratiquement rasée dix ans plus tôt. Eric raconte : « Cassino avait été pilonnée par les Alliés pendant la guerre et il restait des bombes non explosées. Je me souviens que ça rendait mon père extrêmement nerveux. » Ce qu'Eric préféra de son voyage, par contre, ce fut la visite de Pompéi. Le phénomène des éruptions volcaniques éveilla sa curiosité de scientifique et le petit chien pétrifié dans la lave captiva son imagination.

Toujours dans l'esprit d'élargir les horizons de ses enfants, Tom envoya Eric faire sa dernière année du secondaire à l'Institut Le Rosey en Suisse, une des écoles les plus prestigieuses au monde. Le Rosey est fréquenté depuis des générations par la royauté, des célébrités et des gens très riches, comme l'Agha Khan, les Borghese et les Rothschild. Tom ne lésinait pas lorsqu'il était question de l'éducation de son fils et choisit ce qu'il y avait de mieux pour lui… mais ne manqua jamais l'occasion de lui rappeler le montant exorbitant des frais de scolarité : trois fois ce qu'il en coûtait pour étudier à BCS !

« Mon année au Rosey a été une belle expérience, complètement différente, raconte Eric. Tout se passait en français. Et on s'amusait : on jouait, on allait skier et on étudiait. » À dix-sept ans, Eric se développa physiquement et devint plus fort. Il surpassait même ses compagnons de classe sur la glace. « Je connaissais le hockey beaucoup mieux qu'eux parce que, étant canadien, j'avais patiné toute ma vie. Je leur ai enseigné beaucoup de coups bas de chez nous, et ils ont adoré ! »

Profitant de ses nouvelles compétences sportives, Eric s'échappait en douce du collège le soir pour aller jouer avec l'équipe du village. Il en conserve des souvenirs joyeux : « La bande atteignait à peine la hauteur de la taille, alors quand on subissait une mise en échec juste à côté, on était éjectés. En plus, il y avait une rivière en bas du banc de neige longeant une des patinoires, ce qui fait qu'on se retrouvait parfois dans l'eau. » Eric eut beaucoup de plaisir dans cet environnement détendu et non compétitif. Il adorait jouer, tout simplement.

Au Rosey comme à BCS, Eric réussissait bien ses cours, particulièrement en chimie. Grâce aux leçons privées données par la femme du directeur, Mme Joannot, il put approfondir ses connaissances dans cette matière. À la fin de l'année, il envoya des demandes d'admission dans les universités. Tom insistait pour que son fils s'inscrive au Collège militaire royal du Canada, où il avait lui-même étudié en ingénierie près de vingt-cinq ans auparavant, mais c'était hors de question pour Eric qui n'avait aucunement envie de se remettre à faire des parades et à participer à des exercices. Il préférait de loin l'environnement de Dartmouth : « Il y avait une photo de ski sur la couverture de la brochure, c'était mon genre de place. »

Eric Molson, dix-sept ans, lors d'une sortie de ski en Suisse pendant ses études à l'Institut Le Rosey, 1954. Photo : collection de la famille Molson.

Tom s'y opposa et, heureusement pour Eric, il préféra plutôt Princeton qu'on lui avait recommandé. Deux arguments avaient séduit Tom : la réputation de l'université et son éloignement de la grande ville qui préservait les étudiants des distractions. « Celui qui a réussi à convaincre mon père de me laisser aller à Princeton était un très bon vendeur. Ça a été la chance de ma vie. Je me suis beaucoup amusé, mais j'ai aussi appris à travailler de façon structurée, à éliminer les éléments moins importants pour me concentrer sur les concepts clés. J'ai inculqué ces notions plus tard aux membres de ma famille et aux employés de l'entreprise. »

❧

Tom cherchait toujours à influencer le parcours de son fils en insistant pour qu'il s'inscrive en génie. Eric obéit, mais le programme ne lui plut pas : « Je ne m'entendais pas avec les gars machos, trop sûrs d'eux, qui étudiaient dans ce département et je n'aimais ni le dessin ni les exercices d'arpentage. » Mais surtout, il détestait se faire bousculer par son père.

À la fin de sa première année d'université, alors qu'il envisageait de trouver un emploi d'été, Eric tomba gravement malade. Il respirait avec grande difficulté, il avait des douleurs intenses à la poitrine et il se mit à maigrir rapidement. Souffrant d'une pneumonie aiguë, il fut transporté au Columbia's Presbyterian Hospital à New York. La pneumonie dégénéra en empyème, une infection potentiellement mortelle causée par l'accumulation de pus dans la cavité entre les poumons et la surface interne de la paroi thoracique. Les médecins décidèrent de lui faire une intervention pour drainer le pus.

En revenant sur cet événement, Cynthia tend la main pour flatter la tête de son bouvier bernois : « On pensait qu'il allait mourir. Il était horriblement malade. On a dû lui retirer du liquide des poumons. Maman est partie de Montréal pour me rejoindre à Wellesley et on s'est rendues à l'hôpital où papa se trouvait déjà. Nous étions tous les trois à son chevet. Il a été sauvé par un nouvel antibiotique non éprouvé. En fait, il a servi de cobaye. Nous étions tellement inquiets. » Les larmes montent aux yeux de Cynthia et, au même moment, le bernois pousse un profond soupir et s'allonge sur le plancher.

Eric aborde son problème de santé de façon plus scientifique : « Je me suis intéressé à l'aspect médical de ma maladie. J'ai été un des premiers patients au monde à être traité avec la bacitracine, un antibiotique mis au point au milieu des années 1950, qui était tout nouveau à l'époque. Après ma chirurgie, j'ai passé l'été à me déplacer partout avec un tube qui me sortait du dos. Par contre, ce dont je me souviens le plus, c'est à quel point je mitraillais les médecins de questions sur ce qu'ils me faisaient. Ils étaient tous persuadés que je me dirigerais en médecine. »

Selon Cynthia, ce fut un événement déterminant dans le parcours de son frère : « J'ai toujours cru que son séjour à l'hôpital pour soigner sa terrible maladie avait été un tournant dans sa vie. Il est passé tellement près de mourir. C'est peut-être mon interprétation seulement, mais il me semble qu'à partir de ce moment-là, Eric est devenu plus sérieux. C'est comme si la défense de ses propres champs d'intérêt devenait moins importante à ses yeux, comme s'il avait senti qu'il devait faire ce qu'on attendait de lui. »

Les trois mois d'hospitalisation à New York permirent à Eric de prendre le temps de réfléchir à sa future carrière, loin de toute contrainte. Son sens du devoir à l'égard de Molson se mit à croître et il pensa à ce qu'il voulait faire. À la fin de l'été, il avait décidé de rallier l'entreprise familiale, mais, contrairement à la volonté de Tom, pas en passant par le génie. Eric allait plutôt étudier ce qui le passionnait : la chimie pure. Tom ne s'y opposa pas puisque cette voie pouvait tout de même mener vers l'industrie brassicole.

🍁

Eric commença ses études en chimie à Princeton à l'automne 1956, avec le professeur John Turkevich surnommé « The Turk » (même s'il était, selon Eric, « tout ce qu'il y a de plus russe »). Ce physicochimiste de renommée internationale, très populaire auprès des étudiants, était un expert des fines particules et des colloïdes. Il impressionnait Eric : « J'ai demandé qu'il soit mon directeur de thèse parce que j'aimais la chimie et ses cours. Je pense qu'il m'aimait bien aussi puisqu'il a accepté. J'étais tellement heureux ! »

Eric se rappelle son inquiétude lorsqu'il marchait sur Washington Road à Princeton afin de se rendre à l'édifice de chimie Frick pour sa première rencontre avec The Turk. Il s'avéra que son professeur s'intéressait à ses projets après l'université. « Quand il m'a demandé ce que je ferais après mes études, il s'attendait à ce que je réponde quelque chose comme "médecine" ou "doctorat en chimie", mais j'ai lancé : "Brasser de la bière !" »

The Turk passa la main dans sa chevelure noire en bataille et lui demanda : « Vous voulez devenir brasseur ? C'est la première fois que j'entends ça ! Alors nous devons étudier la levure. » L'homme corpulent se leva et invita Eric à le suivre dans son labo : « Venez avec moi, j'ai un microscope électronique. »

Ce qui plut à Eric, c'est que The Turk avait utilisé le pronom « nous » plutôt que « vous ». Il allait étudier avec un symbole d'autorité qui non seulement soutenait son choix de carrière, mais s'engageait à l'accompagner. Au cours des trois années suivantes, la levure devint leur passion commune et le sujet de la thèse d'Eric.

C'est en analysant la levure de près qu'Eric se découvrit en quelque sorte pour la première fois. Même aujourd'hui quand il décrit la levure et son rôle dans la fabrication de la bière, Eric semble parler de lui : le facteur discret, mais essentiel, d'une longue tradition qui vient faire son tour de magie pour produire la bière, puis se retire après avoir préparé une nouvelle génération à poursuivre le travail. « Au beau milieu du processus de brassage, explique Eric, on ajoute de la levure à du moût qui a été refroidi à une température précise. Elle est très exigeante sur ses besoins et, sans l'environnement et les ingrédients parfaits, elle ne produira pas la bière qu'on veut. Après avoir ajouté la levure, on attend. Il ne faut pas la bousculer. C'est un procédé naturel qu'on ne peut pas accélérer.

« Au cours du brassage, chaque cellule de levure se multiplie, et cette levure peut être réutilisée pour d'autres brassins sans jamais perdre ses caractéristiques. Avec le soin voulu, une brasserie peut se servir de la même levure pendant toute son histoire. C'est ce qu'on fait chez Molson. »

La thèse d'Eric portait sur la paroi cellulaire de la levure et sa structure interne. Sous la direction du Turk, il utilisa un brûleur d'oxygène atomique spécial pour amincir la paroi, puis il fit des tests avec différents colorants afin de mieux observer l'intérieur de la structure. Eric était fasciné. « La paroi cellulaire de la levure est résistante et plus épaisse que celle de beaucoup d'autres organismes, ce qui permettrait de faire beaucoup de manipulations génétiques à l'intérieur. Alors

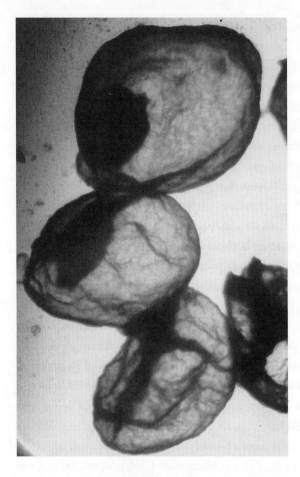

Cellules de levure lyophilisées et partiellement brûlées (grossies 24 000 fois), prises par micrographie électronique par Eric Molson pour sa thèse intitulée *Microincineration by Atomic Oxygen and the Three Dimensional Study of the Structure of Biological Species* soumise au professeur John Turkevich du Département de chimie de l'Université Princeton, le 1er mai 1959.

pour étudier un nouveau médicament ou produit pharmaceutique dans des conditions contrôlées, on obtiendrait de meilleurs résultats à l'intérieur d'une cellule de levure. » Eric conserva son enthousiasme durant de nombreuses années, et, plus tard, il incita les employés de Molson à entreprendre des recherches en utilisant des cellules de levure comme véhicule pour analyser le potentiel de différents médicaments contre le cancer.

Eric travaillait fort à Princeton et il aimait ça. The Turk partageait son amour pour la chimie et l'encourageait. « Il m'a donné une note ridiculement haute, un A+ ! », se souvient Eric avec fierté. Pendant une courte période, celui-ci songea même à devenir chimiste professionnel en laboratoire, mais sa volonté première de « brasser de la bière » l'emporta.

Son mentor et professeur l'incita à poursuivre dans cette voie : « Vous savez, Eric, dans la vie, il faut grimper sur la vague et y rester. Et votre vague, c'est la bière. » Eric n'oublia jamais cet aphorisme qu'il utilisa des années plus tard lorsque vint le temps de ramener l'entreprise vers les activités brassicoles après de nombreuses années comme conglomérat.

Eric aurait peut-être mené une existence plus sereine et plus simple s'il avait décidé de demeurer dans un laboratoire. La vie de scientifique aurait probablement mieux convenu à sa nature introvertie. Toutefois, il se fia à son instinct et suivit les conseils de son professeur : « Je suis resté sur cette vague et j'ai poursuivi mon chemin professionnel dans le domaine brassicole. C'est lors de ma première entrevue avec The Turk que j'ai finalement décidé de devenir brasseur, et j'ai étudié la levure avec son microscope électronique. Ensuite, j'ai passé toute ma carrière chez Molson à protéger, manipuler et traiter la levure pour produire des quantités énormes d'ales et de lagers de première catégorie. Je ne l'ai jamais regretté. Je me suis beaucoup amusé et c'était une bonne entreprise… Ça m'a donné un but dans la vie. » La profession d'Eric serait aussi pour lui une façon d'apporter sa contribution au monde qui l'entoure.

🍁

Malgré la profonde influence de Turkevich sur ses études, Eric ne le fréquentait pas à l'extérieur du laboratoire, ce qu'il se reproche parfois aujourd'hui. « Un jour, The Turk a invité des danseurs de ballet à Princeton pour le brunch. J'aurais vraiment dû y aller. J'aurais rencontré des personnes intéressantes ! » Eric aura toujours de la difficulté avec les relations sociales, et c'était le cas déjà à Princeton. En plus des cliques habituelles des sportifs et des snobs, il y avait une autre couche de ségrégation : les *eating clubs* situés le long de l'avenue Prospect. Il s'agissait d'établissements privés où les étudiants de premier cycle prenaient leurs repas et se réunissaient à l'extérieur des cours. Pour en faire partie, un étudiant devait subir une série d'entrevues – connue sous le nom de *bickering* – avec les membres du club. À peu près tout le monde était déçu à moins de s'appeler Rockefeller ou Ford.

« C'était horrible et extrêmement prétentieux, se souvient Eric en hochant la tête. Ils jugeaient les gens en fonction de leurs vêtements

Illustration du Charter Club de l'Université Princeton parue dans l'album *Bric a Brac* de 1959. Reproduction autorisée.

et de leurs relations. Ils portaient des vestons de tweed et fumaient la pipe… Des jeunes de vingt ans ! À l'Ivy Club, il y avait même une harpiste pour les distraire. Peux-tu croire ? »

F. Scott Fitzgerald qualifie l'Ivy Club d'« inéluctablement aristocratique » dans son roman *L'envers du paradis*. Eric, lui, en fait une description moins littéraire : c'était l'endroit où allaient « tous les *big shots* ». Il ne souhaita jamais en devenir membre, mais essaya en vain de se faire admettre au club Cap and Gown que fréquentaient la plupart de ses copains. Il se retrouva encore plus bas sur l'échelle de prestige, au Charter Club dont les membres provenaient surtout de « familles fortunées dégénérées de la côte est américaine », comme ils se décrivaient eux-mêmes en riant quand ils avaient pris un coup. Eric et ses compagnons du Charter, dont faisait partie son cousin et ami d'enfance Michael « The Rat » Huband (lui aussi refusé au Cap and Gown), vécurent l'expérience universitaire ultime qui consistait « à boire de la bière et à s'amuser ».

Les parties de football étaient particulièrement animées. Eric y assistait généralement vêtu d'un énorme manteau en fourrure de raton laveur qu'il avait acheté dans une friperie. Il était vieux et rongé par les mites, mais Eric en avait coupé l'épaisse doublure pour pouvoir y glisser vingt-quatre canettes de bière. Ce manteau devint légendaire et même Hartland, son oncle guindé, lui glissait quelques billets chaque Noël en lui chuchotant : « C'est pour ton manteau en raton. »

Eric avait de la difficulté à se tenir debout lorsque le manteau était plein de canettes. Pendant les parties, ses amis s'agglutinaient autour de lui en buvant discrètement de la bière maintenue à la température idéale par la fourrure isolante. Eric aimait l'esprit de camaraderie et, dans cet environnement, il devint plus ouvert et extroverti.

La musique tint également un rôle important dans la vie d'Eric au cours de ses études à Princeton. Il avait grandi en entendant sa mère jouer magnifiquement sur son piano à queue du chemin Ramezay. Lui-même avait hérité de son oreille musicale et s'amusait sur le piano droit à l'étage. « Il chantait à tue-tête en s'accompagnant au piano, et nous chantions avec lui même si aucun de nous n'avait une belle voix,

Eric Molson jouant du piano à Kennebunkport, Maine, été 1999. Photo : collection de la famille Molson.

se souvient Cynthia. Il était détendu dans ces moments-là. Il semblait vraiment s'amuser. » Eric faisait de même au Charter Club : « Je jouais chaque soir après souper. On était tous réunis dans le salon et je me mettais au piano, mais pas parce que j'avais du talent ou que je voulais m'améliorer. C'était simplement pour me distraire. »

Eric suivit quelques cours à Princeton pour mieux comprendre la théorie musicale, mais sans plus. « Pour me lancer en musique, il aurait fallu que j'abandonne mon objectif de carrière à long terme et je voulais plus que tout devenir brasseur. »

Eric travaillait pendant les vacances d'été. Une année, il fut messager à la Banque de Montréal et, une autre, il alla dans la forêt au Nouveau-Brunswick. Il y abattait les arbres morts et aménageait les lieux pour prévenir les incendies.

Malgré la fortune familiale, Tom ne donnait aucun argent de poche à Eric, ce qui explique sa hâte de travailler en été et après ses études. « On voulait tous avoir un emploi. Quand on gagne de l'argent, on se sent plus libre. J'étais impatient d'être autonome et de prendre le tramway pour aller au travail. »

Stephen passait lui aussi ses étés à Montréal pour travailler et, le soir, les deux frères sortaient pour écouter de la musique. À l'heure du souper, Tom les interrogeait sur leurs virées et, quand Eric se mettait à lui fournir des détails, Stephen lui donnait des coups de pied discrets sous la table en marmonnant : « Ne raconte rien, Creep. Ne fais pas ton lèche-cul. »

Ce souvenir amuse Eric : « Stephen trouvait toujours que j'en disais beaucoup trop à notre père. »

Les frères s'appellent affectueusement « Creep » (pauvre type) depuis cette époque. « Il m'appelait "The Creep" et je faisais de même, raconte Eric. Dès que je disais quelque chose de gentil à mon père, il s'organisait pour que je la ferme. Il est drôle, Stephen. Il me manque quand il n'est pas là. »

♣

Les années d'études d'Eric coïncidèrent avec une période de développement et de progrès pour La Brasserie Molson. En 1945, tandis qu'Eric était à Selwyn House, Molson subit une profonde transformation. Après cent cinquante-neuf ans à titre d'entreprise appartenant à des intérêts privés, qui brassait et distribuait de la bière exclusivement au Québec, Molson offrit des actions au public pour la première fois. Cette première offre publique d'achat avait pour objectif de réunir suffisamment de capitaux pour agrandir les installations et accroître les ventes au-delà des frontières de la province.

John Molson fonda l'entreprise en 1786 à partir de rien et en fit l'une des plus importantes du Bas-Canada. Elle fut une base solide à partir de laquelle la famille put investir dans de multiples initiatives pour renforcer la société et le pays, incluant l'industrie navale, le chemin de fer, la banque, les hôpitaux, les universités et, bien entendu, le hockey. Toutefois, le secteur brassicole demeura central, respectant fidèlement les principes de travail, d'intégrité, de qualité constante et de communauté chers au fondateur.

Il semble qu'il y eut un « homme de bière » dans chaque génération de Molson qui suivit, un *beer man* qui se chargea de porter l'entreprise plus loin sur le chemin tracé par John. Après la Seconde Guerre mondiale, Tom et Hartland joignirent les autres membres de la famille à la tête de la brasserie. Les deux frères étaient opposés et complémentaires : l'aîné travaillait en coulisse avec réserve et diligence, tandis que le cadet, à l'avant-plan, devint le visage charismatique de Molson.

Quatre ans après l'introduction de l'entreprise en Bourse, Tom, Hartland et Bert Molson (leur petit-cousin plus âgé qui présidait la brasserie à l'époque) s'inquiétèrent de l'éventuelle dilution de la position de contrôle de la famille. Même s'ils ne souhaitaient en aucun cas perdre leur emprise sur la direction de l'entreprise, ils voulaient continuer à encourager les actionnaires. C'est pourquoi ils lancèrent en 1949 une structure à deux catégories d'actions.

Une entreprise qui se dote d'une telle structure émet deux types différents d'actions. Dans le cas de Molson, il s'agit de titres assortis ou non du droit de vote. Les titres existants de Molson furent fractionnés en catégorie A (sans droit de vote) à l'intention du public et en catégorie B (avec droit de vote) pour la famille. Ce type de structure est encore utilisé aujourd'hui par des sociétés comme Google, Facebook

Les Molson employés par la brasserie : F. Stuart Molson (1893-1983), Tom H.P. Molson (1901-1978), Herbert « Bert » W. Molson (1882-1955), John H. Molson (1896-1977) et Hartland de Montarville Molson (1907-2002). Photo : collection de la Molson Coors Brewing Company.

et Rogers qui veulent lever des capitaux auprès d'investisseurs souhaitant participer à la croissance future de l'entreprise tout en laissant le contrôle aux mains de leurs fondateurs.

Ce type d'organisation comporte évidemment des avantages et des inconvénients. Le facteur incontournable demeure la confiance : celle que les détenteurs d'actions avec droit de vote agiront dans l'intérêt supérieur de l'entreprise et de l'*ensemble* de ses actionnaires. Dans le cas contraire, ou même s'il subsiste un doute qu'ils profitent de leur position privilégiée pour servir leurs propres intérêts, les actionnaires non votants pourraient se manifester et se rebeller. Toutefois, lorsque la structure à deux catégories est judicieusement administrée, le mécanisme permet de planifier à plus long terme. C'est particulièrement le cas quand les titres avec droit de vote sont détenus par les propriétaires dotés d'une éthique et de valeurs fortes, qui comprennent leur entreprise à fond et qui s'engagent à assurer sa croissance à long terme et sa survie (contrairement aux spéculateurs qui cherchent uniquement un profit rapide).

C'est à la fois un privilège et une responsabilité de posséder un bloc de contrôle d'une société faisant appel public à l'épargne. Bert, Tom et Hartland le saisissaient parfaitement bien. Les successeurs partageraient-ils cette préoccupation ? L'avenir le dirait.

2 La rencontre

La rencontre de deux personnalités évoque ce qui arrive lors du contact de deux substances chimiques : s'il se produit une réaction, les deux en sont transformées.

CARL G. JUNG (1875-1961)

Je demande à Eric : « Parlez-moi de hockey. »

Nous sommes dans le Maine, réunis tous les deux pour une de nos séances, comme il les appelle. Une brise saline pénètre les moustiquaires du solarium.

Eric prend une gorgée de café, le regard tourné vers les flots bleus de l'Atlantique, et répond avec sa concision habituelle : « Que veux-tu que je te dise ? Je suis un grand *fan*. »

Le silence me rend mal à l'aise, je l'ai appris au fil des ans. Je me mords les lèvres pour me forcer à me taire et donner à Eric le temps de préciser sa pensée. Sur les vagues à l'horizon, un petit homardier zigzague entre les bouées indiquant la présence des trappes. Puis Eric me pose une question : « Sais-tu comment Andrew appelle ça, le hockey ? Le grand ballet du nord. Et tu sais quoi ? Il a parfaitement raison. On dirait qu'ils dansent sur la glace… du moins, quand ils ne sont pas en train de se battre ou d'avoir des punitions inutiles. Ce sont des joueurs de hockey, après tout. »

Il hoche la tête en souriant, puis continue à parler. « Le hockey fait partie de notre culture. C'est très canadien et c'est indissociable du nom Molson, comme un bon verre de bière. »

La une du quotidien *La Presse* de Montréal, le 27 mai 2009 : *Vente du Canadien, les Molson sautent dans la mêlée* et, plus bas, *Vers un retour à la normalité ?*, renvoyant à un article du chroniqueur sportif Réjean Tremblay.

Je pense à la réaction largement positive des médias le 27 mai 2009 lorsque les frères Molson – Geoff, Andrew et Justin, les fils d'Eric – ont annoncé leur intention de déposer une offre pour acquérir le Club de hockey Canadien. Je devais prendre le vol de 6 heures vers Toronto et, juste avant de monter à bord, j'avais acheté des exemplaires de tous les quotidiens : la *Gazette*, le *Globe and Mail*, *La Presse*, *Le Journal de Montréal*, *Le Devoir* et le *National Post*. Ils en parlaient tous. En lisant les articles dans l'avion, j'ai perçu une fébrilité indéniable : la famille Molson pouvait reprendre possession de l'équipe. Un retour à la maison, en quelque sorte.

« Vous deviez être heureux en 2009 quand les garçons vous ont lancé l'idée de racheter l'équipe, non ? »

Eric répond tout de go : « Pas du tout. J'étais très négatif. J'ai essayé de convaincre Geoff et Andrew d'oublier ça. Je leur ai dit que c'était un mauvais investissement. Mais mes fils peuvent être très persuasifs. Ça s'est bien passé, je crois, et Geoff fait du bon travail pour l'intégrer dans une entreprise de divertissement plus vaste. Mais il y a beaucoup de facteurs que le propriétaire d'une équipe ne peut pas contrôler. Penses-y : une gang de millionnaires qui se déplacent à toute vitesse sur une surface de glace ! Moi, je ne l'aurais pas fait. Surtout qu'on était déjà passés par là deux fois. »

❦

Le 25 septembre 1957, la une du *Globe and Mail* clamait : *Les Molson deviennent propriétaires majoritaires du Forum et des Canadiens*. Tom et Hartland Molson avaient acquis la Canadian Arena Company – qui comprenait le Canadien et le Forum où jouait le club – du sénateur Donat Raymond. C'était une période excitante pour posséder l'équipe. Les *Famous Flying Frenchmen* (les célèbres Français volants) de la Ligue nationale de hockey venaient de remporter la coupe Stanley, un exploit qu'ils allaient répéter les quatre années suivantes. Cette série de victoires n'a jamais été égalée depuis.

Le hockey était plus qu'un jeu et les Habs – le surnom populaire du Canadien chez les anglophones, d'après le diminutif d'« habitants », nom donné aux colons de la Nouvelle-France – étaient plus qu'une équipe. Au cours du XXe siècle, la formation est devenue en quelque sorte le troisième pilier de la société québécoise, avec l'Église catholique et la langue française. Les télédiffusions de *La soirée du hockey* tous les samedis étaient incontournables, au même titre que la messe du dimanche matin. D'ailleurs, le surnom de « sainte flanelle » donné à l'équipe fait allusion à l'uniforme aussi vénéré et sacré que la sainte tunique que Jésus porta au Calvaire avant sa crucifixion.

Au milieu des années 1950, le Club de hockey Canadien joua à son insu un rôle social encore plus grand. Ses joueurs représentaient le ressentiment croissant des Québécois francophones à l'endroit de l'establishment anglophone – « les *boss* » – qui contrôlait les industries et les

Le sénateur Hartland de Montarville Molson félicitant Maurice « Le Rocket » Richard après la victoire de la coupe Stanley en 1960. Les Canadiens de Montréal remportèrent le trophée à onze reprises alors que l'équipe appartenait à la famille ou à la brasserie Molson. Photo : LAC/Molson fonds PA-127084.

ressources naturelles de la province. Maurice « Le Rocket » Richard, la vedette et le meilleur compteur de l'équipe, devint un emblème de la Révolution tranquille, une époque de bouleversements sociaux qui s'intensifiaient. Tout commença le 13 mars 1955 lorsque le président (anglophone) de la Ligue nationale de hockey, Clarence Campbell, suspendit Richard pour le reste de la saison 1954-1955, incluant les éliminatoires, pour avoir frappé un juge de ligne pendant un match.

Les amateurs estimèrent que la punition était beaucoup trop sévère et que Le Rocket l'avait reçue à cause de ses origines canadiennes-françaises. Selon eux, les « ordures d'Anglos » qui dirigeaient la LNH voulaient donner une leçon au héros francophone de la classe ouvrière qui trônait au sommet de leur ligue. Lorsque Campbell se présenta au Forum pour assister à une partie quelques jours plus tard, à la

Saint-Patrick, il fut à l'origine d'une émeute de partisans frustrés qui descendirent dans les rues de Montréal.

Les frères Molson étaient conscients de la responsabilité qui leur incombait à titre de propriétaires des Glorieux, comme l'expliqua Hartland : « On ne possède pas vraiment les Canadiens. C'est le public montréalais, en fait la province de Québec au complet, qui possède les Canadiens. Ce club est une institution, un mode de vie. » Des années plus tard, Eric le rappela à ses propres fils.

🍁

Tom et Hartland léguèrent plusieurs valeurs à Eric : être responsable, travailler fort, respecter les autres et tenir parole. Les frères Molson de la cinquième génération se fièrent à ces quatre valeurs en 1945 lorsqu'ils s'adressèrent pour la première fois à des investisseurs externes pour réunir des fonds. Le premier appel public à l'épargne de Molson devait servir à étendre les activités de la brasserie au-delà des frontières du Québec.

Tom et Hartland commencèrent par se rendre en Ontario pour repérer des sites, sous le couvert de l'anonymat. Pour leurrer leurs concurrents, ils voyageaient même séparément sous des noms d'emprunt. Ils avaient des rivaux de taille. Les frères Labatt, qui veillaient au développement de la brasserie fondée par leur grand-père en 1847, venaient de lancer la Labatt 50, la première bière blonde au Canada. En outre, le magnat des affaires E.P. Taylor était en pleine frénésie d'acquisitions. Il avait mis la main sur plus de vingt petites entreprises, dont O'Keefe, en vue de créer le plus grand brasseur au monde : Canadian Breweries Ltd. C'est peut-être l'appétit vorace de Taylor qui persuada les frères Molson d'opter pour une structure à deux catégories d'actions en 1947, quatre ans après s'être introduits en Bourse.

Eric explique : « Il était important de rester propriétaire majoritaire à l'époque parce qu'on ne voulait pas qu'un homme comme E.P. Taylor rafle tous les titres pour acquérir le contrôle, comme il l'avait fait avec les autres brasseries. On doit garder la mainmise sur ce que l'on veut faire. »

Tom et Hartland arrêtèrent leur choix sur un terrain de premier ordre, un lot de dix acres de la rue Fleet à Toronto, au bord du lac

Cérémonie d'inauguration des travaux de construction de la brasserie Molson de Toronto, la plus moderne au Canada lors de son achèvement, en 1954. Devant le camion de livraison de Molson, on reconnaît George H. Craig, Campbell L. Smart, Thomas H.P. Molson et David M. Chenoweth. Ce dernier devint, en 1966, le premier président et chef de la direction des Brasseries Molson à ne pas faire partie de la famille du fondateur. Photo : collection de la Molson Coors Brewing Company.

Ontario, et facilement accessible par le chemin de fer et le réseau routier. Il y avait un seul problème : ce lot appartenait en partie à E.P. Taylor qui y garait d'énormes camions de bière O'Keefe en guise de panneaux publicitaires. C'était un endroit idéal, à la vue des milliers d'automobilistes qui circulaient chaque jour sur l'autoroute. Usant de prudence, les frères engagèrent un intermédiaire pour négocier l'achat, sachant que Taylor ne leur céderait jamais sa propriété s'il avait vent de leur intérêt. Les Molson finirent par l'acquérir à l'insu de Taylor. « C'était un emplacement parfait pour une brasserie, explique Eric. Il y avait l'eau, il y avait le train, il y avait les routes... Une fois la transaction conclue, notre type a appelé E.P. Taylor pour lui ordonner d'enlever ses camions de notre terrain. Ça a été une surprise totale pour lui. »

Tom se lança dans la conception et la construction du nouvel établissement et, en août 1955, Molson inaugura sa brasserie de Toronto.

Tom était, à juste titre, fier de son œuvre : une usine de six étages, *son* usine, qui était l'une des plus vastes et des plus modernes de l'époque. Pour en assurer la gestion, Hartland jeta son dévolu sur David Chenoweth, un jeune prodige d'une vingtaine d'années qui était alors président de Pepsi-Cola Canada. Fidèle à sa réputation de fin négociateur, Hartland réussit à le séduire. L'usine approvisionna dès lors la plus grande partie du marché ontarien et une portion de l'ouest du Canada.

Les années qui suivirent furent une période exaltante, marquée par la croissance et l'expansion. L'entreprise franchit un nouveau cap en 1958. Tom se rendit dans l'Ouest canadien sous le pseudonyme de « Wilson » pour repérer discrètement des acquisitions possibles. Telle était son expertise : examiner une brasserie pour déterminer si Molson devrait l'acheter ou choisir un site pour y construire une usine à partir de zéro. Les frères choisirent Sick's Brewery Ltd de Calgary, qui possédait cinq usines en Colombie-Britannique, en Alberta et en Saskatchewan, ainsi que deux autres aux États-Unis. Tom fut séduit par le fonctionnement de la brasserie, et Hartland, par sa situation financière.

L'acquisition de Sick's Brewery Ltd. à Prince Albert, Saskatchewan, en 1958, permit à Molson d'entreprendre son expansion dans l'Ouest. Photo : collection de la Molson Coors Brewing Company.

Le conseil d'administration de Molson modifia le capital-actions pour être en mesure de faire cette acquisition. Ainsi, le 3 octobre 1958, il émit 500 000 actions additionnelles de catégorie A et de catégorie B, et fractionna les titres déjà émis à 2 pour 1. Le prix des actions de Molson avait monté en flèche au cours des années précédentes et, en augmentant le nombre de titres par un fractionnement, elles devenaient plus abordables et attiraient plus de nouveaux investisseurs. Ces mesures produisirent l'effet escompté et, le 29 novembre 1958, Molson annonça l'acquisition d'une participation majoritaire dans la Sick's Brewery au moyen d'un échange d'actions.

Cette transaction fut plus profitable que prévu, raconte Eric : « En achetant ces brasseries dans l'ouest, on a découvert de l'argent dans chaque tiroir. C'est une façon de dire que notre acquisition valait beaucoup plus que le prix payé. On est allés sur place et, quand on a commencé à regarder – à ouvrir les tiroirs, si on veut –, on s'est rendu compte qu'il y avait plein d'argent. Les activités brassicoles, l'équipement, les produits… Tout ça valait pas mal plus que ce à quoi on s'attendait. »

Grâce à l'acquisition de Sick's, Molson put atteindre le statut d'entreprise pancanadienne à la fin des années 1950. En treize ans seulement, cette brasserie privée québécoise était devenue une société par actions disposant d'installations un peu partout au pays.

🍁

Les frères Molson cherchèrent un moyen de partager leur succès avec la société dans l'esprit d'une tradition lancée longtemps auparavant par John Molson qui avait déclaré : « Nous sommes tous membres d'une grande communauté où chacun doit faire sa part. »

Le 28 novembre 1958, la veille de l'acquisition de Sick's, Tom et Hartland suivirent l'exemple de leur ancêtre et créèrent la Fondation Molson. Ils y déposèrent plus de la moitié de leurs actions de catégorie B avec droit de vote en vue d'assurer l'« amélioration de la société canadienne ». La fondation avait pour mission de verser des dons aux hôpitaux, à la recherche médicale et aux établissements d'enseignement de toutes les régions du pays. Ainsi, la Fondation Molson, qui existe depuis soixante ans, a été lancée et financée en grande partie

The Molson Foundation
Fondation Molson

Logo de la Fondation Molson mise sur pied par Tom et Hartland Molson en 1958. Depuis, elle a versé un total de 155 521 867 $ à 570 institutions (données de 2016).

grâce à des titres de Molson. Elle dépend presque exclusivement des activités de la brasserie pour redonner à la société canadienne, ce qui illustre l'importance de l'entreprise pour la philosophie de Molson. Au cours des ans, la Fondation Molson a versé des millions de dollars pour soutenir une multitude d'organismes à travers le Canada. Dans la ville d'origine de l'entreprise, les principaux bénéficiaires sont notamment l'Institut neurologique de Montréal, l'Université de Montréal, l'Université Concordia, le Centre hospitalier Sainte-Justine et l'Hôpital général de Montréal

L'association de la famille Molson avec certains de ces établissements remonte à il y a plus d'un siècle. Dans le cas de l'Hôpital général de Montréal, par exemple, c'est John Molson qui, à cinquante-six ans, en 1819, avait milité auprès de l'Assemblée législative pour la construction du premier hôpital public non confessionnel de la ville. Dans sa demande, Molson argua : « La grande vague d'émigration qui a atteint le Canada et l'augmentation du nombre de malades qui accompagne inévitablement une telle situation exigent impérieusement un genre d'hospice où ils pourront recevoir l'aide et le secours dont ils ont urgemment besoin en raison de leur pauvreté et de leur vulnérabilité. » La condition des immigrants se voyait aggravée par leur accès restreint au seul hôpital de la ville : l'Hôtel-Dieu de Montréal, administré par un ordre religieux. Tandis que l'Assemblée législative discutait de cette requête, John Molson et ses alliés se mirent à l'œuvre en amassant des fonds privés pour ouvrir un établissement temporaire de vingt-quatre lits. Quatre ans plus tard, l'Hôpital général de Montréal reçut sa charte royale et on entama les travaux de construction d'un hôpital permanent. Molson et ses trois fils furent tous nommés membres fondateurs de son conseil des gouverneurs et depuis, on compte toujours un Molson au conseil d'administration de l'Hôpital général de Montréal : Tom, Eric et maintenant Andrew s'y sont succédé.

Eric pouffe de rire en décrivant l'influence laissée par son père sur l'Hôpital général. « Pendant que Tom s'occupait de l'expansion de la brasserie de Montréal et qu'il en bâtissait une à Toronto, il était vice-président du conseil de l'Hôpital général de Montréal, qui subissait lui aussi des travaux d'agrandissement. Tom a donc choisi pour l'hôpital les mêmes matériaux qu'il utilisait pour les usines : les mêmes carreaux de céramique, les mêmes rampes d'escalier, les mêmes couleurs et les mêmes ingénieurs, McDougall Friedman. C'est pourquoi l'hôpital ressemble vaguement à une brasserie ! Bien entendu, une salle de brassage doit être en quelque sorte comme une salle d'opération : elle doit en tout temps être stérile, fraîche et facile à nettoyer. Alors, quand on observe attentivement la vieille aile de l'Hôpital général de Montréal, on remarque qu'elle est très semblable à l'usine de la rue Notre-Dame : les mêmes teintes vert pâle et caramel, et les mêmes briques. Une orgie de briques ! Mon père les adorait parce qu'elles sont solides et faciles à installer. »

En 1958, tandis que Molson étendait ses activités brassicoles et philanthropiques à travers le pays, Eric observait tout cela en coulisse à partir de Princeton. Au printemps s'ajouta la fébrilité de la victoire de la coupe Stanley remportée par les Canadiens de Montréal (qui appartenaient désormais à Tom et à Hartland) devant les Bruins de Boston. Eric pensait à ce qu'il allait faire après ses études, et il se demandait si, et comment, il pourrait lui aussi apporter sa contribution à l'héritage des Molson.

Tom avait quelques idées sur le sujet. Lorsque Eric obtint son diplôme de Princeton avec distinction en 1959, Tom décida qu'il était temps d'initier son fils à l'industrie de la bière. Estimant qu'il était dans son intérêt d'acquérir de l'expérience à l'extérieur de l'entreprise familiale, il conclut une entente avec Phil Oland, propriétaire de la brasserie Moosehead à Saint John au Nouveau-Brunswick.

Eric explique la nature de leur marché : « Ils nous ont échangés pour que nous n'ayons pas à travailler pour notre propre père. Je suis allé chez Moosehead, et Derek Oland est venu chez Molson. » Eric appliqua le même principe des années plus tard avec son fils Geoff qui voulait travailler chez Molson et insista pour qu'il acquière des connaissances pertinentes ailleurs avant d'être embauché dans l'entreprise familiale.

La première expérience d'Eric dans le milieu brassicole ne fut pas des plus positives. Il s'ennuya au bout de plusieurs mois à déguster la bière toute la journée à Moosehead avant d'aller passer la nuit au YMCA local. « C'était comme un exercice militaire. Je faisais la même chose jour après jour. Je prélevais des échantillons dans les réservoirs et je les apportais au labo pour les tests… Très routinier. Je n'avais aucun défi. » Il se mit à douter de vouloir travailler dans cette industrie.

Il appela son père pour lui annoncer qu'il souhaitait reprendre ses études afin de décrocher une maîtrise en chimie.

« Ne sois pas ridicule, lança Tom. Tu ne tiens pas à devenir un de ces types qui passent leur vie dans un laboratoire, hein ? »

Par chance pour Eric, John Turkevich lui fit une proposition : « Je cherche quelqu'un. Pourquoi ne viens-tu pas travailler pour moi à Princeton ? »

Eric accepta l'invitation de son ancien professeur sans hésiter. Il fut ravi à l'idée de se retrouver dans un laboratoire, de travailler avec un microscope électronique, de vivre au Charter Club. Il se disait même qu'il pourrait assister à des bals de débutantes à Philadelphie.

« Il y avait des orchestres exceptionnels à toutes ces fêtes, se souvient Eric. Je prenais le train jusqu'à Philly, j'écoutais de la musique toute la soirée et je revenais à l'université le lendemain matin. »

Tom fut rassuré parce qu'en plus de travailler à Princeton Eric s'inscrivit à la United States Brewers' Academy à Mount Vernon dans l'État de New York. Il y acquit des connaissances approfondies sur la science du brassage (maltage, empâtage, ébullition, fermentation et affinage) et le génie (débit, transfert de chaleur et de masse, séparation des so-

L'usine de Molson à Capilano au sud du pont Burrard dans le quartier Kitsilano à Vancouver, Colombie-Britannique, en 1966. Photo : collection de la Molson Coors Brewing Company.

lides et des liquides, etc.). En mars 1960, à vingt-deux ans, il obtint son diplôme de maître brasseur certifié.

Eric se sentait dorénavant prêt à entrer à l'emploi de l'entreprise familiale, mais, une fois de plus, son père avait des idées bien arrêtées sur la façon dont cela devait se passer. Il lui annonça : « Tu n'iras pas travailler tout de suite au siège social de Montréal, tu devrais acquérir une expérience pratique avant. » Il l'envoya donc faire ses premières armes comme apprenti brasseur dans la petite usine de Molson à Vancouver.

Un mois après la fin de ses études, Eric s'installa donc dans l'hôtel Sylvia situé devant la brasserie Molson de Capilano, de l'autre côté du pont Burrard. « Je n'ai que de bons souvenirs de mon séjour dans l'ouest. J'ai fait tout ce que rêve de faire un jeune homme quand il acquiert son indépendance. J'ai traversé le Canada en train, j'ai trouvé mon premier appartement, j'ai reçu mon premier chèque de paie de Molson à titre de chimiste adjoint au contrôle de la qualité, j'ai acheté ma première auto (une Beetle d'occasion de Volkswagen), je me suis fait un tas d'amis, j'ai joué au hockey et au baseball avec les autres employés, j'ai bu de la bière et j'ai beaucoup appris sur le brassage et le marketing. »

À la différence de son passage peu mémorable chez Moosehead, il était stimulé à la fois par ses collègues et par ses patrons, et il sentait qu'il faisait partie d'une équipe. Il vérifiait les températures et la conformité des échantillons, il prenait des notes pour le contrôle de la qualité et il travaillait avec les autres employés du laboratoire pour améliorer toujours plus les produits Molson. Dans ce milieu, il n'était ni inhibé ni timide. « Les gens de Molson m'ont enseigné les techniques de brassage et de gestion. Ils ont contribué à mon développement et ils avaient le sens de l'humour. J'ai commencé à aimer ça. Je n'aurais jamais appris autant si j'avais travaillé directement sous les ordres de Tom à Montréal. »

En vue d'en faire un employé complet, Tom s'assura qu'Eric était exposé à différentes facettes de l'entreprise. En plus de participer au processus de brassage, Eric collaborait avec l'équipe de marketing pour créer du matériel promotionnel, il visitait des tavernes et d'autres clients avec les vendeurs, et il faisait des quarts de travail aux usines de Molson à Calgary et à Prince Albert. Ensuite, on lui confia les projets les plus variés : « Par exemple, j'ai supervisé l'installation de nouveaux réservoirs. J'ai même conçu une partie de la tuyauterie. Plus l'établissement est petit, plus on peut faire de choses. J'ai aimé avoir toutes ces responsabilités. »

🍁

Eric rentra à Montréal un an plus tard, en 1961, pour occuper le poste d'assistant maître brasseur à l'usine de la rue Notre-Dame. C'était un environnement très différent de ce qu'il avait connu dans l'ouest. C'est à Montréal que John Molson s'était lancé en affaires et, en voyant son portrait accroché bien en évidence dans la salle de réception principale, Eric eut l'impression que son ancêtre avait encore l'œil sur l'entreprise qu'il avait fondée en 1786.

La brasserie de Montréal employait beaucoup de Molson, dont un certain nombre de cousins qui ne partageaient pas tous les valeurs et l'éthique d'Eric, comme il le rappelle sèchement : « Certains étaient des flancs mous qui restaient assis à s'organiser des rendez-vous galants et

Eric Molson devant le portrait de son ancêtre, l'honorable John Molson (1763-1836),
qui orne toujours un mur de la salle de réception de la brasserie de la rue Notre-
Dame à Montréal.

à lire des magazines pour hommes… Je ne crois pas que ce soit une bonne façon de gagner le respect de ses collègues. » Eric jugeait important que les membres de la famille se plient aux mêmes règles que les autres employés, sans passe-droit. « Les gars de la salle de brassage savaient que j'étais franc et direct, que j'avais le cœur à l'ouvrage et que j'étais fiable. J'arrivais tôt le matin, prêt à me retrousser les manches comme eux. »

En outre, c'était à la brasserie de la rue Notre-Dame que la présence de « M. Tom » et de « M. Hartland » – respectivement président du conseil d'administration et président de l'entreprise – se faisait le plus sentir. Leur regard scrutateur pouvait être intimidant. Ils n'hésitaient jamais à intervenir et pouvaient s'éterniser sur un petit problème en rappelant constamment aux employés comment le corriger. Ils ne lâchaient pas prise tant que la situation n'était pas réglée à leur satisfaction. Ils se comportaient de la sorte surtout avec les membres de la famille qui étaient formés en vue de diriger Molson un jour. Ils portaient à leur attention des enjeux importants concernant le contrôle de la qualité ou la conformité des processus, mais ils s'attardaient également sur les détails les plus insignifiants. « L'ennui, se souvient Eric, c'était qu'ils étaient aussi inflexibles pour les problèmes plus complexes que pour les plus anodins, comme une ampoule défectueuse dans l'ascenseur ou l'horloge extérieure au sommet de l'édifice qui accusait quelques minutes de retard. Et si vous n'aviez pas la colonne vertébrale assez solide pour soutenir la pression, ça pouvait vous anéantir… C'est probablement ce qui s'est passé avec P.T. Molson » ajoute Eric, la voix éteinte, en se souvenant de la mort prématurée de P.T. à quarante-cinq ans.

❧

Si l'on fait abstraction de la microgestion exercée par Tom et Hartland, il régnait à la brasserie de la rue Notre-Dame une atmosphère de camaraderie. Les employés et les membres de la famille entretenaient des relations étroites et s'admiraient mutuellement. Les Molson embauchèrent une équipe de médecins, d'infirmières et de dentistes pour traiter l'ensemble du personnel, incluant les joueurs du Canadien. Ils réunissaient régulièrement les employés pour des activités sociales et

L'usine d'origine de Molson, rue Notre-Dame à Montréal, 1967. Hartland Molson fit construire la tour carrée au centre, ornée de l'enseigne lumineuse, lorsqu'il apprit qu'Expo 67 aurait lieu sur l'île Sainte-Hélène du fleuve Saint-Laurent, juste en face. Il décida de reconstruire la tour d'entreposage de la brasserie suffisamment haute pour qu'une enseigne installée du côté du fleuve puisse être vue par les millions de visiteurs attendus à la foire internationale parce que l'enseigne existante était trop basse et que les règlements de zonage municipal interdisaient les panneaux sur les toits. Aujourd'hui, les quatre façades de la tour portent une enseigne au néon de la taille d'un camion qui s'illumine en alternance en rouge et en bleu, et que l'on aperçoit à des kilomètres à la ronde. Photo : collection de la Molson Coors Brewing Company.

organisaient des parties de hockey improvisées au Forum pour renforcer leur esprit d'équipe. De plus, la famille témoigna de manière émouvante de sa générosité à l'endroit du personnel de la brasserie, par exemple quand Dave Chenoweth mourut à cinquante et un ans en laissant sa femme Clare et cinq garçons. Tom et Hartland, qui lui étaient redevables pour sa loyauté à Molson, prirent en charge les frais d'études universitaires de tous ses enfants qui récoltèrent, au fil des ans, un total de onze diplômes.

Il va sans dire qu'un tel souci du bien-être des employés cultivait le dévouement de ces derniers. En fait, il n'était pas rare que plusieurs générations d'une même famille – pères, oncles et fils – travaillent pour l'entreprise. John Patrick Rogers, qui entra au service de la paie à vingt-deux ans et devint plus tard président et chef de la direction de Molson, explique : « C'était une entreprise extraordinaire grâce aux Molson. Ils se souciaient sincèrement de nous. Je possède encore l'épinglette que j'ai reçue pour souligner mes vingt-cinq ans de carrière. Elle porte l'inscription *Membre de la famille Molson*. Ça voulait vraiment dire quelque chose. »

Les Molson veillaient aussi à maintenir le plus possible la neutralité politique de la brasserie. Le Québec connut une période d'agitation au début des années 1960. Le Front de libération du Québec (FLQ), un groupe favorable à l'indépendance, gagnait en popularité et eut recours à la violence dans sa lutte à l'« impérialisme anglo-saxon ». « Chez Molson, raconte Eric, nous nous tenions loin de la politique. Nous n'expliquions pas pourquoi nous aimions le Canada. Nous avons soutenu Pearson, Trudeau et Laurier. Nous le disions, mais nous ne le prônions pas. Et nous n'avons jamais critiqué l'indépendance. Nous devions penser à nos employés… Il y avait le même pourcentage de séparatistes et de fédéralistes dans notre entreprise. »

🍁

À son retour à Montréal, Eric était impatient de quitter la maison familiale pour s'installer dans un endroit bien à lui. Tom n'y vit aucune objection. Il s'était remarié avec Beatrice Passmore, une ancienne voisine du chemin Ramezay, qui s'est fait connaître sous le nom d'« Auntie Bea ». Eric loua un appartement au centre-ville, rue Stanley, avec Arnold Sharp (surnommé « Arnie »), un ex-confrère de BCS, et Godfrey, le fils d'Auntie Bea. Les colocataires et quelques autres jeunes se réunissaient régulièrement pour s'amuser, jouer au hockey et partager quelques bières. Stephen allait souvent les rejoindre. Bien qu'intelligent et talentueux, Stephen – étudiant à McGill et accessoirement apprenti joueur de bridge – était moins studieux qu'Eric et ne tenait pas autant que lui à être dans les bonnes grâces de Tom.

Les frères pouvaient s'amuser ainsi librement pour la seule raison qu'ils avaient quitté la maison familiale et qu'ils vivaient loin du regard du public. Quand on s'appelle Molson, Montréal peut sembler une ville pleine de fouineurs. « À l'époque, raconte Eric, les amies de ma mère portaient des gants blancs pour aller magasiner. C'étaient des dames qui cherchaient constamment la bête noire, un motif d'indignation. » Eric savait que son père et les dames de la bonne société le surveillaient de près, même si sa mère, à la mentalité moderne, était heureuse qu'il s'épivarde un peu. Eric toutefois veillait à ne pas faire de bêtises. « Je me suis laissé aller à Princeton et à l'extérieur de Montréal, mais jamais dans ma ville où mes tantes m'avaient à l'œil ! »

La brasserie était un autre endroit où Eric pouvait baisser la garde. Il y avait à l'usine de Montréal un « bar pour hommes » où les ouvriers et les employés de bureau se réunissaient après leur quart de travail pour prendre une bière gratuitement. (Eric ouvrira un bar semblable à la salle de réception de l'usine de la rue Fleet à Toronto lorsqu'il deviendra président de la brasserie Molson en Ontario.) Eric y allait chaque jour après le travail : « Les gars de la brasserie parlaient mon langage. Nous discutions beaucoup, parlions de bière et de hockey, et buvions une ou deux chopes de Molson Export, des "grosses molles", comme nous les appelions. »

John Rogers raconte : « Eric était très à l'aise avec les gars de l'usine parce qu'ils lui ressemblaient. Et eux aussi se sentaient bien avec lui parce qu'ils savaient qu'il avait gravi les échelons. Il connaissait l'entreprise sous toutes ses coutures. »

Eric adorait son travail dans la salle de brassage, mais il savait qu'il ne resterait pas simple brasseur. Il acceptait son destin sans se plaindre, ayant bien assimilé la leçon sur la responsabilité que Tom lui avait enseignée. Ce qui importait, c'était l'entreprise et non ses caprices et fantaisies de jeune homme. Eric termina consciencieusement sa formation en suivant des cours du soir en comptabilité et en économie, tout en travaillant à la brasserie. Il quitta le « plancher » en 1963 pour devenir l'assistant du président, oncle Hartland, qui l'initia aux dessous de la négociation et des stratégies d'affaires.

❧

Hartland de Montarville Molson, héros de guerre décoré, sénateur canadien et président de Molson, était une présence quasi royale à la brasserie. Cet homme à la stature imposante, aux goûts luxueux et à la tenue toujours impeccable faisait cirer ses chaussures tous les matins. Chaque après-midi, Armand, le majordome, lui apportait le thé dans la salle du conseil, dans un service en argent soigneusement astiqué. Toute personne invitée à partager ce moment avec M. Hartland avait atteint un statut prestigieux dans l'entreprise.

Eric admirait Hartland pour son instinct en affaires, son travail au Sénat et son sens des responsabilités, mais il n'aimait guère certains aspects de son style. Les démonstrations flamboyantes de richesse, les laquais qui l'entouraient, les airs qu'il se donnait parfois et son attitude intimidante reflétaient tout ce qui avait rebuté Eric pendant ses études. « Hartland adorait tous les avantages qui accompagnaient le statut de président : la limousine, le chauffeur et le reste. Mais les gars de la brasserie ne voulaient pas qu'un type se pointe au travail en Rolls-Royce… Dans notre domaine, il vaut mieux être comme Monsieur Tout-le-Monde, un *sidewalk man*. Quand on se tient sur le trottoir, on sait ce que pensent les gens. »

Quoi qu'il en soit, Eric accepta de devenir l'assistant de Hartland (se décrivant plutôt comme « son porteur de valises ») en admettant que c'était une excellente occasion d'apprentissage. Pendant trois ans, il accompagna Hartland à travers le pays pour l'aider d'une multitude de façons : payer le pourboire au restaurant ou rédiger des notes de service pour des réunions de la haute direction. Ses fonctions d'adjoint du président l'exposèrent à un tout nouvel aspect des affaires. (Il est encore épaté par tout ce qu'il vit à un si jeune âge : « J'ai mangé avec Joey Smallwood alors que j'avais encore des boutons d'acné ! ») Toutefois, Eric se sentait souvent incompétent en présence de Hartland

Le sénateur Hartland de Montarville Molson posant avec la coupe Stanley remportée par les Canadiens en quatre matchs consécutifs contre les Blues de Saint Louis, 1968. Photo : gracieuseté de la succession de David Bier.

qui perdait régulièrement patience avec lui et lui parlait sèchement : « Non, ce n'est pas comme ça qu'on fait, Eric. Laisse-moi faire. »

Tom se moquait des exigences de Hartland pour que tout baigne dans l'huile. Au cours des fins de semaine passées à Ivry (le vaste domaine des Laurentides que le père et l'oncle de Tom avaient acheté pour que le clan Molson y bâtisse des maisons de campagne), les caprices de Hartland semblaient souvent déplacés. Il portait des gants pour aller en bateau, exigeait que le réservoir d'essence soit poli et demandait aux domestiques de venir lui servir à manger au bord du lac sur un plateau. Eric y pense en riant : « Comme s'il ne pouvait pas apporter son propre pique-nique jusqu'au quai ! Hartland vivait comme ça, mais pas Tom. »

Les deux frères à la tête de Molson n'auraient pas pu être plus différents. Hartland, à l'allure débonnaire avec son ascot et son veston, était à l'avant-scène. Doté d'une vision de l'entreprise, il se chargeait du marketing et de la promotion. Tom, lui, était l'ingénieur conservateur.

Tous les jours, vêtu de son complet bleu et de sa cravate modeste d'« employé de bureau », il se consacrait aux tâches fondamentales de la brasserie : la fabrication, l'efficacité et la qualité des processus. Il cherchait à acquérir les meilleurs ingrédients, les meilleurs équipements et les meilleures fournitures.

« Tom était "M. Interne" et Hartland, "M. Externe", explique John Rogers. Tom connaissait chaque valve et chaque tuyau de la brasserie. La bière coulait dans ses veines. Mais il était timide, comme Eric, et était bien content de voir Hartland occuper l'avant-scène et "faire son Hartland". Vous savez, serrer des mains, remettre les montres en or... Ensemble, ils formaient une belle paire. »

Ce duo était efficace. Eric explique : « Nous avons survécu au fil du temps parce que les frères ne se disputaient pas. » Il y eut Tom et Hartland à la cinquième génération, Eric et Stephen à la suivante et, maintenant, Andrew, Justin et Geoff.

🍁

Eric apprit de Hartland l'importance de la vision d'entreprise et de la stratégie, tandis que Tom lui enseigna tout de la production dans le respect d'une qualité irréprochable constante, de la rigueur et de l'innovation. Pour se tenir au fait des derniers progrès dans le domaine brassicole, Tom discutait de certains aspects techniques avec des gens de l'industrie des quatre coins du monde : nouvelles recettes, processus plus efficaces et meilleurs emballages, par exemple. Plus tard, Eric suivit l'exemple de son père de manière plus structurée en se joignant à un consortium international qui réunissait chaque année des brasseurs de l'Amérique du Nord, de l'Europe et du Japon pour échanger des connaissances d'ordre technique.

Au fil des ans, Tom et William Coors, surnommé « oncle Bill » par les membres de sa famille et les employées de la Coors Brewing Company des États-Unis, se mirent à partager leur savoir sur l'industrie. Les deux brasseurs se respectaient mutuellement, même s'ils étaient différents à plusieurs égards. Entre autres, l'ancêtre de Tom avait quitté l'Angleterre pour s'établir au Canada et avait lancé son entreprise en 1786, tandis qu'Adolph Coors, allemand d'origine, avait fondé sa brasserie à Golden, au Colorado, quatre-vingt-six ans plus tard. En outre, Molson était devenue une société cotée en Bourse trente ans avant Coors. Enfin, alors que les membres de la famille montréalaise évitaient de se mêler de politique, les Coors jouaient un rôle de premier plan sur l'arène politique américaine en soutenant des idéaux conservateurs.

Un point commun unissait toutefois les deux brasseurs : leur souci de la qualité. Tom et Bill avaient à cœur de produire une bière de grand calibre, d'offrir un service à la clientèle impeccable et de miser sur l'innovation pour assurer la prospérité de leurs brasseries durant des générations. Ces hommes se vouaient une grande estime. Par exemple, lorsque Tom voulut étendre sa production aux lagers, c'est oncle Bill qu'il appela pour avoir des conseils.

Tom entretenait des relations étroites avec ses collègues et respectait toujours les normes les plus rigoureuses. « Tout devait être parfait : ce qu'il achetait pour l'entreprise, ce qu'il vendait aux clients, les ingrédients, les températures, les étiquettes… Tu connais la phrase de John Molson : "Une bière honnête n'a pas de mal à se faire des amis" ? Eh bien, Tom en était l'incarnation. » Ainsi, Tom demandait la perfection pour tout ce qui concernait la brasserie, mais aussi de son fils. Il était difficile, voire impossible, de satisfaire ses exigences. Eric se rappelle : « Il me faisait des reproches parce que je ne travaillais pas le samedi matin. J'ai dû me défendre et lui dire : "Papa, de nos jours il n'y a pas beaucoup de gens qui vont au boulot le samedi. S'ils ont besoin de moi à la brasserie, ils savent où me trouver." J'étais de garde toutes les fins de semaine, toute l'année. »

La bière était au centre de l'existence d'Eric, mais il avait besoin d'autre chose, il voulait davantage.

❦

Jane Mitchell entra dans la vie d'Eric à titre de « jeune sœur de Tonia ». Les filles Mitchell étaient toutes deux jolies et avaient des traits délicats, mais Tonia était une grande aux cheveux blond-roux, tandis que Jane était une petite brunette. Elles étudiaient à King's Hall, le même pensionnat que fréquentaient les sœurs d'Eric, à environ seize kilomètres de BCS. Les deux collèges organisaient à l'occasion des événements mixtes – le clou de l'année scolaire – et, à douze ans, Eric invita

Tonia à un thé dansant. Tous voulaient y assister, à l'exception de Jane, probablement, qui était, à huit ans, la plus jeune pensionnaire de King's Hall. Elle fut obligée de danser avec Miss Gillard, la directrice. Remarquant le visage boudeur de sa jeune sœur, Tonia demanda à Eric : « Tu voudrais bien la faire danser un peu ? »

Ce fut leur première danse.

Douze ans s'écoulèrent avant que Jane et Eric se revoient. Jane poursuivait ses études à l'Université Bishop's tandis qu'Eric, déjà diplômé, travaillait. Jane voulut quitter le paysage bucolique des Cantons-de-l'Est dès qu'elle obtint son baccalauréat. Elle trouva une échappatoire auprès de Katie Gibbs, la vénérable école Katharine Gibbs qui offrait des programmes de secrétariat de direction à New York.

Jane plonge dans ses souvenirs tout en préparant les légumes pour le souper : « C'était une expérience merveilleuse. J'ai tout simplement adoré New York. » Je n'ai aucune difficulté à la croire : depuis que je la connais, sa curiosité et sa soif de découverte sont inépuisables.

À la fin de ses études à Katie Gibbs, Jane rentra à Montréal pour occuper un emploi au bureau d'ingénieurs McDougall Friedman. Eric était revenu en ville après son séjour dans l'ouest et travaillait à la brasserie. Ils étaient destinés à se rencontrer : le nouvel appartement de Jane se trouvait dans la rue où habitait Eric, et elle rendait visite à l'occasion à ses colocataires Arnie et Godfrey.

Jane fut frappée de constater à quel point Eric avait changé lorsqu'elle le revit après tant d'années. Il avait pris du poids et grandi, et il était très séduisant. Il n'avait pas perdu sa timidité, ce qui lui donnait un certain mystère, se souvient Jane : « C'était plus difficile de le connaître, ça m'intriguait. » Son humour, son intelligence, sa modestie et son attitude exempte de toute prétention l'attiraient. Et cette attirance était réciproque.

« Jane était la plus jolie de toutes, explique Eric. Je ne m'étais pas enticé de beaucoup de filles avant elle. Je me tenais avec les gars, je buvais de la bière et je parlais de hockey. J'en ai fréquenté, bien sûr, mais elles étaient plutôt superficielles… Jane n'était pas comme les autres. » Avec elle, il pouvait discuter et rire ; elle l'écoutait et le comprenait. Elle était quelqu'un en qui il pouvait avoir confiance.

Jane Mitchell et Eric Molson, 1964. Photo : collection de la famille Molson.

Eric lança à Jane quelques signes pour lui manifester son affection. Au lieu de lui offrir des fleurs ou du chocolat comme d'autres l'auraient fait, Eric fut plus pragmatique. S'inquiétant de sa sécurité dans son appartement en sous-sol, il lui donna un bâton de baseball pour se défendre. Jane en rit encore : « Imagine : un bâton de baseball ! Incroyable, non ? Ce n'était pas traditionnel, mais j'ai trouvé son geste touchant. » Ils passaient de plus en plus de temps seuls ensemble, pour pique-niquer, aller au cinéma ou, ce qui est tout à fait caractéristique d'Eric, faire la lessive à la buanderie. Ils aimaient être en présence l'un de l'autre et, inévitablement, ils tombèrent amoureux.

Leur fréquentations furent accueillies sans réserve par la société montréalaise et par les deux familles. Jane se souvient d'avoir assisté à une partie de hockey au Forum avec Eric au début de leurs fréquentations : « Pour arriver à nos sièges, nous devions passer devant les places réservées aux Molson et, un soir, j'ai entendu oncle Tommy chuchoter à tante Dosh : "Oh ! ça serait merveilleux, non ?" Il parlait d'Eric et de moi. »

Toutefois, Eric n'était pas prêt à lui passer la bague au doigt : « Ça m'a pris un bout de temps à déterminer ce qu'une épouse devrait être : une mère ? Une partenaire ? Une confidente ? Je ne me rappelle pas à quel moment j'ai cliqué. » Les semaines, les mois, puis les années s'écoulèrent, et Jane commença à trouver le temps long. Même sa mère, Margaret Mitchell, perdit patience. Elle lui conseilla : « Oh ! cherche quelqu'un d'autre ! Il n'en vaut pas la peine. »

Au bout d'une longue période d'« examen », précise Jane à la blague, elle en eut assez. « Je me disais : "Vas-y, Eric, fais quelque chose !" J'avais vingt-trois ans et, à l'époque, si on n'était pas mariée à cet âge-là, on était considérée comme une vieille fille. J'ai donc décidé de partir. Mon amie Vicki m'avait invitée à la rejoindre en Espagne où elle travaillait, alors je lui ai rendu visite pendant quelques semaines. » Jane économisa suffisamment pour se payer un billet d'avion aller simple pour Madrid, et ses parents, connaissant son esprit d'aventure, lui achetèrent le billet pour rentrer à Montréal trois semaines plus tard.

Jane avoue qu'elle voulait provoquer les choses. « Au fond de moi, j'espérais qu'Eric me dirait : "Ne va pas en Espagne ! Mais si tu pars, reviens ! Je ne peux pas vivre sans toi !" Eh bien, il n'a pas du tout réagi comme ça. » Il l'encouragea plutôt à profiter de sa jeunesse et à s'amuser. Selon lui, il fallait donner de l'espace aux gens pour qu'ils prennent leurs propres décisions (tout en jetant discrètement un œil sur eux). Il eut la même attitude avec ses enfants, puis avec les chefs de la direction de Molson lorsqu'il était président du conseil.

Ce qui ne devait être qu'un voyage de trois semaines devint un séjour d'un peu moins de deux ans. Jane s'installa avec Vicki, décrocha un emploi à l'entreprise Imperio Americano del Embalaje et perfectionna son espagnol. Les deux jeunes filles avaient une vie sociale fort chargée. Elles comptaient dans leur cercle d'amis Los Brincos, un groupe rock espagnol populaire dans les années 1960 et surnommé « les Beatles espagnols ». Jane apprit à connaître le quatuor, vendit son billet de retour et leur offrit l'argent pour les aider à s'acheter des instruments Vox à Londres.

Malgré tout, Jane garda contact avec Eric. Dans ses lettres, elle lui racontait ses aventures en Espagne, tandis qu'il lui décrivait ses expériences dans le monde des affaires. Il lui donnait parfois un indice de ses intentions pour l'avenir en lui posant des questions comme : « Comment assumerais-tu la responsabilité de tenir une maison ? » Toutefois, il n'alla pas jusqu'à lui demander sa main.

Comme toujours, Eric fit preuve de méthode et de rigueur. Utilisant son approche scientifique, il testa son hypothèse que Jane était la bonne. Manifestement amoureux d'elle, il tenait à s'assurer qu'elle saurait relever les défis qui viendraient avec sa nouvelle famille. À cette époque, le nom Molson était lourd à porter.

Jane s'en étonne encore : « Je n'arrive toujours pas à croire à l'analyse qu'il m'a fait subir. Très scientifique ! Je pense qu'il avait un peu peur au début. C'est probablement parce qu'à son avis il devait épouser une femme qui pourrait porter le flambeau, qui serait capable de s'adapter à tous les aspects de la vie avec les Molson. Il a dû se rendre compte des responsabilités qui pèseraient sur ses épaules et il les prenait très au sérieux. »

Eric précise : « Je voulais être sûr que c'était l'amour *vrai*. Tu sais, le genre d'amour qui dure. Si on se fie à la définition hollywoodienne de l'amour, c'est facile à trouver, mais l'amour véritable qui traverse le temps, c'est plus difficile de le découvrir. »

Dès que Jane recevait du courrier du Canada, Vicki l'interrogeait : « Alors est-ce qu'il t'a demandée en mariage ? »

Jane secouait la tête et répondait : « Devine… »

Un jour, elle reçut une lettre particulièrement intrigante. Eric, qui avait été obnubilé par une tentative pour acheter les brasseries américaines Hamm, avait commencé à lui décrire la transaction en détail. Il se rendit compte qu'il en avait trop dit sur cette affaire confidentielle. Partagé entre le choix de réécrire toute sa lettre ou de noircir le passage délicat avec un marqueur, il opta pour la deuxième solution (plus efficace, selon lui). Jane et Vicki étaient convaincues que le texte biffé était une demande en mariage. « Nous avons tenu la feuille de papier devant la lumière à différents angles en espérant découvrir la phrase *Rentre à Montréal, Jane, et épouse-moi !* C'était très drôle. »

Au bout de presque dix-huit mois loin de Jane, Eric se rendit compte que son impression initiale était la bonne : elle était bel et bien l'amour de sa vie. Il devait la voir. Il lui écrivit pour l'inviter à le rejoindre en Autriche, à Sankt Anton am Arlberg, où il allait skier avec des amis.

Jane accepta et, au début de décembre 1965, elle demanda congé à son patron. Elle prit l'avion pour Zurich, puis le train jusqu'à la gare de Sankt Anton, où Eric vint la retrouver. Ils renouèrent comme si de rien n'était et eurent l'impression de n'avoir jamais été séparés. Ils passèrent deux semaines insouciantes ensemble à skier dans les Alpes du Tyrol et, avant la fin de leur séjour, ils avaient décidé de se marier.

Jane se souvient de la scène à l'aéroport à leur départ. Ils durent franchir des points de contrôle de sécurité distincts puisqu'elle rentrait à Madrid, et Eric, à Montréal. « Nous étions donc de part et d'autre d'une longue barrière à nous embrasser sans nous lâcher pendant que nous marchions », raconte Jane en imitant la jeune amoureuse qu'elle était. Quand nous avons quitté l'Autriche, nous étions sûrs d'être faits l'un pour l'autre. »

Il n'y eut pas de demande en mariage officielle. Eric ne se mit pas à genoux en lui tendant une bague de fiançailles extravagante. Ils choisirent plutôt des alliances en or toutes simples. Les parents de Jane et d'Eric furent ravis lorsque les fiancés les informèrent de leurs projets. « Enfin ! » lança la mère de Jane qui lui offrit son aide pour organiser la noce.

Jane rentra à Montréal après Noël pour entamer les préparatifs. « Eric est venu me chercher à l'aéroport. Pour pouvoir passer un peu de temps seule avec lui, j'avais fait croire à maman que j'arriverais un jour plus tard. Mais le lendemain, lorsque je lui ai téléphoné de chez Eric, elle m'a demandé : "Mais quand es-tu revenue ?" J'ai fait une grosse bourde et je lui ai répondu : "Hier soir." Ma mère était furieuse. Elle m'a dit : "Tu sautes dans l'autobus et tu rentres à Massawippi sur-le-champ." J'ai répliqué que je prendrais l'auto d'Eric, mais elle a refusé : "Pas question que tu ailles où que ce soit avec sa voiture. Tu prends l'autobus et je vais te chercher à la gare." J'étais cuite. »

Plus de cinquante ans plus tard, Jane en rigole encore : « Elle a fini par s'en remettre. En fait, lorsqu'il a fallu organiser notre mariage au printemps, c'est elle qui a travaillé le plus. J'ai dû rentrer en Espagne pour finir mon travail, préparer mes valises et faire mes adieux, alors j'étais très chanceuse qu'elle m'aide avec tout ça. »

❦

Le mariage fut célébré le samedi 16 avril 1966 à l'Église Unie de Massawippi, tout près de la résidence des parents de Jane. Elle avait vingt-cinq ans et Eric, vingt-huit. Margaret Mitchell avait déployé beaucoup d'efforts pour décorer la mignonne église blanche avec des branches de cèdre dans lesquelles elle avait inséré des fleurs printanières, des rameaux de saule et des oiseaux. C'était enchanteur.

Eric et Jane ne souhaitaient pas se marier en grande pompe ni organiser une réception chic avec des centaines d'invités. Ils auraient préféré s'unir à la sauvette dans une chapelle en Espagne en présence de quelques amis, mais c'était impossible. L'option la plus acceptable était une noce à la campagne. « Tous les membres de la famille étaient probablement déçus de notre petit mariage campagnard, raconte Jane, mais nous, nous l'avons adoré. »

L'été arrivait et, chez Molson, c'était la période la plus occupée de l'année. Consciencieux et responsable comme toujours, Eric jugea qu'il avait trop de travail à la brasserie pour s'absenter longtemps. C'est pourquoi les nouveaux époux se contentèrent d'une fin de semaine de ski au Vermont pour leur lune de miel. Ils croisèrent la moitié de leurs invités sur les pentes de Jay Peak.

Quelques mois plus tard, Jane et Eric firent leur « vrai » voyage de noces : un circuit en Europe généreusement offert par Tom. Ils commencèrent leur périple en Espagne. « J'ai présenté Eric à tous mes amis, se souvient Jane. Tout le monde me parlait en espagnol, et Eric se rendit rapidement compte que le mot "*claro*" était très utile. Il peut signifier différentes choses. Entre autres, si on le dit après que quelqu'un a parlé, il signifie "évidemment" ou "bien entendu". Alors de temps à autre, pendant une conversation, Eric lançait un "*Claro !*", et mes amis disaient : "Oh ! ton mari parle tellement bien espagnol !" Mais c'était le seul mot qu'il connaissait ! »

Jane et Eric Molson sortant de l'Église Unie de Massawippi peu après la célébration de leur mariage, le 16 avril 1966. Photo : collection de la famille Molson.

L'étape suivante fut Paris. Tom leur avait retenu une chambre au Ritz, place Vendôme. Le palace était magnifique, mais Eric et Jane préféraient de loin l'atmosphère bohème de la rive gauche. Ils annulèrent cette réservation et toutes les autres que Tom avait faites dans des établissements de première classe et empochèrent l'argent qu'il avait versé. Il y en avait suffisamment pour leur permettre de s'offrir d'autres voyages plus tard. Eric et Jane s'installèrent dans une petite pension du Quartier latin qui correspondait davantage à leurs goûts simples.

Tom était probablement ravi de leur union, mais, à l'exception de sa générosité lors du voyage, il l'exprima rarement. À leur retour d'Europe, Eric se mit à lui raconter leur voyage, mais, explique Jane : « Tom lui a coupé la parole, il l'a regardé et lui a dit quelque chose d'insignifiant au sujet de ses souliers. J'ai bien vu qu'Eric était blessé. Il s'est tu. »

Par contre, le père de Jane prêtait une oreille attentive à son gendre. Le juge William Mitchell, surnommé « papa », était « un vrai père pour moi », se souvient Eric : « Il était formidable. Il croyait à la valeur du travail et aux choses bien faites. » Ce qu'Eric aimait par-dessus tout, c'était l'attention que papa portait aux autres, contrairement à Tom qui

Eric Molson et son beau-père, « papa », l'honorable juge William Mitchell, lors de la réception suivant la nomination d'Eric comme cinquième chancelier de l'Université Concordia, le 9 novembre 1993. Photo : collection de la famille Molson.

lançait des ordres : « Fais ceci » ou « Fais cela ». Papa prenait le temps d'écouter Eric et de l'aider dans ses réflexions.

Les yeux humides, Eric se racle la gorge et lutte contre l'émotion qui le gagne : « Mon père n'était pas vraiment un homme avec qui je pouvais discuter. C'était différent avec papa. Lui, il m'écoutait *vraiment* et on pouvait parler de n'importe quoi. Il était merveilleux. »

Jane avait remarqué le lien qui unissait les deux hommes : « Eric adorait mon père. Il n'avait jamais eu de relation étroite avec Tom, mais il pouvait discuter avec papa. Ils parlaient tout le temps. »

Pendant qu'ils s'installaient dans leur vie à deux, Jane constata le sérieux avec lequel Eric assumait ses responsabilités. Elle observait son dévouement grandissant non seulement à l'endroit de l'entreprise, mais aussi des valeurs de la famille Molson. « Eric ne se comportait pas de la sorte pour faire plaisir à Tom. Il s'investissait sincèrement dans l'entreprise, dans la tradition familiale, dans l'importance de donner en retour à la communauté et au Canada. C'est ce qui le motivait. À l'époque, il s'était déjà engagé à assurer le développement de cette grande institution canadienne et à faire connaître à l'extérieur des frontières du pays ce que signifiait le nom Molson. »

❦

Un peu plus d'un an avant leur mariage, alors que Jane vivait encore en Espagne, Eric avait suivi de près une transaction avec la Hamm Brewing Company de Saint Paul au Minnesota. À l'époque, Molson, qui avait des installations un peu partout au pays, était devenue la deuxième brasserie en importance au Canada et cherchait un moyen de percer le marché américain. Elle possédait une participation minoritaire dans deux petites brasseries de l'État de Washington, mais, selon Eric, « c'était des *pinottes* ». Avec l'achat de la Theodore Hamm Brewing Company – huitième en importance aux États-Unis –, Molson franchirait une étape cruciale pour son développement. Dave Chenoweth, qui était vice-président principal de l'exploitation chez Molson, menait les négociations. Il annonça avec fierté que cette acquisition renverserait la situation de plus en plus courante où de grandes sociétés américaines venaient mettre la main sur des sociétés canadiennes.

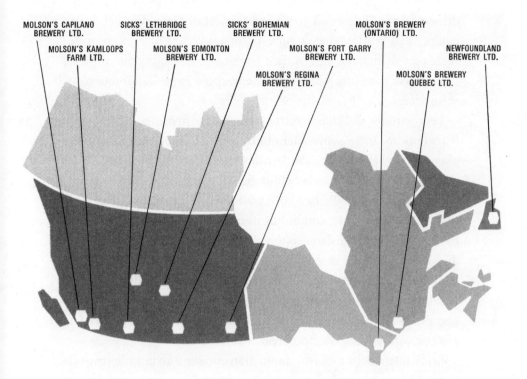

MOLSON'S CAPILANO BREWERY LTD.

MOLSON'S KAMLOOPS FARM LTD.

SICKS' LETHBRIDGE BREWERY LTD.

MOLSON'S EDMONTON BREWERY LTD.

SICKS' BOHEMIAN BREWERY LTD.

MOLSON'S REGINA BREWERY LTD.

MOLSON'S FORT GARRY BREWERY LTD.

MOLSON'S BREWERY (ONTARIO) LTD.

MOLSON'S BREWERY QUEBEC LTD.

NEWFOUNDLAND BREWERY LTD.

Carte illustrant l'emplacement des brasseries Molson à travers le Canada, reproduite dans le rapport annuel 1968 de l'entreprise. Photo : collection de la Molson Coors Brewing Company.

L'équipe travailla durant des mois pour préparer la transaction. Molson était sur le point de s'établir des deux côtés de la frontière, et Eric était enthousiaste à l'idée de participer à la prochaine phase de croissance de l'entreprise. Il ne jouait pas un rôle stratégique, loin de là, mais il suivait l'affaire de près, et Chenoweth s'assurait qu'il apprenait les rouages du métier. « Il passait beaucoup de temps à en parler avec moi, à me former et à me donner son avis », se rappelle Eric qui alla lui-même déposer l'offre finale chez Hamm.

L'affaire était censée se conclure sans accroc. Même John J. McCloy, l'éminent avocat américain, banquier et conseiller du président des États-Unis engagé par Molson, était de cet avis. Il se trompait. Les autorités antitrust des États-Unis s'opposèrent à la transaction et menacèrent de poursuivre Molson, au grand étonnement de Chenoweth et de son équipe. « Ils ont invoqué comme argument contre nous notre misérable part de marché de 2 % dans l'ouest et le fait que nous y avions des intérêts dans une petite brasserie, raconte Eric. C'était une mauvaise décision. »

Les membres de l'équipe retroussèrent leurs manches pour évaluer leurs options. Ils se souvenaient tous du revers subi quelques années plus tôt par Labatt, la rivale de Molson au Canada, lorsqu'elle avait tenté d'acheter la brasserie Schlitz de Milwaukee. Labatt s'était empêtrée dans une bataille juridique coûteuse avec le département de la Justice des États-Unis, conflit qui n'était toujours pas réglé. Ne souhaitant pas s'engager dans cette voie, les administrateurs de Molson décidèrent d'abandonner le projet de fusion avec Hamm. Ils émirent la déclaration suivante le 20 mars 1965 : « Le conseil d'administration de Molson a exprimé beaucoup d'inquiétude à la perspective de s'engager dans un litige long et onéreux dont l'issue incertaine pourrait ne pas être connue avant de nombreuses années. »

Eric fut très déçu : « Cette transaction aurait pu changer le cours de notre histoire et aurait fait de Molson une entreprise complètement différente. Nous avons dépensé une fortune pour essayer d'acheter Hamm. Nous avons obtenu les avis des meilleurs experts, nous avons élaboré une proposition avantageuse pour les deux parties, mais quand nous sommes arrivés devant l'antitrust, ils nous ont envoyés promener. »

Après avoir surmonté sa déception, Eric se rendit compte à quel point les affaires et la chimie, sa discipline de prédilection, étaient différentes. Dans son laboratoire, il pouvait prévoir la réaction d'une combinaison d'ingrédients, mais, dans les négociations, il n'avait aucune certitude, même en respectant scrupuleusement les étapes. Il devait prendre en considération une multitude de variables, les plus complexes étant les gens et leurs motivations.

Il y eut de longues discussions pour déterminer la suite des événements. En 1966, Molson détenait beaucoup de capitaux. Maintenant que l'idée de pénétrer le marché brassicole américain par l'entremise d'un achat n'était plus viable, Tom, Hartland, le conseil d'administration de

Molson et la haute direction durent trouver un autre moyen d'assurer la croissance de l'entreprise.

Ils choisirent de diversifier leurs activités. Les conglomérats étaient en vogue au milieu des années 1960, notamment en raison des taux d'intérêt peu élevés et des comportements du marché qui facilitaient les acquisitions par emprunt. Les dirigeants de Molson décidèrent donc de sauter dans le train de la diversification.

Après cent quatre-vingts années d'activité dans le milieu brassicole, l'entreprise fondée par John Molson était sur le point d'aller au-delà la bière.

3 Brasser de la bière chez Molson

Eric aime la bière. La plupart d'entre nous en boivent une bouteille (parfois deux ou trois) bien fraîche l'été quand il fait chaud ou en suivant un match de notre équipe préférée à la télévision, mais Eric, lui, aime *vraiment* la bière. Son goût, son apparence, son arôme, la fabrication, les ingrédients... Il en adore chaque aspect.

Quand il est sur le point de déguster une nouvelle variété, par exemple, il procède comme pour un grand vin. Il s'assure tout d'abord que son verre est bien propre. « Un jour, me raconte-t-il, je prenais une bière avec Freddy Heineken dans son bureau. Je lui ai dit : "Freddy, tu sais que tes verres sont sales ? Regarde : la mousse s'écrase." Un verre sale peut empêcher la formation d'un collet de mousse et gâcher la saveur de la bière à cause des huiles et des autres résidus. »

Ensuite, Eric incline le verre à un angle de 45 degrés (pour favoriser la formation de la mousse), il y vide la bouteille et observe la couleur, le collet et la consistance du liquide. Une fois cet examen visuel terminé, il agite doucement sa bière pour vérifier la tenue du collet, stimuler la carbonatation et relâcher les arômes. Il lève le verre vis-à-vis de son nez et prend une longue inspiration. Après seulement, il la goûte par petites gorgées. C'est la meilleure façon d'apprécier pleinement le bouquet, les saveurs et la texture de cette boisson.

Eric Molson prenant un « rivet » avec ses fils Andrew (*à gauche*) et Geoff (*au centre*) dans la salle de réception de la brasserie de la rue Notre-Dame pour souligner l'acquisition du Club de hockey Canadien, décembre 2009. Photo : collection de la Molson Coors Brewing Company.

Quand elle est bonne, le sourire d'Eric dit tout. Un moment de pur bonheur.

Même s'il ne consomme pas de bière en grande quantité (habituelle-ment une seule le soir avant le repas), Eric ne se lasse jamais d'en parler. « Les recettes sont toutes différentes, explique-t-il. La Molson Export, par exemple, comporte moins de malt, mais plus de céréales, de maïs et de riz, ce qui l'allège. » Il peut décrire chaque étape du processus de fabrication : depuis la mouture du grain et la filtration du moût jusqu'à la fermentation et à l'embouteillage. « La phase la plus importante et la plus longue est la fermentation. La levure a besoin de temps pour agir et produire de la bière à partir de moût froid. On ne peut pas couper les coins ronds. » J'adore la passion qui habite Eric quand il parle de bière. Je peux l'écouter durant des heures, même quand il se lance dans des explications techniques que je ne comprends guère.

Néanmoins, il n'y a pas que la science et la fabrication de la bière qui animent Eric. Il aime autant les liens humains qu'elle permet de créer. Je le saisis dans le choix de ses termes. Par exemple, il compare souvent la bière à un « rivet » en raison de sa capacité à réunir les gens : « La première fois que j'ai entendu ce mot pour qualifier la bière, c'était de la bouche du père de mon ami qui travaillait dans l'acier où les rivets servent à assembler des poutres et des colonnes de métal. J'ai aimé cette analogie et j'ai adopté le terme. Plus tard, mes gars l'ont utilisé à leur tour, alors c'est resté… J'imagine que tous ces "rivets" nous ont tenus ensemble. »

Comme la bière passionne Eric, j'ai été étonnée d'apprendre que, dans les années 1960, il avait consenti à la diversification de Molson pour en faire un conglomérat. Je lui demande pourquoi il a laissé faire une telle chose.

Il prend une longue inspiration avant de me répondre. « Ce n'est pas une très bonne excuse, mais j'étais jeune à l'époque. Je ne connaissais pas grand-chose aux affaires. Je ne connaissais pas grand-chose à la diversification. Et il y avait tous ces experts et ces hauts dirigeants qui nous assuraient que ça avait du bon sens et que c'était la voie à prendre. »

Eric avait vingt-neuf ans lorsque fut prise la décision d'explorer d'autres avenues que la bière. Outre son jeune âge et son expérience limitée en affaires, il est possible que ce soit son hésitation à défier les figures d'autorité autour de lui, comme son père et son oncle, qui l'ait empêché de donner son opinion. C'étaient eux qui étaient aux commandes et, à titre de « bon » membre de la nouvelle génération, il leur obéissait.

Je peux comprendre son attitude. Comme Eric, j'ai mis des années à trouver ma voie et le courage de la suivre. Quand j'ai choisi mon programme d'études à l'université, par exemple, je me souciais davantage de ce que je *devais* faire et accomplir plutôt que de me laisser guider par ma passion et mon intuition. Mes parents, tous deux médecins, s'attendaient à ce que j'entreprenne rapidement des études universitaires afin d'exercer une profession libérale. À dix-sept ans, je suis donc entrée en droit sans même songer à mon goût pour les sciences humaines. Ce n'est que beaucoup plus tard que j'ai exploré ce qui me captivait vraiment pour me plonger dans l'étude du comportement humain. Eric me ressemblait peut-être à cet égard. Il ployait sous le poids des « devoirs » imposés par son père, son oncle, ses ancêtres, le nom Molson et la longue histoire de l'entreprise familiale. Pas étonnant alors qu'il ait « suivi le mouvement » et fait fi de ses propres réserves lorsque ces derniers avaient prétendu que Molson devrait se diversifier pour survivre au prochain siècle.

Dans la véranda de sa maison en bord de mer, Eric hoche la tête et me raconte : « Une phrase qu'on entendait beaucoup à l'époque, c'était : "Pourquoi vous ne vous lancez pas dans la fabrication de moto-neiges ? Comme ça, vous feriez de bonnes affaires en hiver et, quand arrive l'été, vous feriez encore de bonnes affaires parce que tout le monde boit de la bière quand il fait chaud !" Ça s'appelle l'adaptation saisonnière. Peu importait le manque de connaissance en motoneiges et en direction d'entreprise de ce genre. Nous n'aurions jamais dû nous diversifier. Nous n'avons jamais bien géré autre chose que la fabrication de la bière. Ça nous a pris pas mal de temps pour nous en rendre compte. »

🍁

En 1966, l'assemblée annuelle des actionnaires de Molson eut lieu le matin du 28 juin à l'hôtel Le Reine Elizabeth au centre-ville de Montréal. C'était un événement couru et élaboré, suivi d'un repas officiel, avec des serveurs portant des gants blancs.

Debout au lutrin, le sénateur Hartland Molson, qui était à l'époque président et chef de la direction, relata le parcours de la brasserie au fil des différentes expansions. L'entreprise familiale privée était devenue société publique en 1945 et, de locale, elle devint pancanadienne dix ans plus tard avec l'ouverture de l'usine de Toronto et l'acquisition de Sick's dans l'ouest du pays.

Hartland déclara : « Nous avons atteint le stade où nous avons fermement consolidé notre position dans l'industrie brassicole d'un océan à l'autre. Nous sommes donc maintenant en mesure de nous attaquer à la détermination, puis à la mise en œuvre de la prochaine étape de notre développement. » Il révéla que Molson allait se lancer dans de nouveaux secteurs d'affaires.

De nombreux changements organisationnels furent annoncés au cours de cette assemblée. Tom Molson, alors président du conseil d'administration, prenait sa retraite à soixante-cinq ans pour être remplacé

Percival Talbot « P.T. » Molson (1921-1966). Photo : collection de la Molson Coors Brewing Company.

par Hartland qui, à son tour, cédait son poste de président à Percival Talbot (surnommé « P.T. » ou « Pete ») Molson après treize ans à la tête de l'entreprise.

« P.T. était notre genre de Molson, explique Eric. Il était honnête, il avait une réputation irréprochable et il était intelligent comme tout. » Fils de Walter (le plus jeune frère de Herbert, le père de Tom et Hartland), P.T. était né en 1921. Il était de vingt ans le cadet de son cousin Tom et, comme lui, il avait fréquenté BCS où il avait terminé au premier rang de son niveau et obtenu la médaille du Gouverneur général. Par la suite, il avait décroché un diplôme en économie et sciences politiques avec mention très honorable à McGill. On lui décerna la très convoitée bourse Rhodes pour poursuivre ses études universitaires à Oxford.

Toutefois, le jeune de vingt et un ans déclina le prestigieux prix pour servir son pays sous les drapeaux. En 1941, alors que la guerre faisait rage en Europe, il s'enrôla dans la Marine royale canadienne et passa quatre ans sur des cargos transatlantiques transportant du Canada à l'Angleterre des munitions et d'autre matériel. Il obtint le grade de capitaine de corvette de la frégate NCSM *Lewis* et fut l'un des plus jeunes officiers à ce poste. Après le conflit, il aurait pu réclamer sa bourse pour Oxford (on lui avait offert une prolongation), mais il opta plutôt pour le service extérieur canadien où il mit à profit son entregent et son sens de la diplomatie. Il fut posté outre-mer au Haut-commissariat du Canada à Londres, puis à Berlin. À son retour au pays en 1950, il devint le chef de cabinet de Lester B. Pearson, qui était à l'époque secrétaire d'État aux Affaires extérieures. Pearson était élogieux à l'égard de P.T.

Pendant que ce dernier se trouvait à Ottawa, Hartland et Tom commençaient à préparer l'avenir de l'entreprise et discutaient régulièrement de leur succession à la tête de Molson, même s'ils ne prévoyaient pas prendre leur retraite avant de nombreuses années. Les fils de Tom étaient trop jeunes, et personne n'osa envisager de confier ce rôle à la fille unique de Hartland. David Molson était sur les rangs puisqu'il

Cinq membres de la famille Molson travaillant pour la brasserie posent sous les portraits de leurs ancêtres, John Molson père et fils : Hartland, Billy, Tom, P.T. et Eric Molson, 1965. Photo : gracieuseté des Archives nationales du Canada.

faisait partie de la famille (quoique cousin au deuxième degré) et travaillait à la brasserie. Mais Tom et Hartland estimaient que sa différence d'âge avec eux était trop importante. En outre, David s'intéressait beaucoup plus à l'équipe de hockey qu'à la bière.

Les frères Molson pensèrent ensuite à P.T. « Pourquoi pas ? se dirent-ils. Il est intelligent, il a un bon jugement et il est un homme accompli. » Tout à fait ce dont Molson avait besoin. Ils décidèrent de le rencontrer pour n'écarter aucune option. Toutefois, le professionnel du service extérieur de trente-deux ans ne souhaitait pas travailler pour la brasserie. Il ne voulait même pas être dans le milieu des affaires.

P.T. finit par surmonter ses appréhensions et joignit les Brasseries Molson ltée en 1953, après douze ans au service de son pays. C'est lui qui prit la décision ultime, mais il le fit davantage par sens du devoir envers la famille que pour tout autre motif. Hartland négocia le départ de P.T. du ministère des Affaires extérieures avec Pearson.

🍁

P.T. réussissait bien chez Molson et il gravit rapidement les échelons. Le 1er juillet 1966, treize ans après son embauche, il fut nommé président et chef de la direction de l'entreprise. Il quitta Toronto pour s'installer à Montréal et prendre la relève de Hartland. Ce fut un changement important, rendu plus difficile encore par le fait que sa femme Lucille refusa de l'accompagner.

Le 14 septembre 1966, onze semaines après la promotion de P.T. à la tête de Molson, tous les gens associés de près ou de loin avec Molson furent choqués en lisant les grands titres des quotidiens : *Le président de Molson trouvé mort d'une blessure par balle*, annonça le *Globe and Mail*. Les rumeurs s'intensifièrent, et tous se demandèrent ce qui s'était passé.

Les médias ne parlèrent pas de suicide, mais utilisèrent des euphémismes comme « accident » ou « incident malheureux ». Toutefois, on finit par connaître les détails. La deuxième fin de semaine de septembre, tandis que les feuilles commençaient à changer de couleur dans les Laurentides, P.T., quarante-cinq ans, se rendit seul à sa maison de campagne à Ivry et se tira une balle dans la tête. On trouva son corps trois jours plus tard, le lundi 12 septembre, à côté d'un fusil de chasse de calibre 20.

Ce père de quatre enfants présidait la deuxième brasserie en importance au Canada. Il était aimé et admiré dans sa communauté. Toutefois, à l'insu de la plupart des gens, P.T. souffrait de dépression au point où il avait consulté l'Institut Allan Memorial, un hôpital psychiatrique de Montréal. P.T. finit par craquer, même s'il semblait avoir trouvé une façon de vivre avec sa maladie mentale.

On ignore la cause exacte de sa rechute. Peut-être était-ce le fait d'avoir appris que Lucille était tombée amoureuse d'un autre homme. Peut-être était-ce la pression de diriger une entreprise familiale comme Molson. Eric jette une partie du blâme sur son père et son oncle : « Tom et Hartland l'embêtaient tout le temps. Ils le harcelaient pour des broutilles. P.T. ne pouvait pas se consacrer à ce que *lui* jugeait important. Il devait plutôt courir à droite et à gauche pour essayer de plaire à tout le monde. » Ces situations jouèrent probablement un rôle dans l'état de P.T., mais il est difficile de déterminer une cause unique dans les cas de dépression.

« C'était horrible quand P.T. s'est suicidé, se souvient Eric, les larmes aux yeux. Un vrai choc. C'était dans tous les journaux. Il était président depuis quelques mois seulement… Tout le monde pleurait, la tristesse nous submergeait. P.T. était un type formidable, mais il n'était pas au bon endroit. Il aurait dû rester diplomate. »

Eric en tira une leçon sur l'importance de suivre ses passions et sa vocation. On avait poussé P.T. vers Molson et il avait eu l'impression qu'il ne pouvait pas refuser. Eric se jura qu'il n'imposerait jamais ce genre de pression sur quiconque, ni ses fils, ni qui que ce soit. Les gens devaient choisir ce qui était bon pour eux, particulièrement quand il était question de leur avenir.

Eric demeura fidèle à cet idéal et respectait les choix des autres. Toutefois, il dut apprendre à se tenir debout pour défendre ses opinions, surtout s'il anticipait un conflit ou un affrontement. Il lui fallut des années et de nombreuses épreuves avant de trouver enfin sa propre voie et d'être capable de tenir tête à ceux qui l'intimidaient. Même si un de ces intimidateurs était un Molson.

David M. Chenoweth,
président des
Brasseries Molson
de 1966 à 1968, 1967.
Photo : collection
de la Molson Coors
Brewing Company.

Après la mort tragique de P.T., Tom et Hartland se mirent en quête d'un nouveau chef de la direction. Puisque le choix était limité parmi les membres de la famille (Eric, par exemple, était trop jeune et inexpérimenté), ils se tournèrent vers David Chenoweth.

C'était la première fois depuis la fondation de l'entreprise, cent quatre-vingts ans auparavant, qu'un « non-Molson » était pressenti pour le poste de président et chef de la direction. Chenoweth résista sous prétexte qu'il devait y avoir un membre de la famille plus qualifié que lui. Il jugeait plus convenable qu'un Molson occupe cette fonction. Tom et Hartland n'en démordirent pas et, le 14 octobre 1966, un mois après la mort de P.T., Chenoweth fut nommé président des Brasseries Molson ltée. Sa première mission à ce titre fut de mettre en place la stratégie annoncée par Hartland lors de la précédente assemblée annuelle des actionnaires : la diversification des activités.

Chez Molson, l'aventure de la diversification dura près de trente ans. À partir de sa mise en œuvre en 1966, il fallut cinq dirigeants différents – David Chenoweth, Bud Willmot, Jim Black, John Rogers et Mickey Cohen – avant que l'on se rende compte que cette stratégie était un échec. Au fil des décennies, le nom de l'entreprise fut modifié pour refléter son éventail d'activités de plus en plus large. Il passa de Les Brasseries Molson ltée à Les Industries Molson ltée, puis à Les Compagnies Molson ltée (LCML).

Autrefois indissociable de la bière et du hockey, le nom Molson se dilua et fut mis de côté. En fait, les gens qui gravitaient près de l'entreprise ne la désignaient plus que sous son abréviation LCML (TMCL en anglais). Même Eric, qui fut président du conseil au cours des huit dernières années de l'ère du conglomérat, parlait de LCML. Malgré la fierté qu'il éprouve pour l'entreprise et sa place dans l'industrie, Eric aborde le sujet de LCML et des activités étrangères au domaine de la bière d'un ton détaché et cérébral.

Il n'était pas réfractaire à l'idée de diversifier les activités de Molson lorsque la possibilité fut évoquée au milieu des années 1960. L'entreprise devait trouver un moyen d'assurer sa croissance et, après l'échec de la tentative d'expansion aux États-Unis par l'achat de Hamm, il sembla logique d'élargir son champ d'activité. En outre, la diversification était une tendance vantée en affaires, et les gestionnaires étaient nombreux à transformer leurs sociétés en conglomérats. Au Canada, Argus Corporation, Brascan, Domtar et le Canadien Pacifique avaient emboîté le pas à cette tendance, sans oublier les concurrents directs de Molson qui s'engageaient dans cette voie : Labatt allait notamment faire l'acquisition de Laura Secord Candy Shop, d'Ogilvie Flour Mills et de Mannings Inc. Un éditorial du *Globe and Mail* décrivit le concept dans ces mots : « Quelle que soit la définition qu'en donnent les pédagogues, le terme "conglomérat" semble produire l'effet d'une formule magique sur les marchés boursiers quand il s'applique aux entreprises gérées d'une main ferme qui engraissent en avalant de petites sociétés. Elles ont été parmi les plus prestigieuses dans le milieu industriel l'année dernière, tant au Canada qu'aux États-Unis. »

Eric tint pour acquis que la réorientation stratégique de l'entreprise ne changerait pas grand-chose à sa situation personnelle. Des experts de chaque industrie seraient appelés à gérer les créneaux qui s'ajouteraient, tandis qu'il se concentrerait sur la bière comme auparavant. Et c'est ce qu'il fit. Six ans après avoir commencé « dans les *rubbers* » (terme faisant allusion aux bottes de caoutchouc portées par les travailleurs d'usine) à Vancouver, il fut promu maître brasseur de l'installation de Montréal en novembre 1966. Ce fut une période exaltante pour lui : il avait vingt-huit ans, il était marié depuis sept mois à la belle Jane, il allait devenir père et on venait de lui confier son premier poste de direction.

Dans l'exercice de ses fonctions, Eric tentait de faire abstraction des intérêts financiers de sa famille dans l'entreprise. « Pour un gestionnaire, ça ne devrait pas faire de différence qu'il possède une seule

Le maître brasseur Eric Molson à l'œuvre à la brasserie de la rue Notre-Dame en 1966. Lors d'une entrevue menée en novembre 1966, Eric s'enorgueillissait de la propreté des installations : « Nous sommes très fiers de notre usine qui, au point de vue sanitaire, occupe certainement la première place dans le monde. À partir de notre équipement en cuivre jusqu'aux planchers, en passant par la tuyauterie, nos réservoirs, nos chambres de culture de levure, nos chambres de fermentation et d'entreposage, tout est tenu aussi propre que dans un hôpital. » Photo : collection de la Molson Coors Brewing Company.

action ou qu'il soit actionnaire majoritaire. Le seul avantage, peut-être, c'était que ça aide les autres employés de la brasserie à comprendre que je suis vraiment sérieux et que je suis là pour eux parce que je me préoccupe de l'avenir à long terme de l'entreprise. »

Ayant travaillé pour différents types de patrons au cours de ses six premières années comme simple employé de Molson, Eric était bien placé pour définir son propre style de gestion. Premièrement, il gardait toujours sa porte ouverte. « Je faisais comprendre à mes gens qu'ils pouvaient s'adresser à moi en tout temps. Je leur disais : "Allez, venez ! Vous voulez parler de votre travail ? De votre avenir ? De l'entreprise ? Ne vous gênez pas, entrez !" » Eric avait des rapports avec tous les employés, peu importait leur rang. Il s'efforçait également de perfectionner son français, la langue prédominante à l'usine de la rue Notre-Dame.

Deuxièmement, Eric adoptait une approche qu'il qualifiait de « col usé » : « On garde sa chemise quelques années de plus. On ne va pas travailler dans un complet parfaitement pressé si on veut avoir les gars de la ligne d'embouteillage de son côté. » Puisqu'il se méfiait constamment des pièges de la richesse, cela lui convenait de demeurer authentique, « un des gars », même dans sa situation d'autorité. Il ajoute : « Il faut toujours utiliser les mêmes toilettes. Qu'on soit un *big shot* ou pas, tout le monde va aux toilettes au même endroit. »

En outre, il tenait à ce que tous les employés, même les membres de la famille, se soumettent à des évaluations du rendement en fonction d'objectifs. « Tout le monde doit subir le processus. Se fixer des buts. Se faire mesurer. Découvrir s'il est un gagnant ou un perdant. »

Eric traitait bien son équipe, et le respect était réciproque. John Rogers, un proche collaborateur de cette époque, s'en souvient bien : « Les gens acceptaient l'autorité d'Eric non pas en raison de son nom, mais parce qu'il était un gars de production hautement qualifié et qu'il avait gravi les échelons. Il n'avait aucune prétention. »

Déjà à ses débuts comme gestionnaire, Eric dut surmonter sa phobie de l'affrontement. Il avait tendance à laisser aller les choses et à adopter une approche attentiste, même s'il désapprouvait une décision. Toutefois, ce trait de caractère lui rendit aussi de fiers services. En prenant du recul pour observer une situation, il pouvait discerner si les mesures de contrepoids fonctionnaient. Par exemple, si un employé du département du marketing apportait un changement qui ne lui plaisait pas à une étiquette (ce qui arrivait régulièrement puisque tous les goûts sont dans la nature), il permettait au processus d'approbation de suivre son cours sans qu'il intervienne pour donner son opinion. Le fait que son nom se trouvât sur la bouteille ne faisait aucune différence. Il préférait attendre les conclusions de l'étude de marché plutôt que d'imposer sa volonté. Eric jugeait aussi que ce n'était pas son rôle : après tout, il travaillait en production et non en promotion. Il ne recherchait pas l'affrontement, et il n'en avait nul besoin.

« Ça ne me dérange pas que quelqu'un se trompe. Parfois, je laisse quelque chose se produire sans rien dire, même si je pense que c'est stupide, parce que je veux voir ce qui arrivera à celui qui commet cette erreur. Sera-t-il corrigé ? Réprimandé ? Congédié ? À quelle vitesse réagira son patron ? Si on n'intervient pas, y a-t-il un mécanisme en place pour que l'employé en tire une leçon ? Toutes ces choses sont importantes à savoir sur la façon dont une entreprise est menée. » Ainsi, même si quelqu'un jugeait Eric trop laxiste, son approche non interventionniste lui permettait d'observer, de déterminer la source exacte d'un problème et de prendre une décision en toute connaissance de cause.

❦

En 1968, Eric discuta de l'enjeu des saines pratiques de gestion avec Bud Willmot qui avait remplacé Chenoweth comme chef de la direction de Molson.

Assis dans le bureau de son patron près de l'aéroport international Pearson à Toronto, Eric lui demanda : « Tu ne crois pas qu'on devrait mettre en place un processus d'évaluation du rendement plus rigoureux pour tous nos secteurs d'activité ? La bière, c'est facile : on n'a qu'à regarder les parts de marché et la marge bénéficiaire par bouteille, et on connaît à peu près nos résultats. Mais toutes ces autres entreprises… Comment peut-on savoir si on réussit bien ou pas ? »

Willmot jeta un regard irrité à Eric : « Tu me sembles devenir un peu capricieux, Eric. Tiens, on va former un comité. Tu peux étudier la situation et revenir avec des recommandations. » Eric savait que c'était

Hartland Molson en pleine discussion avec Donald G. « Bud » Willmot, président et chef de la direction des Industries Molson de 1968 à 1973, 1968. Photo : collection de la Molson Coors Brewing Company.

un moyen de lui clouer le bec. Willmot était un type puissant. De vingt et un ans son aîné, le nouveau président des Industries Molson ltée était un cadre d'affaires réputé.

Les changements survenus chez Molson depuis que Hartland avait annoncé son plan de diversification deux ans auparavant étaient ahurissants. Le chef de la direction David Chenoweth avait commencé timidement en juin 1967 avec l'achat des deux tiers de Vilas Industries Ltd, un petit manufacturier de meubles du Québec. Il y avait trouvé des similitudes avec la brasserie : tous deux fabriquaient des produits de consommation, avaient des ventes répétitives et se livraient à des opérations de marketing de grande envergure.

Mais Hartland s'impatientait. Selon lui, Molson ne deviendrait jamais un conglomérat en faisant des acquisitions modestes à la pièce. Molson avait de l'argent à investir et une stratégie à implanter. Il fallait faire un geste audacieux. C'est dans ce contexte que Hartland pensa à Bud Willmot.

Dans le milieu des affaires canadien, Donald Gilpin « Bud » Willmot avait la réputation de porteur de la diversification. À titre de chef de la direction d'Anthes Imperial Ltd, il avait transformé un groupe de petites entreprises disparates en puissant conglomérat dont les revenus atteignaient ceux de Molson. Anthes était actif dans les secteurs les plus variés : tuyaux et raccords en fonte, équipement de bureau, systèmes de chauffage, produits industriels spécialisés et équipement de construction, entre autres. Comme le dit Eric : « Anthes était une entreprise publique de haute voltige qui grossissait vite. »

Willmot était également bien connu dans les cercles sociaux que fréquentait Hartland. Passionné de chevaux de course, il venait de fonder Kinghaven Farms, une écurie de purs-sangs qui étaient parmi les plus primées de l'histoire canadienne. (On le surnommera plus tard le « roi du cheval de course au Canada ».) Ainsi, Hartland pressentit Willmot et, après une première rencontre prometteuse, il ordonna à Chenoweth de conclure une entente avec Anthes.

❦

Le 11 septembre 1968, donc un an plus tard, Molson fusionna avec Anthes, et des transformations profondes s'ensuivirent. Le nom de l'entreprise passa de Les Brasseries Molson ltée à Les Industries Molson ltée pour refléter le changement de structure en société de portefeuille comportant de multiples filiales. Bud Willmot devint un actionnaire important de la nouvelle société : il détenait le plus grand nombre d'actions avec droit de vote après la famille Molson. Il remplaça Chenoweth au poste de chef de la direction (ce dernier fut élu vice-président du conseil d'administration), et le siège social fut transféré en banlieue de Toronto où se trouvaient les bureaux d'Anthes.

En octobre 1968, Willmot déclara aux journalistes que Molson avait entamé les premières démarches : « Molson est une société solide, établie depuis longtemps, qui connaît un grand succès et dispose de ressources financières considérables. Son secteur d'activité est très stable et son rendement, largement prévisible. Elle jouit d'un flux de trésorerie substantiel, elle emploie une main-d'œuvre hautement qualifiée et cherche à étendre ses activités. Combinez-la avec une entreprise – Anthes – qui possède une expertise en croissance et en diversification. Quand vous fusionnez les atouts exceptionnels de ces deux chefs de file, nous croyons que vous obtiendrez d'excellents résultats et une grande société capable de faire collectivement ce qui n'aurait pas pu être accompli individuellement. »

Fort d'une expérience de quarante-deux ans chez Molson dans le secteur brassicole, John Rogers a un point de vue différent : « La fusion avec Anthes a été le virage le plus important de l'entreprise à mon époque. » Elle fut, selon lui, malheureuse : « Elle s'est produite parce qu'on nous a empêchés d'améliorer notre position sur le marché brassicole américain, à cause de l'échec de la transaction avec Hamm. »

Pourtant, l'idée d'utiliser Anthes comme levier de croissance de Molson était judicieuse. Le problème se situa du côté de la mise en œuvre. Il y avait premièrement la question de la culture. Molson avait toujours été une entreprise tissée serrée, presque familiale, ce qui changea avec Anthes, explique Rogers : « Il y avait indéniablement un "esprit Molson" quand nous n'étions qu'une brasserie. Nous nous sentions tous proches les uns des autres, nous faisions partie de la famille. Nous avons perdu ça avec la fusion. Toutes ces petites entreprises qui constituaient Anthes n'avaient pas la même philosophie et, au bout du compte, la fusion n'a pas été une période heureuse pour les gens de Molson. »

On éprouva également des problèmes sur le plan de l'exploitation. Eric se rappelle une tentative pour combiner les activités de distribution. « Anthes possédait une grosse flotte de camions parce qu'elle était dans le domaine de la construction. Alors, pour accroître la synergie entre nos deux groupes, nous avons décidé qu'ils serviraient à ramasser les bouteilles à l'usine pour la livraison. » La réaction fut immédiate lorsque les premiers véhicules aux couleurs d'Anthes se pointèrent à l'usine. « Nous avons pété les plombs ! se rappelle Eric. Nous ne pouvions pas transporter notre bière dans ces camions *sales* ! Ils allaient ruiner notre réputation. J'ai dû mettre les choses au point : "Nos camions seront lavés à fond chaque jour et ils porteront fièrement le logo Molson." C'était une question de culture. Bud était peut-être un homme d'affaires doué – en tout cas, il avait impressionné Hartland –, mais il connaissait mal une chose, et c'est l'industrie de la bière. »

Selon Eric, la conséquence la plus grave et la plus durable de l'entente avec Anthes, c'est que la famille perdit la propriété de la marque Molson. « Dans l'entente conclue avec Willmot, nous avons perdu le contrôle de certains aspects techniques de la bière. Les marques et tout le reste ont fait partie de la transaction. Nous n'aurions jamais dû les céder, explique Eric en secouant la tête. Nous aurions dû garder le contrôle sur nos normes pour les étiquettes, les liquides, nos malts, nos houblons... Tous les éléments fondamentaux. Nous aurions dû les conserver. »

Il dévoile ce qu'il admire le plus de Freddy Heineken, son concurrent et partenaire au Canada : « Freddy n'a jamais perdu le contrôle de son nom. Il conservait la mainmise sur les particularités de ses produits. Si quelqu'un voulait modifier la conception graphique des étiquettes ou tout autre élément lié à Heineken, il devait demander l'autorisation à Freddy. Nous aurions dû faire la même chose. »

Toutefois, à l'époque, Eric n'avait pas voix au chapitre, croit-il : « J'étais jeune. Je ne pouvais pas m'en mêler. De toute façon, la décision était prise, et Chenoweth faisait tout en son pouvoir pour conclure l'affaire. »

Les négociations finales avec Anthes mirent énormément de pression sur Chenoweth. Elles entraînèrent peut-être même sa mort trois mois plus tard. C'était un fait de notoriété publique qu'il avait une santé fragile : il avait subi son premier infarctus à quarante et un ans et on lui avait installé un stimulateur cardiaque de première génération (expérimental, en réalité). Chaque fois qu'il se déplaçait par affaires, il était accompagné d'un adjoint formé en secourisme au cas où il aurait une défaillance.

Ce qui se produisit au début de décembre 1968. Malheureusement, tous les efforts de réanimation échouèrent, et Dave Chenoweth succomba à une crise cardiaque à cinquante et un ans. « Quelle tragédie ! explique Eric avec émotion. Une grosse perte. C'était un type formidable. Et ses garçons... Clare et Dave avaient cinq fils qui étaient encore adolescents. Il était trop jeune. Et puis P.T. venait de mourir. C'était horrible. »

Eric formule une hypothèse : « Dave aurait pu se réveiller un matin et se rendre compte qu'Anthes était une grosse erreur. Il avait joué un rôle déterminant dans la transaction, mais c'était ce que Hartland et le conseil d'administration voulaient. Malheureusement, nous avons sauté dans le train au pire moment qui soit, quand Anthes était au sommet de sa valeur. C'est comme payer trop cher pour une maison en ruine. Dave s'en était peut-être rendu compte, et le stress était trop intense pour lui. Je l'ignore… Ce que je sais, par contre, c'est qu'Anthes était un tas de cochonneries qui s'est écroulé, et que Dave est mort peu de temps après. »

🍁

Au cours de cette période tumultueuse chez Molson, Jane et Eric s'installèrent dans leur vie à deux. Ils avaient loué un petit appartement au centre-ville, dans la rue Lambert-Closse, à quelques pas du Forum où ils se rendaient presque tous les samedis soir pour encourager les Canadiens. Et pendant qu'Eric travaillait à la brasserie, Jane se consacrait à ses tâches d'épouse.

Elle sourit à ce souvenir : « Tu aurais dû me voir. Je me mettais tellement de pression ! J'essayais de faire ma Betty Crocker. J'ai décoré la maison, je la gardais impeccable, j'achetais des bouquets de fleurs fraîches chaque semaine, je cuisinais… Je voulais que tout soit parfait pour le retour d'Eric après le travail. »

Il ne leur fallut pas beaucoup de temps pour se faire rappeler que les choses ne se déroulent pas toujours comme prévu. Jane subit une fausse couche à quatre mois de grossesse.

Eric est encore touché par cette perte : « C'est horrible de passer à travers ça. Imagine : tu te maries, tu attends ton bébé, puis il n'est plus là. Mais je faisais confiance à la médecine moderne, et les médecins nous avaient dit que Jane allait s'en sortir et qu'elle pourrait avoir un autre enfant. C'était quand même difficile… Terrible pour Jane. »

Elle vécut une foule d'émotions, passant du choc à la colère, de la culpabilité à la tristesse. Sachant à quel point elle tenait à devenir mère, Eric tenta de la réconforter du mieux qu'il pouvait. Heureusement, elle

Les frères Geoff (quatre ans), Justin (cinq ans) et Andrew Molson (six ans) sur une plage du Maine, août 1974. Photo : collection de la famille Molson.

tomba à nouveau enceinte peu de temps après. En quatre ans, le couple eut trois garçons en pleine santé : Andrew (né en 1967), Justin (1968) et Geoff (1970).

« Jane et moi, nous n'avons pas vraiment discuté de quelle façon nous allions élever nos enfants. Nous n'avons pas beaucoup lu à ce sujet non plus. Nous avions le livre du Dr Spock, mais nous faisions surtout appel à notre gros bon sens. Jane en savait davantage que moi et elle faisait la plus grande partie du travail. Je la relayais. »

Le couple partageait les mêmes valeurs. Comme tous les parents, ils voulaient que leurs enfants soient heureux, curieux et confiants, mais ils leur ont aussi inculqué par l'exemple la valeur du travail, de la curiosité intellectuelle, du respect d'autrui et de la diversité. Ils étaient résolus à leur offrir l'enfance la plus normale qui soit. Conscients des idées préconçues associées au nom Molson (surtout au Québec), ils s'assuraient que leurs fils ne se sentent pas supérieurs aux autres et ne se croient pas tout permis.

Jane et Eric achetèrent leur première résidence – une maison en rangée – au 484, avenue Wood, dans le quartier des *flats* de Westmount plutôt que sur les flancs du mont Royal où se blottissent les grandes demeures luxueuses. « Ce que je préférais du 484, c'était la ruelle à l'arrière. » Les enfants du voisinage s'y retrouvaient pour jouer au hockey et faire du vélo. « Nous voulions que nos gars se mêlent à d'autres jeunes de différents milieux, et la ruelle était l'endroit idéal pour ça », explique Jane.

Toujours soucieux d'intégrer leurs fils dans un environnement mixte, Jane et Eric cherchèrent un lieu pour passer les vacances et les fins de semaine. Le domaine familial des Molson se trouvait à Ivry dans les Laurentides, à quelques centaines de kilomètres au nord de Montréal. Le vaste terrain avait été acheté en 1910 par le grand-oncle et le grand-père d'Eric, Herbert Molson, à la suggestion de leur père qui les pressait de passer du temps ensemble. L'endroit près du village d'Ivry-sur-le-Lac répondait à toutes leurs exigences : il était facile d'accès de Montréal (même en train), il comportait deux lacs autour desquels les membres de la famille pouvaient bâtir leur maison et on pouvait y pratiquer une foule d'activités en toutes saisons (natation, bateau, randonnée, ski et patinage). Au début de leur mariage, Jane et Eric y allaient régulièrement. « J'aime Ivry, dit Eric. C'est magnifique. Un joli lac, de beaux paysages… Mais c'était aussi une source de tracas pour moi. »

Eric était responsable de l'entretien de la résidence principale à Ivry, une tâche qui devint un poids à cause des exigences de Tom. « Mon père m'embêtait tout le temps. Il me téléphonait tard le soir pour me rappeler de faire ceci, de démolir cela ou de ne pas oublier de parler à Henri, l'intendant, et ainsi de suite. »

C'était trop, admet Jane. « Eric était très occupé au travail et il voyageait beaucoup. En plus, Tom se fiait à lui pour l'entretien de la propriété à Ivry. »

Peu après la naissance de Justin, Eric et Jane décidèrent d'avoir une maison de campagne bien à eux dans un rayon de deux cents kilomètres de Montréal. En avril 1970, ils achetèrent la vieille ferme Harris près de Massawippi dans les Cantons-de-l'Est, où habitaient les parents de Jane. Eric était ravi de leur acquisition : « On a eu la ferme pour pas

Eric et Jane Molson avec leurs fils Geoff, Justin et Andrew à Massawippi, été 1976.
Photo : collection de la famille Molson.

cher, et c'était formidable. Une fois qu'on commence à investir dans un endroit bien à soi, à l'améliorer graduellement comme on veut, on devient accro. »

Même s'ils retournaient à Ivry à l'occasion pour un week-end ou le Nouvel An, c'est à « Wippi » qu'Eric profitait de son temps libre avec ses fils. Le travail le retenait souvent tard à la brasserie ou l'obligeait à être en déplacement, mais les fins de semaine se passaient en famille. L'hiver, avec l'aide d'un homme du village, il pompait de l'eau de la rivière Tomifobia pour aménager une patinoire à côté de leur propriété. Andrew en garde un souvenir attendri : « La fin de semaine, papa jouait au hockey avec nous. Parfois, quand la route était gelée, on partait de la maison en patins. On passait nos journées là. Les enfants du village venaient et on jouait tous ensemble, même mon père. »

Les trois frères aimaient jouer dehors et participer aux travaux de la ferme. Ils avaient un groupe d'amis complètement différents de ceux de la ville, raconte Jane : « On voulait que les gars apprennent comment faire pousser des légumes, entretenir un jardin, s'occuper des animaux. On avait des poules, des canards et quelques ânes. On était dans notre période beatnik et on faisait pas mal de travaux nous-mêmes. »

Geoff, Andrew et Justin Molson à Massawippi, 1978. Photo : collection de la famille Molson.

Le seul inconvénient était la distance qui se créait avec les autres Molson puisque les frères et sœurs d'Eric et leurs familles se réunissaient toujours à Ivry. Mais l'existence simple qu'Eric menait à Massawippi avec les siens lui donnait une impression de liberté.

✦

Sur le plan professionnel, Eric continuait à améliorer ses compétences en gestion. Il remarqua, par exemple, qu'une mentalité bureaucratique en silo s'était créée à la brasserie de Montréal. Les différents départements s'éloignaient les uns des autres et ne collaboraient plus. Cette situation sapait le moral des troupes et nuisait à l'efficacité.

Eric évoqua ce problème avec son patron John Rogers, qui présidait à l'époque la division brassage pour le Québec. (Eric était chef de l'exploitation, un titre horrible, selon lui. « Imagine, j'étais responsable de l'"exploitation". Qui invente un nom pareil ? Je sais que c'est le terme exact en français, mais ça ne me disait rien de bon. ») Les deux hommes se mirent à la tâche. « John Rogers et moi avons élaboré une nouvelle façon de procéder. Tout le monde devait se retrousser les manches et appeler les choses par leur nom. Fini les politiques internes qui bouffent du temps. Notre thème, c'était "le retour à la base". Et tu sais quoi ? Ça a marché ! Nous avons renversé la vapeur dans la division du Québec. » Ils simplifièrent les processus de l'entreprise, ouvrirent des canaux de communication entre les départements (la production, l'emballage, l'expédition, les ventes, le marketing, etc.) et créèrent des unités plus grandes et plus cohérentes. John Rogers et Eric firent une tournée de la province, parlèrent de la nouvelle approche de la brasserie et incitèrent différents groupes à s'allier. Leur stratégie fut un succès.

En plus d'encourager les employés de différents secteurs à collaborer, Eric les poussait à se dépasser. Son objectif était d'atteindre l'excellence grâce à l'innovation. Il posait souvent cette question à son équipe : « Combien d'entre nous peuvent prétendre que notre façon de travailler est la meilleure ? À cette époque où tout change vite, on peut affirmer sans se tromper que si on fait quelque chose aujourd'hui de la même manière qu'il y a cinq ans, il y a de fortes chances qu'il existe bel et bien une méthode plus efficace… Nous, comme employés, nous connaissons mieux que quiconque les opérations, les processus et l'équipement de l'entreprise. Travaillons ensemble pour trouver de meilleures façons de faire notre boulot. »

Alors que le reste de l'entreprise se concentrait sur la diversification, John Rogers et Eric consacraient toute leur énergie à brasser de la bière, et à bien le faire. Ils remarquèrent des changements dans le marché, qui devenait plus concurrentiel, et ils savaient que les équipes devaient se tenir sur un pied d'alerte. Ils rationalisèrent les processus, encouragèrent l'innovation et rallièrent les différents groupes pour les faire collaborer.

❦

Au début des années 1970, on assista à un assouplissement de quelques-unes des lois les plus strictes concernant la vente de bière dans certaines régions du Canada. On commença à permettre la consommation le dimanche, et l'âge minimum baissa à dix-huit ans. L'industrie brassicole évoluait et faisait des tentatives de segmentation de marchés pour créer des produits répondant aux goûts de groupes de consommateurs précis.

Eric eut une idée : « Pourquoi ne pas faire une bière de prestige ? Une nouvelle bière avec un taux d'alcool plus élevé pour l'amateur plus raffiné ? »

Fidèle à ses méthodes, il commença par une recherche. Il élabora une recette, qu'il garda secrète, sauf pour la petite équipe qui travailla à la première cuvée. C'était une ale forte qui comportait le double de houblon, le double de céréales et le double d'alcool. Eric utilisa la même levure que pour la Molson Export et ajouta un nombre anormalement élevé de cellules de levure. Quand il eut fini, il apposa sur le réservoir un grand panneau sur lequel était écrit : *NE PAS TOUCHER. Ouvrir à Noël.*

En décembre, les employés de Molson purent goûter au prototype. Son goût prononcé d'Export plut aux amateurs de bière de l'entreprise. Eric se souvient de leurs commentaires : c'était le meilleur produit qu'ils avaient jamais brassé. « Et ils avaient raison. Elle était délicieuse. Le genre de bière qui te donne le goût de vider la cuve ! »

Gamme de marques Molson vendues dans les années 1970, dont la Brador à l'extrême droite. Photo : collection de la Molson Coors Brewing Company.

Toutefois, le consommateur moyen ne fut pas de cet avis. Quand Eric et son équipe testèrent la nouvelle bière dans la rue, certains passants eurent la nausée et demandèrent s'ils devaient prendre une deuxième gorgée en disant : « C'est dégueulasse ! » La bière était trop forte.

La recette fut modifiée en conséquence.

Vint ensuite la question de la marque. Le prototype avait été baptisé « Réveillon » pour rappeler le moment de son dévoilement à la brasserie. Mais pour le lancement public de son nouveau produit, Eric chercha un nom qui refléterait son prestige. Le service du marketing songeait à des expressions comme « Triple X » ou « Grand Prix », qu'Eric ne jugeait pas assez originales.

Il passa des soirées au lit avec un dictionnaire en se disant : « J'ai besoin de deux syllabes et je veux que ça commence par "bra". » Une syllabe au son doux qui rappellerait les mots « brassin », « brassage », « brasserie »… Il échangeait des idées avec Jane et, un soir, à

Massawippi, il trouva « d'or », évoquant la qualité : « bras d'or » devint Brador. « Parfait », pensa Eric.

Mais il n'imposa pas son idée à son équipe. Il voulait qu'elle l'emporte au mérite, et non parce qu'elle venait d'un Molson. Il ajouta donc anonymement le mot « Brador » à la liste des noms évalués par le groupe d'études de marché. Brador fut le préféré. Le service du marketing élabora une identité visuelle : un ovale doré délimité par un trait épais bleu royal et le nom Brador bien en évidence au centre, le tout placé sur un hexagone noir. La capsule était enveloppée d'une feuille dorée. Une étiquette royale pour une liqueur de malt de qualité supérieure et au degré d'alcool plus élevé. On l'appela « la plus-que-bière signée Molson ».

« Le lancement de la Brador a été un *high* incroyable, dit Eric. Je ne l'ai pas fait pour Tom. Non, ce n'était pas pour impressionner mon père. Je l'ai fait pour la brasserie. Nous avons tous travaillé ensemble. Les brasseurs l'adoraient. L'équipe des ventes, celle du marketing, la production... Tout le monde l'aimait. »

Mais plus important encore, le public aussi. La brasserie fut à sec après seulement quelques jours sur le marché. « On a dû embaucher des tas de jeunes pour en embouteiller davantage, raconte Eric. On a été chanceux parce que c'était l'été et qu'il y avait beaucoup d'étudiants disponibles. Ils étaient tous placés en ligne et posaient les papiers dorés sur les capsules... La Brador se vendait comme des petits pains. On a même commencé à en exporter aux États-Unis. »

Ce fut l'une des expériences les plus heureuses d'Eric à la brasserie.

🍁

Le hockey occupait une place presque aussi centrale que la bière dans le clan Molson. Tous les membres de la famille, peu importe leur sexe, passèrent leur enfance un bâton de hockey à la main. Ils regardaient les matchs à la télé, les analysaient et nourrissaient une passion pour le sport. Pour eux, comme pour la plupart des Québécois, les Canadiens de Montréal représentaient l'apothéose du hockey, une quasi-religion à l'autel de laquelle ils se recueillaient tous les samedis soir.

Lorsque Tom et Hartland achetèrent l'équipe en 1957, le changement de propriétaire se fit sans heurt. La famille gagna le respect des *fans* du

CH en raison de sa gestion serrée. Sous sa gouverne, le Canadien se classa au premier rang de la ligue à huit reprises en saison et remporta six coupes Stanley. Grâce à tous leurs succès, les Glorieux suscitaient un véritable engouement. Tout le monde voulait s'y associer, même les membres de la famille comme David Molson.

Âgé de trente-cinq ans, ce cousin éloigné de Tom et Hartland gravissait les échelons à la brasserie. Il était promis à un bel avenir, mais il s'intéressait au hockey plutôt qu'à la bière. En 1964, David approcha Hartland directement pour lui demander d'être nommé président du Canadien. Ils conclurent une entente après quelques discussions. Hartland posa une seule condition : David devait s'entourer de vrais hommes de hockey, des experts comme Sam Pollock et Hector « Toe » Blake.

Le rôle de président du club ne suffit pas à David. Il fit une nouvelle offre quatre ans plus tard, à l'époque où Molson se préparait à fusionner avec Anthes : David proposa d'acquérir une participation majoritaire dans l'équipe avec ses frères Peter et Billy en échange d'actions de la brasserie léguées par leur oncle Bert Molson en 1955.

Toutefois, la valeur de ces actions était loin de la valeur marchande du Canadien. Celle-ci avait augmenté considérablement depuis que Hartland et Tom avaient acquis le CH en raison de l'ampleur des travaux de rénovation réalisés au Forum de Montréal l'année précédente et de l'expansion de la ligue, qui avait ajouté six équipes aux six originales. Néanmoins, la vente fut conclue. Tom et Hartland acceptèrent les actions en guise de paiement, ce qui représentait essentiellement un cadeau de leur part. En cédant le CH à la génération suivante, ils s'assuraient que ce bien précieux restait aux mains des Molson. Hartland et Tom étaient persuadés que David et ses frères allaient, comme promis, préserver l'équipe dans la famille à jamais.

🍁

Le 16 août 1968, la une du *Globe and Mail* titrait : *Des membres de la famille achètent le Forum et le* CH : *le contrôle des Canadiens de Montréal et du Forum vendu par les Molson à une autre branche de la famille.*

La nouvelle choqua Eric, qui avait alors trente ans : il n'avait jamais eu vent de cette transaction. « C'est en lisant le journal que j'ai

Photo du haut : Eric et Stephen Molson dans l'uniforme des Abenakis, l'équipe de Bishop's College School, 1953. Photo : collection de la famille Molson. *Photo du bas* : David Molson, le premier ministre désigné Pierre Elliott Trudeau, le sénateur Hartland Molson et le premier ministre du Canada Lester B. Pearson assistent à une partie des séries éliminatoires de hockey dans les gradins du Forum de Montréal, 1968. Photo : gracieuseté de la succession de David Bier.

Les frères David, Billy et Peter Molson célèbrent l'acquisition du Club de hockey Canadien. En septembre 1968, ils ont acheté l'équipe de leurs cousins Hartland (*sur la photo*) et Tom. Photo : gracieuseté de la succession de David Bier.

découvert que Tom et Hartland avaient cédé les Canadiens à ces gars-là. Ils n'en avaient jamais parlé à Stephen ni à moi. Ils n'ont jamais dit : "Il faudra un jour qu'on sorte du hockey." Je l'ai appris par un article. J'étais furieux. Stephen aussi. »

Ce qui offusqua Eric plus que la vente de l'équipe à ses cousins, c'était le manque de communication de son père. Pourquoi n'avait-il rien dit ? Tom ne lui faisait-il pas confiance ? Stephen et lui auraient pu vouloir diriger le club. Ils en étaient capables. Il est vrai qu'ils étaient plus jeunes et moins expérimentés que leurs cousins, et David connaissait bien le hockey, mais, tout de même, Tom aurait pu leur en parler avant.

La blessure fut encore plus douloureuse trois ans plus tard. En juin 1971, la rumeur d'une transaction imminente circulait : David, Peter et Billy Molson seraient en quête d'un acquéreur. Les trois frères nièrent en bloc : « Le club n'est pas à vendre. » Toutefois, les racontars persistèrent au point où le cours de l'action de Canadian Arena Co., inscrit à la Bourse de Montréal, grimpa de 9,50 $ à 14,50 $ en quelques semaines seulement. Billy déclara aux journalistes : « L'action devrait valoir 25 $! » Comme le ferait son fils Ian des années plus tard, Billy Molson suivait de près le cours du titre de Molson et l'évaluation de l'entreprise.

À la fin de novembre 1971, Hartland interrogea David au sujet des rumeurs sur la vente du Canadien. David le rassura : il ne s'agissait que « de potins sans fondement ». Puis, le 31 décembre, trois ans après avoir acquis l'équipe de Tom et Hartland en leur promettant de la conserver à jamais dans la famille, David et ses frères cédèrent le CH à Edward et Peter Bronfman pour un prix estimé à 15 millions de dollars, soit plus de trois fois ce qu'ils avaient payé. Ce fut une transaction formidable pour eux... et une énorme trahison d'une branche des Molson envers l'autre.

Cinq jours plus tard, soit le 5 janvier 1972, Hartland manifesta publiquement sa déception dans un communiqué de presse :

C'est à sa grande stupéfaction, et ce, 24 heures après l'annonce officielle, que le sénateur Hartland Molson a été informé de la vente des Canadiens de Montréal à un groupe de financiers. Le sénateur Molson n'a pas cherché à cacher sa consternation d'avoir appris la nouvelle alors qu'il se trouvait à l'extérieur du pays. Le sénateur Molson ignore les motifs de la vente et a été amèrement déçu par cette transaction de David Molson et ses frères.

Hartland envoya ensuite un bref message à David : *La présente vise à t'informer que ton nom ne sera pas présenté pour ta réélection au conseil d'administration de Molson lors de la prochaine assemblée générale annuelle.* Il conclut le chapitre en enlevant de son bureau la photo encadrée des trois cousins prise au moment où lui et Tom leur avaient cédé les Canadiens.

« Ce côté-là de la famille – David, Peter et Billy – nous a laissés tomber, explique Eric. Ils ont eu l'équipe pour des *pinottes*, ils avaient promis par écrit de la garder dans la famille pour toujours, mais ils se sont virés de bord et l'ont vendue... C'était un manque total de loyauté. Ils n'ont pas été corrects. » Eric n'adhérait pas à la mentalité que tout a un prix.

Il avait compris toutefois que ses cousins avaient été motivés à se défaire du club en partie à cause du climat politique lourd qui sévissait au Québec à l'époque. Le mouvement séparatiste du FLQ avait intensifié sa présence à la fin des années 1960 et recourait de plus en plus à la violence pour communiquer son message anti-Anglos. « C'était vraiment difficile pendant une certaine période, se rappelle Eric. On n'osait même pas *parler* anglais pour éviter qu'ils nous prennent pour cibles. Toute cette période était pas mal tendue à cause du FLQ. »

La situation atteignit son paroxysme le 5 octobre 1970 avec l'enlèvement de l'attaché commercial britannique James Richard Cross. Cinq jours plus tard, quatre hommes armés kidnappèrent Pierre Laporte, le ministre du Travail du Québec. Le 16 octobre à 4 heures du matin, le premier ministre du Canada Pierre Elliott Trudeau proclama la Loi des mesures de guerre et envoya l'armée canadienne à Montréal, une première en temps de paix. Cette loi donnait à la police le pouvoir d'arrêter et de détenir toute personne soupçonnée de participer à des actes de violence sans avoir à déposer d'accusations officielles. Quelques jours plus tard, on découvrit le cadavre de Laporte dans le coffre d'une voiture. Il avait été étranglé. Le FLQ revendiqua le meurtre.

À cette époque, David Molson – comme Hartland et d'autres éminents Montréalais associés aux anglophones privilégiés – figurait sur la liste des « maudits Anglais » dans la mire du FLQ. David devint une cible facile avec sa chevelure blonde, ses places au premier rang du Forum et son rôle très visible à titre de propriétaire et président du Canadien. Stephen raconte : « Ce n'était pas une période agréable pour posséder l'équipe de hockey. David et ses frères voulaient s'en débarrasser, et je peux comprendre pourquoi. Ils recevaient des menaces et tout ça… Ce que je ne saisis pas, c'est pourquoi ils ne sont pas allés voir oncle Hartland pour lui dire : "Écoute, on n'est plus capables. On va te revendre l'équipe." Ça aurait été la chose honorable à faire. »

Eric tira une grande leçon de cette situation, a-t-il dit plus tard : « Dans toute transaction, il faut toujours avoir un plan B – un droit de premier refus ou une disposition quelconque – pour se laisser plus d'options. » Toutefois, en 1971, les deux branches de Molson avaient conclu une entente avec une simple poignée de main, et la famille perdit le CH.

Avec le recul, Eric découvre un autre aspect à la vente de l'équipe par ses cousins. Quand on fait partie d'une famille nombreuse, explique-t-il, on doit l'entretenir comme un jardinier qui émonde ses arbres. « On choisit une branche et on la garde. Ça veut dire que, parfois, il faut faire des sacrifices, mais ça vaut la peine si on se débarrasse des rameaux les plus faibles. Ça donne de la vigueur à la branche qu'on conserve. » En vendant l'équipe en échange des actions de Molson héritées de Bert, Tom et Hartland avaient décidé de renforcer leurs racines dans le domaine brassicole. La branche de la famille constituée de David, Peter et Billy avait choisi le hockey et fut sacrifiée.

Par contre, il arrive parfois qu'un tel élagage stimule de nouvelles pousses et que la génération suivante veuille un jour rejoindre le principal secteur d'affaires et s'en emparer.

4 Devenir le patron

On n'est pas meilleurs parce qu'on s'appelle Molson. Il ne faut
jamais nous attendre à ce que quelqu'un nous donne quoi que ce
soit en raison de notre nom.

ERIC H. MOLSON, lors d'une entrevue avec Andy Holloway,
le 21 mai 2007

J'attends Eric, assise à ma place habituelle dans la véranda à l'arrière de
sa maison de Kennebunkport. Des nuages menaçants masquent le soleil matinal, teintant de gris le paysage. L'océan est immobile, presque
sinistre. Je me dis que c'est le calme avant la tempête.

Eric fait son entrée avec un thermos plein de café frais et nous en
verse chacun une tasse. « Alors, Helen, de quoi veux-tu parler aujourd'hui ? Je suis prêt à tout. »

Si seulement il savait ! Plus tôt ce matin-là, en lisant mes documents
de recherche, je suis tombée sur un article du *Wall Street Journal* publié
en 2004. Son titre m'avait intriguée : *Une famille de brasseurs menace
l'empire Molson – Deux cousins luttent pour obtenir le contrôle tandis
que l'industrie est en pleine consolidation. Qui est un vrai Molson ?* Le
texte traite d'un « schisme familial » entre Eric et un cousin éloigné,
Ian Molson.

La question que je veux lui poser, en prenant un café par ce matin
gris, est la suivante : « Comment avez-vous pu laisser entrer quelqu'un
comme Ian ? Qu'est-ce qui vous a incité à le faire ? Pourquoi lui avez-
vous fait confiance ? »

Je ne m'y résous pas. Je sais que je finirai par obtenir une réponse
et qu'il vaut mieux ne pas sauter d'étape. Sinon nous pourrions passer

tout notre temps à discuter de cette rupture avec Ian. Mais ce n'est pas toute l'histoire d'Eric. La « saga d'Ian » ne fut que l'un des obstacles sur sa route.

Je contiens ma curiosité et je commence par une question d'ordre général. « Je me demandais, Eric : qu'est-ce qu'il faut pour être un bon propriétaire d'entreprise ? »

Il réfléchit : « Eh bien, ça dépend. Est-ce qu'on est en démarrage ? Est-ce qu'on vit une crise ? Ou bien est-ce que tout baigne dans l'huile ? Ce sera différent si l'entreprise est inscrite en Bourse. Si on est propriétaire majoritaire d'une société publique avec des actions à droits de vote multiples, ce n'est pas la même chose que si on est le fondateur et l'unique actionnaire d'une entreprise privée. Tout dépend. »

« Mais selon vous, Eric, dans votre contexte, qu'est-ce qu'il faut pour être un bon propriétaire ? »

Eric lève les doigts un à la fois en m'énumérant les éléments : « Il faut respecter certains facteurs de base. Premièrement, on doit comprendre l'entreprise et la suivre de près. Ça aide de siéger au conseil d'administration. Deuxièmement, il faut s'assurer d'avoir la bonne personne au poste de chef de la direction. On doit la soutenir et la laisser faire son boulot. On ne peut pas interférer. Troisièmement, on contribue à définir la mission de l'entreprise et on approuve les stratégies pour atteindre ses objectifs. Quatrièmement, on met en application les normes les plus élevées d'éthique et d'intégrité en donnant l'exemple. On ne profite pas de sa situation majoritaire, on évite le népotisme, on n'accepte pas de régimes de compensation déraisonnables et injustifiés. Rien de ça. Enfin, cinquièmement, on s'assure que le conseil agit dans l'intérêt de *l'ensemble* des actionnaires, et pas seulement de ceux qui exercent le contrôle… En fait, j'irais même plus loin : je dirais que les décisions doivent être prises dans l'intérêt de *toutes* les parties prenantes de l'entreprise. »

« Attendez, Eric : que voulez-vous dire par "on ne peut pas interférer" avec le chef de la direction ? »

« Eh bien, on nomme un responsable, puis on le laisse tranquille. »

Je comprends l'importance de ne pas s'immiscer dans la gestion d'une entreprise pour laisser son chef de la direction mener à bien son mandat, mais je peux aussi voir comment un dirigeant puissant – qui exerce une domination totale – peut profiter de son poste si on ne le surveille pas.

Prenant mon silence pour de la confusion, Eric continue son explication : « Si tu es le propriétaire, et non le chef de la direction, tu dois le laisser faire son travail. Tu lui donnes des objectifs et de grandes orientations, mais tu le laisses seul pour les exécuter. Tu ouvres l'œil, tu évalues, mais tu n'interfères pas. »

Je lance : « Et s'il gâche tout ? »

La réponse d'Eric est d'une logique implacable : « C'est à ce moment-là qu'on intervient, mais il faut tolérer les erreurs des autres jusqu'à un certain point. C'est de cette façon qu'ils apprennent et qu'on peut les évaluer, eux et leurs équipes. On voit comment ils corrigent leurs erreurs, comment ils gèrent la reddition de comptes et comment ils adoptent des mesures pour régler le problème. »

J'admire la retenue de mon beau-père tout en me disant que je devrais agir de la sorte la prochaine fois que je serai tentée de résoudre un problème dont je ne suis pas responsable. Je lui demande tout de même : « Mais ça ne vous est pas arrivé, une fois au moins, de vous en mêler pour prendre l'affaire en main ? »

« J'ai été le patron une seule fois dans ma carrière, en 1973. Ils m'avaient confié la présidence de la division de l'Ontario. C'était une de mes promotions les plus importantes. »

❧

Assis à son bureau à Toronto, Eric Molson, trente-six ans, préparait son premier discours à titre de président de Molson Brewery Ontario. Il relut pensivement une citation d'Einstein, un de ses héros de la science, un introverti comme lui. Il prit des ciseaux et un bâton de colle, découpa le paragraphe et le colla sur la première page de son calepin :

Comme notre situation sur terre est étrange. Chacun de nous vient pour une courte visite, sans savoir pourquoi, mais en semblant avoir trouvé un but. Il y a une chose dont nous sommes sûrs : l'Homme est ici pour le bien des autres hommes, surtout de ceux dont notre bonheur dépend... et pour le bien des innombrables

Donald G. « Bud » Willmot (vice-président du conseil d'administration), Jim T. Black (président de Molson) et le sénateur Hartland Molson (président du conseil d'administration) dans la salle du conseil de la brasserie de la rue Notre-Dame, 1974. Photo : collection de la Molson Coors Brewing Company.

âmes inconnues au sort desquelles nous sommes unis par un lien de sympathie.

Eric ressentait un profond sens des responsabilités dans son nouveau rôle, pas seulement envers ses patrons et actionnaires de Montréal, mais à l'égard de l'ensemble des parties prenantes qui dépendaient de l'entreprise appartenant à sa famille, comme les employés, clients, fournisseurs, syndicats, agences gouvernementales et communautés où Molson était présente.

Quelques mois auparavant, en juin 1973, la direction de Molson avait procédé à une série de promotions. Bud Willmot avait été nommé vice-président du conseil après cinq ans à titre de chef de la direction, et James T. Black lui avait succédé au poste de chef de la direction de Les Compagnies Molson ltée. (On la désignait dorénavant par l'abréviation LCML, puisque « Les Industries Molson » évoquaient à tort des industries lourdes comme les mines, les aciéries, l'industrie navale ou la fabrication d'équipement.) Jim Black était chez Molson depuis toujours. Ce comptable agréé de formation avait entrepris sa carrière chez McDonald Currie (rebaptisée PWC) comme vérificateur de Molson. Peu après, la brasserie l'embaucha et, en 1953, il devint son trésorier adjoint. Grâce à sa réputation d'homme équitable, bien organisé et axé sur les résultats, il gravit les échelons et devint président des Brasseries Molson quinze ans plus tard.

Au fil des ans, Jim gagna la confiance de Tom, à tel point que ce dernier lui demanda de jouer en quelque sorte le rôle de parrain d'Eric, pour superviser son cheminement de carrière. Ainsi, lorsque vint le temps de confier à Eric son premier poste de direction, c'est Jim qui fut à l'origine de sa nomination comme chef de la division de l'Ontario en 1973. Il avait senti que son poulain était prêt.

Quoi qu'il en soit, Eric hésita lorsque Jim lui présenta l'offre. Il voulait être sûr que cette promotion était basée sur le mérite plutôt que sur son nom. Il lui dit : « Vous n'avez personne de meilleur que moi ? Je n'ai aucune expérience. »

Jim insista : « Tu es l'homme qu'il faut pour le poste. Tu as travaillé dans l'ouest, tu as été notre maître brasseur à Montréal, tu as dirigé des équipes multidisciplinaires pour plusieurs gros projets. C'est bon pour toi. Tu seras responsable de la totalité d'un centre de profits et pertes, de toute une entreprise. C'est une progression naturelle. »

« Laissez-moi y penser. Mais avant d'accepter, je veux m'assurer que je serai évalué en fonction de critères et de résultats objectifs, comme n'importe quel autre chef de division. »

« Ça sera le cas. Fais-moi confiance. »

Eric discuta de l'offre de Black avec Jane le soir même. Leur relation s'était transformée en partenariat sur tous les plans. Elle était devenue sa compagne, sa confidente et sa conseillère la plus avisée. Ils se complétaient à merveille. Alors qu'Eric était timide et introverti, Jane dégageait de l'énergie et une joie de vivre contagieuse. C'était souvent elle qui pressait Eric de se lancer dans un projet.

Ils acceptèrent donc l'offre, et la jeune famille s'apprêta à s'installer à Toronto.

Jane se chargea de la plupart des préparatifs du déménagement. Elle mit en vente leur demeure de l'avenue Wood et partit en quête d'une résidence à Toronto. Après une seule visite, elle arrêta son choix sur une maison dans Rosedale, un quartier arboré et tranquille. Une fois les papiers signés seulement, elle emmena Eric voir leur nouveau toit.

« Elle est en brique rouge », annonça-t-elle à Eric. Ils parcoururent la rue d'un bout à l'autre, mais pas l'ombre d'une telle maison.

« Es-tu sûre qu'on est dans la bonne rue ? » lui demanda Eric.

« Oui, oui. Avenue Whitney. Mais je ne suis pas certaine de l'adresse. Cherche des briques rouges. »

Jane en rit aujourd'hui : « C'était une maison en brique grise ! Il faut comprendre, j'étais très occupée. Les enfants avaient deux, quatre et cinq ans. On voyageait beaucoup pour le travail d'Eric et on avait toutes ces obligations sociales... J'imagine que la couleur de la maison était secondaire pour moi ! »

Ce fut un nouveau départ pour la jeune famille. « Pour la première fois, raconte Jane, nous étions libres et indépendants. Nous pouvions mener notre vie comme nous l'entendions. À l'époque, à Montréal, il y avait tellement de règles sur ce qu'il fallait faire ou pas. » En privé, Jane et Eric se moquaient des dames hautaines en gants blancs, mais lorsque Jane sortait faire des courses ou promener les bébés, elle devait s'habiller et se comporter d'une certaine façon. « À Toronto, nous pouvions être nous-mêmes. » Leur ville d'adoption leur permit aussi d'élargir leur cercle social. Même s'ils adoraient leurs amis de Montréal (ils en fréquentent encore un bon nombre), il s'agissait pour la plupart de connaissances de la famille ou d'anciens collègues de classe. Ils n'avaient aucun de ces liens à Toronto.

Ils pouvaient choisir leurs fréquentations en fonction de leurs valeurs. Par exemple, ils ne se sentirent pas obligés d'envoyer leurs fils à une école privée traditionnelle pour garçons comme Selwyn House pour la seule raison qu'Eric et les générations précédentes de Molson y avaient étudié. Ils élurent la Toronto French School fondée à peine dix ans auparavant, mais déjà réputée pour son souci d'innovation, afin que leurs enfants conservent un lien étroit avec la langue et la culture françaises, même au beau milieu d'un bastion anglophone. Jane et Eric voulaient qu'Andrew, Justin et Geoff deviennent des Canadiens parfaitement bilingues, et pas seulement de bons « Anglos ».

❦

En septembre 1973, Eric s'adressa à l'ensemble du personnel de la brasserie ontarienne pour la première fois. « Un de mes objectifs à titre de président de la division est de m'assurer que Molson est, pour tous les employés, le meilleur lieu de travail de Toronto. Nous voulons être reconnus comme une entreprise qui brasse des bières formidables et *emploie* des gens formidables. Une entreprise vraiment *humaine* et pas une société froide remplie de machines… Nous accordons la plus haute importance aux besoins des employés de Molson parce que c'est seulement en étant à leur écoute, en les comprenant et, souvent, en agissant pour répondre à ces attentes que nous pourrons vraiment faire de Molson le meilleur endroit pour travailler. »

Pour Eric, la brasserie de la rue Fleet à Toronto fut *vraiment* le lieu de travail idéal. À sa grande surprise, il aimait être le patron. Il dirigeait une équipe d'employés exceptionnels qui collaboraient tous bien. Et de surcroît, ils réussissaient : ils faisaient beaucoup plus d'argent par bouteille que toute autre usine dans l'histoire de Molson. « Ces années-là, tout montait sans cesse : les ventes, les parts de marché, les profits ! Tout le monde faisait exceptionnellement bien son travail. Difficile pour moi de me tromper. C'était très excitant. »

Ce fut aussi une expérience libératrice. À l'usine de Montréal, il avait l'impression de devoir constamment se tenir sur ses gardes. Quoi qu'il fasse, son père et son oncle n'étaient pas loin derrière, en quête de la bête noire, d'un détail à critiquer. À Toronto, son patron Peter Stewart, président de la division du brassage, vivait à cinq cents kilomètres de là, à Montréal. « Peter ne me dérangeait jamais. Je lui parlais à peine une fois ou deux par mois pour revoir nos résultats, puis il me laissait travailler. »

Eric s'épanouit et en gagnant de la confiance, il commença à mettre en place son style de gestion. « Ce que j'ai fait à la brasserie de Toronto, c'est instaurer de la démocratie. »

Tous les employés entraient dorénavant à l'usine par la même porte. « Peu importe si on est le *big boss* ou si on est un petit nouveau, si on

L'équipe des cadres de l'exploitation du groupe Brasserie de LCML en 1975. (À *l'avant*) J. R. Taylor (vice-président marketing), Eric H. Molson (président, Molson Ontario), Norm M. Seagram (vice-président planification et ressources humaines), G.M. Winer (président, Molson Newfoundland), Peter B. Stewart (vice-président principal et président, Les Brasseries Molson du Canada), John P. Rogers (président, Molson Québec) ; (*à l'arrière*) R.J.D. Martin (vice-président production), Hollis H. Brace (président, Molson Western Breweries) et C.R. Cook (vice-président finances et contrôleur). Photo : collection de la Molson Coors Brewing Company.

est syndiqué ou pas. On passe tous par la même porte et on accroche les manteaux dans le même vestiaire avant d'aller travailler. » Certains gestionnaires résistèrent parce qu'ils avaient l'impression d'avoir gagné le privilège d'installations distinctes, mais Eric tint bon.

Il mit sur pied la Table ronde des communications Molson. Ce comité, formé d'employés de tous les échelons et de tous les services, se réunissait régulièrement pour discuter d'enjeux d'affaires et de moyens de faire de Molson un meilleur milieu de travail. Eric voulait que l'ensemble de la main-d'œuvre, syndiquée ou non, donne ses opinions. Il sentait qu'il pouvait améliorer la situation uniquement grâce à l'apport collectif de tous.

« Je m'assurais que mes gestionnaires réfléchissaient et s'exprimaient. Je leur demandais : "Que pensez-vous qu'on devrait faire ? Et toi ? Qu'en penses-tu ?" Je faisais le tour comme ça. » Eric utilisa cette approche des années plus tard à titre de président du conseil de Molson, un *modus operandi* qui fonctionnait mieux si toutes les personnes autour de la table avaient les mêmes objectifs et n'étaient pas motivées par autre chose.

« Je voulais savoir ce que pensaient mes gestionnaires et je tenais à ce qu'ils écoutent les idées de leurs collègues », explique Eric qui avait vécu les effets néfastes d'une organisation en silo comme celle qui existait au Québec. « De cette façon, ils étaient au fait de tous les secteurs. Les gens du marketing savaient ce que les types des ventes étaient en train de préparer, et les types des ventes étaient au courant des problèmes de production. » Fidèle à sa formation de scientifique, Eric abordait la situation méthodiquement : on mélange les ingrédients, on attend, on observe la réaction et, seulement après, on en tire des conclusions.

Eric responsabilisa aussi ses employés. Il encourageait leurs initiatives de perfectionnement et leur confia l'amélioration des processus, ce qui n'était pas une pratique courante dans les années 1970. Lors des tables rondes, il rappelait que « les meilleures idées pour améliorer les opérations et réduire les coûts proviennent de la main-d'œuvre et non d'un expert de l'efficacité ou d'un autre consultant externe. » Il essaya de stimuler les séances de remue-méninges et la réflexion créative pour les aider à mettre en œuvre les bonnes idées. Citant Thomas Edison, il leur disait : « Il existe toujours une meilleure façon de faire. Trouvons-la. »

Eric avait parfois besoin d'un petit incitatif pour lancer la discussion. Il apportait donc une glacière remplie de bière dans la salle où ils se rencontraient. John Rogers raconte : « Plutôt que de faire circuler une note d'un département à l'autre, Eric nous encourageait à échanger en prenant une bière. Nous avions même un slogan pour éliminer la diffusion de notes de service : "On trouve plus d'idées avec une bouteille de bière qu'avec une bouteille d'encre." Il incitait les gens à se mêler et à parler ensemble. » Et il écoutait.

Eric attribue le succès de la division de l'Ontario sous sa gouverne essentiellement à son équipe : « J'étais le président. Je n'ai jamais demandé à le devenir, mais j'ai assumé ce rôle-là. Et nous avons réalisé des profits énormes. Tout ça parce que j'étais entouré de gens exceptionnels : Fred Mann à la production, John Osterman au marketing, Bain McCastle à la comptabilité, Gordon Bourne aux ressources humaines… J'avais tous les ingrédients importants. »

Comme des années auparavant lorsqu'il travaillait à la brasserie de Capilano en Colombie-Britannique, Eric avait l'impression que ce furent ces hommes qui lui enseignèrent tout sur Molson. « J'ai appris davantage sur l'entreprise avec des gars comme Fred et Gordon qu'avec mon propre père et mon oncle. Ils m'ont montré comment Molson fonctionnait et tous les principes requis pour réussir. » Trois de ces principes en particulier lui tenaient à cœur.

Premièrement, la qualité. La voie de la réussite passe par des produits et des gens de qualité. « Un gars de marketing m'a déjà dit : "Donne-moi n'importe quel liquide brun et pétillant, et je pourrai le vendre", raconte Eric. C'est faux, de la vraie *bullshit*. Dans notre domaine, il est primordial de brasser avec constance une bière irréprochable. C'est comme ça qu'on acquiert la confiance de nos consommateurs. » Il partageait ce principe avec d'autres brasseurs renommés dans le monde, comme la famille Coors.

L'intégrité, c'est la base, selon Eric : « Dans notre milieu, on est durs, mais on est justes, honnêtes et directs. L'intégrité, ça ne s'achète pas. C'est difficile à acquérir, ça prend des années à bâtir et on peut la perdre du jour au lendemain. »

Travailler sans relâche était une valeur inculquée par Tom : « Brasser de bonnes bières, bien les embouteiller, les distribuer intelligemment, augmenter les parts de marché et le faire de manière rentable, ça ne tombe pas du ciel. Il faut trimer dur. »

Au début de son séjour à Toronto, Eric manqua parfois d'assurance. « C'est toujours une bonne chose d'être légèrement dépassé, admet-il aujourd'hui. C'est le meilleur moyen de se mettre à l'épreuve et de s'améliorer. » Par exemple, il n'avait pas encore eu à traiter avec des représentants du gouvernement. Au début des années 1970, le président du conseil de la régie des alcools de l'Ontario était le major général George Kitching, qui avait commencé sa carrière dans l'armée britannique. Son élégance et son raffinement pouvaient être intimidants.

Eric enfilait donc son complet le plus *british* pour lui rendre des visites de courtoisie et négocier à l'occasion des augmentations de prix. Eric compensa son manque d'expérience par une approche directe.

« J'entrais et je lui exposais les choses telles qu'elles étaient. Il aimait ça. Nos concurrents n'avaient pas le même style. Ils avaient l'argent de l'industrie de la cigarette. [Le géant du tabac Philip Morris Inc. avait acquis la Miller Brewing Company en 1970.] Ils se présentaient aux rencontres dans de belles voitures luxueuses et, moi, je me pointais avec mon *look* "col usé" et je ne demandais jamais davantage que le nécessaire. »

Eric gagna la confiance des représentants de la régie des alcools pour des enjeux aussi délicats que l'établissement des prix. « Ils me demandaient : "Combien vous faut-il pour procéder ?" Je leur donnais le vrai chiffre, celui qui nous laissait une marge de manœuvre suffisante tout en étant politiquement acceptable, et c'est ce chiffre qu'ils utilisaient. »

L'honnêteté d'Eric commençait à porter ses fruits.

❦

« Ce qui me plaît chez vous, M. Molson, c'est que vous entrez par la grande porte. Vous annoncez ce que vous vous apprêtez à faire et vous le faites. Votre équipe et vous, vous êtes des gars directs. »

C'est en ces mots que Dorian Parker, le maire de Barrie en Ontario, s'adressa au dirigeant de la brasserie le 21 août 1974. Molson venait d'y acquérir la Formosa Spring Brewery de Philip Morris pour la somme de 27,7 millions de dollars.

Quelques mois plus tôt, Peter Stewart avait appelé Eric de Montréal en lui disant : « Je pense qu'on devrait acheter Formosa. »

« Formosa ? Est-ce qu'on a vraiment besoin de capacité additionnelle ? » Cette usine se trouvait à Barrie, à proximité des installations de Molson de la rue Fleet (qui subissaient des travaux d'agrandissement). À moins de connaître une augmentation exponentielle de ses exportations vers les États-Unis, Molson n'aurait certainement pas besoin du volume provenant d'une autre brasserie.

Stewart demanda à Eric : « Regarde ça et dis-moi ce que tu en penses. »

Eric et son équipe firent une analyse de rentabilité basée sur des prévisions de ventes florissantes pour Molson dans le nord des États-Unis. Avant de faire une recommandation officielle, Eric et Fred Mann, le directeur de la production, allèrent visiter la brasserie de Formosa en toute discrétion pour ne pas éveiller les soupçons. Ils firent le tour des installations en auto à quelques reprises et Eric expliqua à Fred : « Pas besoin d'entrer. Regarde l'aménagement. Nos recherches nous disent que c'est une bonne usine, qu'elle brasse de la bière de première qualité et, en plus, tout ça a été construit avec l'argent des cigarettiers. Ils mettent toujours les meilleurs équipements, tout ce que les consultants recommandent. On fonce. »

Leur revue diligente était terminée.

« Nous avons conclu la transaction sur une poignée de main avec les gens de Philip Morris et ils ont respecté toutes nos conditions. À un certain point, ils ont été tentés d'accepter une offre de Labatt qui avait eu vent de notre intérêt et allongeait quelques millions de plus. » Mais les vendeurs ont tenu parole.

Lorsque les spécialistes de Molson entrèrent enfin dans l'usine pour l'inspecter, ils découvrirent que l'évaluation d'Eric avait été exacte. « On s'est rendu compte qu'on obtenait beaucoup plus que ce pour quoi on avait payé. Il y avait des réservoirs et de l'équipement additionnel de toute sorte, tout en acier inoxydable de première qualité. De l'argent de la cigarette investi dans la bière… C'était tout ce qu'il y avait de mieux. »

Toutefois, ce qui plut davantage à Eric, ce ne fut pas de conclure l'affaire avec Philip Morris ni d'avoir raison au sujet de l'état de l'usine de Formosa. Ce fut d'avoir réussi sur le plan chimique. L'acquisition serait un succès seulement si un produit Molson brassé là-bas goûtait ce que devait goûter un produit Molson.

« J'ai dépêché John Peasley, de notre usine de Toronto, à Barrie pour produire notre première cuvée. Je lui ai dit : "On va brasser une bière Molson là-bas pour la première fois et on veut qu'elle goûte exactement la même chose que celle qu'on fabrique à Toronto et à Montréal." Peasley et les employés l'ont réussie à la perfection. Tous les critères étaient respectés. On n'a pas eu à la mélanger ni rien du genre. Ça a été un des grands moments de ma vie… Une bière parfaite dès le départ. »

Pour obtenir une Molson parfaite, Eric s'était entouré de gens talentueux, et tous les employés – les anciens de Formosa et ceux de Molson – avaient travaillé ensemble. Pas en silo. C'était la seule façon de réunir les conditions pour que la chimie opère. L'achat de Formosa fut une réussite.

Malgré son nouveau rôle de gestionnaire, les agrandissements d'usine, l'acquisition et les responsabilités plus nombreuses, c'est l'aspect technique du brassage qui demeurait la priorité et la passion d'Eric. Comme Tom, il se tenait informé des plus récents progrès et discutait des meilleures méthodes avec d'autres brasseurs d'un peu partout à travers le monde. Il le faisait de manière non officielle, mais également lors des assemblées annuelles plus structurées de l'International Brewing Consortium qui réunissait notamment, outre Molson, des brasseurs d'Amérique du Nord, d'Europe et d'Asie : Falstaff de Saint Louis, Stroh's de Detroit, Coors de Golden, Amstel d'Amsterdam, Kronenbourg de Strasbourg, Courage de Londres, et Asahi, Sapporo et Kirin de Tokyo. « Nous partagions nos connaissances sur la science et le génie propres à la bière par respect pour cette boisson, explique Eric. Nous nous trouvions avec de grands spécialistes en technologie des quatre coins du monde et nous nous entendions tous bien, peu importe notre culture. »

Pour Eric, par contre, ces rencontres allaient au-delà du développement de son savoir-faire technique. En discutant avec ses pairs de différents pays, il se fit une idée plus claire de ce que serait un jour sa vision de Molson. À vrai dire, il s'agissait plutôt d'un rêve à cette époque : et si Molson devenait un brasseur d'envergure internationale ?

Eric n'était pas motivé par un idéal romantique de partager les qualités exceptionnelles des produits Molson avec la planète entière, « mais ça aurait été chouette de voir notre marque vendue partout », admet-il. Il voulait plutôt que Molson perdure comme institution, un souhait justifié par la nécessité. Il s'était rendu compte très tôt que l'« industrie brassicole est comme toutes les autres : si on n'avance pas, on se fait tuer ». Pour Eric, avancer signifiait conquérir de nouveaux territoires. En se faisant interdire la transaction avec Hamm, Molson s'était vu refuser l'occasion de franchir la frontière canado-américaine. Eric voulait que son entreprise « continue à croître non seulement en Amérique du Nord, mais partout dans le monde ».

Le consortium nourrissait ses ambitions naissantes. Au fil des discussions avec ses collègues des différents pays, les conversations menaient souvent à cette question : « Pourquoi ne ferait-on pas quelque chose ensemble ? » Il imaginait des scénarios de partenariat et d'expansion de toute sorte. « Je rentrais à la maison la tête pleine de ces idées : Mutzig aurait pu nous appartenir, et nous avons pratiquement acquis Amstel, se rappelle Eric. Toutefois, Peter Stewart et les autres dirigeants responsables de Molson repoussaient mes propositions. C'étaient de bonnes personnes, très compétentes, mais beaucoup trop conservatrices. » Eric ne s'en faisait pas et considérait ces impasses comme des problèmes passagers. Il demeurait convaincu qu'en persistant il finirait par trouver un jour un moyen de porter Molson sur la scène internationale.

Entre-temps, il profitait pleinement de son expérience en Ontario, comme l'explique John Rogers qui prit sa relève : « Sous la présidence d'Eric, la division de l'Ontario fonctionnait comme une machine bien huilée. » Malheureusement, ce genre d'approbation ne vint jamais de la personne la mieux placée pour la donner : Tom. « Mon père ne m'a jamais dit s'il était fier de moi ou de mes réussites. Je suis sûr qu'il était heureux, mais il ne me l'a jamais dit à moi. »

❧

Même s'il n'était pas un homme démonstratif, Tom Molson surveillait étroitement les progrès de son fils et, en 1974, il conclut qu'il était prêt pour l'étape suivante : siéger au conseil d'administration de Molson. Hartland annonça une série de nominations cet été-là : il remplaça Tom comme président honoraire du conseil d'administration, Bud Willmot devint président du conseil, et Eric fut nommé administrateur.

Avec cette nomination, Eric franchit le seuil d'un monde nouveau, un univers de nouvelles règles, de nouveaux acronymes et d'*ego* enflés. Mais il n'en fut pas impressionné : « Ces affaires de *big shot* ne sont pas toujours ce à quoi on s'attend. Dès le départ, on croise des gens passablement détestables. »

Il conserve un souvenir précis de sa première réunion du conseil. Il était venu de Toronto et avait pris place dans la salle avec quinze autres hommes, tous plus âgés et plus expérimentés que lui, qui semblaient avoir entre eux des relations qu'Eric ne partageait pas. Même John Aird et Frank Covert, de nouveaux membres du conseil d'administration comme lui, discutaient librement avec la plupart des personnes présentes. Eric se contenta de les observer sans dire un mot.

« Tom m'avait prévenu de m'asseoir à un bout de la table et de me la fermer pendant les dix premières années. Alors je n'ai pas dit grand-chose. Je participais à titre de brasseur parce que mon père m'avait placé là. Je ne me sentais pas à ma place, mais j'écoutais et j'ai appris comment fonctionnait un conseil d'administration. »

Cette attitude, qui tenait compte des conseils de son père, était aussi propre au style d'Eric qui consistait à agir seulement après avoir écouté attentivement les autres, digéré complètement l'information et analysé scrupuleusement les options. Eric est le premier à admettre que sa méthode n'était pas très prestigieuse. Par contre, elle était efficace. D'ailleurs, son idole, le grand physicien Albert Einstein, se comportait d'une manière semblable. Il déclara un jour : « Ce n'est pas que je sois si intelligent, c'est juste que je pense aux problèmes plus longtemps. »

« Eric était persévérant, mais il ne présentait pas ses réflexions avec agressivité, raconte John Rogers qui fut un proche collaborateur. Pendant que Tom et Hartland s'exprimaient haut et fort, Eric écoutait attentivement. Il séparait le bon grain de l'ivraie et tirait ses propres conclusions. Toutefois, ce fut probablement stressant pour lui lorsqu'il arriva au conseil d'administration de Molson […]. Pas facile de se tailler une place après Tom et Hartland. »

Jane est du même avis : « Quand Eric a été nommé au conseil, il n'a probablement pas dit un seul mot. Il aime apprendre les faits et étudier une situation sous tous les angles avant de se prononcer. Il m'arrive de prendre des décisions rapidement en me fiant à mon instinct – et je me suis parfois trompée –, mais Eric, lui, il attend. »

Toutefois, l'attitude discrète d'Eric cachait une détermination qui, un jour, allait surprendre tout le monde.

Au milieu des années 1970, les Compagnies Molson étaient en pleine diversification. En plus de ses activités brassicoles, Molson possédait une division de commerce de détail comprenant des magasins de rénovation (devenus Home Depot Canada), une filiale de fabrication de meubles et d'équipements de bureau, et de multiples entreprises plus petites actives dans d'autres domaines.

La popularité des entreprises diversifiées commençait à faiblir auprès des analystes de Bay Street, mais les retombées pour Molson demeuraient positives. Le 21 juin 1974, le *Globe and Mail* publia un article dans lequel on vantait l'entreprise, « une exception aux récentes conclusions des experts de la finance selon lesquels les entreprises canadiennes n'ont pas réussi leur diversification ».

« Nous ne sommes plus un simple brasseur », avait déclaré Eric. À l'époque, il était d'accord avec cette situation ou, du moins, c'est ce qu'il affirmait. De toute façon, il n'avait pas l'impression de pouvoir influencer l'orientation stratégique de l'entreprise même s'il l'avait souhaité. Ces questions étaient l'apanage de Tom et Hartland, du président du conseil d'administration Bud Willmot et du chef de la direction Jim Black. Eric se consacrait principalement au brassage, domaine dans lequel il progressait rapidement. Deux ans seulement après avoir été nommé à la tête de la division de l'Ontario, on lui offrit un poste d'envergure nationale : celui de premier vice-président des Brasseries Molson du Canada ltée.

La promotion avait un goût doux-amer : les fonctions intéressaient Eric, mais il ne voulait pas quitter son équipe de l'Ontario. Toutefois, son sens du devoir l'emporta, et il accepta l'offre. Lors du congrès des ventes tenu en avril 1975, il présenta son successeur, John Rogers, au poste de président de la division de l'Ontario en exprimant son « regret de partir puisque j'ai profondément aimé travailler ici ».

John Rogers raconte : « Je pense qu'il était vraiment triste de partir. Et tout le monde l'adorait. Eric avait inauguré le bar et la salle de réception à la brasserie de la rue Fleet et c'est là qu'il aimait rencontrer les employés. Il s'y plaisait et, eux, ils l'aimaient vraiment. »

C'était le chef de la direction Jim Black, celui qui supervisait le cheminement professionnel d'Eric, qui avait préconisé cette promotion. Il avait cru qu'Eric, alors âgé de trente-sept ans, devait assumer des responsabilités plus larges, d'envergure pancanadienne, mais il ne l'estimait pas encore prêt à assurer la présidence de la totalité des activités de brassage. Il confia ce rôle à Morgan McCammon qui devint le supérieur d'Eric.

« Jim a bien fait, admet Eric. J'avais des faiblesses dans certains domaines. Je n'étais pas du genre à aller serrer des mains et à effectuer les tâches plus administratives. Puisque je connaissais les gens de l'usine et la production, j'étais responsable des opérations, et Morgan était le patron. »

Morgan McCammon était un avocat spécialisé en droit des affaires qui avait travaillé chez Steinberg avant de joindre Molson en 1958. « C'était un homme très intelligent, selon Eric, intelligent et très organisé. » Après une courte pause, Eric se penche et ajoute : « Mais il n'était pas visionnaire et il ne suscitait pas beaucoup d'enthousiasme autour de lui. »

Selon Eric, il se formait deux genres de chefs de file : les bureaucrates et les visionnaires. Jusque-là, la plupart de ses patrons – Jim Black, Peter Stewart et Morgan McCammon – étaient dans la première catégorie. Ils étaient tous compétents et intelligents, mais guère inspirants. Eric apprit plus tard que ceux qui se situent dans la deuxième catégorie – les dirigeants visionnaires à l'imagination sans borne – avaient eux aussi des limites.

Un an après avoir accepté son nouveau poste, Eric et Jane décidèrent de revenir à Montréal avec la famille. Ils avaient vécu une expérience formidable à Toronto. Ils s'étaient fait beaucoup d'amis et avaient bien profité de leur liberté, mais il était temps de rentrer à la maison.

Toutefois, à l'automne 1976, ils retrouvèrent une ville et une province très différentes. Montréal venait d'accueillir les Jeux olympiques d'été et était tombée sous le charme d'une petite gymnaste de quatorze ans, Nadia Comaneci, qui avait remporté trois médailles d'or, et du champion américain du décathlon Bruce Jenner. La fierté éprouvée par les Montréalais qui avaient organisé les premières olympiades au Canada égalait presque la honte causée par les énormes dépassements budgétaires et retards de construction du stade. Étant donné la corruption politique, des problèmes de travail et de la mauvaise gestion, il s'en était fallu de peu que le Stade olympique ne soit pas prêt à temps. Le budget initial de 310 millions de dollars gonfla à plus de 1,5 milliard. (D'ailleurs, les anglophones qui avaient baptisé le stade « The Big O » en raison de sa forme ovale le désignèrent du surnom « The Big Owe », la grosse dette, à cause de la facture astronomique que l'on mit presque trente ans à éponger.) Devant le désastre imminent, le gouvernement du Québec, sous la direction du premier ministre libéral Robert Bourassa, intervint pour contenir les dommages, et les Jeux olympiques de 1976 se déroulèrent comme prévu.

Peu après, croyant pouvoir profiter de la vague de sympathie des citoyens après avoir « sauvé » les Jeux, Bourassa déclencha des élections anticipées. (Il en était à sa troisième année d'un mandat de cinq ans.) Mal lui en prit : il sous-estima à la fois la désillusion des électeurs à l'endroit du Parti libéral et la popularité grandissante du Parti québécois de René Lévesque. Les indépendantistes menèrent une campagne efficace en promettant de former un « bon gouvernement » pour le Québec et en évitant l'enjeu plus délicat de la souveraineté.

L'élection eut lieu le 15 novembre 1976. Pendant l'ouverture des bureaux de vote, alors que de nombreux anglophones évaluaient la possibilité de quitter le Québec, Jane, Andrew, Justin et Geoff montaient dans le train à la gare Union au centre-ville de Toronto pour rentrer à Montréal. À leur arrivée, ils apprirent la victoire éclatante du PQ. Avec un taux de participation parmi les plus élevés de l'histoire de la province, les souverainistes remportèrent l'élection avec 41 % du vote populaire. Ce soir-là, à l'aréna Paul-Sauvé du quartier Rosemont à Montréal, René Lévesque fit la promesse suivante : « [...] on veut et on va travailler de toutes nos forces à faire du Québec une patrie qui va être plus que jamais la patrie de tous les Québécois qui l'habitent et qui l'aiment. »

C'était une période effervescente. Après des générations de préjudices systémiques et culturels – l'oppression de la classe dirigeante anglophone et de l'Église catholique romaine –, les Québécois avaient élu un souverainiste au pouvoir.

Toutefois, ce qui était prometteur pour certains représentait une source d'instabilité pour d'autres. D'aucuns croyaient que les visées séparatistes et les lois profrancophones sévères menaçaient leurs droits fondamentaux. L'élection de René Lévesque accéléra ce qui devint le « grand exode », un mouvement qui s'était mis en branle dans les années 1960 et culmina avec le départ de près de 20 % de la population de langue anglaise du Québec. Cette migration modifia à jamais le visage de Montréal. Ancienne capitale d'affaires du Canada, la ville connut une récession à la suite de la perte de sièges sociaux, de centres de décision d'investissements privés et de citoyens parmi les plus fortunés et les plus instruits.

Certains, comme les Molson, choisirent de rester. Le 27 juin 1977, le sénateur Hartland de Montarville Molson affirma la loyauté de la famille dans un discours qu'il prononça au Sénat. Debout dans le Salon rouge, il se proclama québécois, en français :

> D'où vient que je me réclame du Québec ? La réponse est
> évidente. Il y a près de deux siècles, ma famille a tranché ses
> autres attaches pour s'établir ici. Depuis, six générations – la
> septième atteindra bientôt l'âge adulte – ont participé à l'évolu-
> tion du Québec, et ce, dès l'époque des premières entreprises :
> navigation à vapeur, chemins de fer, services bancaires et
> d'utilité publique, fabrication, écoles, hôpitaux, universités,
> arts et recherches. Cette énumération ne vise pas à forcer la
> reconnaissance, mais simplement à rappeler l'ancienneté de nos
> origines québécoises.

Eric partageait son attachement pour le Québec, sa terre natale, et plus particulièrement pour Montréal. En plus de ses racines profondes, il rentra au Québec parce qu'il croyait à un Canada bilingue et bicul-turel. Selon lui, cette vision pouvait se concrétiser dans la seule mesure où les deux cultures pouvaient continuer à cohabiter, à apprendre l'une de l'autre et à croître ensemble. Il nota ses réflexions dans son cahier le 26 août 1977, le jour même où la Charte de la langue française fut promulguée. Cet élément fondamental du programme législatif du PQ faisait du français la langue officielle du Québec et réglementait des domaines telles la langue d'enseignement et celle du commerce. Eric écrivit en petits caractères méticuleux :

- *Nous sommes d'accord avec l'objectif de préserver la langue et la culture françaises au Québec et avec le fait que le français soit la langue dominante.*
- *Cela dit, la démocratie doit survivre et être protégée, tout comme nos libertés : la liberté de presse, nos libertés individuelles et les droits de la personne.*
- *Comprendre la langue ne suffit pas. Pour connaître une culture, il faut en maîtriser davantage que la langue.*
- *Trop peu de gens connaissent suffisamment bien la culture de l'autre. Ensemble, les cultures anglaise et française sont notre plus grande force.*
- *La politique est une question personnelle, une question privée. L'entreprise n'a pas à s'en mêler.*
- *Tout doit se faire de manière transparente. Il ne doit y avoir ni menaces, ni tactiques alarmistes, que des discussions en toute bonne volonté.*

Eric mit en pratique ses convictions. Il engagea un professeur privé pour améliorer sa maîtrise de la langue française et inscrivit ses enfants à l'école francophone. Comme Tom l'avait fait des années auparavant, il s'adressait aux ouvriers de l'usine en français et ses allocutions – aux employés, fournisseurs et clients – dans cette langue. Il favorisa les promotions de francophones aux plus hauts échelons de la direction de Molson et participa à des initiatives qui bénéficiaient dans une mesure égale aux communautés francophone et anglophone.

Eric *choisit* le Québec.

❦

Tout comme le Québec, LCML vivait une période tumultueuse. Le chef de la direction Jim Black se lança dans une vaste restructuration. Il acheta et vendit des entreprises tout en réorientant la stratégie de Molson. Il réduisit le conglomérat à quelques secteurs clés qui jouissaient de croissance et de revenus prévisibles : la bière, la quincaillerie au détail, les produits pour le bureau et le milieu éducatif, et possiblement un autre. Il se débarrassa de tout le reste.

Le 17 février 1978, Black annonça que « la prochaine acquisition [serait] importante et substantielle, probablement aux États-Unis, pour compléter nos atouts en distribution et en marketing ». Ce qu'il ne dit pas, par contre, c'est que LCML avait déjà une entreprise en tête (un achat ne posant aucun problème sur le plan des lois antitrust américaines) dans le domaine des spécialités chimiques : Diversey.

Fondée à Chicago en 1923 par Herbert W. Kochs et son père, Diversey Corporation se spécialisait dans les produits de nettoyage et de désinfection. Comme son principal concurrent, Ecolab, avait la mainmise sur le marché américain, les deux hommes se consacrèrent à développer leurs affaires dans d'autres régions anglophones. Leurs premières tentatives visèrent évidemment le Canada. En 1977, à l'époque où Black songeait à l'acquérir, Diversey avait des clients dans plus d'une centaine de pays et des usines dans trente États. C'était une entreprise florissante, et Black y voyait un fort potentiel de croissance, particulièrement dans le domaine domiciliaire américain où les ventes étaient négligeables.

« Nous connaissions Diversey, explique Eric, comme la plupart des brasseries dans le monde d'ailleurs. Nous utilisions toujours leur Diversol pour nettoyer l'équipement. Il s'agit d'un javellisant en poudre de couleur rose, plus précisément du phosphate trisodique chloré. Parfois, on en saupoudrait un peu sur le plancher juste avant que le patron entre pour lui montrer qu'on tenait ça propre ! » ajoute Eric en riant.

Les négociations en vue d'acheter Diversey commencèrent au début de l'année 1977. Au cours des quelques mois qui suivirent, et avec l'aide de Herbert Kochs, président du conseil d'administration de Diversey, Molson acquit plus de 10 % des actions de l'entreprise. Les discussions se poursuivirent et, un an plus tard, en avril 1978, Black et son équipe déposèrent une offre pour le reste des titres au prix de 28 $ l'action, alors qu'ils se négociaient à 22,37 $ à l'American Stock Exchange. Cette stratégie fut vaine. L'équipe de Diversey hésita et se mit en quête d'un autre acquéreur. « Ça se produit tout le temps. Leurs banquiers d'affaires leur avaient dit que notre offre n'était pas assez élevée et qu'ils pourraient obtenir plus », explique Eric. Lorsque la direction et le conseil d'administration de Diversey refusèrent l'offre de LCML, celle-ci se transforma en prise de contrôle non sollicitée. Sous la direction de Black, l'équipe de LCML contourna ces banquiers pour s'adresser directement aux actionnaires de Diversey et augmenter la mise à 30 $ par action. Le prix bonifié fut accepté et, le 30 juin 1978, LCML acheta Diversey.

Eric était enthousiaste en raison de la portée et de la force de vente à l'international que cette acquisition procurait à LCML. Un atout énorme, selon lui : « Les représentants de Diversey avaient été formés en Grande-Bretagne. Ces personnes intelligentes parcouraient la planète et pouvaient mettre en place un programme pour vendre de plus en plus de produits et de services de nettoyage. Elles étaient toutes formidables. » Et même s'il savait que c'était improbable, il avait imaginé que l'équipe internationale de Diversey aurait pu être mise à contribution pour vendre de la bière Molson un jour. Eric n'oubliait jamais son rêve, celui de transformer Molson en brasserie d'envergure mondiale.

Jim Black ne partageait pas la vision d'Eric sur le secteur brassicole. « Jim était un homme merveilleux, honnête et travaillant, mais il manquait d'imagination », regrette Eric. Peu après, le chef de la direction prit une autre décision qui consterna Eric : déménager le siège social de Diversey de Chicago à Mississauga en Ontario.

Eric protesta en vain : « Laisse-le à Chicago ! On a accès au monde entier à partir de là. O'Hare dessert des aéroports de partout… Pourquoi déplacer Diversey ? Plus de la moitié de nos employés de Mississauga n'ont même pas de passeport ! »

Black lui expliqua que Diversey ne pouvait pas rester à Chicago parce que Molson voulait fusionner les unités et il y avait des problèmes avec les avantages sociaux, les régimes de retraite, etc. « Des raisons administratives, en somme. Ça n'avait rien à voir avec la vente de produits chimiques à travers le monde. »

Eric finit par baisser les bras. Même s'il s'appelait Molson, il n'avait pas plus d'influence qu'un autre employé ou administrateur. Black était le chef de la direction et c'était à lui de prendre la décision.

Ironiquement, des années plus tard, le destin de Diversey inciterait Eric à s'opposer à un autre chef de la direction, mais cette fois, il ne reculerait pas.

❧

Pendant que l'entreprise rationalisait ses activités, les choses changeaient pour Eric sur le plan personnel. À leur retour à Montréal en 1976, Jane, ses fils et lui s'étaient installés temporairement chez Tom et Auntie Bea dans la maison d'enfance des Molson sur le chemin Ramezay pendant les rénovations de leur future résidence. Eric se rendit compte que l'état de santé de Tom se détériorait et qu'il passait le plus clair de ses journées reclus dans sa chambre.

Pourtant, Tom était un bon vivant quand il était célibataire. Il adorait faire de la voile, voyager, jouer au hockey et au golf, et fréquenter les dames. Son attitude changea peu après son vingt-neuvième anniversaire lorsqu'il se consacra à son travail. Était-ce parce qu'il avait observé les ravages de la crise ou simplement parce qu'il avait mûri ? La brasserie devint son principal centre d'intérêt, le jour, le soir et la fin de semaine. À la retraite, il parut perdre sa raison de vivre et évita tout contact avec le monde extérieur pour trouver refuge dans ses livres, ses journaux et, malheureusement, l'alcool.

« La bouteille l'a probablement achevé, croit Jane. Il a simplement abandonné. Il paraissait ne plus vouloir faire aucun effort… J'étais toujours un peu nerveuse en sa présence. Il était légèrement bougon et sévère avec Eric et Stephen, mais il avait tout de même un côté plus tendre. Un jour, quand nous habitions chez lui sur Ramezay, il m'a déclaré : "Tu sais, Jane, tu fais du bon travail avec tes trois garçons." C'était très gentil. Ça voulait dire beaucoup pour moi. Il m'a semblé que malgré son attitude sévère, Tom se préoccupait de nous après tout. »

Quelques mois plus tard, Eric, Jane et les garçons s'installèrent enfin au 348, avenue Wood. Leur maison en rangée ressemblait à leur résidence précédente de Montréal qui se trouvait plus au nord dans cette même avenue, et elle donnait elle aussi dans une ruelle où les enfants du quartier allaient s'amuser. Pour Andrew, Justin et Geoff, le sous-sol était la plus belle pièce. On avait profité des rénovations pour y aménager une réplique de patinoire de hockey, avec des grilles de métal autour des ampoules au plafond, deux petits filets et un plancher de bois où on avait reproduit la ligne de centre, deux lignes bleues et les cercles de mise au jeu. La maison devint rapidement un lieu bruyant avec les jeunes qui entraient et sortaient par la porte arrière pour jouer au hockey au sous-sol ou dans la ruelle.

L'animation qui régnait au 348, avenue Wood contrastait de façon marquée avec le silence triste qui planait sur la maison d'enfance d'Eric. L'état de Tom continuait à se détériorer. Il respirait avec difficulté – il fumait depuis toujours –, et l'arthrite l'affaiblissait de plus en plus. Il passait ses journées flanqué d'un réservoir d'oxygène, à boire du scotch, à fumer des British Consols et à lire des ouvrages d'histoire militaire. Il regardait parfois le hockey sur le gros téléviseur où trônait une coupe Stanley miniature pour commémorer la victoire de 1968 – la dernière année où Hartland et lui possédaient l'équipe – que le CH avait remportée devant les Blues de Saint Louis en quatre matchs successifs. Bientôt, Tom ne quitta plus son lit. Le diagnostic de cancer des poumons ne surprit personne.

L'après-midi du 3 avril 1978, Eric partit de la brasserie pour se rendre à l'Hôpital général de Montréal, où Tom était traité. Il tenait à voir son père avant de s'envoler pour Edmonton le lendemain, où il devait parler de contrôle de la qualité aux employés de Molson. Il regarda tristement la frêle silhouette alitée de l'homme de soixante-seize ans branché à un réservoir d'oxygène, aux intraveineuses et à des moniteurs. Le bip des machines et la respiration sifflante de son père l'accablaient. Devant lui se trouvait celui qu'il avait tant essayé d'impressionner toute sa vie, celui qu'il craignait et détestait parfois à cause de son manque d'empathie, mais aussi celui qu'il avait toujours admiré, respecté et profondément aimé.

Sentant que son père mourrait bientôt, Eric ne voulut plus partir pour Edmonton.

Toutefois, les médecins le rassurèrent : « Ne vous inquiétez pas, il est en bonnes mains. Allez en Alberta. » Eric finit par se résoudre à prendre l'avion. De toute façon, se dit-il, Tom se serait attendu à ce qu'il fasse son travail, peu importe les événements.

Il reçut l'appel de Stephen en mettant le pied à la brasserie d'Edmonton : « Eric, papa est mort. »

Le mausolée des Molson fut érigé en 1863 au cimetière Mont-Royal. Il comporte ce monument évoquant un phare où sont gravées les armoiries de la famille et deux vastes caveaux adjacents (non représentés ici). Un troisième caveau se trouve en contrebas. Photo : Michel de la Chenelière, 2017.

Eric raccrocha. Il remit le texte de son discours à Zoltan Vallyi, son collègue de confiance, et lui demanda : « S'il te plaît, lis ça à ma place, Zol. L'équipe de production attend. » Eric s'assit, et une grande douleur l'envahit. Il parvenait à peine à respirer. Tom était mort. Il ne fut pas étonné, mais la souffrance fut pire qu'il l'aurait imaginé.

Les événements se déroulèrent rapidement. Eric prit l'avion suivant pour Montréal tandis qu'Auntie Bea, maintenant veuve, annonçait la nouvelle aux parents et amis. Deirdre et Cynthia se chargèrent de tous les arrangements funéraires, et Stephen communiqua avec le Trust Royal pour commencer à préparer la succession de Tom.

La voix brisée, Eric parle de ses frères et sœurs : « Tout nous tombe dessus quand quelqu'un meurt. Il y a beaucoup de responsabilités et, en plus, il faut que la famille se tienne ensemble. On espère que tout le monde gardera son calme. C'était notre cas. Deirdre, Cynthia, Stephen… ils ont tous été formidables. Ils ont tout fait pour aider. »

Tom fut incinéré le vendredi 7 avril 1978 en présence de tous les anciens de la brasserie venus lui dire adieu. Ses cendres furent déposées dans l'un des trois vastes caveaux du mausolée des Molson dans un cimetière au sommet du mont Royal.

Vers la fin de la cérémonie, Eric leva les yeux vers les armoiries de la famille sculptées dans la haute structure en forme de phare érigée à la mémoire de John Molson à l'entrée des chambres funéraires imposantes. Il lut la devise choisie par ses ancêtres : *Industria et Spe* qui signifie « Travail et espoir ». Représentait-elle bien Tom ? Il avait certainement maîtrisé la portion *industria*, se dit Eric, mais qu'en était-il de *spe* ? Tom aurait pu avoir plus d'espérance dans sa vie, particulièrement vers la fin.

Eric se demanda s'il réussirait à assumer le rôle qui lui fut dévolu à la suite de la mort de son père. Il était dorénavant le chef de la famille Molson.

Une atmosphère solennelle régnait dans la salle du conseil de la brasserie sur Notre-Dame. Eric, Stephen, Deirdre et Cynthia étaient assis silencieusement autour de la grande table en attendant l'arrivée de Hartland et des exécuteurs du Trust Royal pour la lecture du testament de Tom.

Eric raconte : « J'ai été surpris. Tout le monde l'a été quand ils ont lu le testament. Tom nous avait légué un gros bloc d'actions de Molson. Une quantité inouïe. En plus, il s'agissait d'actions avec droit de vote. C'était un legs énorme. »

Hartland fut lui aussi étonné par le testament de Tom. Premièrement, il y avait les sommes d'argent. Oubliant à quel point Tom avait mené une existence frugale, Hartland fut surpris que son frère aîné ait amassé une telle fortune au cours de sa vie. (Quelle tristesse d'imaginer que Tom fut incapable de profiter d'une belle retraite après tout le travail qu'il avait consacré à la brasserie.) Ce qui vexa Hartland davantage, toutefois, ce furent les dispositions concernant les actions avec droit de vote de catégorie B de LCML : il était inconcevable qu'un bloc de contrôle aussi important aille aux enfants de Tom, à Eric en particulier. Comment quelqu'un comme Eric, un introverti qui s'exprimait rarement lors des réunions du conseil d'administration, pouvait-il se retrouver avec une participation majoritaire dans l'entreprise ? Hartland songea à convaincre son neveu de déposer les actions de Tom dans la Fondation Molson.

Lors de la création de l'organisme de charité vingt ans plus tôt, soit le 28 novembre 1958, Tom et Hartland y avaient versé une partie de leurs titres de Molson. Avant d'y transférer les actions avec droit de vote, ils voulaient régler quelques problèmes : préserver le contrôle de l'entreprise, faire en sorte que le transfert de propriété soit fiscalement avantageux et assurer l'avenir de leurs successeurs. Ils élaborèrent une solution : créer une société de portefeuille où ils déposèrent les actions avec droit de vote de Molson en faisant ce qu'on appelle un « gel » de leur valeur. Cette stratégie de gestion des actifs leur permit de disposer des capitaux nécessaires pour financer la Fondation Molson tout en « protégeant » ces actions avec droit de vote des « prédateurs » comme E.P. Taylor, ce qui était une considération importante pour conserver le contrôle à long terme de Molson. « Ils voulaient s'assurer qu'un de ces vautours ne pouvait pas tout prendre », explique Eric.

Dans le cadre de sa planification successorale, Tom avait prévu de léguer à ses enfants une portion de l'augmentation de la valeur de ces titres. Hartland en avait décidé autrement et il comprit l'impact de ce choix en prenant connaissance des dernières volontés de son frère : la croissance provenant des actions d'origine détenues par la société de portefeuille était considérable, et les enfants de Tom possédaient doré-navant une participation majoritaire dans LCML.

Eric se souvient que Hartland eut beaucoup de mal à accepter cette nouvelle situation : « Après la lecture du testament de Tom, Hartland a semblé à la fois surpris et contrarié. Quelques jours plus tard, il nous a invités, Stephen et moi, à luncher au club Mount Royal. Nous aurions préféré manger à la taverne du coin – c'est plus notre style –, mais nous y sommes allés quand même. » Le maître d'hôtel les escorta jusqu'à la table habituelle de Hartland, dans un coin discret de l'opulente salle à manger, et dès qu'ils furent seuls, Hartland aborda le sujet du testament de Tom. « Hartland nous a fait tout un numéro, raconte Eric. Il a essayé de nous convaincre de remettre nos actions de contrôle dans la Fondation Molson. Il nous a dit des choses comme : "Votre père voudrait que vous fassiez ça" ou bien "C'était notre plan quand nous avons créé la fondation, Tom et moi…" Nous nous sommes contentés de l'écouter. Nous lui avons dit que nous allions y penser et lui revenir. »

Hartland n'avait pas l'intention de lâcher prise. Il chargea son avocat, William E. Stavert, de régler cette affaire. Au cours des nombreuses rencontres qu'il organisa avec Eric et Stephen, Stavert revenait toujours avec la même question : « Ne croyez-vous pas que votre père aurait voulu que ces actions reviennent à la fondation ? » Ou encore : « Vous savez, ce matin en me rasant, je me suis rappelé une conversation que j'avais eue avec votre père. Il aurait souhaité que vous redonniez ces actions. » Eric et Stephen débattirent les propositions de Stavert. Ils se demandaient s'il essayait de les rouler. Mais ils ne s'engagèrent pas, et Eric lui dit : « Bill, nous avons besoin d'un peu plus de temps pour réfléchir à tout ça. »

Eric procéda avec diligence, comme toujours lorsqu'il prenait une décision. Sans se presser, il analysa la situation sous tous les angles et consulta des conseillers de confiance. Cette fois, il s'adressa à Benny Parsons.

Raymond E. « Benny » Parsons était un avocat formé en Angleterre qui pratiquait au célèbre cabinet McCarthy Tétrault. (Au milieu des années 1970, on le connaissait sous l'interminable dénomination de « Laing, Weldon, Courtois, Clarkson, Parsons, Gonthier et Tétrault ».) Benny était issu d'une famille d'avocats : son grand-père, Eugène Lafleur, fondateur de McCarthy Tétrault, fut l'un des avocats plaidants les plus renommés de l'histoire du Canada. Mais outre son parcours professionnel remarquable et son impressionnante liste de clients provenant de la bonne société de Westmount, il inspirait confiance à Eric qui le qualifiait de vieux renard.

« On a toujours besoin d'un vieux renard comme conseiller, explique Eric. Tu sais, une personne intelligente, fiable, qui a une bonne vue d'ensemble et s'entend avec tout le monde… Exactement comme Benny. Nous l'admirions tous : Stephen, moi, même mes sœurs, alors il pouvait nous aider avec toutes nos affaires de famille. »

Quand Eric demanda à Benny ce qu'il pensait des pressions exercées par Hartland et Stavert, l'avocat lui répondit : « Ne faites pas ça, Eric. Ces titres vous appartiennent. Les instructions de Tom sont claires : il voulait que Stephen et toi ayez ces actions avec droit de vote. Elles sont à vous, et vous ne devriez pas vous en défaire. Comme tu le sais, elles ont une grande valeur et, jusqu'à un certain point, elles vous donnent le contrôle de l'entreprise. Et puis, on ne sait jamais ce qui peut arriver… Un jour, vous aurez peut-être besoin de ces votes. »

Eric tint bon. Gentiment, mais fermement, il refusa la proposition de son oncle. Il conserva les actions avec droit de vote et, en guise de compromis, il accepta de faire un don à la fondation. « Quand nous avons eu la preuve que Tom avait l'intention de nous remettre les titres qui, selon Hartland, devaient aller à la fondation, Stephen et moi y avons versé un montant fixe pendant presque quinze ans, raconte Eric. Notre participation a été une bonne chose puisque le budget de la fondation a augmenté. Toutefois, nous avons gardé les actions de catégorie B. »

Eric cache souvent sa détermination et sa fermeté derrière son attitude discrète. Autant il se faisait un devoir de ne pas intervenir pour laisser aux gens la latitude de prendre leurs propres décisions, autant il était tenace quand un sujet relevait de sa responsabilité (dans ce cas, l'avenir durable et à long terme de la branche de Tom Molson). Il respectait ainsi le devoir qu'il s'était donné à la mort de Tom. Il était non seulement le principal bénéficiaire de la succession (il hérita des trois septièmes, Stephen des deux septièmes et ses sœurs d'un septième chacune), mais également son fiduciaire et le nouveau patriarche de la famille.

Eric hésite à s'attribuer le mérite d'avoir maintenu l'unité de sa fratrie qu'il surnomme « le clan de Tom Molson » : « Mes sœurs ont été merveilleuses, tout comme mon frère Stephen. Nous avons tous travaillé ensemble. » Néanmoins, pendant presque vingt-cinq ans, Eric géra les fiducies de ses sœurs gracieusement et fut celui qui préserva le legs des Molson.

🍁

Environ un mois après les funérailles de Tom à Montréal, Eric alla passer une fin de semaine à Massawippi avec Jane et leurs garçons. C'était la fin du printemps. Les pavots bordant le chemin menant à l'étable avaient éclos et leurs pétales rouges bougeaient au vent telles des retailles de soie froissée. Pendant qu'Eric admirait sa fleur vivace préférée, il se rappela le fameux vers du poème *In Flanders Field* (*Au champ d'honneur*) du lieutenant-colonel John McCrae : « Nos bras meurtris vous tendent le flambeau, à vous toujours de le porter bien haut. »

Selon Eric, l'unique moyen de respecter l'héritage de ses prédécesseurs et de passer le flambeau à la génération suivante consistait à se comporter honorablement : privilégier en tout temps le service au détriment de l'intérêt personnel.

5 Le rachat du Canadien

Nous sommes nos choix.

JEAN-PAUL SARTRE (1905-1980)

Eric nous accueille à la porte arrière en nous tendant son iPad :
« Bonjour, Andy, bonjour Helen ! Avez-vous vu ça ? »

« Je ne vois rien, papa. L'écran est vide », répond Andrew en enlevant son manteau.

« Ouais… dit Eric en tripotant l'appareil. Il faut que vous regardiez ça. C'est merveilleux. »

Nous nous trouvons dans la maison de campagne d'Eric et de Jane à Massawippi. En ce début d'octobre, les rayons du soleil couchant embrasent les feuilles colorées toujours accrochées aux arbres. C'est la fin de l'une de ces glorieuses journées de l'été des Indiens qui ponctuent parfois l'automne et me rendent heureuse.

Debout devant la cuisinière, Jane prépare l'une de ses fameuses soupes. L'arôme des épices, des tomates et du xérès me fait saliver. Elle nous lance :

« Bonjour, vous deux ! Vous restez à souper ? »

Je réponds avec un peu trop d'enthousiasme : « Bien sûr ! »

Eric nous tend sa tablette en nous faisant signe de nous asseoir : « Écoutez et regardez bien. »

La voix de Luciano Pavarotti interprétant *Nessun dorma* de Puccini s'élève en un puissant crescendo dans la cuisine. À l'écran défile une succession de scènes fortes des Canadiens de Montréal. Chaque fois qu'un joueur apparaît, Eric murmure son nom : « Le Gros Bill…

Le Rocket… Dryden… Carbonneau… Lafleur… » Il est captivé. Nous aussi.

À la fin de la vidéo de trois minutes seize secondes, lorsque Pavarotti entonne « *Vincerò !* » (je gagnerai), le cri de la victoire, nous sommes transportés tous les quatre par les images de buts spectaculaires et de triomphes enlevants, de joueurs et d'amateurs qui célèbrent ensemble.

« C'est excellent ! avoue Eric. Ça donne la chair de poule. Exactement ce qu'il faut pour stimuler les troupes. »

Andrew partage l'avis de son père : « C'est vraiment bon. Quand est-ce que ça a été tourné ? »

« La vidéo a été présentée avant une partie contre les Leafs il y a quelques années. En 2013, je pense. On devrait en faire plus comme ça… Tu sais, combiner des airs d'opéra ou de la musique classique et du hockey. C'est une belle façon d'exposer nos *fans* à toute sorte de musiques. À autre chose que ce qu'on entend tout le temps. »

Eric dépose sa tablette à côté de son verre de Molson Ex et saisit la télécommande. Samedi soir, 18 h 55 : *La soirée du hockey* est sur le point de commencer…

❦

Un soir du milieu de l'été 1978, il est presque minuit : la sonnerie du téléphone rompt le silence dans la chambre d'Eric. Il répond et écoute une voix empâtée qui lui annonce : « Eric, il faut que tu fasses quelque chose… C'est Labatt… Ça regarde mal. Ils sont ici, au Ritz, et ils célèbrent au champagne… Ils disent qu'ils ont l'équipe ! »

Cet appel changea le cours de l'histoire du CH.

La saison de hockey 1977-1978 avait été mémorable pour plusieurs raisons. Premièrement, les Canadiens avaient été sacrés champions avec cinquante-neuf victoires en quatre-vingts parties. Ils couronnèrent la saison en remportant la coupe Stanley pour une troisième année consécutive, en répétant l'exploit de l'année précédente contre les Bruins de Boston, leurs ennemis jurés. Le match ultime eut lieu au Boston Garden le jeudi 25 mai 1978. Même Don Cherry, alors entraîneur des Bruins, avoua : « Ils méritent d'être les champions. Ils méritent tout ce qui leur arrive. Ils nous ont battus dans notre propre aréna. » En outre, Guy Lafleur, Larry Robinson, Bob Gainey et Ken Dryden gagnèrent plus de la moitié des trophées individuels remis par

Les joueurs du Canadien Pierre Mondou, Gilles Lupien, Serge Savard, Larry Robinson, Yvan Cournoyer, Guy Lapointe et Jacques Lemaire célèbrent la victoire de la coupe Stanley en 1978. Photo : gracieuseté du Club de hockey Canadien inc.

la LNH cette année-là. C'était une époque formidable pour tous les *fans* des Glorieux.

Les propriétaires – Edward et Peter Bronfman – remportaient ainsi leur quatrième coupe Stanley depuis que le conglomérat dont ils assuraient le contrôle (Carena-Bancorp Inc.) avait acquis l'équipe de David, William et Peter Molson sept ans auparavant. Le CH venait de connaître une série de victoires inimaginables, comme le reconnaît Eric : « Edward et Peter ont très bien géré la formation. J'aimais bien Edward. C'était un ami et tout un gentleman. Son frère et lui ont été de bons propriétaires. »

Toutefois, les rumeurs de la vente de l'équipe se mirent à circuler dès que les acclamations de la foule se turent après le défilé de la coupe Stanley dans les rues du centre-ville de Montréal.

« Dès que j'ai reçu cet appel, se souvient Eric, j'ai téléphoné à Morgan McCammon pour lui demander de passer à l'action. Je lui ai dit : "Parle aux Bronfman, parle à Jacques Courtois, rencontre Sammy Pollock… Fais ce qu'il faut." On ne pouvait pas perdre l'équipe aux mains de Labatt. »

La Brasserie Labatt, inscrite en Bourse la même année que Molson (1945), creusait l'écart dans la course aux parts de marché de la bière. En 1978, l'entreprise ontarienne détenait 38 % du marché, tandis que Molson en avait 36 %. Par contre, Molson dominait toujours au Québec, une position qui serait menacée si Labatt faisait l'acquisition du CH. Qui plus est, Carling O'Keefe, au troisième rang, se rapprochait dangereusement, et la situation était déjà difficile puisque cette brasserie possédait les Nordiques de Québec. Il était hors de question que Molson laisse Labatt s'emparer des Canadiens, un des véhicules publicitaires les plus puissants de la province.

Le 1er août 1978, le président de Labatt, Don J. McDougall, confirma les rumeurs au *Globe and Mail* : « Nous avons discuté de la possibilité d'acheter la franchise avec les dirigeants de Carena-Bancorp. Et si les propriétaires manifestent bel et bien leur intention de vendre, nous serons en mesure de réagir très rapidement. »

Toutefois, Molson les battit de vitesse. « Morgan McCammon est un expert en négociations, explique Eric. Il a réussi à mettre la main sur l'offre de Labatt, un gros document de trois pouces d'épaisseur. Il a ajouté quelque chose comme un dollar au montant inscrit à la dernière ligne et il a récupéré l'équipe. » Ce fut un coup de maître… et Molson l'avait échappé belle.

Eric raconte : « Les gens de Labatt étaient vraiment en colère. Mais on ne pouvait pas les laisser acheter les Canadiens. Ça nous aurait anéantis. Tout le monde se serait mis à boire leur bière plutôt que la nôtre ! » De plus, Molson étant un commanditaire majeur des retransmissions des matchs de la LNH à *La soirée du hockey* à la radio et à la télévision, c'était un prolongement naturel pour la brasserie d'acquérir l'équipe.

Le Club de hockey Canadien revenait ainsi aux mains de Molson pour la troisième fois depuis sa fondation en 1909 : il avait appartenu à deux reprises à un groupe d'individus – Tom et Hartland, puis

Caricature publiée à la page A4 de *La Presse* le matin du vendredi 4 août 1978, peu avant que Morgan McCammon annonce l'acquisition du Canadien par Molson. Reproduction autorisée.

à leurs trois neveux David, Peter et Billy –, et ensuite aux Brasseries Molson du Canada, une filiale de LCML. Le montant de la transaction avait franchi de nouveaux sommets avec chaque changement de propriétaires.

Eric explique : « Tom et Hartland avaient acquis l'équipe pour un prix d'environ 2 $ l'action, ils l'ont vendue à nos cousins pour presque rien, puis Molson l'a rachetée des Bronfman pour près de 55 $ l'action. Je crois que la brasserie a payé plus ou moins 20 millions de dollars comptant pour le club (sans le Forum). Mais c'est des *pinottes* comparativement au prix que nous avons payé en 2009 ! »

Le 4 août 1978, Morgan McCammon, debout devant une salle bondée de journalistes, lut un message bilingue d'une voix monocorde et sérieuse : « Mesdames et Messieurs, c'est avec grand plaisir que j'annonce l'acquisition du Club de hockey Canadien par Les Brasseries Molson du Canada ltée. *Ladies and gentlemen, it is with considerable pleasure...* »

Après la conférence de presse, Eric s'adressa à McCammon : « Morgan, j'espère que tu te rends bien compte qu'on ne vient pas d'acheter seulement une équipe de hockey, hein ? Au Québec, c'est beaucoup plus que ça. C'est une institution, une force rassembleuse de notre société. Tu dois la traiter avec tact et respect. »

« Tu as raison. On vient d'acheter une équipe de sport incroyable. »

« En fait, on vient d'acheter une *entreprise de divertissement*. L'équipe de hockey est l'un des spectacles. C'est comme une troupe de ballet… C'est délicat : tu veux qu'ils dansent bien et tu veux qu'ils gagnent. Mais il y a plus encore. On peut organiser des concerts, des spectacles, des événements… Tout est une question de divertissement. »

Morgan fit signe qu'il avait compris, mais Eric n'en était pas certain…

🍁

Une fois le Club de hockey Canadien à l'abri dans le giron de Molson, Eric s'attaqua à la priorité suivante sur sa longue liste : l'expansion mondiale. L'idée avait germé pendant dix ans, au fil de ses conversations avec les membres de l'International Brewing Consortium, et Eric en avait fait sa mission. Étant donné les tentatives antérieures de la brasserie pour étendre ses activités à l'extérieur du Canada, il avait l'impression que, pour y parvenir, Molson avait besoin à la fois d'une organisation solide et d'un leader voué à cette cause. Le chef de la direction Jim Black finit par accepter la proposition d'Eric et, le 24 juillet 1979, il créa Les Brasseries Molson International et nomma H. Hollis Brace à la présidence. Ce nouveau groupe relevait d'Eric, qui était à l'époque premier vice-président de toute la division de brassage.

Travaillant en tandem, Hollis et Eric commencèrent par évaluer la possibilité d'étendre le marché au sud de la frontière. Puisque les ventes stagnaient au Canada, l'exportation vers les États-Unis leur semblait prometteuse, et cette stratégie leur donna raison pendant quelque temps, comme l'explique Eric : « Nous avions un agent qui savait comment vendre de la bière importée aux États-Unis. Il a fait de bonnes affaires avec notre Golden. Il y avait un certain mystère autour de la marque qui a eu du succès, à tel point que nous avons commencé à en manquer. Il a fallu monter des chaînes d'embouteillage additionnelles en Ontario pour pouvoir livrer plus de Golden aux États-Unis. »

En 1979, Molson distribuait près de 21 millions de gallons de bière dans tous les grands marchés américains (sauf en Louisiane, au Texas et en Géorgie), alors que Labatt en exportait trois fois moins (7 millions de gallons).

Jim Black s'en réjouissait. Avec un enthousiasme qui ne lui ressemblait guère, il qualifia la croissance de Molson aux États-Unis de « plus grande réussite des dix dernières années dans l'industrie brassicole canadienne ». En décembre 1980, les produits Molson étaient au deuxième rang des importations de bière aux États-Unis, après la Heineken : ses ventes représentaient 25 % du marché de l'importation américain. Eric, comme son patron Jim Black, était ravi, particulièrement parce que Heineken était un concurrent qu'il admirait pour son succès à l'échelle internationale et qu'il voulait surpasser un jour.

Eric se tourna ensuite vers les autres continents. Accompagné de Hollis Brace, il visita des brasseries en Europe, au Japon, en Chine et en Australie. Ce contact avec les brasseurs du monde entier était un aspect du travail qu'il aimait beaucoup. Il nourrissait son esprit scienti-

Annonce de Molson vantant sa position au deuxième rang des bières importées aux États-Unis, 1981. Photo : collection de la Molson Coors Brewing Company.

Hollis Brace, Eric Molson et Dan Pleshoyano au pub The Swan à Moulton, Angleterre, où ils viennent de présenter la bière Molson au Royaume-Uni, le mardi 24 juillet 1984. Située dans le Lincolnshire, Moulton est la ville natale de John Molson qui partit en quête d'une vie meilleure au Canada en 1782, à dix-huit ans. Photo : collection de la Molson Coors Brewing Company.

fique en apprenant de nouvelles techniques et en explorant l'éventualité de conclure des associations et des alliances avec d'autres brasseries. Il semblait toujours être en train d'élaborer un plan d'acquisition, de fusion ou de partenariat avec l'une ou l'autre brasserie étrangère.

Eric gardait les deux pieds sur terre, même si ses collègues canadiens le prenaient pour un rêveur. Il savait que l'expansion de Molson vers les marchés internationaux revêtait une importance stratégique pour assurer la réussite à long terme de l'entreprise. Ouvert d'esprit, il misait sur le respect pour assurer la croissance : croissance de perspectives, de compréhension, de portée. Selon son fils Andrew, il encourageait son entreprise, tout comme ses enfants, à être « tolérante envers le reste du monde et envers la différence entre les peuples, les contextes et les cultures ». Ainsi, lorsqu'il confia à Hollis Brace la tâche de veiller à l'expansion mondiale de l'entreprise, il souhaitait ardemment que ce dernier réussisse, mais il le laissa faire son travail.

« J'agissais de la même façon, que ce soit pour gérer Molson ou pour éduquer mes gars, explique Eric. On les oriente et, ensuite, on les regarde aller… Ce n'est pas grave si quelqu'un commet une erreur. Parfois, je n'ai rien dit simplement pour voir comment la situation allait évoluer. Si on tient à un employé, c'est le seul moyen pour lui d'apprendre. En plus, on observe comment il réagit et comment il corrige la situation. »

Il était hors de question pour Eric de pousser Andrew, Justin et Geoff comme Tom l'avait poussé. Il n'allait jamais obliger un de ses enfants à apprendre la physique, un autre la chimie, et un troisième la comptabilité.

« Eric n'était pas comme Tom avec ses fils, se souvient Jane. En fait, il était tout le contraire : Eric avait une grande confiance dans ses garçons et il le leur *montrait*. Je suis sûre que son attitude a eu une bonne influence sur leur estime personnelle. »

Eric confia à ses fils la responsabilité de faire les choix les plus banals (leurs activités parascolaires quand ils étaient plus petits) comme les plus importants (leurs études universitaires). Tout ce qu'il exigeait d'eux, c'était qu'ils suivent leur passion, qu'ils travaillent fort et qu'ils finissent ce qu'ils entreprenaient. « Si on considère l'éducation comme le fait d'apprendre à penser, alors la discipline importe peu. La religion, le cinéma ou la comptabilité… ça ne fait pas de différence. Ce qui compte, c'est de savoir comment cerner un problème, réunir l'information nécessaire pour le comprendre, l'analyser sous tous les aspects, tester sa compréhension et enfin mettre en œuvre ce qu'on apprend. C'est tout. Bien entendu, il faut faire preuve de bon sens, travailler fort et persévérer, mais, pourvu qu'on ait les bases, on va réussir. »

Dès que ses fils furent assez vieux, Eric les exposa à différentes options et leur permit de choisir leur école. Ainsi, à onze ans, Andrew décida de faire ses études secondaires en français au Collège de Montréal, un établissement catholique du centre-ville fondé par les Sulpiciens en 1767. C'était un choix inédit dans les familles de Westmount à l'époque.

Néanmoins, lorsqu'Andrew y entra à l'automne 1979, il ne s'estimait pas différent des autres garçons, même s'il était le seul « Anglo » de sa classe. Il n'imaginait pas que son nom de famille le rendait spécial, particulièrement pas aux yeux de ses copains. Malheureusement, les tensions entre anglophones et francophones qui sévissaient dans les rues de Montréal à la fin des années 1970 s'immiscèrent dans les corridors du collège. Pour certains, le nom Molson incarnait à lui seul « les maudits Anglais », la classe dirigeante anglophone tant détestée.

Trois mois plus tard, le premier ministre René Lévesque annonça la tenue du référendum sur l'indépendance du Québec, prévu le 20 mai 1980. Les citoyens de la province se mobilisèrent pour exprimer leur allégeance : des affiches bleues pour le « oui » et rouges pour le « non » étaient placardées sur les poteaux de chaque ville, village et circonscription électorale du Québec. On débattait la question au sein des familles, entre amis et voisins, à la radio et à la télévision. Toute la population avait les émotions à fleur de peau.

Souhaitant prendre part au discours social, Andrew portait fièrement un macaron où était écrit le slogan *Mon NON est québécois*. Dans la cour d'école, toutefois, certains considéraient que cette expression d'inclusion par un membre de l'« élite anglophone » mettait le feu aux poudres. Un élève plus vieux frappa Andrew en lui criant des insultes en français, et un attroupement se forma. Un surveillant interrompit la bagarre, l'instigateur fut réprimandé, et Andrew se jeta sur le dictionnaire en arrivant à la maison pour chercher la définition des mots « capitaliste » et « fasciste ».

« En rentrant du travail ce jour-là, j'ai compris qu'il s'était passé quelque chose. Andrew nous a tout raconté. Il avait été victime d'intimidation. Nous avons essayé de le rassurer. Je lui disais : "Ne t'inquiète pas... Nous sommes ici chez nous... Nous sommes dans un pays bilingue..." Mais nous étions nerveux, Jane et moi. Nous n'avions pas seulement peur qu'il se fasse encore malmener à l'école, nous craignions qu'il se fasse kidnapper. On le surveillait et on essayait de s'assurer qu'il n'avait pas d'objets ou de vêtements arborant le nom de Molson. Pendant la crise d'Octobre, quand Laporte avait été enlevé, notre nom avait été cité comme cible de ces extrémistes. Ils ont traité les Molson de cochons. Les Molson, les Bronfman, les Steinberg...

Nous étions tous des porcs pour eux. Alors quand Andrew est rentré de l'école tout éraflé ce jour-là, nous étions inquiets, Jane et moi. »

Eric et Jane ne laissèrent pas transparaître leur nervosité. Eric essaya plutôt d'expliquer à Andrew les idées préconçues sur leur famille. Certaines étaient favorables (lorsqu'il était question de philanthropie et de l'engagement des Molson dans la communauté, par exemple), d'autres pas du tout. Cette perception de privilèges et de richesse créait un fossé dans la société, qui menait parfois à des gestes radicaux. En écoutant ses parents, il résolut de ne pas se préoccuper de ce que les gens pensaient de son nom, mais plutôt de se consacrer à devenir « Andrew ».

Il raconte : « Papa nous a montré à être ouverts sur le monde, à être curieux et à accepter la différence. Il m'a aussi encouragé à trouver ce qui m'intéressait vraiment. Après avoir été attaqué à l'école à cause de mon nom, j'ai voulu découvrir qui j'étais et ne pas laisser mon nom de famille prendre le dessus. Papa m'a soutenu. »

C'est dans cet ordre d'idées qu'à treize ans Andrew voulut aller étudier à l'étranger, idéalement dans un endroit où le nom Molson était moins connu. Favorable à cette proposition, Eric lança : « Organisons un *road trip* pour voir ce qu'il y a. » Il partit faire une tournée de huit collèges de la Nouvelle-Angleterre avec Jane et Andrew.

« Nous avons visité Exeter, Andover, Choate, St Paul's et quelques autres *prep schools,* raconte Eric. Tous des endroits formidables, mais c'est l'académie Phillips Exeter qui m'a le plus impressionné. Plutôt qu'une classe typique avec des rangées de chaises, les jeunes étaient assis en petits groupes autour d'une table. Ils discutaient et débattaient avec leur professeur… Merveilleux ! C'était la méthode Harkness (et je suis sûr que j'aurais pu en profiter moi-même quand j'étais aux études). Mais je n'ai rien dit à Andrew. Je ne voulais pas l'influencer. Nous nous sommes promenés sur le campus et, quand nous sommes revenus dans la voiture, je lui ai demandé ce qu'il en pensait, comme je l'avais fait après chacune de nos visites précédentes. »

L'approche d'Eric exigeait de l'autodiscipline et une grande confiance dans ses fils. Il considérait que Jane et lui leur avaient enseigné les principes qui leur tenaient à cœur et que la balle était dorénavant dans leur camp. « Mes parents m'ont laissé choisir, se rappelle Andrew,

Eric et Jane Molson en compagnie de leurs fils Justin, Andrew et Geoff, 1987. Photo : collection de la famille Molson.

mais papa s'est assuré que je réfléchissais aux conséquences de ma décision, tu sais, que je pense à long terme. Choisir une école, c'est une grosse décision pour l'avenir. Alors il m'a demandé d'y réfléchir. »

Il éclate de rire et ajoute : « Et puis, tu sais, il y avait *deux* patinoires à Phillips Exeter, l'une à côté de l'autre ! Je n'en croyais pas mes yeux. C'est pas mal *cool* pour un gars de treize ans obsédé par le hockey. Mais c'était beaucoup plus que ça. J'adorais l'atmosphère, et j'ai eu la chance d'être admis. »

🍁

Dans *Les aventures de Huckleberry Finn*, de Mark Twain, on peut lire : « Il y a des gens comme ça. Quand ils ne connaissent pas quelque chose, ils critiquent. » Ce passage toucha une corde sensible chez Eric. Il y songea lorsque l'éditorialiste de la *Gazette* Philippe Deane

Gigantes écrivit à son sujet, peu après sa nomination à la présidence des Brasseries Molson du Canada en octobre 1980 :

> *La chose la plus remarquable au sujet d'Eric Herbert Molson, quarante-trois ans, c'est sa façon de réussir à ne pas se faire remarquer. Eric Molson ne projette pas vraiment l'image d'un homme imaginatif, créatif et dynamique [...]. Son apparence n'est pas frappante. Si jamais il se retrouvait au milieu de suspects dans une séance d'identification, les témoins auraient de la difficulté à se souvenir de lui. Il est beau, mais seulement au deuxième coup d'œil. Ses vêtements n'attirent pas l'attention. Il fait ressemeler ses chaussures jusqu'à trois fois chez Tony sur l'avenue Greene.*

Et ainsi de suite. Une personne plus égocentrique aurait pu se choquer qu'on écrive qu'elle ne se fait pas remarquer, mais Eric était plutôt d'accord. En fait, il affirmait souvent, avec fierté : « Je suis ennuyant et *j'aime ça*. » La valeur qu'il accordait à ce qualificatif deviendrait apparente plus tard : on sous-estime facilement ce qu'on qualifie d'« ennuyant ».

Toutefois, le journaliste en profita pour caricaturer Eric et Jane comme des snobs privilégiés et coincés. Par exemple, en décrivant l'ouvrage *The Barley and the Stream* (paru en français sous le titre *Au pied du courant : l'histoire Molson*) rédigé par Merrill Denison en 1955, Gigantes raconte : « On a l'impression que le livre a été écrit par un courtisan qui traite de Louis XIV comme si le souverain lui-même avait regardé par-dessus son épaule. » Cette image était tout à fait contraire aux valeurs d'inclusion, d'ouverture à la diversité et d'humilité solidement ancrées dans la famille.

Dans les marges de la coupure de journal jaunie, je lis les commentaires notés par Eric en 1980 : *Orientation très négative... Compte rendu injuste et de mauvais goût (je ne suis pas en politique !)... Pas assez "bière", pas assez "communauté", pas assez "Molson".*

J'insiste un peu, et Eric raconte, en haussant les épaules : « Après ça, je me suis juré de ne plus jamais faire confiance aux journalistes. Qu'est-ce qu'on peut faire ? » À l'époque, toutefois, il en fut perturbé. Il venait tout juste d'obtenir sa promotion et il avait l'impression d'être légèrement dépassé. Il ne voulait probablement pas attirer l'attention sur lui plus que nécessaire, surtout de la part des médias. Il croyait, comme son père, que le nom d'un homme ne devait se retrouver dans les journaux qu'à trois occasions : à sa naissance, à son mariage et à sa mort. Ce ne fut pas le destin d'Eric.

❦

À l'automne 1980, Eric avait des soucis plus graves que la façon dont les médias le percevaient. Labatt venait de prendre une décision sans précédent en concluant un contrat de licence avec Anheuser-Busch des États-Unis : elle obtint les droits pour brasser et vendre la Budweiser au Canada, et misa sur la grande notoriété de cette marque (découlant de la portée de la télévision américaine au Canada) pour mousser ses ventes. Le pari en valut la peine.

« Les ventes de Budweiser ont connu un départ fulgurant, raconte Eric. Je ne croyais pas que les Canadiens allaient en boire. Pourquoi se tourneraient-ils vers une marque étrangère ? Les auteurs de nos études de marché nous avaient même dit que les gens d'ici n'aimaient pas la bière américaine et qu'ils n'allaient jamais en consommer. Eh bien, ils se sont trompés. Moi aussi. »

Labatt avait sous la main un produit rêvé. Les ventes de Budweiser connurent un succès immédiat, ce qui modifia le contexte du marché canadien. Son lancement n'avait pratiquement rien coûté. Bien sûr, Labatt devait verser une redevance pour chaque bouteille vendue, mais celle-ci représentait une somme minime étant donné les volumes de vente élevés. D'autres brasseries canadiennes se pressèrent de conclure des contrats de licence semblables. Toutes, sauf Molson qui continua à consacrer son énergie à pénétrer le marché américain et fut la dernière des grandes entreprises du Canada à ajouter une marque américaine à sa gamme de produits, cinq années plus tard, avec la Coors.

Eric respecte ses concurrents. D'ailleurs, il dit souvent : « On a besoin de compétition pour se tenir alerte. » Il précise toutefois, en insistant : « Mais il ne faut rien leur donner. C'est comme avec les Bruins de Boston : il ne faut jamais les laisser toucher la *puck*. » Dans le cas du brassage avec droit d'exploitation d'une bière américaine, les concurrents avaient déjoué Molson, et c'était douloureux.

Par contre, la pression que subissait Eric ne venait pas seulement du secteur brassicole de l'entreprise. Il était de plus en plus insatisfait du rendement des autres sociétés sous le parapluie de LCML et remettait toujours en cause le bien-fondé des conglomérats. La théorie selon laquelle il serait profitable de posséder un tas de sociétés sans liens entre elles pour résister aux cycles économiques et stabiliser les revenus s'avérait-elle efficace ? Les différents secteurs ne devraient-ils pas être plus compatibles ? LCML avait-elle les aptitudes et la capacité financière nécessaires pour gérer cet environnement complexe ?

Eric dit à Jane : « On va manquer le bateau. On devient trop bureaucratique et trop axé sur l'interne. Et puis, c'est très difficile de déterminer si nous faisons vraiment de l'argent dans toutes ces unités d'affaires. Je sais exactement combien rapporte la brasserie, mais j'ignore comment mesurer le rendement des autres entreprises. Je me fiche des ventes brutes, mais ils ne parlent que de ça. Moi, je veux connaître le résultat net ! »

Perdant patience devant les réticences de son mari à intervenir, Jane lui demanda : « Alors pourquoi tu ne leur parlerais pas ? Va voir Jim Black, dis-lui ce que tu penses… Fais quelque chose si tu n'es pas d'accord avec ce qui se passe ! »

Eric se disait : *Que dois-je faire ? Je ne suis pas le patron de LCML. Je suis un employé et un actionnaire de Molson comme beaucoup d'autres. De plus, tout le conseil d'administration soutient cette stratégie. Elle a même été mise en place par le président du conseil, Bud Willmot ! Est-ce que je dois donner un coup de poing sur la table et leur imposer mes idées ? La dernière fois que j'en ai touché un mot à Bud et que je lui ai dit que nous ne nous mesurions pas adéquatement, il m'a envoyé promener. Je dois trouver un autre moyen. De plus, je ne veux pas y mettre un terme trop vite. Je veux constater les résultats de cette stratégie.*

Alors Eric se tut.

D'une part, il voulait laisser les gens faire leur travail (dans ce cas, Jim Black, le chef de la direction de LCML). D'autre part, il était incertain. Il ne se sentait pas prêt à affronter Hartland et Bud Willmot. De plus, après ce qui était arrivé à la lecture du testament de Tom, Eric pensait qu'il devait déployer une grande prudence avec son oncle. Il se limita à faire le message à Willmot et à Hartland en leurs envoyant des articles et des éditoriaux de journaux sur la dissolution de conglomérats et la rationalisation dans les entreprises. Pour le reste, il se contenta d'observer et, comme un scientifique pendant une expérience, il attendit de voir comment les choses allaient se passer.

❦

Par contre, Eric était plus proactif lorsqu'il était question de surveiller le bloc de contrôle de la famille dans l'entreprise. Il avait compris l'importance de conserver les actions de catégorie B avec droit de vote de Molson en voyant la réaction de Hartland à la lecture du testament de Tom. Il entendait encore l'avertissement de Benny Parsons : « On ne sait jamais ce qui peut arriver... Un jour, vous aurez peut-être besoin de ces votes. » Ainsi, le 25 octobre 1981, lorsqu'il apprit que Bud Willmot cherchait à vendre ses actions de catégorie B, Eric ouvrit l'œil. Il savait que Willmot avait besoin de capitaux : Kinghaven Farms, l'écurie de purs-sangs de course qu'il avait fondée à King City au nord de Toronto, était une aventure onéreuse. D'ailleurs, Willmot lui avait déjà dit à la blague, en montrant du doigt ses chevaux lors d'une visite de sa propriété : « Eric, ne te gêne pas si jamais tu veux que je t'explique comment perdre de l'argent. »

Eric analysa la situation. Et s'il achetait les actions avec droit de vote de Willmot ? L'avantage serait de consolider le contrôle de Molson aux mains des héritiers de Tom pour une autre génération, leur permettant ainsi de voir à la direction à long terme de l'entreprise tout en assurant sa continuité et sa stabilité. Par contre, cela entraînerait une perte de la souplesse que procurent les actions de catégorie A (qui peuvent se négocier facilement sur le marché) et il lui faudrait assumer les coûts de l'achat.

Eric fit une offre à Willmot.

Les deux hommes acceptèrent d'échanger des titres. Bud troqua ses actions de catégorie B pour une valeur équivalente de titres de catégorie A de Molson. Ainsi, Bud obtenait des actions qu'il pouvait vendre aisément, et Eric augmentait le bloc de contrôle de la famille. Aujourd'hui encore, il est reconnaissant à Willmot : « Bud était un gentleman. Il aurait pu simplement me tourner le dos et conclure une entente avec une compagnie de tabac, par exemple. Il a plutôt fait une chose honorable et nous a cédé ses actions. »

Durant toute sa carrière, Eric s'interrogea sur le moment approprié pour remettre en question les décisions de la direction et sur la mesure dans laquelle il pouvait intervenir. Il connaissait le poids de son nom de famille. La moindre remarque spontanée de sa part pouvait effaroucher les troupes (« Oh, *monsieur Molson* a dit qu'on devrait faire ça de cette façon… »), ce qui était parfois très dérangeant. Pire encore, si on poussait trop, cette attitude risquait de réprimer l'initiative et la créativité des employés, et de faire mourir l'esprit d'entrepreneuriat. Eric choisissait donc de se tenir en retrait sans dire un mot. Il était souvent frustré, surtout lorsqu'il constatait que la direction était trop bureaucratique, qu'elle manquait de vision ou qu'elle se campait trop loin de la ligne de front.

Par exemple, quand la brasserie racheta les Canadiens de Montréal aux Bronfman en 1978, il eut l'impression que Morgan McCammon ne saisissait pas l'importance de l'équipe pour les Québécois, même s'il l'avait prévenu : « Vous devez être prudent. Les Glorieux sont une institution au Québec. Ils *appartiennent* aux Québécois. » Lorsque McCammon engagea Irving Grundman, un anglophone propriétaire de salons de quilles, comme directeur général, Eric se dit : « Il ne comprend vraiment pas. Nous avons peut-être besoin de quelqu'un qui connaît le hockey, les joueurs *et* les Québécois. » McCammon ne semblait pas saisir l'importance d'être un Monsieur Tout-le-Monde, près du peuple et capable d'en prendre le pouls.

Une situation semblable se produisit à l'été 1980. Le CH avait l'avantage du premier choix au repêchage de la LNH. Les citoyens québécois, qui se remettaient à peine du référendum traumatisant sur l'avenir de la province, étaient unanimes : le club devait jeter son dévolu sur Denis Savard. Il était rapide, il patinait avec flair et il savait manier la rondelle. (Il sera d'ailleurs intronisé au Temple de la renommée du hockey avec 1 338 points en 1 196 parties.) Qui plus est, Savard était un prodige québécois né à Montréal. Par contre, McCammon et Grundman refusèrent de céder à la pression populaire et choisirent plutôt Doug

Ronald Corey derrière le banc des Canadiens au Forum de Montréal, le 25 octobre 1986. On aperçoit Eric Molson à sa droite. Photo : gracieuseté du Club de hockey Canadien inc.

Wickenheiser de la Saskatchewan. On ne connaît pas toujours les conséquences des décisions : le 12 octobre 1980, lorsque Savard sauta sur la glace du Forum de Montréal dans l'uniforme des Blackhawks de Chicago, ce sont les *fans* du CH qui lui réservèrent une ovation. Eric n'avait plus aucun doute : « On a vraiment besoin de quelqu'un qui est proche des amateurs pour diriger cette équipe. »

L'homme à qui il pensait était Ronald Corey.

Corey eut ses premiers contacts avec Molson au début de la vingtaine, alors qu'il était producteur pour Radio-Canada. Il sollicitait la brasserie pour commanditer des rencontres sportives et annonçait les promotions de bière sur les lieux des événements. Le vice-président aux ventes de Molson, Zotique Lespérance, aimait le dynamisme et le talent du jeune homme. Originaire d'Hochelaga-Maisonneuve, à l'époque un quartier francophone défavorisé de l'est de Montréal, Corey avait l'énergie d'un entrepreneur. Lespérance le persuada de se joindre à Molson et, une fois en poste, Corey gravit les échelons jusqu'aux services des ventes et du marketing. Sept ans plus tard, il entra dans le bureau d'Eric et lui annonça : « Vous savez, un jour, je serai le patron ici. »

Eric aimait les gens qui avaient de l'ambition : « Ronald était mon genre d'homme. Il parlait les deux langues, il parvenait à rallier les troupes, il arrivait au bureau à sept heures le matin. Il travaillait fort, il était persévérant et il avait de bons principes. » Malgré ces qualités, McCammon n'était pas prêt à lui confier sur-le-champ des fonctions importantes. Corey perdit patience et quitta Molson pour occuper un poste de direction chez Monsieur Muffler, une entreprise locale. En 1980, il réintégra le domaine brassicole, cette fois à titre de président de la division québécoise de Carling O'Keefe, la troisième brasserie en importance au Canada.

O'Keefe et Molson se livraient une concurrence féroce sur deux plans : la bière et le hockey. Molson possédait les Canadiens tandis qu'O'Keefe était propriétaire des Nordiques de Québec. À l'époque, le CH montrait certains signes de faiblesse. À l'incident du repêchage de Wickenheiser s'ajouta l'élimination du club dès la première ronde de la coupe Stanley deux années de suite, dont la plus récente aux mains des Nordiques. C'était une catastrophe. Les belles années des Glorieux étaient-elles chose du passé ?

Eric se tourna vers le président des Brasseries Molson, Dan Pleshoyano : « Il faut qu'on réengage Ronald Corey. »

« Impossible, répondit Pleshoyano. Il est président d'O'Keefe depuis à peine deux ans. Il n'acceptera jamais. »

Même s'il savait qu'il interférait, Eric pria son patron d'aller lui parler. L'enjeu était trop important et il voulait éviter un autre incident comme celui avec Grundman.

Pleshoyano et Corey étaient tous deux membres du club athlétique MAA au centre-ville de Montréal. Un jour, après avoir nagé quelques longueurs dans la piscine, Pleshoyano aborda Corey afin de connaître son intérêt pour le CH. Quelque temps plus tard, les deux hommes échangèrent une poignée de main et l'affaire était conclue. Le 12 novembre 1982, Ronald Corey remplaça Morgan McCammon à la présidence du Club de hockey Canadien.

« Le matin même de mon arrivée chez les Canadiens, j'ai reçu un appel du sénateur Hartland, se souvient Corey. Il m'a dit : "Bienvenue dans la famille, Ronald." C'était très gentil de sa part. J'étais touché que cet homme, qui devait avoir soixante-seize ou soixante-dix-sept ans, prenne le temps de faire ça. Eric et Stephen m'ont réservé le même accueil. Ils sont venus me voir pour me souhaiter bonne chance. Ils sont comme ça, les Molson. Ils sont ouverts et respectueux. »

Corey savait qu'il serait surveillé de près à titre de président du CH, mais, contrairement à Eric, il aimait bien être sous les feux des projecteurs. Il en parla à un journaliste du *Globe and Mail* le 21 avril 1983 : « À Montréal, six millions de personnes nous guettent chaque jour. Toutes les semaines, il y a cinquante heures d'émissions de tribunes téléphoniques à la radio, c'est plus que deux jours entiers. Je trouve que c'est formidable. C'est la voix du peuple. »

Eric avait trouvé son Monsieur Tout-le-Monde.

Corey annonça des mesures quatre mois après avoir accepté l'emploi et quelques jours à peine après une autre élimination prématurée du CH des séries. Il remercia le directeur général Irving Grundman (son fils Howard Grundman démissionna en même temps) et le directeur du recrutement Ron Caron, et rétrograda l'entraîneur unilingue Bob Berry. Corey bâtit une équipe de direction à l'image du Québec. Sa première recrue : Serge Savard au poste de directeur général.

Gagnant de huit coupes Stanley dans l'uniforme du Canadien, cet ancien défenseur fut le premier francophone à occuper cette fonction depuis la fin des années 1930. Il compléta son équipe en embauchant les entraîneurs Jacques Lemaire et Jacques Laperrière. Il déclara : « On bâtit une équipe gagnante. Mon objectif, c'est de rapporter la coupe Stanley ici, à Montréal. » Il atteignit son but quelque temps plus tard.

✤

Au début des années 1980, Eric était « le » Molson dans l'entreprise. Tom était mort des années auparavant, Hartland avait près de quatre-vingts ans, et Stephen ne s'intéressait pas à la gestion quotidienne. Tout reposait sur les épaules d'Eric.

En 1982, il répondit à un autre appel du devoir et devint vice-président du conseil de LCML, la société mère. Cette promotion s'inscrivait dans un plan plus vaste, en deux étapes. Premièrement, Eric prendrait le poste de vice-président du conseil, et Dan Pleshoyano le remplacerait à la présidence des Brasseries Molson. L'année suivante, en 1983, Jim Black devait succéder à Bud Willmot comme président du conseil d'administration. On avait estimé que ce jumelage de Jim à la présidence et d'Eric à la vice-présidence du conseil d'administration serait bénéfique. Parallèlement, John Rogers devait prendre la place de Black à titre de chef de la direction de LCML. Eric fut d'accord avec cette réorganisation, même si elle l'obligeait à s'éloigner du plancher de l'usine.

« Quand j'ai quitté les opérations, j'ai craint de ne plus avoir rien à faire, de n'avoir qu'un titre sans les responsabilités qui vont avec. Au bout du compte, ça s'est bien passé. Je travaillais encore à faire avancer l'entreprise, mais sur le plan de la gouvernance. Je ne pouvais donc pas donner des ordres comme le font un cadre ou un chef de la direction. Par contre, ce n'était pas vraiment mon style de toute façon. »

À titre de vice-président du conseil d'administration, Eric dut raffiner ses capacités à poser des questions précises et développer ses talents de persuasion. Il devait aussi s'attendre à prononcer des allocutions plus souvent. Il était à l'aise lorsqu'il s'adressait à ses collègues chez Molson, mais c'était difficile devant des étrangers et plus encore devant des gens d'affaires. « Pauvre Eric, le plaint Jane. Il détestait vraiment ça, faire des discours. Ça le rendait littéralement malade. »

🍁

Le 5 novembre 1985 à 5 h 30, tout en faisant son jogging sur son parcours habituel, Eric visualisait le discours qu'il prononcerait devant la Chambre de commerce de Montréal quelques heures plus tard. Il aimait bien ses sorties matinales qui lui donnaient l'occasion de penser à sa journée. En respirant l'air frais automnal, il se remémorait les trucs qu'on lui avait appris : « N'oublie pas, parle lentement, utilise tes mains, regarde autour de toi. Ce n'est qu'un discours. Tout va très bien

Eric Molson prononce une allocution devant les membres de La Chambre de commerce de Montréal, le 5 novembre 1985. Photo : gracieuseté de La Chambre de commerce du Montréal métropolitain.

se passer. » Il allait s'adresser, entièrement en français, à un auditoire de gens d'affaires, de politiciens, de journalistes et d'autres éminents Montréalais.

À midi, Eric s'arma de courage et se présenta au lutrin. Il aborda deux sujets et commença par celui qui lui tenait le plus à cœur : sa vision pour étendre les activités de Molson au-delà des frontières du Canada et pour en faire une entreprise d'envergure mondiale : « Le plus lourd défi de notre génération est de continuer d'étendre à l'échelle mondiale cette tradition d'excellence née à Montréal. » En exportant vers les États-Unis 20 % de sa production québécoise, Molson s'engageait déjà dans cette direction. Toutefois, elle accusait du retard dans un autre domaine : elle venait à peine d'acquérir une licence pour brasser la Coors au pays, alors que Labatt produisait la Budweiser pour le Canada depuis près de cinq ans et gagnait des parts de marché.

Eric traita ensuite du second enjeu, soit l'Accord de libre-échange canado-américain qui entrerait bientôt en vigueur. Il approuvait le libre-échange qui, selon lui, améliorerait davantage le développement, l'identité et la mission du Canada, plutôt que le fait de se cantonner derrière un mur de protectionnisme. Toutefois, pour y parvenir, il avait une demande : laisser aux brasseurs canadiens suffisamment de temps pour s'adapter.

Pendant des années, les brasseries du pays durent se soumettre aux barrières tarifaires interprovinciales qui les obligeaient à exploiter une usine dans chaque province où elles souhaitaient vendre leurs produits. Ces lois protectionnistes garantissaient aux brasseurs locaux un quasi-monopole sur les ventes de bière, mais entraînèrent aussi la multiplication de petites brasseries à travers le pays. Plutôt que de disposer de vastes installations pouvant desservir de grandes régions comme leurs rivaux américains, les brasseries canadiennes étaient dispersées avec une multitude d'installations provinciales. Une telle organisation entravait à la fois leur efficacité et leur capacité à être concurrentielles à l'échelle nord-américaine. Molson, par exemple, avait neuf brasseries dans sept provinces dont la capacité totalisait dix millions d'hectolitres, tandis qu'une brasserie américaine comme Coors approvisionnait l'ensemble du marché américain avec une seule usine à Golden, au Colorado, d'une capacité de dix-huit millions d'hectolitres.

Eric expliqua à son auditoire : « La brasserie américaine moyenne est de quatre à cinq fois plus vaste que la brasserie canadienne moyenne et, dans notre industrie, les économies d'échelle sont très importantes. Nous avons besoin d'une période de transition acceptable qui nous permettrait de développer le libre marché est-ouest ici au Canada avant d'être en mesure d'adopter le libre marché dans l'axe nord-sud. »

Sanjib Choudhuri, vice-président, planification stratégique de LCML, décrit ce qui distingue les marchés de part et d'autre du quarante-neuvième parallèle : « L'industrie brassicole américaine était complètement différente de la nôtre. Il fallait tout multiplier par dix dans l'industrie brassicole canadienne pour percer aux États-Unis. Ça n'avait rien de comparable. Au Canada, les prix étaient réglementés, tout comme la distribution et la production. Aux États-Unis, c'était complètement distinct : une brasserie trouvait ses propres distributeurs, elle fixait les prix qu'elle voulait et vendait ses produits dans le format de son choix… Aucune comparaison possible. Molson aurait eu peu de visibilité à côté de la force impitoyable des brasseries américaines. Nous étions un club social par rapport à elles. »

Les brasseries canadiennes finirent par obtenir l'exemption qu'elles avaient négociée dans le cadre de l'Accord de libre-échange, mais pour ce qui était de devenir l'entreprise d'envergure mondiale dont rêvait Eric, Molson commençait avec un handicap.

❦

Le deux centième anniversaire de la brasserie – un jalon exceptionnel à tous les égards – fut souligné en 1986. Dans le cadre des festivités, Eric rendit visite à chacune des installations de Molson au Canada. « J'ai rencontré les employés des quatre coins du pays et j'ai discuté de l'entreprise avec eux, ce qui me plaisait beaucoup. J'ai prononcé des discours sur les valeurs à l'origine de notre réussite depuis deux siècles, des choses comme le travail, l'honnêteté, l'intégrité, l'engagement envers l'excellence ; des valeurs fondamentales en somme. Tellement fondamentales que les gens tendent à les oublier, surtout quand l'appât du gain et l'appétit pour les résultats à court terme prennent le dessus. »

Molson organisa des activités de relations publiques dans toutes les villes entre Vancouver et St John's, et reçut un accueil chaleureux partout. Pour témoigner de sa gratitude envers les différentes communautés, Molson finança des travaux de restauration au Jardin botanique de Montréal, offrit une sculpture pour le Harbourfront de Toronto, aménagea un jardin de sculptures à Edmonton et un sentier de jogging de dix-neuf kilomètres à Vancouver. Le slogan était « Deux cents ans, faut fêter ça ! »

Le 20 mai 1986, la très honorables Jeanne Sauvé, gouverneure générale du Canada, souligna cet anniversaire en organisant un cocktail à sa résidence de Rideau Hall à Ottawa. Cette réception protocolaire (qui n'était pas vraiment au goût d'Eric) réunit des ministres et députés du gouvernement fédéral, des sénateurs, de hauts fonctionnaires, le conseil d'administration de LCML et des membres de la famille Molson. « J'étais passablement nerveux parce que j'ai dû prononcer un discours, se rappelle Eric. En plus, nous avions la tête ailleurs parce qu'il y avait une partie ce soir-là ! » En effet, les Canadiens affrontaient les Flames de Calgary sur la glace du Forum pour le troisième match de finale de la coupe Stanley. Les deux premières rencontres avaient eu lieu à Calgary, et le bilan des séries était égal. Dès qu'Eric termina son

À l'occasion de son deux centième anniversaire, Molson inaugura une nouvelle salle de brassage et des salles de réception à Montréal. Le 4 juin 1986, on dévoila une plaque commémorative en présence de Jacques Allard (président, Les Brasseries Molson du Québec), de Brian Mulroney (premier ministre du Canada), de Robert Bourassa (premier ministre du Québec), d'Eric Molson (vice-président du conseil d'administration de LCML) et de Jean Drapeau (maire de Montréal). Photo : collection de la Molson Coors Brewing Company.

allocution, des membres de sa famille s'entassèrent dans la voiture de Hartland et prirent la route pour Montréal. Ils arrivèrent à temps pour la troisième période malgré l'orage, et le CH battit les Flames par le compte de 5 à 3.

Les Canadiens remportèrent la coupe Stanley, ce qui fut sans aucun doute le couronnement idéal des célébrations du bicentenaire de Molson. Avec ce vingt-troisième trophée de la LNH, le CH surpassa les Yankees de New York pour le titre de l'équipe de sport professionnel nord-américaine ayant gagné le plus de championnats. Ce furent des séries enlevantes. Patrick Roy, le gardien de but de vingt ans originaire de Québec, devint une vedette et reçut le surnom de « saint Patrick ». Il fut le plus jeune à remporter le trophée Conn Smythe remis au joueur le plus utile des séries.

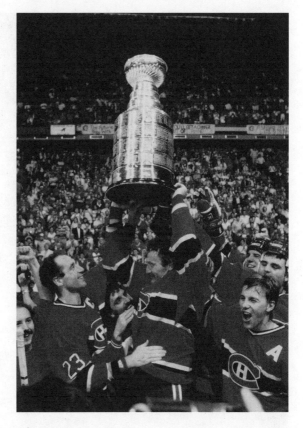

Larry Robinson et Bob Gainey soulèvent la coupe Stanley après avoir vaincu les Flames de Calgary le samedi 24 mai 1986. Photo : gracieuseté du Club de hockey Canadien inc.

Eric sourit en se rappelant cette victoire : « Chaque année, on organisait un *pool* pour la coupe Stanley, et le gagnant devait offrir une tournée. On se rencontrait une fois par mois pour parler de hockey et boire de la bière avec des gars comme "le Gros Bill" [Béliveau], Toe Blake, Floyd Curry, Réjean Houle, Doug Kinnear [le médecin de l'équipe], Stephen… On appelait ça nos "rencontres au sommet". Comme je choisissais toujours les Canadiens, j'ai gagné mon pari en 1986, mais il était hors de question que je dépense mon prix de 10 $. J'ai plutôt demandé à tous les gars de signer le billet et je l'ai fait encadrer. Je l'ai encore dans mon bureau. »

Pour Eric et tous les employés de Molson, la victoire des Canadiens fut le summum émotif de cette année commémorative. Les problèmes d'affaires pouvaient attendre encore un peu.

Les choix d'Eric pour les paris de hockey de 1986 et la mise de 10 $ qu'il a remportée. Il fit encadrer la feuille signée par certains des participants du Sommet (Stephen Molson, Hector Toe Blake, Red Carroll, Floyd Curry, Bill Powers, Zoltan Vallyi, Fred Steere, Rolland Péloquin, John Osterman et Jean Béliveau). Le cadre est accroché bien en vue derrière le bureau d'Eric depuis ce temps. Photo : Michel de la Chenelière, 2017.

DEUXIÈME PARTIE

LE NOUVEAU
MONDE

6 Franchir le seuil

La vie est un processus continu de choix entre la sécurité (justifiée par la peur et le besoin de se défendre) et le risque (pour favoriser le progrès et la croissance). Optez pour la croissance une dizaine de fois par jour.

ABRAHAM H. MASLOW (1908-1970)

Jeudi matin, 8 h 50. Je suis en avance. La porte n'est pas verrouillée, alors j'entre. C'est à ce moment que je perçois un bel air de piano qui s'élève de la pièce voisine. Je m'arrête et j'écoute. Je connais Eric depuis des années, et je ne l'ai presque jamais entendu jouer. Sa musique douce et mélancolique m'enchante. Je reste silencieuse, sachant qu'il cessera de jouer au moindre bruit.

J'entre dans le salon à pas de loup et je m'assois. Je laisse mes pensées errer au rythme de la mélodie. Quelle autre passion Eric a-t-il sacrifiée ? Il a abandonné la musique, puis la tranquillité des laboratoires de chimie. Quel autre sacrifice a-t-il fait pour remplir la fonction qu'on lui assignée ? A-t-il *aimé* être à la tête Molson ? Était-il un bon dirigeant ? Un homme doux et aimable comme Eric peut-il réussir en affaires ou à la tête d'une dynastie comme celle des Molson ? Les vantards (comme Eric les appelle) et les égoïstes impitoyables ne sont-ils pas ceux qui atteignent généralement les sommets ?

La veille, j'ai terminé la lecture de la biographie de Steve Jobs rédigée par Walter Isaacson. Elle m'a laissé l'impression que, pour réussir, il faut être un salaud intransigeant. Et pourtant, il y a Eric, un homme doux, sans prétention et altruiste.

Daniel Colson, qui occupa un mandat à titre de membre du conseil d'administration de Molson, me dit un jour : « Eric est un très bon gars. Il est un vrai gentleman et un type honnête, mais on ne le prendra jamais pour le général MacArthur. » C'est bien vrai, me dis-je tandis que la musique me berce. Eric n'est pas arrogant et il n'aboie pas des ordres comme un haut gradé de l'armée. Mais est-il un mauvais *leader* pour autant ? Il n'est certainement pas agressif, mais il a de l'assurance. Il observe, écoute et évalue (ce qui est parfois perçu à tort comme de l'inaction) avant de tirer ses propres conclusions. Il a également le courage de prendre des décisions ardues et d'y donner suite, mais peut-être pas toujours aussi rapidement que le voudraient certains.

Eric interrompt mes pensées : « Je ne t'avais pas entendue entrer ! »

« Désolée, la porte n'était pas verrouillée. »

« Pas de problème », me dit-il en se levant du banc de piano.

« Eric, que pensez-vous du proverbe "Les bons gars finissent toujours bons derniers" ? »

Il vient s'asseoir sur la chaise devant moi et me sourit : « C'est difficile. Malheureusement, il arrive que les bons gars soient des perdants. C'est délicat. Peut-on être une bonne personne, tout faire dans les règles et quand même réussir à gagner ? Ça arrive. Pas souvent, mais c'est possible. »

« Et vous ? »

« Je *pense* que je suis un bon gars. En tout cas, j'*essaie* de l'être. Mais quand on a une tâche, il faut s'organiser pour que ça se fasse. Par exemple, quand une entreprise garde un grand nombre d'employés excédentaires qui sont de calibre inférieur, elle doit agir et faire des licenciements, même si c'est difficile. Ou quand on doit annoncer à quelqu'un une nouvelle qu'il ne veut pas entendre. C'est désagréable, mais on serre les dents et on s'exécute, aussi humainement que possible. On n'a jamais hâte de congédier quelqu'un, par exemple. Et ça nous tracasse. Ça aide de se préparer. Je prenais toujours des notes. J'écrivais mes raisons à l'avance pour être prêt quand j'étais face à la personne. »

Eric a une grande détermination. Lorsqu'une tâche désagréable relève de sa responsabilité, il s'en charge, même si c'est difficile pour lui.

« Le secret pour communiquer un message difficile, c'est d'être *à la fois* ferme et humain », conclut-il.

Je me rends compte qu'Eric a réglé toutes les situations difficiles dans sa vie en ayant cette attitude, peu importe qu'elles concernent ses fils, ses proches collaborateurs ou même ses mentors. Avec fermeté, mais compassion.

❦

En 1988, Eric ne parvenait plus à masquer son exaspération. Alors que Molson était embourbée dans des dédales de bureaucratie interne, ses concurrents jouaient d'audace. Elders IXL Ltd, le dynamique conglomérat australien qui brassait notamment la lager de Foster's, venait d'acquérir Carling O'Keefe Ltd, la troisième brasserie en importance au Canada. Après que le manufacturier de tabac Rothmans a vendu Carling, un de ses représentants avait déclaré : « C'était tout simplement un coup de chance. L'occasion s'est présentée à nous très, très vite, et nous avons sauté dessus. »

Eric, lui, se heurtait à la résistance de ses collaborateurs dès qu'il évoquait la possibilité de faire une entente avec un autre brasseur : « Je visitais des brasseries un peu partout dans le monde et je discutais ouvertement avec les propriétaires. Une fois, par exemple, j'ai rencontré les gens de Heineken à Amsterdam. J'étais emballé parce qu'ils étaient prêts à nous vendre Amstel. Je me suis mis à penser à une proposition pour faire cette acquisition dès mon retour à Montréal, mais la direction n'a pas tardé à tuer ce projet dans l'œuf. Elle n'avait aucune vision d'avenir. »

Eric craignait que l'inertie de l'équipe de direction en place détruise l'entreprise. « On utilisait beaucoup le mot "clone" à l'époque. Comme on remplaçait constamment un chef de la direction par son clone, on n'allait nulle part. Et si on continue à faire ça longtemps, l'entreprise s'enfonce et on est finis. LCML était dirigée par des bureaucrates axés sur la finance qui ne cherchaient pas à développer nos activités brassicoles. Pourtant, la bière était le seul domaine que nous connaissions vraiment bien. Ils se lançaient plutôt dans toutes sortes de secteurs (les fournitures de bureau, les échafaudages pour la construction), n'importe lequel pourvu que le gars des finances dise que c'était une bonne affaire. »

	1968	1978	1985
Chef de la direction	Donald G. Willmot	James T. Black	John P. Rogers
Vice-président du conseil d'administration			Eric H Molson
Président du conseil d'administration	Hartland de M. Molson	Donald G. Willmot	James T. Black
Président honoraire du conseil d'administration	Thomas H.P. Molson	Hartland de M. Molson	Donald G. Willmot

De 1968 à 1985, trois chefs de la direction se succédèrent à la tête de LCML : Bud Willmot, Jim Black et John Rogers.

Willmot entama la diversification de Molson en achetant des sociétés dans des domaines qui connaissaient une hausse de popularité. Le stratège de LCML, Sanjib Choudhuri, explique : « Bud Willmot était le moteur derrière le conglomérat. C'était avant mon temps. Il a commencé en achetant de petites entreprises dans des secteurs en croissance, particulièrement dans le secteur manufacturier tertiaire, puis les a développées à partir de cette base. Et lorsqu'il a eu la capacité d'être stratégique, il s'est concentré dans la rénovation domiciliaire et les spécialités chimiques. Toutefois, quand Bud a quitté son poste, LCML était constituée de sociétés disparates. Il n'y avait pas vraiment de point commun entre elles. »

Jim Black, qui succéda à Willmot en 1978, était issu du secteur du brassage, plus conservateur, de LCML. Il se concentra sur l'expansion des entreprises achetées sous le règne de Willmot tout en cherchant à minimiser les risques. « Quand Jim était chef de la direction, explique Choudhuri, l'idée était de miser sur les cartes que nous avions acquises sous Bud Willmot. Les gens disaient : "Nous n'avons pas exploité toutes les possibilités d'expansion." Donc, au cours de son mandat, Jim a poursuivi le travail de Bud en développant le domaine du commerce de détail avec Beaver Lumber [bannière connue au Québec sous le nom de Le Castor Bricoleur] et les spécialités chimiques, un secteur

Jim T. Black, président du conseil et chef de la direction de LCML, et John P. Rogers, président et chef de l'exploitation, 1984. Rogers prit la relève de Black comme chef de la direction l'année suivante. Photo : collection de la Molson Coors Brewing Company.

en croissance, avec Diversey. » En 1985, Black fut désigné président du conseil et John Rogers le remplaça au poste de chef de la direction. Selon Choudhuri : « John savait qu'il occupait cette fonction parce que la famille lui faisait confiance, alors il se contentait de s'assurer que LCML ne déraille pas sous son règne. Il a eu la même approche que Jim Black avant lui. »

Eric sut qu'il devait agir en voyant des occasions d'affaires dans le milieu brassicole lui passer sous le nez tandis que les autres secteurs de Molson faisaient du sur-place. Il ne souhaitait aucunement être chef de la direction, d'ailleurs il ne se sentait pas qualifié pour ce poste, mais il était prêt à travailler avec le conseil d'administration pour trouver la bonne personne qui pourrait succéder à John Rogers. Avant, toutefois, il fallait aussi remplacer Jim Black. Le moment était venu pour Eric de devenir président du conseil d'administration.

« Il n'y avait personne d'autre, explique Eric. Tom était mort, Hartland commençait à ralentir ses activités, et mon frère ne voulait rien entendre. Et l'entreprise nous appartenait, nos actions nous octroyaient la participation majoritaire. Il fallait que je fasse quelque chose. »

Toutefois, Eric redoutait d'en parler avec Black : « Jim était non seulement le président du conseil d'administration, mais aussi mon mentor. Il s'était toujours bien occupé de moi. Au fil des ans, il s'était assuré que je travaillais dans un domaine propice à mon développement, que j'étais formé par des gens qui m'aidaient, tout en me donnant une idée claire de ce qui se profilait à l'horizon. »

En outre, Black était loyal à l'égard de Molson depuis de nombreuses années. Il avait été engagé au service de la comptabilité immédiatement après la Seconde Guerre mondiale, il avait gravi les échelons jusqu'au poste de chef de la direction et, au bout de dix ans, il avait été nommé président du conseil d'administration. Qui plus est, Black était un gentleman aux yeux d'Eric. Jamais il ne fut aussi distingué qu'au printemps 1988 lorsqu'Eric alla le rencontrer à son bureau de Toronto pour aborder le sujet de sa succession.

Eric prit place face à lui et entama une conversation qui, espérait-il, avait le ton approprié : « Tu sais Jim, à sa mort Tom m'a confié le contrôle de l'entreprise. Tu m'as tellement aidé depuis que j'ai commencé il y a vingt-huit ans… Tu as supervisé ma progression et tu m'as donné des occasions exceptionnelles. Je t'en serai toujours reconnaissant. Mais il y a tellement de choses qui se passent maintenant. J'en ai jusqu'aux oreilles. Je suis vice-président du conseil d'administration depuis six ans et je pense qu'il est temps pour moi d'intervenir. »

Black inspira longuement avant de dire : « Tu as raison, Eric. Le moment est venu. Tu devrais prendre la relève comme président du conseil. Tu es prêt et tu vas réussir. »

Touché par la confiance que lui manifestait son mentor, Eric lui serra la main.

« Jim était un gars formidable. Il était toujours là pour m'aider. Ça m'attristait d'avoir à lui annoncer la fin de son mandat. »

Jim Black quitta son poste de bonne grâce, comme s'il avait prévu l'inévitable transition et s'y était préparé.

Même si Eric s'estimait prêt, il assuma ses nouvelles fonctions avec fébrilité. Il ne craignait pas les responsabilités d'ordre financier comme la surveillance des risques et la planification stratégique, mais plutôt

Eric et Stephen
Molson au travail
dans le bureau d'Eric.
Photo : Bob Fisher,
gracieuseté du Club de
hockey Canadien inc.

les enjeux « humains » comme la dynamique des conseils d'administration et les conflits de personnalités.

Le chef de la direction John Rogers procéda à l'annonce officielle à Toronto le 29 juin 1988 lors de l'assemblée annuelle des actionnaires. Il commença par parler du rendement de LCML dans chacune de ses quatre divisions (brassage, produits chimiques, commerce de détail et sports), puis annonça la nomination d'Eric. Le nouveau président du conseil d'administration monta sur la tribune et remercia Black pour « sa contribution énorme à la réussite de Molson au cours des trente-neuf dernières années ». Il parla « de l'honneur et du privilège » qu'il ressentait en assumant ses nouvelles fonctions et accepta « la responsabilité de protéger à la fois l'entreprise et le nom de la famille ». Enfin, il promit d'atteindre deux objectifs à titre de président du conseil : « Premièrement, le nom "Molson" sera toujours associé à ce qu'il y a de meilleur au monde : les meilleures personnes, les meilleurs produits et les meilleurs services. Deuxièmement, le legs de Molson en matière d'intégrité et de vision d'affaires, de croissance continue pour nos actionnaires et d'engagement envers nos collectivités et nos clients demeurera la norme en fonction de laquelle nous nous mesurerons à l'avenir. »

Eric entreprit son mandat de président du conseil avec confiance, d'autant plus qu'il se sentait bien entouré non seulement par des conseillers de haut calibre et des employés loyaux, mais aussi par la famille. Stephen fut nommé membre du conseil d'administration de LCML le même jour. Il avait accepté l'invitation de son frère, même s'il n'avait jamais manifesté l'intérêt de travailler pour l'entreprise familiale. « Stephen a probablement accepté par sens du devoir, explique Eric. Il l'a probablement fait parce qu'il est mon frère, parce qu'on contrôle la place et parce qu'on est tous les deux dans le même bateau. »

❦

Une fois à la tête du conseil de LCML, Eric se mit en quête d'un nouveau chef de la direction.

À l'insu de John Rogers qui occupait ce poste, il forma un petit comité d'administrateurs sous la direction de John B. Aird. Cet éminent avocat torontois, ex-lieutenant-gouverneur de l'Ontario et agent de financement du Parti libéral, siégeait au conseil de Molson depuis 1985. Il jouissait aussi de la pleine confiance d'Eric. L'agence de recrutement proposa une liste de candidats, mais Aird n'en fut pas satisfait. « Il n'y a vraiment personne de remarquable, hein ? » Au bout de quelques secondes, Aird lança : « Avez-vous pensé à Mickey Cohen ? »

« Le gars des Reichmann qui était au gouvernement ? demanda Eric. Penses-tu vraiment qu'on aurait une chance de l'avoir ? »

Âgé de cinquante-trois ans, Marshall A. Cohen en était déjà à sa troisième carrière : président et chef de l'exploitation d'Olympia & York Enterprises Ltd, la société de portefeuille des frères Reichmann de Toronto. Cohen était, comme Aird, un avocat. Il était spécialisé en droit fiscal, mais s'était taillé une réputation au sein du gouvernement à titre de sous-ministre pour trois ministères : Industrie, Énergie et

Finances. Au début des années 1980, Cohen était l'un des fonctionnaires les plus puissants au Canada.

Aird expliqua à Eric : « Je l'ai connu quand j'étais au Sénat. C'est un type qui pouvait gérer tout un éventail d'activités. Il a les compétences dont LCML a besoin. »

« C'est bon. Ajoutons son nom à la liste et continuons le processus », approuva Eric.

Le comité avait établi une grille où figuraient les noms des candidats dans une colonne, et les critères recherchés en haut, sur une ligne. Eric aimait cette approche méthodique. À la fin du processus, le nom qui obtint le plus de crochets fut celui de Cohen.

Mickey Cohen était entièrement différent de ses prédécesseurs à la tête de Molson qui étaient des membres de la famille, des employés loyaux qui avaient gravi les échelons ou des actionnaires de l'entreprise comme Bud Willmot. Cohen provenait de l'extérieur. Sociable et extroverti, il était raffiné, charmant et incroyablement bien branché. Il avait un intellect impressionnant, à la hauteur de sa motivation et de son ambition personnelle. Mesurant près de deux mètres, il était, selon plusieurs, « plus grand que nature » aux sens propre comme figuré.

En revanche, ses détracteurs ne se gênèrent pas pour souligner qu'il pouvait être « désagréable », « imbu de sa personne » et « réfractaire aux critiques, comme le téflon ». Même Marc Lalonde, qui fut son patron à titre de ministre de l'Énergie puis de ministre des Finances du Canada, dit de son sous-ministre dans une entrevue au *Toronto Star* publiée le 12 novembre 1989 : « [Cohen est] comme une anguille. On ne peut jamais l'attraper. Il nous glisse toujours entre les doigts. » Une anecdote survenue à la fin de sa carrière dans la fonction publique illustre son caractère insaisissable. Quelqu'un avait allégué que, avant d'entrer à l'emploi d'Olympia & York, il avait manigancé pour obtenir d'importants allègements fiscaux pour les Reichmann lorsqu'ils firent l'acquisition de Gulf Canada Corp. Il se moqua de cette insinuation et expliqua aux journalistes que son ministère était mêlé à cette transaction « au-dessus de moi comme en dessous de moi », mais qu'il n'était pas directement impliqué. Comme le téflon.

En 1988, Eric ignora les propos des sceptiques : « J'étais très enthousiaste à l'idée d'engager Mickey. Il avait dirigé l'économie du pays pendant un certain temps et pour les *deux* partis : les libéraux *et* les conservateurs ! » En effet, Cohen avait travaillé pour quatre premiers ministres : deux libéraux (Trudeau père et Turner) et deux progressistes-conservateurs (Clark et Mulroney). Eric aimait la polyvalence de Cohen et sa capacité à naviguer dans différents milieux politiques. En outre, il n'avait rien du bureaucrate traditionnel malgré ses années de service au gouvernement : il avait la réputation de régler rapidement les dossiers et d'obtenir des résultats concrets. Eric eut l'impression que sa nomination donnerait une image plus visionnaire et dynamique de l'entreprise, image qui se démarquerait du style de direction précautionneux et peu aventurier des précédents présidents de LCML.

Le comité de recrutement de LCML demanda à rencontrer Cohen. Intrigué, le cadre d'Olympia & York réagit favorablement : « Je savais que ma situation chez les Reichmann ne durerait pas. Je ne faisais pas partie de la famille et je n'avais pas vraiment de poste là-bas. Alors je n'ai pas pu laisser passer l'occasion d'occuper un *vrai* poste de chef de la direction pour une grande institution canadienne, et non de chef de l'exploitation comme je l'étais chez Olympia & York. »

Toutefois, avant d'accepter l'offre du conseil d'administration, Cohen fit une demande personnelle : il voulait rencontrer Eric dans un contexte moins officiel. « Il y a trop de chimie dans une fonction comme celle-là, expliqua Cohen au chasseur de têtes de Molson. Je veux savoir à qui j'ai affaire. »

Le recruteur accéda à sa demande, mais expliqua qu'il fallait que la rencontre soit confidentielle. Cohen répliqua : « Bien entendu. Demandez à Eric de passer chez nous prendre un verre. »

C'est ainsi qu'un soir, à 19 heures, Eric Molson se présenta à la résidence de Mickey Cohen sur Roxborough Drive au cœur de Rosedale, un quartier huppé de Toronto. Mickey l'accueillit à la porte en souriant chaleureusement. Eric conserva son attitude réservée, même s'il était sensible à l'affabilité de son hôte. Cohen fut décontenancé : il s'attendait à ce que l'actionnaire détenant le contrôle d'une grande société publique comme LCML soit dynamique et volubile. Quelqu'un qui lui ressemble, en somme.

Ils s'assirent et Cohen lui offrit à boire.

« Je prendrais une bière », dit Eric.

Cohen se mit à paniquer en se disant : « Merde, où avais-je la tête ? C'était évident qu'Eric Molson voudrait avoir une bière ! Je ne sais même pas s'il y en a dans la maison. »

Il alla dans la cuisine et dit à son majordome : « Michael, il me faut de la bière. Va au magasin, fais quelque chose... J'en ai besoin pour notre invité. Est-ce qu'on en a ? »

Michael conserva son calme : « Bien sûr. Vos enfants en ont caché sous leurs lits. »

« Parfait, Michael, vite ! Sers-la sur un plateau dans un grand verre glacé. J'essaie de l'impressionner.»

Une dizaine de minutes plus tard, Michael se pointa dans le salon avec, sur un plateau en argent, un verre givré et une bouteille de... Labatt Bleue.

Eric la regarda sans broncher.

Pour une rare fois dans sa vie, Cohen ne sut quoi dire. Il pensa que, si Eric ne s'offensait pas au cours des cinq minutes suivantes, tout irait bien.

« Eric a été formidable, se rappelle Cohen. Je me suis excusé à répétition. Il m'a dit de ne pas m'en faire et de ne plus en parler. Je ne me souviens pas bien s'il a bu sa bière, par contre... »

🍁

Après cette rencontre, Cohen fut présenté aux autres administrateurs de LCML et à quelques membres de la famille Molson.

Jane eut des réserves : « J'avais des doutes sur Mickey Cohen comme personne. Son intelligence ne faisait aucun doute, mais il ne semblait pas digne de confiance. Toute la situation me rendait nerveuse. »

Stephen partageait ses réticences : « Eric, je ne suis pas sûr que Cohen soit celui qui nous convient. »

Eric répliqua : « Je sais qu'on n'est pas habitués à ce genre d'homme à la brasserie, mais il nous faut un gars comme lui. L'entreprise a besoin d'un négociateur coriace qui peut faire bouger les choses. »

La personnalité exubérante de Cohen ne plaisait pas non plus aux sœurs d'Eric. « Tu ne crois pas qu'il est un peu trop tape-à-l'œil pour nous ? » lui demanda Cynthia.

Malgré ces appréhensions, Eric soutint la candidature de Mickey. Sanjib Choudhuri, vice-président principal de la stratégie et du développement de l'entreprise chez LCML, explique la situation de cette façon : « Mickey était un type raffiné avec une feuille de route impressionnante. Non seulement il était l'homme de référence au gouvernement fédéral, il était aussi l'homme de confiance des Reichmann qui faisaient toutes sortes de *deals*. C'est ce qui a séduit Eric : il voulait un gars qui pouvait conclure des affaires. Le seul problème, c'est que, selon moi, les Reichmann ne se fiaient pas à Cohen pour les négocier. Je crois qu'ils s'en chargeaient eux-mêmes. C'est mon point de vue. Et ce qui est intéressant, c'est que, contrairement à Bud Willmot, contrairement aux Reichmann et contrairement aux Molson, je pense que Mickey n'a jamais dépensé le moindre dollar de sa fortune pour investir dans ces affaires. Il négociait toujours avec l'argent des autres. »

La candidature de Cohen fut soumise au conseil d'administration de LCML et les administrateurs appuyèrent sans réserve les recommandations du comité de recrutement. La nomination de Mickey Cohen au poste de chef de la direction de l'entreprise fut approuvée à l'unanimité.

Mais avant tout, John Rogers devait partir...

Pour Eric, cette tâche fut plus difficile que lorsqu'il annonça à Jim Black qu'il le remplaçait, et ce n'était pas parce qu'il tenait davantage à John. Seulement, Black avait probablement prévu qu'Eric le remplacerait un jour au poste de président du conseil d'administration, alors que Rogers serait étonné de son congédiement. En outre, Eric éprouvait depuis longtemps un certain attachement pour Rogers qui faisait pratiquement partie de la famille : il était un fidèle employé de Molson depuis quarante-deux ans. Ensemble, ils avaient transformé la division du Québec au début des années 1970, Rogers avait succédé à Eric à la présidence de la brasserie de l'Ontario en 1975 et tous deux avaient fait leurs premiers pas professionnels dans le milieu de la bière (qu'ils adoraient) et s'étaient retrouvés à la tête d'un conglomérat (qu'ils détestaient). Toutefois, les affaires, c'est les affaires, et les membres du conseil d'administration étaient unanimes : le moment était venu pour Rogers de quitter l'entreprise.

Déterminé, mais le cœur lourd, Eric approuva la décision. « John était une bonne personne, explique-t-il. D'une certaine façon, nous l'avons leurré parce que notre organisation exigeait à sa tête un gars doué uniquement pour la finance. Ce n'était pas John. Nous aurions dû garder la brasserie indépendante du conglomérat et avoir deux entreprises : une dirigée par un gars solide dans le milieu de la bière, comme Rogers, et le conglomérat sous la direction d'un financier. » Par contre, ce n'était pas la structure de LCML en 1988 et, comme le dit Eric : « Il fallait aller de l'avant. »

La tâche de remercier Rogers aurait dû incomber à Eric, à titre de président du conseil. « Mais on m'a épargné, raconte Eric. Le conseil d'administration a cru que c'était trop tôt au cours de mon mandat, alors deux administrateurs de longue date ont été désignés pour faire l'annonce à John. » Il s'agissait de John Aird et de Peter Gordon.

Dès qu'ils quittèrent le bureau de Rogers, Eric entra pour voir comment il allait. « C'était une scène horrible. John venait d'apprendre qu'il ne serait plus notre chef de la direction. Il avait l'air abattu et il pleurait. Je me suis senti tellement mal. C'était très difficile et je ne pouvais pas faire grand-chose pour l'aider. »

Eric se jura de ne plus jamais se dérober à une conversation difficile. C'était sa responsabilité et, s'il avait fait l'annonce lui-même, il aurait pu au moins mieux gérer le message. « Je serai préparé et je communiquerai les messages difficiles avec autant de compassion que possible. Sinon ça peut devenir brutal. »

Aujourd'hui, Rogers admet que prendre la relève de Black comme chef de la direction fut « un pas de géant » pour lui : « Tout à coup, il y avait toutes ces entreprises qui relevaient de moi et dont je ne savais rien. J'avais une grande confiance dans mes connaissances sur l'industrie de la bière, mais je ne connaissais rien aux autres secteurs. En plus, les finances n'étaient pas mon point fort. Peu importe ce que fait une entreprise, la finance est le point commun entre toutes. C'est particulièrement important pour un conglomérat, mais ce n'était pas ma force. »

Dans sa version officielle, Molson annonça que Rogers démissionnait volontairement pour devenir vice-président du conseil d'administration de l'entreprise tandis que Mickey Cohen prenait sa place comme chef de la direction. En théorie, Rogers devait occuper le poste libéré par Eric quelques mois plus tôt lorsqu'il avait été nommé président du conseil d'administration. La réalité était légèrement différente : « J'ai été nommé vice-président du conseil d'administration, ce qui me permettait de boire un café aux frais de l'entreprise, mais guère plus, raconte Rogers. Peu après la nomination de Mickey Cohen, je n'y étais plus. Je pense que je n'ai assisté qu'à une seule réunion avec lui. » Rogers demeura membre honoraire du conseil d'administration de Molson jusqu'en 2002.

❦

L'annonce de la nomination du nouveau chef de la direction de LCML parut dans tous les journaux du lendemain. Les gros titres du 18 octobre 1988 se lisaient comme suit : *Molson recrute son président chez Olympia & York*, *Mickey Cohen quitte O & Y pour diriger Molson*, *Un ancien mandarin quitte l'empire Reichmann pour diriger une brasserie*. Selon de nombreux portraits publiés dans les médias, LCML avait mis la main sur un « stratège exceptionnel », un homme « visionnaire » qui allait « faire entrer l'entreprise dans le XXIe siècle » avec un élan formidable. Les gens étaient tout de même surpris que Cohen ait accepté de joindre Molson.

Cohen expliqua ainsi son départ : « J'avais beaucoup de pouvoir là-bas [chez Olympia & York], mais j'étais sous l'autorité de l'un ou de l'autre depuis longtemps. Il était temps que je devienne chef de la direction. »

En outre, la nature du travail était semblable. Comme il l'avait fait chez Olympia & York, Cohen devait superviser un groupe d'entreprises : brasserie, spécialités chimiques, commerce de détail, sports et divertissement. Il importait peu pour Cohen que le conglomérat de Molson (avec des revenus de 2,4 milliards de dollars et des profits de 79 millions) soit plus petit qu'O&Y. Ce qui comptait, c'est qu'il en avait l'entière responsabilité. Il était chef de la direction, et Eric allait lui donner beaucoup plus de latitude qu'il n'en avait jamais eue avec les Reichmann qui se mêlaient de tout.

Dès le départ, Eric avait expliqué à Cohen : « Je crois à l'importance de laisser les gens faire leur travail. » Eric était président du conseil d'administration et actionnaire de contrôle, mais il ne gérait pas avec une main de fer. Eric accordait beaucoup de latitude au chef de la direction, un principe qu'il mit en pratique durant toute sa carrière, mais

Mickey Cohen, président et chef de la direction de LCML, en compagnie d'Eric Molson, président du conseil d'administration de LCML, 1989. Photo : collection de la Molson Coors Brewing Company.

qui avait ses limites puisque certaines circonstances nécessitaient son intervention. Ce qui était difficile, c'était de déterminer quand intervenir et jusqu'à quel point.

Eric tenait beaucoup à laisser Cohen prendre les rênes de LCML dès son arrivée. « Mickey était un planificateur stratégique inspirant. Il avait aussi la réputation d'être bon pour conclure des affaires et c'était ce dont nous avions besoin. Quand il est entré chez nous, nous voulions acquérir Carling O'Keefe d'Elders depuis des mois, mais ça n'aboutissait à rien. Nous avions besoin de quelqu'un comme Mickey pour faire bouger les choses un peu et pour boucler des transactions. »

Eric voyait peut-être chez Cohen des caractéristiques qu'il croyait ne pas avoir. Peut-être était-ce pourquoi il l'appréciait tant. Croyait-il qu'un chef d'entreprise devait posséder ces qualités pour réussir ?

Les différences entre les deux hommes étaient profondes. Alors qu'Eric savait qu'il avait du talent dans un domaine (la bière), Cohen se considérait comme « un gestionnaire professionnel » qui pouvait s'attaquer à presque tout. « Je suis un généraliste, explique-t-il. Je ne connaissais rien au brassage, j'ignorais tout des petites quincailleries, je ne savais rien sur les spécialités chimiques et j'ignorais encore plus comment diriger une équipe de hockey. Mais c'est pour cette raison qu'ils m'avaient embauché : je suis un cadre qui peut diriger des entreprises de toutes sortes. »

Il ajoute : « Pour ce qui est d'Eric, je pense qu'il aurait été très heureux s'il avait pu redevenir brasseur. Mais il a quitté l'usine et s'est retrouvé dans cet immense bourbier administratif d'une entreprise cotée en Bourse avec les valeurs mobilières, les conseils d'administration et les multiples entreprises. Il comprenait tout cela, mais il n'y accordait pas vraiment d'importance. [...] Il sentait un engagement envers la bière. C'était toujours l'objet de ses questions. À chaque réunion du conseil, c'est ce dont il voulait discuter. »

Quant à Mickey, il n'était même pas un amateur de bière. Quelques jours après sa nomination à la tête de Molson, il lança : « Je ne bois pas beaucoup de bière… Je préfère le vin, à vrai dire. »

Eric fut incrédule en entendant cet aveu. Ce type avait-il oublié qu'il venait d'être engagé pour diriger une brasserie ?

Eric et Mickey Cohen n'étaient tout simplement pas sur la même longueur d'onde. Alors qu'Eric évitait les projecteurs, Cohen en était friand. Il posait pour les médias un cigare au bec et fréquentait les événements sociaux courus par l'élite. (« Les vantards ne sont pas mon genre », explique Eric.) Cohen se procura un avion à réaction, une acquisition à laquelle Eric s'opposa énergiquement sans réussir à convaincre les autres membres du conseil d'administration. (Il leur avait rappelé en vain : « On vend de la bière, pas du champagne ! ») Cohen joignit le Forum économique mondial de Davos qui réunit chaque année des chefs de file des affaires, de la politique et de l'économie pour discuter de problèmes internationaux. « Mickey fréquentait ce genre d'événement parce qu'il voulait être monsieur Big, raconte Eric. Je me suis toujours tenu loin de Davos parce que ce n'est pas mon style et que je n'ai pas d'affaires à faire là-bas. Si ça avait été bon pour la brasserie, je l'aurais fait, mais ce n'était pas le cas. »

Une des premières décisions de Cohen à titre de chef de la direction fut de déménager le siège social de LCML de la banlieue de Toronto à la Scotia Plaza en granit « rouge Napoléon » dans la rue King, au cœur du quartier financier du centre-ville, pour se trouver « là où il y a de l'action »… et il ne parlait pas du plancher de l'usine, contrairement à Eric. Cohen déclara aux journalistes : « Je n'irai pas souvent visiter les brasseries ou les usines. Qu'est-ce que je pourrais bien leur dire ? De bien nettoyer les machines ? Je suis à New York et à Londres, là où ça se passe. »

Mickey et sa deuxième épouse, Judi Loeb Cohen, formaient un couple influent. Tous deux jouissaient du prestige accompagnant la présidence de LCML et organisaient régulièrement des soirées somptueuses réunissant la crème de la crème de la communauté d'affaires canadienne. À une occasion, ils transportèrent même tous leurs invités en avion à Boca Raton en Floride pour une fin de semaine de golf et de divertissement. Le samedi soir, les hôtes furent invités à gravir l'escalier monumental menant à la salle de bal principale. À l'annonce « Le repas est servi », les portes s'ouvrirent au son de l'orchestre pour révéler les tables garnies de bouquets à la lueur des chandelles. Au milieu de la salle se tenaient Mickey et Judi, prêts à les accueillir.

Jim Arnett, l'avocat d'affaires qui serait plus tard chef de la direction de Molson, raconte : « Il y a une foule d'histoires qui proviennent de Molson et d'ailleurs au sujet du "règne impérial" de Mickey Cohen. Il essayait de se faire un nom. Cette soirée à Boca Raton a été une grosse affaire. Tout le monde en parlait. C'est le genre d'événement qu'il organisait. Difficile d'imaginer que cela ait pu aider de quelque façon que ce soit sa relation avec Eric. »

Il est vrai qu'Eric se fichait pas mal des mondanités de ce type. Par contre, il était impatient de passer à autre chose et il s'attendait à ce que Cohen se mette à l'œuvre, et vite.

L'année précédant l'arrivée de Cohen, John Elliott, président du conseil et chef de la direction d'Elders IXL Ltd, avait approché John Rogers pour conclure une entente avec Les Brasseries Molson du Canada. Elders IXL, le conglomérat australien propriétaire de Foster's, venait d'acquérir Carling O'Keefe, et son dirigeant de quarante-six ans souhaitait fusionner sa participation dans Carling avec la division de brassage de LCML. Il aurait ainsi la mainmise sur le lucratif marché brassicole canadien.

Rogers répondit que LCML accepterait une telle entente avec Elders IXL à la condition que Molson conserve le contrôle de Molson-Carling, la nouvelle entité économique née de la fusion. Il avait expliqué que Les Brasseries Molson du Canada étaient beaucoup plus rentables que Carling O'Keefe : Molson avait des revenus de 1,5 milliard de dollars et des profits de 96 millions, tandis que Carling dégageait des profits de seulement 22 millions de dollars sur des ventes de 950 millions. Qui plus est, Molson avait une part de marché beaucoup plus importante, soit 33 %, contre 22 % pour Carling.

Ambitieux, Elliott et les dirigeants d'Elders IXL n'en démordaient pas. « Nous ne sommes pas *que* Carling, se défendaient-ils. Nous sommes Foster's. Nous sommes partout dans le monde et nous sommes beaucoup plus efficaces que Molson. Nous sommes ceux qui pouvons améliorer la situation alors c'est *nous* qui devrions être en contrôle. »

Les échanges se prolongèrent. LCML et Elders IXL passèrent plus d'un an à défendre des positions contraires. Le différend ne concernait pas l'évaluation des entreprises ; les questions d'argent étaient secondaires. Le nœud de l'affaire était le contrôle, et ils avaient atteint une impasse.

Cohen eut comme premier mandat, à titre de chef de la direction de LCML, de reprendre les négociations. Il raconte : « Les discussions étaient au point mort à mon arrivée. Si je ne m'en étais pas mêlé, elles n'auraient pas repris. Pourquoi ? Parce que je n'étais pas un brasseur. Je dirigeais LCML, la société mère de Molson. Pour moi, ce n'était donc pas un coup dur si je ne contrôlais pas la brasserie. Mon prédécesseur était brasseur, alors s'il était resté en poste, l'affaire n'aurait jamais été conclue et les discussions se seraient éternisées. Il fallait que quelqu'un prenne du recul, et c'était facile pour moi de le faire. Ni mon *ego* ni ma réputation n'étaient liés à ça. »

Qui plus est, Cohen avait connu John Elliott alors qu'il travaillait pour les Reichmann. À l'époque, O&Y faisait concurrence à Elders IXL pour tenter d'acquérir la division des spiritueux de Hiram Walker. « J'avais déjà eu à négocier avec John Elliott, explique Cohen. J'avais appris à le connaître et c'était tout un personnage… Un vrai cowboy australien. »

Sachant cela, Cohen était persuadé que la fusion avec Carling ne se matérialiserait jamais si Molson insistait pour conserver le contrôle de Molson-Carling : « J'ai analysé la situation et j'en ai discuté avec John Elliott. J'ai aussi parlé à ses gens. » Les Australiens accepteraient de fusionner Carling avec Molson à la seule condition qu'ils conservent un contrôle de 50 % dans la brasserie canadienne née de la fusion.

Cohen crut que cette structure causerait un problème pour son président du conseil d'administration. « Eric était très sensible sur l'enjeu du contrôle. C'est normal, c'était son héritage. Pensez-y : quand Eric descend l'escalier le matin, il voit les portraits de ses ancêtres qui

L'Australien John Elliott, d'Elders IXL, et Mickey Cohen lors d'une conférence de presse. À la suite de la transaction conclue avec Elliott en 1989, LCML ne possédait plus que 50 % des Brasseries Molson. Photo : La Presse Canadienne.

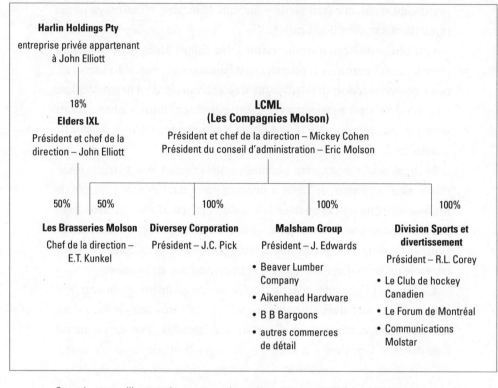

Harlin Holdings Pty

entreprise privée appartenant à John Elliott

18%

Elders IXL

Président et chef de la direction – John Elliott

LCML
(Les Compagnies Molson)

Président et chef de la direction – Mickey Cohen
Président du conseil d'administration – Eric Molson

50% | 50%

Les Brasseries Molson

Chef de la direction – E.T. Kunkel

100%

Diversey Corporation

Président – J.C. Pick

100%

Malsham Group

Président – J. Edwards

- Beaver Lumber Company
- Aikenhead Hardware
- B B Bargoons
- autres commerces de détail

100%

Division Sports et divertissement

Président – R.L. Corey

- Le Club de hockey Canadien
- Le Forum de Montréal
- Communications Molstar

Organigramme illustrant la structure de LCML au 31 mars 1990 à la suite de la fusion des Brasseries Molson du Canada ltée et des Brasseries Carling O'Keefe du Canada ltée. La fusion fut approuvée par le Bureau de la concurrence le 6 juillet 1989.

le regardent en agitant le doigt et en disant "Ne gâche rien ! On est ici depuis deux cents ans et on devrait y rester pendant deux siècles encore !" »

Faisant fi de la résistance à laquelle il s'attendait de la part d'Eric, Cohen présenta au conseil d'administration de LCML la seule structure qui, selon lui, pouvait fonctionner : une coentreprise en parts égales avec les Australiens. Il expliqua aux administrateurs réunis autour de la table : « Si vous voulez conclure l'affaire Molson-Carling, le prix à payer, c'est un partage du contrôle à 50-50 [avec Elders IXL]. Nous devons être des partenaires égaux. C'est comme si nous allions nous marier sans contrat prénuptial. »

Eric prit une longue inspiration. Laisser le contrôle de la brasserie ? Alors qu'il en était responsable ? Qu'aurait pensé Tom ?

Les choses ont changé. Molson n'est plus une simple brasserie, c'est un conglomérat et c'était la stratégie de Hartland. Nous sommes maintenant LCML *et la brasserie n'est qu'un de nos actifs. Qui plus est, un actif qui n'a pas l'avenir le plus prometteur étant donné que le marché brassicole canadien est à maturité. Alors s'il faut s'associer à 50-50 avec Elders pour créer des nouvelles occasions d'affaires pour l'entreprise, pour nos employés et pour nos actionnaires, il faut le faire. Il faut aller de l'avant.*

Plus Eric y réfléchissait, plus il était déterminé. Il connaissait les risques, mais les Brasseries Molson ne survivraient pas à la nouvelle ère de déréglementation et de mondialisation si elles ne prenaient pas des mesures audacieuses. Même si l'industrie brassicole avait récemment obtenu une exemption spéciale de l'Accord de libre-échange canado-américain, cette mesure n'était que temporaire. Dans un avenir très proche, les brasseurs canadiens auraient à faire face à des concurrents étrangers plus efficaces qui vendaient leurs produits moins cher. Eric était d'accord avec les prévisions de Cohen : « Avant l'an 2000, il y aura beaucoup plus de bière qui entrera au pays, et nous devons nous y préparer. »

Eric et les autres membres du conseil d'administration de LCML approuvèrent la transaction. Le mercredi 18 janvier 1989, Cohen annonça que Les Brasseries Molson et Carling O'Keefe unissaient leurs forces dans le cadre d'une fusion d'une valeur de 1,6 milliard de dollars. La nouvelle entreprise, qui appartenait en parts égales à LCML et Elders IXL, deviendrait la plus grande brasserie au Canada avec une part de marché sans précédent de 55 %. (Six mois plus tard, le Bureau de la concurrence du Canada prit une décision surprenante et approuva la fusion sans exiger aucune modification, même si elle créait essentiellement un duopole.) Ils nommèrent la nouvelle société Les Brasseries Molson.

John Elliott d'Elders IXL donna le ton le jour de l'annonce, en janvier 1989 : « L'industrie brassicole canadienne est l'une des plus inefficaces au monde. Il n'y a pas une seule usine au Canada qui atteint le seuil d'efficacité minimum pour être capable de faire concurrence aux États-Unis. »

Elliott nomma son collaborateur Edward T. Kunkel à la tête des Brasseries Molson. Natif de la Nouvelle-Zélande, Kunkel possédait vingt-cinq ans d'expérience dans l'industrie brassicole. (Mickey Cohen ne s'opposa pas à cette nomination.) Elliott lui donna des instructions claires : utiliser l'entente pour générer le plus de synergies possible et faire grimper la valeur de l'action.

On confia à Ted Kunkel la tâche ardue de fermer sept des seize brasseries au Canada et de supprimer près de mille quatre cents postes.

« Ce fut difficile, se rappelle Eric. Nous devions faire toutes ces fermetures parce qu'à la suite de la fusion nous nous sommes retrouvés avec deux usines dans chaque province. Au moins, nous pouvions compter sur Kunkel. Il était à la fois un brasseur compétent et un bon gestionnaire. Les opérations de brassage étaient entre de bonnes mains. »

Patrick L. Kelley, vice-président principal de la stratégie à la division du brassage chez Molson, participa aux négociations avec une perspective différente sur le nouveau style de gestion : « Après la fusion, les Australiens ont pris le contrôle de la brasserie. Ils occupaient la plupart des postes de direction, et leur approche était autoritaire, du haut vers le bas. Il n'était pas question de discuter avec eux, ils n'écoutaient pas. Elliott et Kunkel étaient beaucoup plus portés à donner des ordres. »

Même si la transition vers un nouveau style de gestion fut difficile pour de nombreux employés de Molson, le marché boursier fut très satisfait. L'action ordinaire de LCML connut une augmentation de plus de 4 $ pour atteindre environ 32 $ à l'annonce de la fusion. Le cours continua à augmenter graduellement et atteignit un sommet de 36,50 $ en mai 1989.

🍁

Eric raconte : « Cohen a conclu la fusion avec les Australiens et, avec ça, il a généré plein d'argent pour LCML. Je pense que ça tournait autour de 600 millions de dollars. Je ne me rappelle pas exactement comment il a réussi à le faire, mais il était entouré de tous ces conseillers raffinés et, avec un peu de génie financier, ils ont gagné 600 millions de dollars. »

Les cadres de LCML surnommaient ce groupe de consultants l'«équipe fantôme» de Mickey. Ils le conseillaient sur des sujets comme les acquisitions potentielles, les fusions et les refinancements. C'étaient des financiers venant de chez Lazard et d'éminents avocats d'affaires de chez Osler. Pas la clique d'Eric.

Voici une explication simplifiée de la méthode qui leur a permis d'arriver au gain de 600 millions de dollars pour LCML. À l'époque de la fusion Molson-Carling, les actifs de brassage de Molson ont été estimés à 1 milliard de dollars et ceux de Carling, à 600 millions. Pour combler la différence de 400 millions de dollars et pour réaliser une fusion en parts égales, l'équipe fantôme de Cohen mit en œuvre un mécanisme ingénieux qui généra deux fois le montant requis, tout en atténuant les incidences fiscales pour les deux parties :

1. La nouvelle entreprise fusionnée, Les Brasseries Molson, emprunte 400 millions de dollars.
2. Cette somme est remise à LCML, qui possède 50 % de la nouvelle brasserie.
3. Les Brasseries Molson empruntent ensuite une somme additionnelle de 400 millions de dollars (elles possèdent suffisamment de liquidités pour payer l'intérêt sur une telle dette).
4. Ce deuxième prêt est divisé en parts égales entre les deux propriétaires, soit 200 millions à Elders IXL et autant à LCML.

Résultat : LCML reçut 600 millions de dollars, et Elders IXL, 200 millions. Ce fut de toute évidence un stratagème très ingénieux.

Il y avait toutefois certaines conditions, comme l'explique Cohen : « Pour que cela puisse se faire, j'ai dû promettre un petit investissement dans l'entreprise de John Elliott. Ça faisait partie du prix de conclure une entente avec lui. » Ainsi, LCML investit environ 134 millions de dollars dans Harlin Holdings Pty Ltd, l'entreprise privée appartenant à Elliott. Harlin Holdings possédait déjà 18 % dans Elders IXL, mais Elliott essayait de lever suffisamment de capitaux pour faire une offre publique d'achat pour la totalité du conglomérat australien.

Investir dans un véhicule qui visait à acquérir la deuxième entreprise en importance en Australie semblait un investissement avisé. Malheureusement, le projet s'effondra un peu plus d'un an plus tard. Les manœuvres risquées d'Elliott menèrent Elders IXL au bord de la faillite. Par conséquent, le conglomérat australien vendit tous ses actifs, sauf dans la bière, et modifia son nom pour Foster's Brewing Group Ltd. Elliott fut forcé de démissionner de ses fonctions de président du conseil d'administration et de chef de la direction, et Harlin Holdings s'écroula. En avril 1991, la totalité de l'investissement de LCML dans la société privée d'Elliott fut radiée, engloutissant la majorité du bénéfice d'exploitation réalisé par LCML cette année-là. Le résultat net pour 1991 fut une perte fiscale de 38,7 millions de dollars, comparativement à un profit de 117,9 millions de dollars une année plus tôt.

Eric n'était pas impressionné. Non seulement l'entreprise avait perdu de l'argent, mais la nature même du stratagème le rendait mal à l'aise. « Ils faisaient ces entourloupettes financières, avec tous ces papiers à droite et à gauche. Mickey adorait ce genre de chose. Pas moi. Il s'entendait avec Elliott et ces gars-là, il adorait leurs yachts, leurs maisons à Londres… Il me parlait de leurs réunions sur la Côte d'Azur… Pas mon style du tout. »

❧

Même si certains agissements de Cohen irritaient Eric, il reconnaissait que sa sagacité rendait parfois de grands services à l'entreprise. Par exemple, Cohen parvenait à trouver des solutions élégantes à la satisfaction de tous pour apaiser les tensions occasionnelles entre les actionnaires aux intérêts divergents.

Cohen explique : « Ce qui comptait le plus pour Eric et le reste de la famille, c'était le secteur brassicole. Ils n'étaient pas motivés par l'argent et ne menaient pas un grand train de vie. Les Molson se préoccupaient davantage de leur legs, de leur réputation et de la pérennité des activités brassicoles. C'est ce qui comptait pour Eric… mais pas nécessairement pour les autres actionnaires. Et c'est normal. Certains actionnaires se préoccupent du rendement à long terme, alors que d'autres "ne font que passer". Ils cherchent seulement à faire de l'argent vite. Ils sont emballés s'ils paient une action 40 $ et la revendent 60 $

vingt jours plus tard ! Il y a des extrêmes de toutes sortes et il faut se frayer un chemin à travers eux. »

Ces différences étaient encore plus flagrantes dans les entreprises comme LCML, dotées d'une structure à deux catégories d'actions : des actions de catégorie A sans droit de vote détenues par le public et des actions de catégorie B avec droit de vote détenues majoritairement par les membres de la famille. À ses débuts à la tête de l'entreprise, Cohen savait que cette structure nuirait à sa capacité de réunir des fonds sur les marchés financiers parce que les investisseurs souhaitent être traités de manière équitable. Dans l'éventualité d'une prise de contrôle, par exemple, ils veulent obtenir la même prime qui serait offerte aux détenteurs d'actions avec droit de vote. Autrement, ils investiraient leur argent ailleurs. Une option consisterait à se débarrasser purement et simplement des deux catégories d'actions.

Toutefois, sachant qu'Eric n'accepterait jamais ce réaménagement, Cohen trouva un nouvel angle : pourquoi ne pas ajouter une clause de protection en cas d'offre publique d'achat aux actions de catégorie B de LCML ? Ainsi, dans l'éventualité d'un changement de propriétaire, les détenteurs des deux types d'actions recevraient la même offre. Ce genre de clause (appelée « clause de protection des porteurs d'actions subalternes en cas d'offre publique ») était déjà obligatoire pour les entreprises avec actions à vote multiple inscrites en Bourse après 1987 et, même si LCML en était exemptée, Cohen recommanda qu'elle se plie à cette règle.

Eric accepta : « Allons-y. » Une clause permettant à l'ensemble des détenteurs d'actions de catégories A et B d'obtenir les mêmes avantages si LCML change de propriétaires était cohérente avec les valeurs d'Eric. En fait, il insista : « Si nous ne partageons pas les avantages d'exercer le contrôle avec l'ensemble de nos actionnaires, nous n'assumons pas nos responsabilités de manière judicieuse. »

❦

En juillet 1990, Cohen recueillit presque 300 millions de dollars lors d'une émission d'actions et de débentures de LCML. La grande majorité des investisseurs (incluant Eric) s'attendaient à ce qu'il utilise cette somme pour étendre les intérêts brassicoles de l'entreprise à l'échelle internationale. Différentes théories circulaient : accroître la partici-pation de LCML dans Harlin Holdings (avant l'effondrement de cette entreprise), investir directement dans Foster's (le principal actif de Harlin, par l'entremise d'Elders IXL) ou même faire quelque chose de complètement différent et investir dans une brasserie comme Pilsner Urquell de la Tchécoslovaquie. Toutefois, Cohen avait une autre idée en tête. À la surprise de tous, il utilisa l'argent pour développer la divi-sion de produits chimiques de LCML.

LCML avait des intérêts dans le domaine des produits chimiques pour la désinfection et le nettoyage par l'entremise de Diversey Corp. Cette entreprise (qui comptait Coca-Cola Co. et H.J. Heinz Co. comme clients à l'échelle internationale) dégageait un profit d'environ 55 millions de dollars sur des ventes de 870 millions, elle était active dans trente-cinq pays et employait plus de six mille six cents per-sonnes. Toutefois, sa plus grande faiblesse était le marché américain.

« C'était une entreprise formidable qui avait un potentiel énorme et une portée mondiale, se rappelle Cohen. À mon avis, elle aurait pu jouer un rôle aussi important que le secteur brassicole pour assurer le succès de LCML. […] Théoriquement, Diversey avait toutes les chances d'être une grande entreprise d'envergure internationale. Elle était très bien positionnée partout dans le monde, sauf aux États-Unis. Là-bas, c'est Ecolab qui dominait le marché. Nous avons conclu que nous ne pourrions pas augmenter nos affaires sans renforcer notre présence aux États-Unis. »

La solution trouvée par Cohen pour combler cette lacune passa par DuBois Chemicals Inc., le deuxième fabricant de produits de nettoyage en importance aux États-Unis. Ainsi, le 25 février 1991, il annonça que LCML se portait acquéreur de DuBois pour la somme de 284 millions de dollars. Il expliqua aux journalistes que la transaction « améliore-rait la position de Diversey à titre de chef de file du marché mondial ». Hershell Ezrin, son bras droit et le porte-parole de LCML, souligna l'importance de l'acquisition : « Nous consacrerons passablement de temps, d'attention et d'argent à ce projet. »

Personne n'aurait cru si bien dire. Diversey finit par avaler Cohen et son équipe. La transaction avec DuBois avait peut-être du bon sens « théoriquement », comme l'avait expliqué Cohen, mais quand il fut question d'intégrer l'entreprise, elle devint un puits sans fond qui engloutit des ressources. Le fossé culturel entre DuBois et Diversey était trop large pour être comblé.

❧

« Est-ce que c'est Mickey que j'ai aperçu près du vestiaire des joueurs entre la deuxième et la troisième période ? » demanda Jane à Eric tandis qu'ils montaient dans un taxi après une partie des Canadiens au Forum.

« Oui. Il voulait consulter le Dr Lenczner. »

« Vraiment ? Il est venu de Toronto juste pour un examen ? »

« Je ne sais pas », répondit Eric en haussant les épaules. Il donna l'adresse au chauffeur et se tourna vers la fenêtre.

Mickey fait constamment des choses pour lui à la dérobée. Il a pris l'avion de l'entreprise jusqu'à Montréal, il est allé au Forum, il a fait examiner son genou par le chirurgien orthopédique de l'équipe et il est reparti à Toronto. Il n'est même pas resté jusqu'à la fin de la troisième période ! Imagine la valeur de ce genou pour l'entreprise : trois heures de vol à 3 500 $ chacune pour le faire examiner…

Eric était de plus en plus insatisfait de Cohen. Il considérait que son chef de la direction abusait des avantages de son poste et essayait graduellement de l'écarter. « Chaque année, Mickey me répétait la même chose : "Eric, veux-tu rester président du conseil d'administration ?" Vois-tu, Mickey ne voulait pas de moi. Il souhaitait devenir lui-même président du conseil. Il voulait être chef de la direction *et* président du conseil, comme les autres *big shots*. »

Jane avait remarqué la même chose. « Mickey était entouré de ses amis et essayait d'écarter Eric. […] C'est vrai qu'Eric ne s'interposait pas et qu'il aime que les gens aient l'espace nécessaire pour prendre leurs propres décisions, mais, dans ce cas-là, il semblait se faire chasser. »

Même les observateurs de l'extérieur de l'entreprise le remarquaient. Daniel Colson, un homme d'affaires et avocat montréalais qui deviendra membre du conseil d'administration de Molson, explique : « Mickey Cohen dirigeait l'entreprise comme si elle lui appartenait. Essentiellement, il disait à Eric ce qu'il devait faire ou pas, quand se pointer ou pas. C'était une vraie blague. C'est lui qui a persuadé Eric de développer Diversey aux États-Unis, et ça s'est révélé une catastrophe. »

Cohen lui-même admet que certaines personnes avaient peut-être l'impression qu'il tenait Eric à l'écart : « Je le faisais probablement. J'étais le chef de la direction. Eric ne dirigeait pas l'entreprise au quotidien, comme il se devait puisqu'il était président du conseil d'administration. Je l'appelais pour lui expliquer ce qui se passait, mais il ne s'en mêlait pas, comme tout bon président. À moins qu'il s'agisse de la brasserie. Dans ce secteur, Eric était proactif. »

Il l'était effectivement. Eric se mit à remarquer que les profits générés par la brasserie servaient de plus en plus à renflouer les autres divisions de LCML. Pat Kelley qualifiait cette situation de « dépouillement des actifs » : « Mickey Cohen retirait des fonds de la brasserie et, plutôt que de les verser dans Les Brasseries Molson pour financer d'éventuelles acquisitions internationales, il les utilisait pour développer d'autres secteurs du conglomérat. »

La brasserie demeurait la filiale la plus rentable de l'entreprise. Toutefois, en septembre 1991, le secteur des produits chimiques atteignit pour la première fois des ventes brutes plus élevées que celui de la bière. Eric compara les résultats des deux divisions au cours du premier semestre de l'année et les nota dans son carnet.

	Bière	Diversey	Total pour LCML
Revenus	474,9 millions $	610,7 millions $	1,5 milliard $
Profits	110,7 millions $	32,1 millions $	148,1 millions $

Sous ce tableau, Eric nota de son écriture serrée : « La bière génère presque 75 % des profits de l'entreprise […], mais la direction continue à se concentrer sur les autres secteurs de LCML. Il faut changer la situation. »

Comme par le passé, Eric décida de consulter un conseiller pour prouver le bien-fondé de ses appréhensions et réfléchir à la situation sous tous ses angles. Comme il se sentait isolé de son propre chef de la direction et des employés de l'entreprise, il se tourna vers quelqu'un de l'extérieur. À qui pourrait-il se confier ? Le fin renard Benny Parsons n'avait pas le bon profil. Eric avait besoin de quelqu'un qui connaissait mieux les tenants et aboutissants des activités de LCML. Une personne en qui il avait confiance, bien entendu, mais aussi qui en savait davantage sur la stratégie et les finances de l'entreprise. Il se tourna vers Pat Kelley.

Kelley ne travaillait plus chez Molson. Il avait démissionné peu de temps après la fusion avec Carling O'Keefe et était entré au cabinet Ernst & Young, mais il gardait contact avec Eric. Les deux hommes avaient développé des relations étroites. Ils se rencontraient à l'occasion après le travail au pub McKibbin's sur Bishop. Ils discutaient des plus récentes techniques de brassage, des alliances internationales qui changeaient le portrait de l'industrie et des brasseurs internationaux qui pourraient être d'éventuels partenaires pour Molson. Leur relation était fondée sur le respect mutuel et sur un amour partagé pour la bière sous tous ses aspects.

« Chaque semaine, raconte Eric, Pat Kelley analysait les rapports de l'industrie et me tenait informé de ce qui se passait. Il était très bon… Il savait ce que faisaient les brasseries ailleurs dans le monde. Nous en avons visité beaucoup ensemble au fil des ans. »

Un après-midi de mai 1992, alors qu'il se trouvait au siège social de LCML à Toronto, Eric appela Kelley et demanda à le rencontrer après le travail. Il lui annonça : « Je pense qu'on n'a pas fait la bonne chose. Je pense que toute cette stratégie de diversification a été une erreur. Il faut trouver un moyen de retourner à la bière. »

Kelley partageait l'avis d'Eric. « Mais qu'est-ce que tu vas faire ? »

« Je n'en ai pas encore parlé à Mickey et à son équipe, mais ça ne les intéresse pas. Chaque fois que j'aborde la possibilité de faire une acquisition dans le domaine brassicole, ils disent qu'on n'a pas les moyens ou quelque chose du genre. Par contre, ils continuent à mettre beaucoup d'argent dans Diversey. On dirait que tous les profits qui viennent de la brasserie sont siphonnés dans les autres divisions de LCML… Si on continue comme ça, on va tout perdre. »

« As-tu les faits pour appuyer ta théorie ? » lui demanda Kelley.

« C'est une partie du problème : je n'ai pas confiance dans leurs données. » Eric prit une gorgée de bière, puis ajouta : « Tu sais c'est quoi, le pire ? On est en train de manquer le bateau. »

Les consolidations transformaient le milieu brassicole à l'échelle de la planète. Eric craignait que Les Brasseries Molson se fassent acquérir si elles ne se développaient pas. Il observait l'évolution de Heineken au fil des ans, passant d'une part de marché de 3 % en Europe au début des années 1970 pour devenir, vingt ans plus tard, le premier brasseur du continent. Il ne pouvait s'empêcher de penser à toutes les occasions que Molson avait laissées filer et expliqua à Kelley : « Sais-tu comment Freddy Heineken y est parvenu ? Il a acheté toutes les petites brasseries en Europe, les mêmes que nous avions convoitées pour Molson, mais que les bureaucrates responsables ont refusé d'acheter. »

En plus des occasions d'acquisition ratées, Eric déplora que la direction de LCML n'investît pas suffisamment pour mousser les ventes des marques Molson. L'expérience américaine en était un bon exemple. Au milieu des années 1980, Molson avait perdu sa position de deuxième marque importée aux États-Unis et avait glissé derrière Corona, au troisième rang. « C'est arrivé parce qu'on était occupés à investir l'argent de LCML dans toutes sortes de choses, sauf la bière. On a même investi dans B B Bargoons, une entreprise de décoration intérieure. Quel gaspillage ! »

Kelley lui proposa : « Nous pourrions former une équipe pour réviser les données financières et vérifier tout ça. Je peux demander à un de mes associés chez Ernst & Young de nous aider. »

Eric accepta. Quelques semaines plus tard, il organisa une réunion au club Mount Royal de la rue Sherbrooke à Montréal, un club privé de style britannique reconnu pour sa discrétion. Kelley s'y présenta avec son associé Bob Long ainsi que Herb Stoneham, un professionnel des ressources humaines de LCML en qui ils avaient tous confiance. Ils élaborèrent un plan : Eric allait demander à Mickey de lui divulguer toutes les données sur les activités de LCML et, pendant ce temps, Kelley et sa petite équipe procéderaient à leur propre analyse financière en fonction des renseignements disponibles.

Eric dut s'opposer à une forte résistance dès le départ. Cohen ne répondit pas à sa demande de renseignements détaillés sur les résultats. Il délégua plutôt Barry Joslin, vice-président aux Affaires corporatives, pour aller rencontrer Eric. Celui-ci eut l'impression que Joslin était là pour l'apaiser et le dissuader de chercher à en savoir plus.

Kelley se souvient bien de la réaction de son ami : « Quand on dit non à Eric, il se braque. En fait, il est pas mal tenace quand il a une idée derrière la tête. Selon moi, Mickey a commis une grave erreur de stratégie en déléguant quelqu'un à Montréal pour lui donner une tape

amicale et lui dire : "On te donnera l'information quand on sera prêts."
Eric n'a pas été dupe. »

Le 17 décembre 1992, Eric alla luncher avec Kelley et son frère Stephen à l'hôtel InterContinental dans le Vieux-Montréal, pas très loin de la brasserie. Le serveur repartit après leur avoir apporté des clubs sandwichs et trois Molson Export, puis Eric demanda à Kelley : « Vas-y, Pat, dis-nous ce que tu as découvert. »

Kelley sortit son rapport et leur expliqua : « Comme vous voyez, ce n'est pas bon. Diversey perd beaucoup d'argent et, si ça continue comme ça, toute l'entreprise va couler avec. »

Les trois hommes se regardèrent en silence, puis Eric annonça :

« C'est fini. Il faut qu'on agisse. On doit retourner à la bière. »

Stephen hocha la tête.

« La bière, c'est notre héritage. C'est notre actif le plus important. Oubliez tout le reste. Il est temps pour Molson de retourner à la bière. C'est le seul secteur d'activité qu'on connaît bien. »

Stimulé par l'enthousiasme d'Eric, Kelley lança : « C'est bon ! Élaborons un plan. »

« C'est simple, dit Eric. Nous avons quatre choses à faire. Premièrement, reprendre le contrôle de la brasserie. Fini les partenariats 50-50 avec qui que ce soit. Deuxièmement, on colmate les fuites. Il faut se débarrasser de tous nos actifs, sauf la bière. Et le hockey, peut-être. Troisièmement, il faut mettre au point une stratégie internationale pour développer nos activités brassicoles. Et quatrièmement, il faut rapatrier le siège social à Montréal. »

Kelley nota ses remarques. « On a du pain sur la planche. »

« Mais c'est faisable », rétorqua Eric. Il leva son verre de Molson et proposa un toast : « Au retour à la bière ! *Back to beer !* »

« *Back to beer !* » répétèrent en chœur Stephen et Kelley.

La « prise de contrôle interne » de LCML était en marche. Eric et ses alliés allaient reprendre Molson. Bien entendu, les plans et leur exécution sont des choses très différentes. Comme la levure, les plans ne donnent pas des résultats instantanément. Il faut laisser le temps faire son œuvre.

7 Surmonter les épreuves

Il y aura toujours des pierres sur notre route. Ce seront des obstacles ou des points de départ, tout dépend de la façon de s'en servir.

Friedrich W. Nietzsche (1844-1900)

Toronto est paralysée par le froid en ce 26 février 2015, 18 h 20. Je crains de perdre un bout de doigt ou d'orteil si je reste dehors une minute de plus. C'est seulement en arrivant au vingt-troisième étage de la tour Ernst & Young au Toronto-Dominion Centre que je commence à sentir le sang se remettre à circuler dans mes extrémités.

Je suis venue écouter Mickey Cohen prononcer une conférence à des étudiants en droit et à la maîtrise en administration dans le cadre de leur cours sur l'art de la négociation. Quelques mois plus tôt, il m'avait proposé d'y assister (je m'étais peut-être invitée par inadvertance…) et j'avais bondi sur l'occasion. Il devait faire le bilan de son mandat à la tête de Molson et j'étais curieuse d'entendre sa version des faits.

Quels événements mettrait-il en évidence ? Sur quelles transactions allait-il insister ? Quelles erreurs admettrait-il ? Alors que je faisais mes recherches sur la carrière d'Eric, une chose m'avait sauté aux yeux : chacun raconte sa propre histoire. Les mêmes circonstances peuvent donner naissance à des récits différents en fonction de la perspective de chacun. Je le savais déjà, mais c'était fascinant de les entendre prendre vie au fil des entrevues.

Les étudiants se saluent et bavardent en prenant place dans la salle. Une fois les présentations faites, Cohen enlève son veston orné de l'épinglette de l'Ordre du Canada et s'appuie au lutrin. Il a pris du poids depuis qu'il a quitté LCML, et sa chevelure a complètement blanchi, mais, dans l'ensemble, il paraît plutôt bien.

Il s'adresse à nous de sa voix gutturale : « Ce soir, nous allons parler de mes dix ans chez Molson et des nombreuses transactions que j'y ai faites. Une des raisons pour lesquelles j'ai voulu donner cette conférence, c'est que je me suis rendu compte qu'il est facile de se laisser embourber par les aspects techniques, les règlements, et de perdre de vue ce qui compte vraiment quand on négocie une affaire. Vous allez peut-être sortir de ce cours en pensant que toutes les négociations sont menées par des égocentriques. Certaines sont faites pour satisfaire les *ego* de certaines personnes, mais pas toutes. Et aucune affaire ne devrait être conclue pour cette raison. Alors la première chose que je veux vous faire comprendre, c'est que la stratégie doit être le moteur d'une négociation. » Cohen se met ensuite à décrire les multiples étapes de sa carrière et ses nombreuses réalisations à titre d'avocat, de fonctionnaire, de chef de la direction et d'administrateur de société. Je ne peux m'empêcher de me demander quelle part son amour-propre a jouée dans ses tractations au fil des ans.

« Savez-vous quel est l'élément le plus important d'une négociation ? »

Cohen répond lui-même à sa question : « Les gens. Nous avons tendance à penser uniquement aux chiffres quand nous parlons de négociation. Bien que les nombres et les prix soient terriblement importants, *les gens* le sont encore plus. Les personnes avec qui vous allez échanger et avoir des rapports pendant que vous faites ces transactions jouent un rôle capital. De plus, conclure une affaire ne veut pas dire qu'on gagne sur tous les points. Les personnes qui tentent de tout obtenir se retrouvent habituellement bredouilles. Chacun doit gagner selon son point de vue. »

En l'écoutant, je me demande comment un homme à ce point déterminé à bâtir des scénarios « gagnant-gagnant » est tombé aussi loin de l'objectif de son président de conseil qui cherchait à retourner à la bière. Bien sûr, Cohen devait penser à d'autres personnes qu'Eric : il devait se soucier des autres administrateurs, des actionnaires de l'entreprise et des analyses financiers. Qui plus est, il devait tenir compte de ses propres ambitions. L'objectif d'Eric de retourner à la bière a-t-il souffert à cause de ces intérêts divergents ?

Cohen est un raconteur captivant. Les étudiants sont pendus à ses lèvres pendant qu'il décrit en détail les affaires qu'il a conclues avec Foster's (puis Miller) dans le secteur brassicole, avec Home Depot dans le domaine du commerce de détail et avec le Club de hockey Canadien lorsqu'il l'a déplacé du Forum au tout nouveau Centre Molson.

Je trouve plutôt intéressant que, pendant sa causerie de trois heures, il se contente de mentionner Diversey, d'abord en décrivant les types de transactions : « Les transactions impliquant Diversey n'étaient pas aussi intéressantes que celles que nous avons faites dans le secteur brassicole et celui du commerce de détail. Alors on y reviendra si nous en avons le temps, mais, pour l'instant, je me concentrerai sur les autres secteurs de LCML. » Il parle de nouveau brièvement de Diversey dans sa conclusion : « J'ai eu beaucoup de réussites au cours de mes neuf années chez Molson, mais Diversey n'en fait pas partie. » C'est tout. Il a prononcé le mot « Diversey » deux fois seulement.

Je me dis : « Wow ! il a complètement évité le sujet. Comment peut-il avoir l'impression d'avoir raconté toute l'histoire ? Le cas de Diversey n'a-t-il pas entaché son mandat à la tête de l'entreprise ? L'échec de cette filiale aux États-Unis n'a-t-il pas causé sa chute et son départ de LCML ? »

❧

« Eric, pourquoi, *toi,* tu ne deviendrais pas chef de la direction ? » Ce fut la réaction de Peter Gordon, alors membre honoraire du conseil d'administration de LCML, lorsqu'Eric lui parla de son souhait de voir Molson revenir à ses racines.

Eric considérait J. Peter George Gordon comme l'un des meilleurs administrateurs de Molson. Il siégea au conseil de 1980 à 1991, il vit l'entreprise sous le règne de Jim Black et de John Rogers, et il participa à l'embauche de Mickey Cohen. Eric le respectait non seulement pour sa contribution à titre d'administrateur, mais aussi pour toutes ses réalisations comme président du conseil et chef de la direction de Stelco, la plus grande aciérie canadienne. Il était plus facile pour Eric de lui parler ouvertement maintenant qu'il n'était plus un membre actif du conseil.

« Je ne veux pas de ce poste, rétorqua Eric. Tu connais l'expression "occupe-toi de tes oignons" ? Eh bien, moi, mes oignons, c'est la bière. Je ne comprends pas tout des autres filiales de notre entreprise. Tout ce que je sais, c'est que leur rendement est insatisfaisant et que nous devrions nous en *débarrasser*. Il faut qu'on se concentre sur la bière. »

Eric n'avait guère pensé à autre chose depuis le repas qu'il avait partagé avec Pat Kelley et son frère Stephen en décembre 1992. Il était arrivé à la conclusion qu'il devait franchir trois obstacles : 1. l'inertie (parce que modifier la trajectoire de LCML serait aussi ardue que de modifier la direction d'un baril de 50 gallons dévalant une colline) ; 2. la compétence (soit trouver les bonnes personnes pour mener à bien la transformation) ; et 3. le leadership (à moins d'une mesure draconienne, Mickey Cohen continuerait à éloigner l'entreprise de la bière).

En fait, pendant qu'Eric, Stephen et Kelley prenaient la décision de ramener l'entreprise à la bière, Cohen s'employait à brader un autre élément de la brasserie. En décembre 1992, il était avancé dans ses négociations avec la Miller Brewing Company (qui appartenait au géant du tabac Phillip Morris), le deuxième brasseur en importance aux États-Unis, pour lui vendre 20 % des Brasseries Molson. Si cette transaction était conclue, le secteur brassicole, qui avait déjà appartenu à part entière à LCML, aurait trois propriétaires : Miller (20 %), Foster's (40 %) et LCML (40 %). Les Brasseries Molson ne seraient plus canadiennes.

Pour justifier cette vente, Cohen émit l'argument suivant : « Une des choses qu'Eric a toujours voulues, c'est que Molson sorte du Canada pour devenir un brasseur d'envergure mondiale. Nous avons passé beaucoup de temps à nous demander comment entrer aux États-Unis. C'est un marché difficile à percer. Il est saturé. Nous avons conclu avec notre partenaire Foster's que nous devions procéder à une autre fusion. Nous nous sommes demandé si nous devions nous allier à Miller ou à Coors, et nous avons finalement décidé de fusionner avec Miller. »

Eric était mal à l'aise. Il avait toujours cru que la brasserie devait trouver un moyen d'entrer aux États-Unis (surtout dans le contexte où la consommation de bière diminuait au Canada), mais le prix à payer en adoptant la solution de Cohen lui semblait élevé. Si Molson faisait ce que Cohen préconisait, pensait Eric, elle ne posséderait même pas 50 % de son secteur de brassage.

Eric demanda à Cohen : « Est-ce qu'on doit vraiment *vendre* une partie à Miller ? On ne pourrait pas trouver un autre type d'entente avec eux ? »

« On n'est pas obligés de faire ça, répondit Cohen, mais si on veut entrer en force sur le marché américain, c'est la solution. Qui ne risque rien n'a rien. »

Avec du recul, Cohen explique : « Si nous nous étions contentés de signer une entente de distribution avec les gens de Miller, ils n'auraient pas été aussi efficaces pour faire la promotion de nos marques par l'entremise de leur réseau de distribution américain. Il nous fallait quelque chose pour qu'ils soient attentifs et déploient des efforts pour vendre nos marques. La seule solution que nous (incluant Foster's) avons trouvée pour obtenir un engagement de ce genre de leur part, c'est de les pousser à nous acquérir en partie. C'est *nous* qui avons insisté pour que Miller s'engage davantage dans notre réussite et devienne un partenaire à hauteur de 20 %. »

Les membres du conseil d'administration de LCML furent d'accord avec leur chef de la direction, et Eric emboîta le pas à contrecœur.

Ainsi, le 14 janvier 1993, Cohen dévoila une entente pour la vente de 20 % des Brasseries Molson du Canada à Miller contre une somme de 349 millions de dollars. Pour un montant additionnel de 20 millions, Miller acquit également les activités de brassage de Molson aux États-Unis et le droit d'y distribuer les marques Molson et Foster's contre le versement de redevances. Cohen annonça fièrement : « Pour la première fois, de la bière canadienne brassée au Canada recevra le soutien nécessaire pour faire concurrence aux grandes marques dans le plus vaste marché brassicole au monde. »

Tous ne partageaient pas son optimisme. Un journaliste du *Globe and Mail* déplora cette vente : « Les Compagnies Molson laisseront leur brasserie, la plus ancienne en Amérique du Nord, tomber sous le contrôle étranger pour la première fois de son histoire longue de deux cent sept ans. »

Ce fut une période noire pour Eric. Il se sentait mis de côté par Cohen, coupé de la stratégie de l'entreprise et exclu de ce qu'il aimait plus que tout : les activités de brassage. Il vivait aussi un conflit intérieur.

À titre de président du conseil d'administration qui n'exerce pas de fonction de gestion, je laisse de l'autonomie au chef de la direction. C'est un de mes principes. Mais que dois-je faire quand celui-ci a ses motivations personnelles et laisse son orgueil obscurcir son jugement ? Dois-je m'en mêler ? Dois-je trouver un moyen de le contourner ? Ils considèrent le secteur brassicole comme une vache à lait pour financer tous leurs autres projets. Ils sont en train de démolir la place. Je dois trouver un moyen de serrer la bride à Cohen et à sa clique.

Il faudra à Eric plus de trois ans de tractations autour de Cohen pour corriger la situation. « Un président du conseil qui n'exerce aucune fonction de gestion ne peut pas *faire* grand-chose. On doit se contenter de faire des propositions, d'essayer d'exercer son influence et de guetter les occasions pour agir. C'est frustrant parfois. » Eric sentait pour la première fois les limites de son statut de scientifique observateur qui lui avait été si utile par le passé. En outre, il devait agir par l'entremise du conseil d'administration de LCML, mais, tant et aussi longtemps que les administrateurs soutenaient Cohen, il était limité dans ses agissements. Il prit donc du recul et observa à contrecœur le déroulement de l'expérience de Mickey.

🍁

Si l'on fait abstraction de la vente à Miller, l'année 1993 fut mémorable pour des événements heureux, notamment la victoire de la coupe Stanley par les Canadiens. « C'était formidable ! se rappelle Eric. Nous affrontions les Kings de Los Angeles en finale. Ils avaient Wayne Gretzky, mais nous, nous avions Patrick Roy devant le filet et Carbo [Guy Carbonneau] comme capitaine. Nous avons été chanceux. Nous avons remporté la série 4 à 1. Mais peux-tu croire que nous avons dû jouer en prolongation trois de ces cinq matchs et que nous les avons remportés tous les trois ? […] Même avant, dans les premières rondes des séries, nous avons gagné en prolongation à sept reprises. Au total

Eric et Stephen Molson en compagnie de Guy Carbonneau, capitaine des Canadiens de Montréal, tenant la coupe Stanley remportée en 1993. Photo : gracieuseté du Club de hockey Canadien inc.

dix victoires en prolongation durant les éliminatoires. C'était la magie des prolongations ! »

Les matchs de hockey étaient prétextes à des réunions familiales chez les Molson, et les finales de la coupe Stanley de 1993 ne firent pas exception. Eric, Stephen, Hartland et leurs épouses assistèrent à toutes les parties ensemble et même à de nombreux matchs à l'extérieur de Montréal. Hartland, qui avait quatre-vingt-six ans, prit l'avion pour Los Angeles avec le reste de la famille pour assister aux parties des 5 et 7 juin au Great Western Forum. Ils rentrèrent à Montréal le 9 juin et célébrèrent tous ensemble la victoire des Canadiens qui avaient battu les Kings 4 à 1 et remporté la coupe Stanley.

Cette année-là marqua également le début des travaux de construction du « nouveau » Forum. Brian Mulroney participa à ce qu'il qualifia de « dernière fonction officielle à titre de premier ministre du

Canada » : la cérémonie de la première pelletée de terre soulignant le début des travaux le 22 juin. Ronald Corey, président du Club de hockey Canadien, avait annoncé le déménagement de l'équipe quatre ans auparavant. Il avait expliqué qu'elle devait quitter son vénérable temple parce que l'agrandissement de l'amphithéâtre de dix-sept mille sièges coûterait trop cher. Les amateurs montréalais réagirent avec beaucoup d'émotion : le Forum avait été le théâtre de vingt-quatre victoires de la coupe Stanley et était la « maison » de légendes du hockey comme Maurice Richard, Jean Béliveau et Guy Lafleur. Même Corey l'avait admis : « Ma réaction initiale fut émotive. Mais mon travail, c'est de voir à l'avenir du Club de hockey Canadien, et le Forum ne répondait plus à ses besoins. »

Cohen partageait son avis : « Fermer le Forum, c'était comme arracher le cœur des Montréalais. C'était un lieu emblématique, un trésor, mais il n'était pas assez grand. Nous avions besoin d'un meilleur aréna. »

Eric abondait dans le même sens. Faisant abstraction de son sentiment de nostalgie (et d'une propension à la superstition, il était après tout un *fan* fidèle), il admit que les Glorieux étaient à l'étroit dans leur vieux Forum. « On aurait fait faillite si l'équipe y était restée. La déménager dans un nouvel amphithéâtre était la meilleure option, et les prévisions financières semblaient nous donner raison. Avec l'expansion de la LNH et la hausse des salaires des joueurs, il nous fallait un lieu qui nous permettrait de faire concurrence à Los Angeles, à New York et aux villes de cette envergure. » Le côté scientifique et rationnel d'Eric l'emporta sur ses sentiments.

🍁

Enfin, 1993 fut importante pour Eric pour une autre raison que la bière et le hockey. Au début de l'année, Reginald K. Groome lui avait demandé de devenir chancelier de l'Université Concordia. Comme il l'avait fait à l'époque où Jim Black lui avait offert des postes de plus en plus importants à la brasserie, Eric, alors âgé de cinquante-six ans, demanda au président du conseil d'administration de Concordia : « Reg, es-tu certain que tu ne connais pas quelqu'un de plus qualifié pour ce poste ? »

Groome le rassura : « Il n'y a pas de meilleur candidat. » Les membres du conseil d'administration cherchaient une personne capable de donner de la stabilité et des conseils pour aider à rehausser la réputation ternie de Concordia. Ils choisirent Eric à l'unanimité.

En 1992, Concordia avait fait la une des journaux pour des raisons macabres. L'après-midi du 24 août, Valery I. Fabrikant, un professeur agrégé de cinquante-deux ans, pénétra dans le pavillon du génie au centre-ville avec trois armes de poing et tira sur cinq personnes. Quatre d'entre elles perdirent la vie : le directeur du département et trois professeurs.

Fabrikant fut déclaré coupable de meurtre et condamné à la prison à vie, mais la tragédie souleva des interrogations sur les pratiques de gestion de l'université. Les terribles événements auraient-ils pu être évités ? Y eut-il des signes que Fabrikant était sur le point de commettre un acte aussi violent ? À l'époque, il y eut des rumeurs (confirmées ultérieurement par des enquêtes indépendantes) que des mesures auraient pu effectivement être prises. Deux mois avant la tuerie, Fabrikant avait soumis à l'administration une demande de port d'arme. L'université aurait pu le suspendre à l'époque. Toutefois, le recteur de Concordia, Patrick Kenniff, refusa d'agir en alléguant le manque de preuves selon lesquelles Fabrikant présentait une menace.

Un soir à l'heure du repas, après sa conversation avec Groome, Eric annonça à Jane : « Ils m'ont demandé de devenir chancelier de Concordia. »

« C'est formidable, Eric ! Vas-tu accepter ? »

Eric aimait beaucoup de choses de Concordia : sa diversité, son innovation et ses relations avec le « vrai monde ». Toutefois, ce qui lui plaisait le plus, c'est que Concordia « donnait accès aux études supérieures, contrairement à ces autres tours d'ivoire élitistes ». Par contre, avoua-t-il à Jane, il hésitait à devenir chancelier, particulièrement à la suite de la récente tragédie.

Sa femme n'était pas de son avis : « En fait, c'est peut-être la raison pour laquelle tu devrais accepter. Reg Groome t'a dit que la décision du conseil d'administration était unanime, n'est-ce pas ? Ils te considèrent probablement comme quelqu'un qui peut apporter la stabilité, la fermeté et une perspective à long terme. »

« Peut-être bien… » Après une hésitation, Eric ajouta : « Tu sais, je crois que tu as raison. Pourquoi pas ? Ça serait bien d'aider une institution comme Concordia. J'ai confiance en Groome et je pense qu'on travaillerait bien ensemble. On arriverait peut-être à changer le cours des choses. Ça vaut la peine d'essayer. C'est une bonne façon de contribuer à la société et ça correspond à ce que nous sommes. »

Eric se tut et regarda pensivement l'obscurité dehors. « Qu'est-ce qu'il y a ? » lui demanda Jane.

« Ça fait longtemps que je me suis investi dans une cause qui me tient à cœur. C'est tellement frustrant à la brasserie… À vrai dire, ce n'est même plus une brasserie, c'est un conglomérat. Chaque fois que je propose une idée ou que j'essaie de faire quelque chose, Mickey trouve le moyen de l'ignorer ou de m'écarter. C'est vraiment horrible. »

Six mois plus tôt, Eric, Stephen et Pat Kelley avaient résolu de ramener les activités de l'entreprise vers le secteur brassicole. Le courage qu'ils avaient ressenti au début s'était éteint. Avec Cohen, soutenu par les membres du conseil d'administration, aux commandes de la stratégie de LCML, Eric avait les mains liées. Il ne pouvait pas simplement congédier le chef de la direction. C'était une décision des administrateurs et, aussi longtemps que le cours du titre se maintiendrait à une valeur acceptable, le poste de Cohen était assuré. Eric devait attendre un moment plus opportun.

Jane se leva pour desservir : « Je ne sais pas comment tu fais pour endurer tout ça. Mickey a peut-être fait de bonnes choses pour l'entreprise, comme tu dis, mais son attitude, vraiment… »

Elle pensait au voyage qu'Eric et elle avaient fait avec Mickey et sa femme Judi en Union soviétique quelques années auparavant. En septembre 1990, les Canadiens de Montréal participaient à une série de matchs hors concours à l'étranger. Cohen avait proposé à Eric d'aller les voir jouer à Leningrad (maintenant Saint-Pétersbourg), puis à Moscou.

La première réaction d'Eric avait été de se demander pourquoi il se rendrait en URSS pour assister à une partie des Canadiens alors qu'il pouvait faire la même chose à Montréal. « Mais nous avons profité de l'occasion pour organiser des rencontres en vue d'exporter la Molson en Russie, alors ça me tentait davantage d'y aller. Il y avait une *vraie* raison pour faire ce voyage. »

Selon Cohen, ce fut « merveilleux ». L'URSS étant encore un pays communiste (le rideau de fer venait à peine de tomber), les Cohen et les Molson séjournèrent dans une résidence du gouvernement. Hershell Ezrin, le magicien des coulisses et porteur de valises de Mickey, se chargea de la logistique. Comme Eric et Jane avaient toujours aimé découvrir de nouveaux endroits et se familiariser avec des cultures différentes, le voyage fut positif. Toutefois, Jane remarqua que Mickey se mettait systématiquement de l'avant, que ce soit lors de cérémonies officielles ou de rencontres privées. « C'était drôle, se rappelle Jane. Mickey s'attribuait toujours la meilleure chambre d'hôtel quand on voyageait avec lui. Je demandais à Eric : "Comment se fait-il qu'on ait cette minuscule chambre et que Mickey se retrouve avec la suite présidentielle ?" Eric en riait. Il se fichait de choses comme ça, et moi aussi, mais ça se produisait systématiquement, alors c'était difficile de ne pas le remarquer. »

Le 21 mai 1993, lorsque l'Université Concordia annonça sa nomination à titre de chancelier, Eric Molson déclara à un journaliste : « Je suis impatient et très enthousiaste à l'idée de vivre cette expérience. J'aime la mixité de cet endroit. » Lui, en véritable Monsieur Tout-le-Monde, voyait Concordia comme une « université-tramway » : « Tous ceux qui veulent une éducation et sont prêts à travailler n'ont qu'à descendre du tramway et nous allons leur en donner une. L'éducation, c'est pour tout le monde. Ça, c'est mon genre d'endroit. »

Eric connaissait très bien le style de Concordia. Lorsqu'il était entré à la brasserie au début des années 1960, il avait suivi des cours du soir en comptabilité et en économie à l'Université Sir George Williams qui fusionna avec le collège Loyola en 1974 et donna naissance à l'Université Concordia. Même à l'époque, alors qu'il était un étudiant de vingt-cinq ans, Eric admirait la diversité et le mélange de cultures de l'établissement. Trente et un ans plus tard, la même admiration le poussa à choisir le thème de « La force dans la diversité » pour son discours inaugural à titre de chancelier. Le 9 novembre 1993 à la Place des Arts de Montréal, Eric déclara : « Aujourd'hui, trop peu de Canadiens

Eric Molson reçoit les félicitations de Patrick Kenniff, recteur et vice-chancelier de l'Université Concordia (à gauche), et de Reginald K. Groome, président du conseil des gouverneurs, à la suite de sa nomination comme chancelier de Concordia, le 9 novembre 1993. Photo : Archives, Université Concordia.

reconnaissent la puissance de notre diversité, mais c'est inévitable : dans les années à venir, de plus en plus de gens la valoriseront et travailleront ensemble pour profiter des nombreux avantages que nous pouvons en tirer. »

Il précise ses motivations derrière son discours : « J'ai fait l'association entre Concordia et le Canada parce que je crois au grand avantage que nous tirons de notre diversité au pays, comme c'est le cas pour l'université. C'est ce qui nous a aidés à devenir une nation peuplée de gens tolérants, justes, compréhensifs et pleins de compassion. Concordia est un exemple formidable de diversité qui fonctionne bien. »

Dès qu'il prit place dans ses nouvelles fonctions à Concordia, Eric constata le chaos qui régnait à l'interne : « Il fallait faire un grand ménage. Les conséquences de la tuerie de Fabrikant en 1992 se faisaient encore sentir un an plus tard, et les deux comités indépendants chargés de faire la lumière sur la tragédie incriminaient la direction de l'université.

« Reg Groome et moi avons décidé de congédier Patrick Kenniff, le recteur, qui était en partie responsable de la situation anarchique.

Nous avons nommé un recteur par intérim et formé un comité pour trouver un remplaçant. Il nous fallait une personne intègre et hautement qualifiée qui pourrait rebâtir l'endroit. »

Ils choisirent Frederick Lowy, un psychiatre de soixante-deux ans à la feuille de route irréprochable tant à titre de gestionnaire que d'universitaire. Le Dr Lowy fut nommé recteur de Concordia en 1995. « Fred a été un chef de file merveilleux, le genre d'homme que j'admire. Il a remonté le moral des troupes, il a créé un esprit de corps et il a fait en sorte que les choses se passent. Nous avons été chanceux de l'avoir. »

Le sentiment d'admiration est réciproque. En pensant à cette période, Lowy raconte : « J'ai eu la chance d'avoir Eric comme chancelier. Il n'est pas la personne la plus extrovertie aux réunions du conseil d'administration, mais j'ai appris à le connaître et à découvrir ses qualités au fil du temps. Il a toujours été de bon conseil… Il possède de nombreuses qualités humaines essentielles à un chef de file avisé. C'est avantageux aussi d'avoir une main de fer dans un gant de velours. »

Eric explique : « Tu sais, c'était la pagaille quand je suis arrivé à Concordia, mais le chaos a été une bonne chose parce que ça nous a permis de faire le ménage, de mettre les choses en place correctement pour l'avenir et de trouver un gars comme Fred. » Il dira une chose semblable sur le monde des affaires : personne n'est heureux quand une entreprise ne va pas bien et que ses résultats chutent, mais c'est pendant ces périodes troubles qu'on peut changer les choses. C'est dans des circonstances similaires qu'Eric s'est réinvesti dans Molson : « J'ai retroussé mes manches et j'ai trouvé quelqu'un pour remplacer Mickey Cohen. »

Pendant ce temps, au siège social de LCML à Toronto, Cohen et son équipe remettaient en question l'avenir de la division du commerce de détail. Elle avait été mise sur pied en 1971 lorsque Bud Willmot avait fait l'acquisition d'Aikenhead Hardware Ltd, une chaîne de dix-neuf quincailleries établies de longue date à Toronto. Au bout de quelques mois seulement, Aikenhead avait été transformée en entreprise pancanadienne lors de l'acquisition de Beaver Lumber Company Ltd, un marchand de fournitures de construction domiciliaire comptant deux cent soixante-deux points de vente à travers le pays. En évaluant le rendement de ce groupe dix-huit ans après sa création, Cohen se rendit à l'évidence qu'il stagnait.

« Beaver Lumber ne perdait pas d'argent ni rien de ce genre, explique Cohen, mais elle ne se développait pas très vite, et les possibilités d'ajouter des succursales se faisaient rares. Le vrai problème, toutefois, c'est quand on regardait ce qui se passait de l'autre côté de la frontière. Un tsunami géant se formait aux États-Unis, et il allait bientôt atteindre le Canada. C'était l'avènement des commerces à très grande surface. Le concept de Home Depot était innovateur : des magasins immenses où les bricoleurs et les entrepreneurs pouvaient tout trouver. Ça marchait. [...] Nous nous sommes rendu compte que tôt ou tard, ces gars-là allaient s'installer au Canada et ne faire qu'une bouchée de nous. »

Créé par Bernard (Bernie) Marcus et Arthur Blank dix années auparavant à Atlanta (Géorgie), le concept de Home Depot était sans conteste un puissant moteur. De 1979 à 1989, Marcus et Blank inaugurèrent une centaine de magasins-entrepôts un peu partout aux États-Unis. Chacun occupait une surface de 120 000 pieds carrés, alors qu'un magasin de Beaver Lumber était en moyenne presque cinq fois plus petit (25 000 pieds carrés). Home Depot était reconnu pour son vaste éventail de produits, son service à la clientèle hors pair et un débit tel que les fournisseurs baissaient leurs prix à des montants inouïs pour le simple privilège d'y voir leur marchandise offerte.

« Cohen nous avait prévenus au sujet de Home Depot, raconte Eric. Il avait un bon flair pour ce genre de chose. Il considérait une situation dans son ensemble, identifiait les tendances et déterminait à quel genre de concurrence nous avions affaire. Mickey était habile et, tant qu'il faisait appel à des personnes qualifiées pour la mise en œuvre de ses plans, tout se passait bien. Son autre atout, c'est qu'il n'éprouvait aucun attachement émotif pour quoi que ce soit. Il ne se sentait donc pas obligé de s'accrocher à quelque chose pour la simple raison que cela faisait partie de notre entreprise depuis vingt ans ou même deux cents ans. Il va de soi que ce détachement pouvait être néfaste, comme il l'a été pour la brasserie, mais, dans certains cas, cette attitude a été bénéfique. »

Cohen réplique : « Nous ne savions pas vraiment quoi faire. Nous pouvions soit attendre l'arrivée du tsunami en provenance du sud et être bousculés, soit quitter ce secteur d'activité en vendant Beaver Lumber… sauf que nous n'avions aucun acheteur en vue. Nous avons donc décidé que la meilleure chose à faire était de nous transformer avant que quelqu'un d'autre le fasse. Nous allions causer la fermeture de Beaver Lumber nous-mêmes plutôt que de laisser quelqu'un d'autre le faire. »

Cohen mit son projet à exécution en janvier 1991. LCML conserva la chaîne de détaillants Beaver Lumber tout en ouvrant ses propres magasins-entrepôts inspirés de ceux de son concurrent américain Home Depot. L'enseigne portait le nom d'Aikenhead's Home Improvement Centres. (Le premier magasin ouvrit à Toronto où Aikenhead était connue.) Les nouveaux magasins, qui occupaient le même créneau, étaient des concurrents directs des magasins Beaver Lumber de LCML. Toutefois, Cohen refusa de transférer les employés de Beaver Lumber dans ces succursales et décida plutôt d'engager une toute nouvelle équipe. Selon lui, les deux chaînes avaient une culture et une approche clientèle tellement différentes que les employés n'étaient pas interchangeables, même si elles vendaient toutes deux de la quincaillerie. En outre, si Home Depot venait s'installer au Canada, le résultat serait le même : LCML se préparait simplement à l'inévitable.

Eric était aussi mal à l'aise avec l'approche de Cohen concernant Aikenhead qu'avec ses stratagèmes financiers, sans compter son mépris flagrant à l'égard des employés de Beaver Lumber. « Nous aurions pu les former pour adopter une nouvelle approche de service à la clientèle », croyait Eric. De plus, il s'inquiétait de ce qu'il considérait comme l'appropriation et la copie du concept de Home Depot.

« Mickey avait prévu de faire d'Aikenhead le Home Depot canadien, puis de le vendre aux Américains avec un profit juteux dès qu'ils se seraient rendu compte que nous avions acquis tous les emplacements immobiliers de choix ici, explique Eric. Je comprenais le plan, mais il ne me plaisait pas. Je n'aimais pas le fait de copier les façades, les couleurs, les thèmes, les systèmes de vente au détail de Home Depot…

J'étais mal à l'aise avec l'ensemble du projet. Nous avons même engagé un vice-président de Home Depot d'Atlanta pour diriger la nouvelle chaîne et nous assurer que nous avions tout copié bien fidèlement. Ça ressemblait à une tricherie, nous entachions notre intégrité. Alors j'ai essayé d'intervenir, mais on m'a dit que c'était parfaitement légal. Je n'ai pas pu arrêter ça… Je n'étais pas aux commandes, et tout le monde était d'accord avec cette idée. »

Cohen rétorque : « C'est vrai que nous avons pris les plans de ce qui avait été fait aux États-Unis et que nous les avons copiés au Canada. Il n'y a pas de brevet ni de droit d'auteur sur ce genre de chose, alors si on entrait dans un magasin Aikenhead au Canada, il était pratiquement identique à un Home Depot au sud de la frontière… Je savais que, tôt ou tard, Home Depot allait nous appeler pour déposer une offre sur nos magasins-entrepôts Aikenhead. Home Depot avait encore beaucoup de territoire à couvrir aux États-Unis avant de songer à traverser la frontière et, en ouvrant nos propres magasins, nous avons accéléré les choses. Nous avons commencé à occuper l'espace au Canada et à mettre la main sur les meilleurs sites. S'ils avaient attendu cinq années de plus, nous aurions eu une cinquantaine de magasins Aikenhead et il aurait été beaucoup plus difficile de nous acheter. »

Les prévisions de Cohen se réalisèrent. Deux ans et demi après avoir lancé la bannière Aikenhead renouvelée en 1991, Bernie Marcus l'appela pour acquérir les magasins de LCML au Canada. Toutefois, Cohen ne mordit pas immédiatement à l'hameçon. Il voulait étendre la portée d'Aikenhead. Les deux parties reprirent les discussions trois ans plus tard, alors que LCML avait cinq magasins-entrepôt en Ontario (où elle avait fermé quatorze succursales de Beaver Lumber) et était sur le point d'en ouvrir de nouveaux à Vancouver, Edmonton et Calgary. À cette époque, Home Depot exploitait deux cent soixante-neuf magasins dans vingt-trois États américains. Cohen utilise cette image pour décrire la situation : « C'est comme si un moustique et un poids lourd s'affrontaient sur le même ring. »

La transaction fut annoncée le 8 février 1994 : LCML vendit 75 % de la chaîne Aikenhead à Home Depot pour la somme de 200 millions de dollars, ce qui donna naissance à Home Depot Canada. Cohen expliqua à son conseil d'administration que LCML « allait mieux faire avec une part de 25 % d'une grosse tarte rentable qu'avec 100 % d'une entreprise dans un marché concurrentiel [où] les marges bénéficiaires sont comprimées et [où] tout le monde souffre. » Du côté de Home Depot, Marcus déclara que la transaction allait de soi : « On l'a faite parce que l'entreprise est un clone de Home Depot. C'est un trou d'un coup pour nous. Il nous aurait fallu trois ans pour nous adapter au marché [canadien], alors que nous avons déjà quelqu'un qui a mis en place les systèmes et les profits. » Par contre, en ne cédant que les trois quarts d'Aikenhead à Home Depot, Cohen conservait certains avantages attendus avec le potentiel de croissance de la chaîne au Canada. La transaction prévoyait une option qui déclencha la vente des 25 % restants qui appartenaient toujours à LCML six ans plus tard à un prix basé sur le nombre de succursales de Home Depot Canada.

« C'était du Mickey à son meilleur, explique Eric. Avec ses conseillers d'Osler et des autres cabinets (son "équipe fantôme"), il a trouvé une formule qui nous a permis d'obtenir la pleine valeur pour notre investissement. Ces transactions basées sur la valeur future d'un actif peuvent être trompeuses parfois, mais ils ont bien négocié. En avril 1998, quand nous avons finalement exercé notre option pour vendre les 25 % restants de notre participation [Cohen n'était plus chef de la direction], Home Depot a payé 375 millions de dollars. » Il s'agit d'une augmentation colossale comparativement aux 200 millions de dollars que les Américains avaient payés pour 75 % de l'entreprise quatre ans plus tôt à peine.

Même s'il admirait toutes ces manœuvres financières sur le plan intellectuel, Eric restait détaché. « Des papeteries ? Des quincailleries ? Des magasins de bricolage ? Je ne connaissais rien là-dedans et ça ne me faisait ni chaud ni froid. Tu sais, je n'ai pas aimé une seule minute de cette période où Molson était une entreprise diversifiée. Je n'aimais rien de cela. Alors, quand j'ai été nommé à la tête du c.a. de ce conglomérat, une chose était claire pour moi : je présidais le conseil qui superviserait les affaires de l'entreprise, mais c'était le boulot du chef de la direction de la diriger et je le laisserais faire son travail. Parfois, cela fonctionnait, comme pour les quincailleries, parfois non, comme pour Diversey. »

Le moins qu'on puisse dire, c'est que les fonctions d'un chef de la direction sont complexes. Il doit exceller à bâtir l'avenir de l'entreprise en ayant une vision et une stratégie, ainsi que des aptitudes pour conclure des transactions et investir en vue de sa croissance. Il doit aussi gérer sa réussite actuelle en traitant avec des parties aux intérêts divergents, en ayant des compétences remarquables pour diriger des équipes et en assurant l'exécution impeccable des opérations. En outre, il doit instaurer dans toute l'organisation une culture axée sur le client.

Cohen était doué pour la première partie (les négociations et la restructuration financière), mais il semblait moins habile pour les opérations pures et simples (ou peut-être s'y intéressait-il moins). En outre, il s'estimait responsable de l'ensemble du conglomérat et considérait que ses présidents de divisions (bière, produits chimiques, vente au détail ou hockey) étaient redevables de la réussite de leur propre secteur. Il avait son travail, ils avaient le leur.

Malheureusement, les choses ne se passèrent pas tout à fait comme prévu.

Par exemple, en 1991, lorsque Cohen décida d'acquérir DuBois Chemicals comme complément à Diversey parce que le domaine des produits chimiques « promettait une meilleure croissance que celui de la bière », il engagea l'ingénieur anglais Derek Cornthwaite pour diriger la division. Ce cadre fonceur, titulaire d'un doctorat de l'Université de Cambridge, avait passé le précédent quart de siècle chez Imperial Chemical Industries PLC, une grande société britannique. Lorsqu'il se joignit à LCML, son ambition était à la hauteur de celle de Cohen : transformer LCML en société de produits chimiques d'envergure internationale.

« Mickey a choisi Cornthwaite pour diriger Diversey et en faire une grande entreprise mondiale de produits de nettoyage basée aux États-Unis, explique Eric. Ce fut une catastrophe. Il n'était pas le genre de gars qui pouvait passer d'une entreprise à l'autre ni motiver ses troupes. Il aurait dû se concentrer sur les États-Unis où Ecolab dominait le marché et où nous devions intégrer DuBois dans Diversey, mais il cherchait plutôt à socialiser avec la grosse gomme. » Au cours de ses vingt premiers mois dans l'entreprise, Cornthwaite visita vingt-neuf des trente-neuf pays où Diversey était établie et fraya avec des parties prenantes à l'extérieur de l'entreprise. Un article paru dans le *Globe and Mail* en 1992 fit état d'un voyage de Cornthwaite à Zurich « où, avec le chef de la direction de Molson, Mickey Cohen, il organisa un déjeuner avec cinquante des plus importants banquiers d'affaires, gestionnaires de fonds et analystes boursiers, avant de se rendre à Londres où ils en reçurent cent de plus ».

Aucun de ces déplacements ne permit de résoudre le problème le plus pressant de Diversey : le marché américain. L'acquisition de DuBois ne fut pas la formule magique qu'espérait Cohen. Non seulement l'entreprise était-elle trop petite pour avoir un effet substantiel, mais son intégration ne se passait pas harmonieusement, notamment à cause de problèmes d'exploitation et de différences organisationnelles. Par exemple, les deux entreprises avaient des structures de rémunération distinctes : les employés de Diversey recevaient un salaire fixe alors que ceux de DuBois étaient strictement payés à la commission. Sanjib Choudhuri explique : « Une fois qu'il avait son territoire, un représentant de DuBois était comme un chien de chasse. Il allait débusquer sa proie d'une façon ou d'une autre, peu importe où elle se terrait. Je connaissais un employé de DuBois qui avait le Waldorf Astoria comme client. Quand il a perdu ce client au profit d'Ecolab, il s'est littéralement enchaîné à une colonne dans le hall de l'hôtel et a dit au directeur qu'il ne partirait pas et qu'il ne lui dirait pas où se trouvait la clé du cadenas à moins qu'on lui restitue le compte. Il a fait ça pour vrai ! Et on lui a redonné le client. DuBois était un endroit vraiment spécial. Une bête complètement différente du reste de Diversey. »

Lorsque les deux équipes de ventes furent fusionnées, les comptes redistribués et les territoires redéfinis, les frictions inévitables nuisirent aux résultats de Diversey. Le 31 mars 1993, les résultats accablants de Diversey affectèrent le rendement de l'ensemble de LCML. Cette année-là, les actionnaires s'attendaient à des résultats supérieurs, surtout en raison du produit de la vente de 20 % du secteur brassicole à Miller. Toutefois, la plus grande portion de ces gains fut aspirée par les profits moins élevés des activités de Diversey en Amérique du Nord. Cohen essaya de rassurer les actionnaires en affirmant que LCML se chargeait de régler les problèmes causés par l'intégration de DuBois et que Diversey afficherait des gains dès l'année suivante.

Il se trompait. Les problèmes persistèrent chez Diversey. Ecolab continuait à ravir systématiquement les gros clients, et Diversey US demeurait un gouffre financier qui se creusait davantage. En mars 1994, Cohen congédia Cornthwaite, lui versa une indemnité de départ de 2,7 millions de dollars (en plus de son salaire supérieur à 1 million de dollars) et annonça qu'il dirigerait lui-même Diversey jusqu'à ce qu'il trouve un nouveau chef de la direction.

Atterré, Eric observait la situation des coulisses : « Quel gaspillage ! Nous aurions pu faire de Diversey une entreprise d'envergure mondiale, mais nous avons engagé le mauvais gars, nous l'avons payé une fortune et nous avons tout gâché. Cohen aurait dû congédier Cornthwaite plus tôt. En réalité, j'aurais dû faire la même chose : j'aurais dû me débarrasser de Cohen plus tôt, moi aussi. »

L'assemblée générale annuelle de 1994 qui eut lieu trois mois plus tard fut très tendue. Les profits de l'entreprise avaient chuté de 24 % par rapport à l'exercice précédent, et le cours de l'action était « inacceptablement » bas. Cohen essaya de calmer les actionnaires : « Les financiers de Bay Street et de Wall Street ont raison de vouloir des preuves tangibles et de s'impatienter… Personne n'est plus impatient que moi, mais nous devons gérer cette entreprise à long terme. » Cohen avait modifié l'orientation stratégique de l'entreprise trois ans plus tôt en investissant dans sa division de produits de nettoyage et de désinfection avec DuBois plutôt que de miser sur l'expansion internationale des activités brassicoles. Et durant deux de ces trois années, Diversey avait essuyé des pertes, sans espoir immédiat d'atteindre une rentabilité égale à celle de la division brassicole. Malgré tout, Cohen conservait son attitude charmante et rassurante. Il dit même à la blague aux journalistes que tout le travail additionnel que lui donnait Diversey l'empêchait de jouer au golf aussi souvent qu'il le souhaitait.

Eric, lui, ne riait pas. Le seul bon côté de la situation, selon lui, c'est qu'elle ouvrait la porte à la réorganisation. « Quand on est sur une pente glissante et qu'il y a du chaos, on a l'occasion de faire un vrai changement. Tu sais, adopter une mesure draconienne qui peut te permettre d'avancer. Nous nous enfoncions vraiment dans le marasme parce que

Diversey allait à sa perte. Mais, à vrai dire, c'était ma chance… Je pouvais faire quelque chose. Je ne suis pas certain que j'aurais pu récupérer la brasserie si nous n'avions pas tout gâché à ce point. »

L'échec fut un moyen de mettre fin au « règne impérial » de Mickey Cohen.

🍁

Pendant ce temps, une autre tempête se formait au-dessus de Molson, concernant le partenariat signé en 1993 avec Miller. Huit ans auparavant, le 11 octobre 1985, les Brasseries Molson avaient obtenu une licence exclusive pour brasser et distribuer la bière Coors au Canada. La relation entre les deux brasseurs se développa, Molson permit de faire croître la popularité de la Coors au Canada et, en 1993, les marques Coors et Coors Light détenaient 6 % du marché de la bière au pays. Puis, la même année, Cohen et son associé de Foster's changèrent de camp et vendirent 20 % des Brasseries Molson à Miller, l'ennemi juré de Coors.

Sans grande surprise, Leo Kiely, le chef de l'exploitation de Coors, qualifia ce geste de « trahison ». Kiely et d'autres cadres de Coors se mirent à craindre que, maintenant que Molson appartenait en partie à Miller, celle-ci allait cesser de déployer autant d'énergie pour promouvoir la Coors Light au Canada et allait être beaucoup plus portée à vendre ses propres produits. En outre, si LCML était déterminée à percer le marché des États-Unis au point de vendre une partie de ses activités à un brasseur américain, pourquoi n'avait-elle pas conclu une entente avec Coors plutôt qu'avec Miller ? Du point de vue de Coors, la nouvelle alliance de Molson avec Miller ne comportait que des désavantages.

Cohen avait prévu cette réaction : « Ils étaient furieux. Les gens de Coors étaient vraiment très fâchés et je ne pouvais pas les blâmer. Mais au bout du compte, il ne peut y avoir qu'un gagnant à la table, et nous avons choisi Miller. »

En l'entendant se justifier ainsi, je ne peux m'empêcher de me demander pourquoi il considérait cette situation en termes de gagnants et de perdants plutôt que d'avoir tenté de trouver une solution favorable aux deux parties. Après tout, dans le milieu de la bière, il existe des associations de tous les types, où les concurrents sont des partenaires dans un marché et des rivaux acharnés dans un autre. Cohen qualifie son attitude dure de jugement d'affaires avisé : « Nous brassions la Coors sous licence au Canada, et Carling O'Keefe avait une entente similaire pour la Miller. Lorsque nous avons acheté Carling d'Elders IXL, nous brassions et distribuions les deux marques, Miller et Coors Light, ici au Canada. Donc, lorsque le temps est venu de décider avec qui nous associer pour permettre à Molson de pénétrer le marché américain, nous avions le choix. Nous avons analysé les deux entreprises et, selon mon évaluation de l'époque, Miller était la meilleure option. D'après moi, Coors était coincée derrière les Rocheuses. Nous aurions été deux petits partenaires associés. J'ai cru qu'il vaudrait mieux essayer de percer aux États-Unis avec Miller, qui appartenait à l'époque à Philip Morris. De plus, comme Philip Morris était un cigarettier qui se tenait loin de la gestion quotidienne, j'ai cru que nous pourrions faire une meilleure entente avec Miller, et le conseil d'administration était d'accord avec moi. »

Cohen tenta de calmer les appréhensions des dirigeants de Coors en leur disant que c'était une simple décision d'affaires qui n'avait rien de personnel : « Nous allons continuer de bien vendre la Coors Light au Canada, vous n'avez pas à vous inquiéter. » Toutefois, les gens de Coors n'étaient pas convaincus : ils se demandaient comment ils pouvaient faire brasser leur bière au Canada par une entreprise qui appartenait à 20 % à Miller.

Pete Coors, à l'époque chef de la direction et vice-président du conseil d'administration de la brasserie portant son nom, se souvient d'une conversation qu'il eut avec Cohen. Il raconte, en levant les yeux au ciel : « Je suis allé rendre visite à Mickey à Toronto et je l'ai trouvé passablement pédant. Nous sommes allés dans un club privé au centre-ville… Il a un *ego* énorme, ce type. » Toutefois, Pete Coors détestait encore plus la transaction conclue avec Miller. Il partageait l'opinion de son chef de l'exploitation, Kiely, qui déclara : « À notre avis, l'entente avec Miller était clairement une trahison. Elle signifiait que nos perspectives de croissance au Canada étaient considérablement compromises. Miller était notre ennemi, et Molson l'avait choisi comme partenaire, alors, oui, c'était une trahison. »

Un an plus tard, le 30 mars 1994, Coors poursuivit à la fois Miller devant une cour fédérale américaine pour non-respect de la législation antitrust et LCML par des procédures d'arbitrage canadiennes pour rupture de contrat. Cohen demanda aux avocats d'Osler d'évaluer les chances de réussite de Coors en arbitrage. Elles étaient très faibles, se rappelle Cohen : « Nous avions une multitude d'avis juridiques d'Osler nous disant que nous n'avions pas enfreint notre contrat de licence avec Coors lorsque nous avons conclu l'entente avec Miller. Nous étions très à l'aise avec toute cette histoire. » La direction de LCML, quasi certaine que les arbitres rejetteraient les allégations de Coors, nia froidement tout acte répréhensible.

Cohen s'anima lorsque les membres du conseil d'administration de LCML l'interrogèrent au sujet de l'arbitrage. Il les informa que ce n'était pas un problème. En outre, selon lui, les poursuites judiciaires faisaient partie des affaires, donnant en exemple Molson et Labatt qui s'étaient poursuivies à répétition pour des violations de contrat, des contrefaçons de marque et de copyright ou des infractions aux règles antitrust. La situation avec Coors n'était qu'une petite tempête qui allait finir par se calmer. « Ils vont s'en remettre », les rassura-t-il.

Toutefois, le chef de l'exploitation de Coors, Leo Kiely, n'était pas prêt à lâcher prise. Le problème n'était pas seulement que Miller avait acquis une participation dans les Brasseries Molson. Autre chose n'allait pas, explique Kiely : « Mon équipe m'a exposé les faits. Elle m'a démontré qu'il y avait de grandes différences entre ce que la direction de Molson nous disait en termes de ventes de la Coors Light et ce que nous constations nous-mêmes. L'histoire n'était pas claire. Quelque chose clochait. J'ai donc dit : "Insistons pour avoir les bons chiffres."

« Nous avons soupçonné qu'il y avait de la tricherie, mais nous ne pouvions pas en avoir la preuve immédiatement. Nous avions un doute parce que les chiffres n'avaient pas de sens selon nous. Rappelez-vous que, lorsque je suis entré chez Coors, l'entreprise n'avait pas de grandes compétences en affaires. Elle cherchait aussi à éviter les conflits… Mon instinct me disait que quelque chose ne tournait pas rond et nous devions trouver quel était le problème. »

Les audiences d'arbitrage sont parfois longues à organiser, et c'était le cas pour l'affaire opposant Molson et Coors. Une fois trois arbitres internationaux trouvés et approuvés, et les dates d'audience arrêtées, près d'un an s'était écoulé. C'est à l'étape de la collecte d'éléments de preuve, toutefois, que Coors trouva ce dont elle avait besoin : la démonstration que Molson trichait.

La fraude était aux antipodes de tout ce en quoi Eric croyait : ses principes, ses valeurs, la façon dont il avait choisi de mener sa vie. Lui qui ne se fait jamais rembourser un repas par la brasserie pour éviter d'être perçu comme un profiteur voyait l'entreprise que sa famille contrôlait et qui portait son nom accusée de tricherie…

« C'était horrible. Ça n'aurait jamais dû se produire. L'image de Molson doit toujours être protégée. Nous sommes responsables de l'intégrité de notre image et de l'intégrité associée à nos actifs. Ça ne s'achète pas, l'intégrité. On la bâtit, on l'entretient, on la protège. Ça ne prend qu'un seul événement comme celui-ci pour que tout s'écroule. Cohen nous a trompés. »

Toutefois, Eric n'eut pas vent du méfait ni des erreurs de calcul sur-le-champ, et il ne l'apprit pas de la bouche de Cohen, mais bien de celle de son successeur, un an plus tard, le 18 octobre 1996. Norm Seagram lui annonça la nouvelle lorsque le jugement arbitral fut rendu. « J'étais complètement sidéré quand Seagram m'en a informé, explique Eric. C'était catastrophique. Quelqu'un avait trompé la brasserie Coors sur la quantité d'argent que nous lui devions et lui versait moins que la somme prévue par notre contrat de licence… Cohen était chef de la direction à l'époque. Il aurait dû être au courant ou avoir des mécanismes de contrôle en place pour prévenir ce genre de dérapage. »

Après avoir nié, Cohen et son équipe essayèrent de limiter les dégâts et de trouver des arguments juridiques pour minimiser l'impact de ce que les gens de Coors avaient découvert. Mais c'était fini. Les avocats d'Osler représentant LCML avaient perdu toute confiance de pouvoir remporter l'arbitrage haut la main. Il n'y avait aucun moyen de nier des preuves de ce genre.

« Une des leçons de la vie, c'est que nous ne savons jamais ce qui va venir nous attaquer, explique Cohen. Nous avons perdu l'arbitrage, mais ça n'avait rien à voir avec le contrat de Miller, contrairement à ce qui était écrit dans les journaux. Nous versions à Coors des redevances calculées en fonction du volume de bière que nous vendions et, quelque part à la brasserie, le calcul de ces redevances était délibéré-ment ou accidentellement erroné. Je ne sais toujours pas aujourd'hui jusqu'à quel échelon les gens étaient au courant, mais une fois que ça a été découvert, nous avons été fichus.

« Ça arrive constamment dans notre monde. Le cas concerne x, mais y s'est mal comporté, alors le jugement a été fait en fonction du mauvais comportement de y et non sur les faits de x… Ça m'a rendu malade. Quelqu'un au fin fond de la brasserie avait mal agi et c'était probablement délibéré. C'est ce qui a mené à la décision défavorable. »

« "Au fin fond de la brasserie" ? Tu parles ! dit Eric. Mickey était le chef de la direction. Il aurait dû être au courant et, comme il ne l'était pas, il aurait dû mener une enquête. Ce n'était pas correct et ça n'aurait jamais dû se produire. Et là, plutôt que d'avouer que nous avions mal agi et de corriger l'erreur, nous avons continué jusqu'à ce qu'ils nous poursuivent. Si j'avais été aux commandes, j'aurais réglé les choses sur-le-champ avec Bill Coors. Je lui aurais dit : "C'est bien malheureux, nous ne vous avons pas versé les sommes exactes. Nous allons régler la situation et poursuivre nos affaires." Ça aurait pris quinze minutes. Mais je n'étais pas le chef de la direction. » Eric fixe ses mains. Je veux en savoir davantage, mais je sens un grand malaise. Et je me dis que, lorsqu'il a appris ce manquement à l'éthique, l'affaire était déjà dans les mains des arbitres. Il n'aurait rien pu faire de plus. Cohen non plus, d'ailleurs. Malgré les doutes d'Eric, il n'y avait aucune preuve que Cohen était au courant du méfait avant qu'il soit trop tard.

Le litige qui prit naissance en avril 1993 lorsque Miller acheta 20 % des Brasseries Molson fut réglé en avril 1997, six mois après le jugement arbitral. Non seulement il fallut près de quatre ans pour le résoudre, mais le règlement coûta 100 millions de dollars aux Brasseries Molson.

« J'ai même fait plastifier une copie du chèque de 100 millions et je l'ai gardée sur mon bureau un certain temps », raconte Pete Coors. Leo Kiely fit de même. Ce fut une grande victoire pour eux. Kiely rigole : « Il faut se rappeler que cette somme était supérieure au total de nos profits de cette année-là. En fait, c'était au moins supérieur à nos profits de 1993, 1994 et 1995. […] Ça montre à quel point c'était consi-dérable pour Coors. Nous ne nous étions jamais attendus à un chèque d'un tel montant, mais des choses comme ça arrivent parfois. »

La perte financière ne fut pas ce qui blessa Eric le plus. Après avoir appris l'existence de ces manœuvres sournoises (« Imagine, ce sont nos *propres employés* qui ont fait ça », ajoute Eric avec incrédulité), il voulut trouver une façon de rectifier la situation et de restaurer l'intégrité de Molson. Le versement de la somme de 100 millions de dollars permit de fermer un chapitre honteux du passé, chapitre qui se déroula (« heureusement », précise Eric) entièrement hors de la vue du public. À la suite d'une enquête interne lancée à la brasserie, « on a subitement perdu quelques personnes », un euphémisme d'Eric pour signifier qu'elles ont été renvoyées. Molson pouvait enfin entreprendre le long processus de réconciliation avec Coors.

❦

Eric avait toujours hâte aux « rencontres au sommet ». L'esprit de camaraderie et les plaisanteries échangées lors de ces lunchs mensuels lui faisaient oublier momentanément les épreuves du quotidien, particulièrement quand les choses n'allaient pas bien. Les participants du sommet venaient de tous les horizons : d'anciens joueurs de la LNH, des gestionnaires du Canadien, les médecins de l'équipe, Eric et Stephen. Ils parlaient de bière et de hockey en partageant quelques pichets de Molson Ex. Ils se réunissaient à l'origine à la taverne de Toe Blake, à quelques rues du Forum. À la fermeture de l'établissement en 1983, ils se déplacèrent au DQ, ou Dairy Queen, le surnom qu'ils donnaient à la taverne La mère Clavet à quelques pas de la brasserie.

Le groupe se réunit toujours (et fait encore des paris de hockey), mais à La Cage du Centre Bell. Il compte de nouveaux membres, dont Andrew, Justin et Geoff. La fonction du groupe est restée la même : parler de bière et de hockey en buvant quelques « grosses molles ».

À l'une de ces occasions, Ronald Corey remarqua la mine préoccupée d'Eric. Les membres du sommet se revoyaient pour la première fois après une pause forcée de trois mois à la suite du lockout de la LNH en 1994-1995. Ils étaient tous heureux de reprendre leurs taquineries et leurs discussions habituelles. Eric était distrait, mais ce n'était plus Concordia qui le troublait puisque Lowy était maintenant en poste comme recteur. « Je pouvais me fier à Fred. Il comprenait aussi que je devais m'occuper de certaines choses chez Molson. »

« Ça va ?» lui demanda Corey lorsqu'ils enfilèrent leurs manteaux d'hiver après le lunch.

« Oui, merci, Ronald. Tout va bien. »

« Attends-moi, je t'accompagne. »

En marchant vers la brasserie, les deux hommes discutèrent du nouveau Forum. C'était l'un des projets les plus remarquables de Corey à titre de président du Club de hockey Canadien… sans compter ses tentatives de remporter « sa » troisième coupe Stanley. « Les travaux avancent comme prévu, expliqua-t-il à Eric. Le toit et les murs extérieurs devraient être terminés d'ici les six prochains mois, puis on va commencer l'intérieur. On va poser la glace, monter les gradins, aménager les cent trente-cinq loges… »

« C'est super, dit Eric. Quand on aura terminé la construction, ce sera bon pour Montréal. Ça permettra de développer un autre quartier de la ville. »

Corey insista : « Et toi ? Tu es sûr que tout va bien ? »

Eric haussa les épaules : « Tu sais, Ronald, la situation est difficile. On vient de vivre un long lockout au hockey. On a fait de gros investissements dans le nouveau Forum – c'est une bonne chose, mais ça coûte cher. On est en train de convertir notre chaîne de détail en gros magasins-entrepôts du genre Home Depot et de se débarrasser de Beaver Lumber, ce qui nous coûte aussi un paquet d'argent. Comme Mickey croit que notre avenir est dans les produits chimiques, on a investi massivement dans Diversey, mais ça ne semble pas vouloir marcher aux États-Unis, alors on lance encore de l'argent par les fenêtres. Et pour couronner le tout, on est en train de négliger les brasseries. C'est la seule division de LCML qui est vraiment rentable et, tout ce qu'on fait, c'est prendre les revenus de la bière pour les balancer dans d'autres secteurs… Depuis deux ans, je me tue à dire qu'on devrait retourner à la bière. C'est la seule chose qu'on sait bien faire. Mais Mickey a son plan bien à lui. Je n'arrive pas à le lui faire comprendre. Et ce qui aggrave les choses, c'est que le cours de notre action est en chute libre. Les analystes et les actionnaires en ont assez, et ils ont bien raison. Moi aussi, j'en ai assez ! »

Corey fut surpris, même s'il savait tout ça. Il connaissait Eric depuis vingt ans, mais il ne l'avait jamais vu aussi volubile en sa présence.

Il s'arrêta et posa la main sur le bras d'Eric : « Tu devrais parler à Luc Beauregard. »

« Luc Beauregard ? Le président de National, le cabinet de relations publiques ? Je le connais à peine. »

« C'est le type qui a organisé toutes les activités de communications pour le Indy Molson à Vancouver en 1990. »

Eric se remit en marche : « Je m'en souviens. Il avait confié notre mandat à un gars super doué, Daniel Lamarre. »

« Luc peut t'aider. Il connaît le milieu des affaires, il connaît les gens et il est brillant. Écoute, il a conseillé beaucoup de *leaders* du Québec et du Canada quand ils ont dû gérer une crise. Il est bon pour dénouer les situations délicates. En plus, tu peux avoir confiance en lui. Je suis sûr qu'il pourra t'être utile. »

Les deux hommes marchèrent en silence, puis Corey demanda : « Veux-tu que je t'organise une rencontre avec lui ? Qu'est-ce que tu as à perdre ? »

« C'est bon, allons-y », annonça Eric d'un ton résolu. Le moment était venu de fomenter la révolution du retour à la bière.

Eric et Luc Beauregard se rencontrèrent quelques semaines plus tard pour déjeuner au Café de Paris de l'hôtel Ritz-Carlton à Montréal. Ils parlèrent de l'actualité, de politique et de National, le cabinet fondé par Beauregard en 1976. Eric aima les anecdotes savoureuses de ses expériences en communications, mais surtout sa grande discrétion. Beauregard parlait en termes généraux, en ne révélant jamais le nom de quiconque, et évitait toute mention qui aurait permis à son interlocuteur de découvrir l'identité de ses clients.

Tandis qu'ils buvaient leur café, Eric aborda subtilement le sujet de LCML. La veille, il avait résumé les résultats de fin d'exercice de 1994. Il sortit son carnet et lut ses notes :

1. Brassage : 29 % des ventes de LCML, 54 % des profits totaux
2. Diversey : 46 % des ventes – 34 % des profits
3. Vente au détail : 22 % des ventes – 8 % des profits
4. Hockey : 3 % des ventes – 4 % des profits

Eric et Jane Molson en compagnie de Luc et Michelle Beauregard, 2007. La relation d'affaires des deux hommes se transforma en amitié profonde et durable. Photo : collection de la famille Molson.

Eric expliqua à Beauregard à quel point il était insatisfait de l'orientation actuelle de LCML. Il n'aimait pas la direction dans laquelle elle s'engageait et, à titre de président du conseil d'administration et d'actionnaire détenant le contrôle, il voulait revenir à son principal secteur d'activité. Sinon l'avenir de l'entreprise serait compromis.

« Malheureusement, je ne suis pas sûr que tous les membres du conseil d'administration sont de mon avis. Je *pense* qu'ils le sont, mais Mickey Cohen est très persuasif. Je dois en convaincre quelques-uns, mais ce n'est pas ma force. »

Beauregard réfléchissait. « Dites-moi ce que vous changeriez si vous étiez le chef de la direction. »

« C'est simple, Luc : LCML redeviendrait Molson. On retournerait à nos racines pour concentrer toute notre énergie à devenir une brasserie d'envergure internationale. C'est tout. C'est comme ça que nous allons survivre à long terme. Il faudrait qu'on fasse trois choses. Premièrement, on fait quelques transactions majeures pour se débarrasser de tout ce qui n'est pas lié à la bière et pour racheter les actions de Foster's et de Miller. Deuxièmement, on rapatrie le siège social de l'entreprise à Montréal. La ville fait partie de notre ADN, et c'est ici que tout a commencé. Troisièmement, on bâtit une plateforme mondiale par des acquisitions, des fusions, des partenariats, toutes les formules possibles en fait, pour que Molson puisse prospérer deux siècles de plus. »

À la fin de la conversation, la passion d'Eric était manifeste. Il expliqua à Beauregard : « Vous savez, je ne suis pas un vrai homme d'affaires. Je n'aime pas parler de finances, du cours de la Bourse ou de la dernière méthode de gestion à la mode… et je me fiche, surtout de ceux qui le font en se donnant de grands airs. Je suis un scientifique et un brasseur. Je connais la bière, je comprends l'industrie de la bière et j'aime les gens de bière. Et ils sont comme ça, les employés de Molson. Ils réussissent tout ce qui touche à la bière : la fabrication, le marketing, la distribution, les ventes. Il faut que nous retournions à nos racines, que nous revenions à ce que nous connaissons le mieux. »

♦

Mickey Cohen reporta l'assemblée générale annuelle 1995 de LCML à Toronto de juin à la mi-septembre, ce qui suscita des questions et des rumeurs. Pourquoi ce report ? Cohen essayait-il de gagner du temps ? Préparait-il un coup d'éclat ? Changeait-il d'orientation stratégique ? Certains actionnaires institutionnels espéraient qu'il était en train de préparer la vente de Diversey, qui était une entreprise perdante, surtout aux États-Unis. Toutefois, Cohen n'en démordait pas : Diversey était un élément clé pour assurer l'avenir de LCML. Il expliqua aux journalistes : « Nous croyons et nous continuerons à croire que cette entreprise a beaucoup d'avenir à l'échelle mondiale. » Même si Ecolab dominait le marché américain et détenait fermement 80 % des grands clients du pays, Cohen assurait qu'il pouvait renverser la vapeur si on lui laissait un peu plus de temps.

Mais les chiffres n'étaient pas aussi optimistes. En 1994, les pertes de la division américaine de Diversey avaient triplé, pour atteindre 37,7 millions de dollars, ce qui entraînait une chute de 31 % des profits totaux de LCML par rapport à l'exercice précédent. Le prix du titre de l'entreprise reflétait ce rendement médiocre : les actions de catégorie A dégringolèrent, passant de 30 $ en 1992 à 17 $ trois ans plus tard.

Les grands investisseurs institutionnels de LCML commençaient à se manifester. Claude Lamoureux, président et chef de la direction du Régime de retraite des enseignantes et enseignants de l'Ontario (mieux connu sous le nom de Teachers') et l'un des principaux actionnaires de LCML qui possédait des actifs d'une valeur de 40,3 milliards de dollars, déclara que l'entreprise avait besoin de *focus,* de se recentrer. LCML devait s'en tenir à la bière ou aux produits chimiques, mais pas aux deux secteurs.

Enfin, quelqu'un d'autre le disait ! Eric crut que Mickey commencerait à l'écouter.

Ce ne fut pas le cas. En septembre 1995, Cohen assura à un journaliste du *Financial Post,* entre deux bouffées de cigare, qu'il s'engageait à remettre sur pied la division américaine de Diversey : « De toute façon, même si nous décidions de vendre Diversey pour nous consacrer exclusivement à la bière, ce n'est pas le moment approprié. » Il admit sentir un peu de pression des actionnaires, des analystes financiers et de son conseil d'administration, mais il affirma qu'il n'y céderait pas.

Eric fut encore plus résolu.

Le temps est venu de changer. L'expérience de la diversification ne marche pas et Mickey n'est plus la bonne personne pour le poste… Le problème, avec Mickey, c'est que ce que l'on voit ne correspond pas à la réalité. Il veut jouer les grands seigneurs et démontrer à tout le monde qu'il a raison. S'il continue comme ça, il va mener l'entreprise à sa perte. Et je ne suis pas le seul à le penser. Le conseil d'administration et les principaux actionnaires sont d'accord avec moi.

C'est vers cette époque qu'Eric se mit à discuter plus ouvertement de l'entreprise avec ses fils. Il exposait de plus en plus souvent son point de vue sur LCML, la diversification et l'avenir de l'industrie brassicole à Andrew et Geoff (Justin était moins porté sur les questions d'affaires). Andrew, alors âgé de vingt-sept ans, pratiquait le droit des sociétés au grand cabinet canadien McCarthy Tétrault, tandis que Geoff, vingt-cinq ans, terminait sa maîtrise en administration des affaires au Babson College du Massachusetts. Réconforté par l'intérêt de ses fils et leur compréhension rapide, il leur parla de son objectif de ramener Molson à la bière. Il discuta des changements dans l'industrie et s'inquiéta de voir les petites brasseries se faire écraser par la poigne de fer de la mondialisation. À l'été 1995 par exemple, pendant que Cohen avait les yeux sur Diversey, Onex Corporation (la société de financement par capitaux propres de Gerry Schwartz) avait fait une offre à Labatt. Contrainte de repousser cette OPA importune, Labatt se mit en quête de solutions. Les brasseries Heineken des Pays-Bas et Interbrew de Belgique (fabricante de la Stella Artois) présentèrent toutes deux des contre-offres. Labatt allait être achetée.

Au début de l'été, Eric se confia à Andrew qui se trouvait avec lui dans le Maine : « Il faut qu'on se prépare. Sinon ils vont nous pourchasser, nous aussi. »

Andrew, qui avait suivi de près les tractations, était d'accord : « Ce qui est intéressant, c'est que les trois soumissionnaires (Onex, Heineken et Interbrew) ont déclaré qu'ils se départiraient des actifs non brassicoles s'ils mettaient la main sur Labatt. »

« Tu as raison, dit Eric. Les conglomérats, c'est chose du passé. Tout le monde se concentre sur son secteur principal… Si seulement je pouvais convaincre Mickey que le nôtre, c'est la bière et pas les produits de nettoyage… Ce qui me rassure, c'est que notre conseil d'administration commence à voir les choses du même œil. »

Plus tard ce jour-là, Eric écrivit une lettre à Geoff qui avait un emploi d'été au siège social de Marks & Spencer à Londres.

Cher Geoff,

Je prends enfin le temps de t'écrire. C'est tellement rare maintenant, sauf pour la correspondance d'affaires. Je me suis dit que tu aimerais savoir ce qui se passe avec Labatt. Quand tu es parti, Onex avait déposé une offre à 24 $ et envisageait de tout vendre, sauf les activités brassicoles. L'entreprise aurait appartenu à la famille Bemberg qui possède des brasseries en Amérique Centrale et du Sud.

La semaine dernière, Interbrew a offert 28,50 $ et tout indique qu'elle va l'emporter. Toutes les divisions de Labatt, sauf celle de *la bière, seront vendues, et les activités brassicoles appartiendront aux deux familles belges qui possèdent Interbrew : les Van Damme qui brassent la Piedboeuf et les de Spoelberch.*

Le résultat final sera le même : Labatt deviendra un simple brasseur qui appartiendra à une ou à deux familles. Ça devrait m'aider à atteindre l'objectif dont je vous ai parlé, à Andrew et à toi...

Il y a peu de temps, à la dernière minute de la troisième période, alors que le compte était 2 à 2, Claude Lemieux a traversé la patinoire et a décoché tout un tir de la ligne bleue. Hextall n'a pas pu l'arrêter. Le compte est 3 à 2 pour la partie, et 3 à 2 dans la série pour le NJ. C'est ce que je veux...

Jane écrivit quelques mots, puis Eric ajouta en post-scriptum : *Detroit a éliminé Chicago en prolongation hier soir.*

❧

Interbrew remporta la bataille et mit la main sur John Labatt Ltd pour la somme de 2,7 milliards de dollars. Le plus grand concurrent de Molson au Canada appartenait dorénavant à des intérêts étrangers.

Peu après, à l'automne 1995, Eric reçut un appel d'un représentant de Teachers' qui souhaitait le rencontrer pour passer en revue les résultats de l'entreprise. Cet investisseur avait déjà émis son opinion sur la nécessité pour LCML de recentrer ses activités.

« Très bien, dit Eric, je vais prévenir Mickey Cohen et Stuart Hartley, notre chef des services financiers, de se préparer. »

« Non, monsieur Molson, nous voulons vous voir seul. Nous voulons discuter avec le président du conseil d'administration. »

Eric passa de longues journées à se préparer. Le jour de la rencontre, il entra dans la salle de conférence avec appréhension. « Ils m'ont bombardé de questions. Heather Hunter, leur chef du marché des actions, était un vrai génie. Elle connaissait son affaire. Elle et quelques autres m'ont dit en gros : "Nous avons un conseil à vous donner, monsieur Molson. Vous devez vous débarrasser de Mickey Cohen. Il nous a dit l'an dernier qu'il allait mettre en place un nouveau système de gestion de la valeur et il n'a pas bougé. Ses résultats sont catastrophiques. Il doit partir." Ils voulaient que je largue Mickey. Je ne leur ai pas avoué que c'était déjà mon intention. Je les ai plutôt remerciés de m'avoir reçu et je leur ai annoncé que j'allais réfléchir à ce qu'ils m'avaient dit. »

Eric sortit de la rencontre armé de nouvelles munitions. Les membres du conseil ne pouvaient pas ignorer ce genre de remarque. Ils n'étaient pas en mesure de prendre une décision précipitée, mais il ne faisait aucun doute qu'ils ne pouvaient plus soutenir Cohen.

« C'est difficile de se défaire d'un chef de la direction, explique Eric. On doit s'assurer qu'il a échoué. On ne peut pas simplement s'en débarrasser, même si on est le président du conseil d'administration et l'actionnaire détenant le contrôle. Il faut tenir compte de beaucoup de parties prenantes. Dans le cas de Mickey, nous avions le marché de notre côté parce que les affaires baissaient sous sa garde. Alors le conseil d'administration a commencé à dire à Mickey que les choses ne se passaient pas bien. Je n'ai eu qu'à renforcer le message. »

Eric organisa une rencontre seul à seul avec son chef de la direction, avec la bénédiction des membres du conseil. Sachant qu'il serait difficile de lui annoncer la fin de son règne, Eric demanda l'aide de Luc Beauregard.

Beauregard accompagna Eric à Toronto. Ils profitèrent de chaque instant (dans l'avion, au repas et pendant de longues heures par la suite) pour peaufiner ce qu'Eric allait apprendre à Cohen le lendemain. Beauregard prépara Eric jusqu'à tard dans la nuit : « Et s'il dit cela, qu'allez-vous répondre ? Et s'il vous demande ceci ? » La seule façon pour Eric de gérer les situations difficiles était de bien se préparer. Au bout d'un certain temps, il dit : « C'est bon, Luc. Ça suffit pour ce soir. J'ai compris. »

« Luc m'a aidé à trouver les bons mots. Comme je n'ai pas la parole facile, il a fallu que je me prépare pour parler à Mickey. Je voulais m'exprimer clairement et, au cas où je m'empêtrerais, j'avais mes notes… Un gars comme Bill Clinton peut simplement parler, mais ce n'est pas mon cas. Je n'improvise pas. J'aime être préparé. Il fallait que je congédie Mickey et il fallait que je le fasse correctement et humainement. »

Il rencontra Cohen le lendemain matin dans son bureau de la Scotia Plaza. Il fut encore frappé par l'opulence des lieux : les vastes espaces, les meubles luxueux, l'armée de secrétaires qui s'activaient. Il s'assit face à Mickey qui trônait sur son fauteuil en cuir surdimensionné, s'éclaircit la gorge et commença. Il expliqua la position du conseil d'administration point par point : le rendement de Cohen était inadéquat, surtout concernant Diversey, sa percée aux États-Unis était un échec, et il n'avait plus le temps de renverser la situation à titre de chef de la direction de LCML. Cohen blêmit.

« Le congédiement a vraiment fait mal à l'*ego* du pauvre Mickey », raconta Eric.

Cohen a toutefois une version différente : « C'était entièrement ma décision. Je commençais à me rendre compte qu'il fallait que je parte, alors nous avons fait ça à l'amiable, très sereinement… Six mois plus tard, j'ai annoncé que je prenais ma retraite. »

« Vers la fin, je sentais qu'Eric devenait un président du conseil plus engagé. Il voulait que Molson redevienne une entreprise de bière. Il avait perdu le goût pour tout le reste, il n'avait plus de patience et il voulait retourner à la bière. […] À ce moment, j'ai arrêté de discuter avec lui parce que Diversey n'allait pas être une grande réussite. Je voyais que ça prendrait une autre décennie pour y arriver et il ne me restait pas dix ans pour y parvenir. De toute façon, je n'étais pas certain que ça allait fonctionner. Et je n'allais pas me battre avec mon actionnaire majoritaire. Ça n'en valait pas la peine. »

Cohen avait toujours connu les priorités d'Eric, mais elles ne coïncidaient pas avec ses projets pour LCML. Il soutient toutefois qu'au cours des ans on lui avait accolé la réputation d'être celui qui avait diversifié, puis démantelé Molson. « Je n'ai pas le moindrement diversifié cette entreprise. Ce n'est pas moi qui l'ai introduite dans le secteur des produits de nettoyage et de désinfection… Quand je suis arrivé, Molson était déjà dans les secteurs de la quincaillerie, des produits chimiques, du hockey et de la bière… J'en ai hérité et j'ai essayé de tout exploiter au maximum. Mais je n'ai pas pu. »

Au cours des six mois qui suivirent, Molson entreprit le grand ménage. Cohen était sur la voie de sortie, on se défaisait graduellement de la division du commerce de détail, et les banquiers d'affaires se mirent à l'œuvre pour vendre Diversey. La vente fut conclue le 3 avril 1996, mais à un prix largement inférieur à celui qu'on espérait.

Les médias furent sévères et demandèrent à savoir pour quelles raisons Cohen méritait un salaire de plusieurs millions de dollars, des bonis et une indemnité pour « un rendement récent aussi médiocre ». Un article éditorial paru dans *The Gazette* de Montréal le cloua au pilori : « Après avoir passé des années à mettre son intellect au service des ministres et des chefs d'entreprise, Cohen s'est cassé le nez en tentant de devenir lui-même un grand manitou. De toute évidence, il n'a pas ce qu'il faut pour être le décideur ultime. [...] Il a passé trop de temps à échafauder des théories grandioses et des vues d'ensemble dans son repaire haut perché, ou à sauter dans des avions pour participer à d'obscures séances de réseautage international, et pas assez sur le terrain à s'occuper des réalités quotidiennes de la gestion d'une entreprise de moyenne envergure. »

D'autres journalistes se basèrent sur une analyse des résultats financiers de LCML pour brosser un portrait aussi lamentable, notamment le *Financial Post* : « [...] pendant le mandat de sept ans de Cohen, de 1990 à 1996, LCML n'a réalisé que 75 % des profits de 411 millions de dollars obtenus par son prédécesseur John Rogers au cours des sept années précédentes. Par contre, la dette à long terme a grimpé en flèche : de 159 millions de dollars en 1989 à 907 millions de dollars en 1996. La valeur du titre, autrefois vigoureux à 35 $, a glissé à environ 20 $. »

Eric ne sortit pas indemne de cette volée de bois vert et il fut lui aussi l'objet des critiques de la presse. Les journalistes se demandaient où était M. Molson, le président du conseil et l'actionnaire détenant le contrôle, pendant que Cohen dirigeait l'entreprise. Pourquoi n'avait-il pas agi plus tôt ? Comment M. Molson avait-il pu laisser LCML dérailler à ce point ? Un auteur compara même Eric au personnage Rip Van Winkle, endormi à son bureau pendant de trop longues années, qui se réveille un beau jour à la tête d'une entreprise tout à fait différente.

Il est vrai qu'un président du conseil d'un autre genre, un autocrate qui n'accorderait aucune valeur à l'opinion de ses administrateurs ni aux fonctions du chef de la direction, aurait réagi plus tôt et n'aurait pas accordé autant d'autonomie à Cohen. Mais ce n'était pas le style d'Eric. Quoi qu'il en soit, il croyait aux bienfaits d'aller au bout d'un exercice, dans ce cas, la diversification. Graduellement, en assistant aux échecs de LCML comme conglomérat, il prit de l'assurance et persuada ses collègues du conseil d'administration de changer la stratégie de Molson pour en faire un brasseur d'envergure mondiale.

C'est ici que l'analogie avec Rip Van Winkle prend un sens plus profond. Le thème de la prise de conscience suivant un long sommeil est vieux comme le monde. On le trouve dans des récits héroïques issus de toutes les cultures : Rip Van Winkle, mais aussi *La Belle au bois dormant, Blanche-Neige et les sept nains,* Jonas endormi au fond de son bateau, le roi hindou Muchukunda qui s'endormit et fut réveillé par Krishna. Le sommeil représente une période au cours de laquelle le héros ignore sa vraie nature. En bâtissant sa force intérieure et son individualité, le héros réunit le courage nécessaire pour mener une existence en harmonie avec ses valeurs et ses principes, une vie où il est en éveil, pleinement conscient. L'auteur et éducateur américain Parker Palmer écrit : « Notre appel le plus profond est de croître pour atteindre notre propre identité authentique, qu'elle corresponde ou non à une certaine image de ce que nous devrions être. Ce faisant, nous n'allons pas seulement trouver la joie à laquelle aspire chaque être humain. Nous allons aussi trouver notre voie authentique pour servir le monde. »

Eric était devenu président du conseil d'administration parce qu'il avait accepté de faire son devoir. Au cours des huit années où il a assumé cette fonction, beaucoup comptaient sur sa réussite : les membres de sa famille, ses ancêtres, ses successeurs, les parties prenantes de Molson. La liste était longue. Et pour Eric, « réussir » signifia au début qu'il poursuivait la trajectoire du conglomérat mise en place par ses prédécesseurs qui s'y connaissaient mieux que lui. Alors, malgré ses doutes lancinants sur la diversification, il suivit la voie qu'ils avaient tracée et fit ce que l'on attendait de lui… jusqu'à ce qu'il en eût assez.

En décidant de mettre fin à l'ère du conglomérat et de changer de chef de la direction, Eric mit de côté toutes ses interrogations et eut le courage de faire ce que *lui* estimait être le mieux. Il se permit d'entraîner l'entreprise dans la direction dans laquelle il croyait et qui le passionnait. Certains parlent de « suivre son étoile », d'autres de « donner un sens à sa vie ». Pour Eric, il s'agissait de ramener Molson à ses racines : la bière.

À cette croisée des chemins, Eric se rendit également compte qu'il n'avait pas besoin d'engager son antithèse absolue pour diriger Molson. Il n'avait pas besoin d'un homme étincelant, éclatant, qui dégage du charisme pour bien faire le travail. Une personnalité plus modeste, réfléchie et humble, semblable à la sienne, pourrait aussi obtenir de bons résultats, particulièrement s'il faisait preuve d'une détermination farouche. Enhardi par cette prise de conscience et sa vision pour Molson, Eric fut résolu. À son réveil, Rip Van Winkle était devenu un autre homme.

8 Accueillir Ian dans le giron de Molson

Si tu ne peux te débarrasser du squelette de ta famille, aussi bien le faire danser.

GEORGE BERNARD SHAW (1856-1950)

Samedi matin. Andrew et moi sommes en route pour Massawippi après une semaine fort chargée. Comme d'habitude, le trajet d'une heure et demie nous donne l'occasion de parler de nos différents projets et de rattraper le temps perdu. « J'aimerais interviewer Ian. »

Andrew me répond, les yeux rivés sur la route : « Oui. Je vais essayer d'organiser ça, mais je ne sais pas s'il voudra en parler… C'était difficile à l'époque. »

Je fixe les sommets enneigés des Cantons-de-l'Est à l'horizon. « J'espère qu'il acceptera de me rencontrer. »

Ian est un cousin éloigné d'Eric et, même si les deux hommes furent de proches collaborateurs à une certaine époque, ils ne se sont pas adressé la parole depuis plus de dix ans.

« Il y a tellement de questions que j'aimerais lui poser. Qu'est-ce qu'il voulait quand il a commencé à travailler avec ton père ? Comment c'était lorsqu'il s'est joint au conseil d'administration ? À quel moment a-t-il découvert que les choses n'allaient pas ? Je ne sais pas… Je me demande ce qu'il pense de la tournure des événements. »

Andrew tient parole et organise une rencontre : le 8 avril 2015 à Londres à l'heure du midi. Ian nous donne rendez-vous au Colombier, un petit restaurant de cuisine française traditionnelle dans le quartier Chelsea.

Dès notre arrivée, le serveur nous installe, Andrew et moi, à une table en retrait près de la terrasse. Incapable de me concentrer, je consulte distraitement le menu : tranche de foie gras maison, feuilleté d'escargots, médaillon de lotte, coquilles Saint-Jacques à la provençale. Je joue avec mes ustensiles, tripote un morceau de pain, bois une gorgée d'eau, essuie les miettes de la nappe blanche… tout en surveillant la porte. Andrew pose sa main sur la mienne pour me rassurer.

Ian entre au même moment et se dirige vers notre table. Cet homme mince au teint clair et aux yeux bleus est de toute évidence connu du personnel du restaurant.

« Désolé du retard », nous dit-il en jetant un regard circulaire sur les autres convives.

Andrew et moi nous levons pour l'accueillir : « Ce n'est rien. »

L'accent d'Ian n'est pas tout à fait britannique, mais son intonation révèle qu'il a passé presque toute sa vie d'adulte au Royaume-Uni. Selon mes recherches, il est solidement posté aux échelons supérieurs de la société britannique. Son épouse, l'aristocrate anglaise Verena Brigid Molson, fait partie d'une des familles les plus fortunées au pays : les Cayzer.

Nous bavardons à bâtons rompus. Ian nous parle de ses affaires, de ses trois enfants et de leurs étés à Métis-sur-Mer au Québec. Il décrit comment il garde ses enfants près de leurs racines canadiennes et des membres de sa famille, dont certains vivent encore à Montréal. De toute évidence, l'héritage des Molson lui tient à cœur. D'ailleurs, lorsqu'il tend la main pour saisir le menu, je remarque qu'il a au poignet une montre promotionnelle ornée du logo de la Molson Canadian : la feuille d'érable et le mot « Canadian » en lettres rouges et bleues. Au petit doigt, il arbore une chevalière gravée du blason des Molson et de la devise *Industria et Spe*. Je me demande s'il les porte toujours ou si c'est spécialement pour notre rencontre.

Notre conversation finit par bifurquer vers l'industrie de la bière. Ian évoque ses liens avec Charlene de Carvalho-Heineken (fille de Freddy Heineken et unique héritière d'une valeur nette patrimoniale estimée à 13,4 milliards de dollars américains) et avec son mari Michel de Carvalho. Ian raconte qu'il fut le colocataire de Michel durant près de cinq ans dans sa jeunesse, et son témoin à son mariage. Il est le parrain de l'un de leurs cinq enfants, Alexandre, et siège au conseil de leur société de portefeuille. J'ai compris où il voulait en venir : Ian entretient d'étroites relations avec la dynastie Heineken.

On nous sert le café et je m'inquiète : le repas est presque terminé et nous n'avons pas encore parlé du livre. Je crains d'avoir manqué ma chance. Je me ressaisis et demande timidement : « Ian, acceptez-vous de faire une entrevue avec moi ? »

Son attitude change. Il baisse le regard et répond : « Je suis désolé, mais je ne peux pas. Je respecte trop la famille et je pense que le temps arrange les choses en quelque sorte… »

Il rougit et continue à voix basse : « Eric et moi, nous avons vécu beaucoup d'épreuves ensemble. On a eu le meilleur et le pire. Et même si je pense savoir exactement ce qui s'est passé, il n'y a aucun avantage à ce que je raconte l'histoire. Ça n'apportera que de la douleur et des problèmes… Ça ne serait pas constructif. Je suis désolé, je ne le ferai pas. »

« Je comprends, dit Andrew. Merci d'y avoir pensé, Ian. Nous t'en sommes reconnaissants. »

Et nous nous sommes quittés sur ces mots. Je me suis dit : « C'est foutu. Je ne connaîtrai jamais la version d'Ian. » J'ai un sentiment mitigé. Je suis heureuse de l'avoir rencontré, mais j'aurais aimé lui demander son point de vue. Jusqu'ici, tous ceux à qui j'ai parlé ont critiqué Ian. Ils l'ont accusé de cupidité et de manque de loyauté. Mais il a sa propre version des faits et, comme l'a dit Spinoza : « Peu importe à quel point une tranche est fine, elle aura toujours deux côtés. »

Andrew et moi faisons le bilan de la rencontre en marchant sur King's Road en direction de la station de métro de Sloane Square. Il voit bien que je suis déçue : « Helen, tu peux quand même écrire l'histoire de papa sans interviewer Ian. Tu as tous les faits, tu n'as qu'à être juste et objective. Et puis, tu racontes l'histoire d'Eric et comment il a relevé les défis qu'il a dû affronter. Ce n'est pas celle d'Ian et d'une chicane de famille. »

Je suis d'accord.

Photo d'Ian Molson publiée dans le rapport annuel 2001 de Molson. Photo : collection de la Molson Coors Brewing Company.

Il vaut peut-être mieux taire certaines choses. Seulement, je ne suis pas certaine que cette histoire soit l'une d'elles.

✤

Fils de Mary Elizabeth Lyall et de William Molson, Robert Ian Molson naquit à Montréal en 1955. Son père est ce même Billy qui avec ses frères David et Peter ont acheté le Club de hockey Canadien de Tom et Hartland en 1968, puis l'ont vendu aux Bronfman sans le proposer à leurs cousins. Cette prétendue trahison eut lieu lorsqu'Ian était adolescent, et Eric ne croyait pas que les enfants devaient pâtir des péchés de leur père.

Il y avait dix-huit ans de différence entre Eric et Ian, suffisamment pour qu'Eric surveille le développement de son jeune cousin qui fréquenta Selwyn House, la Milton Academy, puis l'Université Harvard. Il décela rapidement son potentiel.

« Ian a commencé très tôt à s'intéresser à Molson, il voulait être là, raconte Eric. Il a travaillé à la brasserie l'été quand il était aux études et il venait nous rencontrer, Hartland et moi, de temps à autre. Même à cette époque, j'ai vu qu'il avait une intelligence vive. »

Ian, qui avait la bosse des mathématiques, s'intéressait plus particulièrement à la finance. Après l'obtention de son diplôme de Harvard, il partit travailler à Londres pour Crédit Suisse First Boston (CSFB), une des principales maisons bancaires d'investissement. Là-bas, il s'occupait de transactions de plusieurs types : des fusions, des acquisitions et du financement d'entreprises. Il fut promu associé et directeur général de CSFB, puis dirigea son service européen de banques d'affaires, un emploi qui lui offrait beaucoup de latitude. Pendant tout ce temps, par contre, il se tenait informé des activités de Molson.

En fait, la première fois que Mickey Cohen entendit parler de Home Depot en 1993, ce n'était pas de la bouche du cofondateur Bernie Marcus. Ce fut plutôt Ian Molson de CSFB qui l'appela au nom de son client pour sonder l'intérêt de LCML à vendre ses magasins-entrepôts Aikenhead. Cohen se souvient d'avoir dit : « Je suis très flatté, Ian, mais je n'ai pas l'habitude de discuter avec les banquiers d'affaires. Pourquoi ne demandez-vous pas à M. Marcus de m'appeler lui-même ? »

Ainsi, même après son déménagement à Londres, son mariage avec l'élégante Verena Brigid Cayzer en 1985 et la naissance de ses trois enfants, Ian suivait de près les activités (et le cours boursier) de Molson. Il gardait aussi le contact avec les membres de la famille et les fréquentait lorsque l'occasion se présentait.

Le neveu et filleul d'Eric, Eric Stevenson (fils de Deirdre), passa quelque temps avec Ian à Londres. « Je l'ai connu lorsque je travaillais là-bas en services bancaires d'investissement. Ian avait une bonne réputation comme banquier. Je pense qu'il était l'un des plus jeunes à être devenu associé chez CSFB. Il avait un CV impressionnant et une grande crédibilité dans le domaine. Il était un bon banquier. »

Un autre neveu d'Eric, Brian Baxter (fils de Cynthia), brosse d'Ian un portrait moins flatteur : « Je l'ai rencontré pour la première fois en 1988 quand je vivais à Londres. Je venais d'obtenir ma maîtrise en théâtre. Cette année-là, Eric et Jane s'y trouvaient aussi le jour de mon anniversaire et ils ont eu la gentillesse de m'inviter à souper avec deux autres couples : Eric Stevenson et sa femme, ainsi qu'Ian Molson et Verena. Ian s'est pointé au restaurant avec un chapeau melon, un parapluie au bras et un accent mi-canadien, mi-*British*. Je me suis dit : "Mais qui c'est ? Ce gars-là est un imposteur." Par contre, il devait avoir un côté brillant parce qu'Eric et Jane semblaient vraiment sous l'emprise de son charme. »

Eric vit chez Ian des caractéristiques qui, selon lui, complétaient les siennes. Son jeune cousin connaissait les questions d'argent et semblait se plaire au milieu des gros bonnets des affaires. « Ian s'exprimait vraiment bien, raconte Eric, surtout quand il s'agissait de finances. Je comprenais les finances et je pouvais travailler avec, mais je n'avais aucun plaisir à en parler. Mais on a besoin de cette compétence dans une entreprise. Ian était un gros bonnet, un banquier d'affaires de Londres, et il avait une réflexion stratégique sur l'argent. Nous n'avions pas ça. J'ai donc eu l'impression qu'il était l'ingrédient manquant. » La combinaison du savoir financier d'Ian et des connaissances approfondies d'Eric sur l'industrie brassicole offrait un potentiel énorme.

Ian se mit à parler à Eric de LCML, de son rendement et de la participation majoritaire des Molson dans l'entreprise. Entre autres choses, il expliqua que, selon lui, les intérêts de la famille seraient mieux servis si Eric, son frère et ses sœurs ainsi que la Fondation Molson restructuraient leurs avoirs et déposaient toutes leurs actions (particulièrement celles de catégorie B avec droit de vote) dans une nouvelle entité d'affaires.

Eric était ouvert à cette idée qui « avait du bon sens », selon lui.

Au début de décembre 1989, Ian vint rencontrer Eric à la brasserie à Montréal. Ils discutèrent de la réorganisation des actions de LCML détenues par la famille dans une nouvelle société qu'ils baptisèrent « Molson Holdings ». Ian expliqua son raisonnement dans une note de service : « Le principal objectif d'un tel exercice consiste à coordonner la participation majoritaire des Molson à la manière d'une entreprise. » En versant la majorité des actions de catégorie B de LCML dans Molson Holdings, l'entreprise « se mettrait à l'abri des prédateurs ». En plus, cette structure « permettrait à la famille de mieux contrôler LCML dans un avenir immédiat. Au lieu d'avoir à vendre purement et simplement des actions de catégorie B pour obtenir plus de liquidités, il serait possible de réunir des capitaux en diluant l'avoir de Molson Holdings. »

Eric trouvait un certain bien-fondé à la proposition d'Ian. Il aimait l'idée de protéger l'entreprise des prédateurs en concentrant les actions dans une seule entité et il savait que d'autres familles en affaires, comme les Heineken, s'étaient dotées d'une organisation semblable. Mais Eric ne prenait jamais de décision précipitée. Il voulut y réfléchir, consulter son frère et ses sœurs, et sonder l'opinion de conseillers de confiance, comme Benny Parsons. Le plan d'Ian devrait attendre.

❦

Quelques années plus tard, en mars 1996, le déménagement des Canadiens du vieux Forum de soixante-douze ans au tout nouveau Centre Molson monopolisait la une de tous les journaux. Certains articles étaient nostalgiques (*La fin d'une ère : le temple du hockey ferme ses portes* ou *Les « Glorieux » n'oublieront pas leur Forum*) alors que d'autres étaient résolument tournés vers l'avenir (*Le Centre Molson est une réussite totale : le seul autre mot pour décrire le nouvel aréna est « extraordinaire »*, *Pluie d'éloges pour l'aréna : les joueurs adorent le nouveau Centre Molson*).

Ronald Corey, grand responsable de la construction du Centre Molson, était ravi. En faisant visiter les lieux à des journalistes, il déclara : « Nous travaillons à ce projet jour et nuit depuis huit ans. Dès le départ, nous avons voulu un immeuble conçu expressément pour le hockey. Nous ne voulions pas un de ces amphithéâtres multifonctionnels où le hockey est presque venu après coup. Cet endroit a été conçu par des gens de hockey pour des gens de hockey. »

Eric éprouva aussi un sentiment d'accomplissement : « Le Centre Molson a été une bonne chose non seulement pour nous, mais aussi pour la ville de Montréal. » Contrairement à d'autres amphithéâtres de sport en Amérique du Nord, qui sont principalement financés par le secteur public, « nous l'avons bâti sans le moindre cent des contribuables. Deuxièmement, quand nous l'avons bâti, il faut se rappeler que l'économie était en plein marasme et que notre projet de construction était le seul en cours au centre-ville montréalais. Je suis heureux que nous ayons contribué au développement de notre ville de cette façon. »

Après une semaine de célébration, les Canadiens inaugurèrent le Centre Molson le 16 mars 1996 dans un amphithéâtre plein à

Le Centre Molson devint la nouvelle demeure des Canadiens en 1996. L'amphithéâtre multifonctionnel de sports et de divertissement de 21 273 places fut entièrement financé par des fonds privés. Photo : collection de la Molson Coors Brewing Company.

Cérémonie d'inauguration du nouveau Centre Molson, le 16 mars 1996, en présence de Pierre Bourque (maire de Montréal), Lucien Bouchard (premier ministre du Québec), Jean Chrétien (premier ministre du Canada), Eric Molson, Ronald Corey, Mickey Cohen, André Tranchemontagne (tous de Molson) et Gary Bettman (commissaire de la LNH). Photo : Bob Fisher, gracieuseté du Club de hockey Canadien inc.

craquer en remportant leur premier match 4 à 2 contre les Rangers de New York. Des amateurs, d'ex-joueurs, des vedettes et des politiciens se massaient dans les gradins. Le premier ministre du Canada, Jean Chrétien, et celui du Québec, Lucien Bouchard, étaient présents même si, quatre mois plus tôt seulement, ils étaient engagés dans une lutte acharnée sur l'avenir du Québec et du Canada. (Les antiséparatistes avaient remporté le deuxième référendum sur la souveraineté par une étroite majorité de 50,58 %.)

Eric et sa famille étaient parmi les 21 273 spectateurs qui assistaient à ce premier affrontement sur la glace du Centre Molson. « Le hockey a toujours été une force unificatrice ici au Québec, raconte Eric. C'est comme la chanson de Loco Locass, le groupe de hip-hop, celle qui joue dès qu'on compte un but. » La chanson dont parle Eric est *Le but,* un hymne entraînant composé en 2009 en hommage à l'équipe : « C'est ça qui nous ressemble. C'est ça qui nous rassemble. Anglo, franco, peu importe ta couleur de peau. »

Les célébrations de l'inauguration du Centre Molson et l'effervescence qui régnait furent un intermède agréable, quoique bref. Deux choses préoccupaient toujours Eric : qui allait-il engager pour remplacer Mickey Cohen ? Aurait-il des appuis pour son projet de retourner à la bière ?

La loyauté était plus importante que jamais pour Eric, une qualité qu'il recherchait chez les gens de son entourage. Pas nécessairement la loyauté envers lui, mais plutôt envers la vision de Molson comme un brasseur d'envergure mondiale. Il savait que le passage de conglomérat diversifié à brasseur international n'allait pas se faire sans heurt, et il avait besoin du soutien de personnes qui partageaient son ambition.

La quête d'un nouveau chef de la direction débuta alors que Cohen était toujours en poste pour une période de transition de six mois. Le candidat choisi portait un nom familier à Eric et à de nombreuses autres personnes chez Molson : Norman M. Seagram.

Seagram était devenu président du conseil et chef de la direction de la filiale canadienne d'Air Liquide à Montréal après une carrière de plus de 24 ans à LCML. « Nous connaissions Norm. Il avait de la classe, explique Eric. Je n'aime pas particulièrement ce mot, mais Norm Seagram était un homme d'affaires *digne*. Mieux encore : il connaissait l'industrie de la bière, il connaissait Molson, il était prêt à s'intégrer et il était loyal. » En mai 1996, Eric demanda à rencontrer Seagram.

« J'ai été très surpris d'être invité à prendre un verre avec Eric Molson, raconta Seagram à un journaliste ce printemps-là. Je pensais qu'il voulait simplement renouer. Mais il m'a présenté le défi et je me suis dit : "Je n'ai jamais eu peur des défis, et celui-ci me semble considérable." »

« Nous avons convaincu Norm de quitter Air Liquide pour revenir diriger notre entreprise et en faire une brasserie à nouveau », explique Eric.

Le 25 juin 1996, on annonça que Seagram allait devenir le nouveau chef de la direction de Molson après l'assemblée générale annuelle de septembre. Ironiquement, Cohen avait déclaré aux médias qu'il quittait son poste pour laisser la place à un plus jeune alors que Seagram

On aperçoit à l'extrême droite Norman M. Seagram en 1987, alors qu'il était vice-président principal de la division brassage de LCML. Les autres dirigeants de LCML autour de la table sont : Peter Stewart (premier vice-président, Services généraux), John Pick (premier vice-président, Groupe des spécialités chimiques), Jim Black (président du conseil d'administration), John Rogers (président et chef de la direction), Eric Molson (vice-président du conseil d'administration), John Lacey (premier vice-président, Groupe de vente au détail) et Stuart Hartley (premier vice-président, Finance). Photo : collection de la Molson Coors Brewing Company.

avait la jeune soixantaine, comme lui. Toutefois, une chose très importante distinguait Seagram de son prédécesseur : « Je bois de la bière ! » annonça-t-il fièrement.

Un mois plus tard, alors que Cohen était toujours en poste, on publia les résultats de fin d'exercice : une perte de 305,5 millions de dollars comparativement à l'année précédente. Cohen expliqua cette chute par les frais associés à la vente de Diversey. Par contre, les analystes firent rapidement remarquer que le bénéfice d'exploitation de LCML avait lui aussi baissé de 14 %. Il était vraiment temps pour Cohen de partir.

Malgré ces résultats médiocres, la vente de Diversey enrichit Molson de presque 1 milliard de dollars en nouveaux capitaux. Eric voulut réinvestir cet argent dans l'entreprise et l'utiliser pour acheter un brasseur d'envergure internationale dans le cadre de sa stratégie de retour à la bière. D'autres actionnaires, par contre, se méfiaient (avec raison, vu les rendements récents de la direction). Ils souhaitaient que l'argent leur soit versé directement par l'entremise d'un rachat d'actions ou d'un dividende spécial.

Eric raconte : « Les vautours décrivaient des cercles dans le ciel au-dessus de nous. Je les sentais. S'ils avaient pu parler, ils nous auraient sifflé : "Donnez-nous l'argent de Diversey." Ça semble ridicule, je sais, mais à l'époque la pression était forte et nos plus récents bilans n'avaient pas démontré que nous dépensions notre argent sagement. Et ce n'étaient pas seulement les financiers de Bay Street et de Wall Street. Certaines personnes au sein de l'entreprise pensaient elles aussi que nous devions procéder à un rachat d'actions. Mais j'ai refusé. Je suis le seul à la direction à avoir refusé. Je n'avais pas le choix : c'était la meilleure option pour notre avenir à long terme. »

Un rachat d'actions ou un dividende spécial aurait rapporté beaucoup d'argent à Eric et à sa famille, mais il se souciait davantage de bâtir une brasserie d'envergure mondiale bien établie et prospère. C'est dans ce secteur qu'il voyait une valeur durable, tant pour l'entreprise que pour ses parties prenantes. « Nous avons dû chercher une occasion d'affaires pour réinvestir l'argent de Diversey dans le secteur brassicole. » Le moins qu'on puisse dire, c'est qu'Eric était conséquent : quand il devait décider entre profiter personnellement de revenus sur les titres de Molson ou consacrer ce capital à la croissance de l'entreprise, il choisissait la deuxième option.

Cet enjeu accapara l'assemblée annuelle des actionnaires de 1996. Après avoir présenté Seagram à titre de nouveau chef de la direction, Eric conclut ce chapitre avec une assurance renouvelée : « Si nous sommes incapables d'atteindre notre objectif d'investir davantage dans l'industrie brassicole, *alors* et *seulement alors* nous évaluerons d'autres options en vue d'augmenter la valeur pour l'actionnaire à court terme. Pour le moment, toutefois, nous ne prenons en considération *aucune forme* de dividende spécial. […] Pour ce qui est du rachat d'actions, l'entreprise ne rejette pas cette éventualité, mais pour l'instant elle *n'est pas* envisagée. »

Cette assemblée marqua, selon Eric, le début d'une nouvelle ère pour l'entreprise vieille de deux cent dix ans : une ère axée uniquement sur la bière. Publiquement, il se réjouit lorsque Seagram accepta « de relever le défi de ramener LCML à ses racines brassicoles » et, en privé, il pressa le nouveau chef de la direction de faire croître la société avec un projet international qui avait du sens.

Au cours de cette assemblée charnière, Eric donna également un coup de jeune au conseil d'administration. Deux nouveaux administrateurs furent élus, deux hommes loyaux et entièrement engagés dans la stratégie de retour à la bière : Jim Arnett et Ian Molson.

❦

À titre de l'une des entreprises les plus anciennes et les plus réputées au Canada, Molson avait toujours pu compter sur un conseil d'administration « de premier ordre ». Des présidents de banque, des dirigeants de sociétés publiques et des recteurs y ont siégé à un moment ou à un autre. Jusque-là, Eric n'avait pas fait de démarche proactive pour pourvoir ces postes. Certains avaient été nommés par Bud Willmot et Hartland, alors que d'autres étaient des proches de Mickey Cohen. Eric s'était contenté d'approuver leur nomination.

Le changement à la direction de l'entreprise et le départ de Cohen entraînèrent des démissions du conseil d'administration : Arthur S. Hara, un éminent homme d'affaires canadien d'origine japonaise de Vancouver, ainsi que Gordon F. Osbaldeston, un haut fonctionnaire influent et légendaire au Canada.

« Gordon a suivi Arthur à son départ parce qu'ils avaient convenu de partir ensemble, explique Eric. Ces choses-là arrivent. Ces types-là étaient peut-être des "congloméraphiles" qui n'ont pas été de mon avis quand j'ai affirmé qu'on ne pouvait exceller que dans un seul secteur. Ils ont peut-être perçu de l'instabilité dans l'air, je l'ignore. Tout ce que je sais, c'est qu'ils sont partis subitement et que je me suis retrouvé au pied du mur. Si nous avions poursuivi dans la même direction, Molson aurait été démolie et elle n'existerait plus. »

D'autres administrateurs, comme Ralph M. Barford (membre depuis quinze ans) et J. Edward (Ted) Newall (depuis dix ans) cédèrent leur place parce que l'heure de la retraite avait sonné.

Ces changements offraient à Eric une belle occasion d'user de stratégie pour former son conseil d'administration. Il ne voulait pas s'entourer de béni-oui-oui, mais il cherchait des administrateurs qui croyaient à la réorientation de l'entreprise et pouvaient lancer le défi à l'équipe de direction de revenir rapidement à la bière. Il songea à Jim Arnett.

Photo de E. James Arnett, président et chef de la direction de LCML, reproduite dans le rapport annuel 1999 de l'entreprise. Photo : collection de la Molson Coors Brewing Company.

E. James Arnett était associé principal au prestigieux cabinet d'avocats Stikeman, Elliott. Diplômé de Harvard, il pratiqua le droit des sociétés et le droit commercial à Toronto avant d'ouvrir les bureaux de Stikeman à Washington. Eric et Jane connaissaient les Arnett depuis des années. D'ailleurs, Jane et Alix, la femme de Jim, avaient été toutes deux pensionnaires au collège pour filles King's Hall dans les Cantons-de-l'Est. Au début des années 1970, par une heureuse coïncidence, Eric et Jane s'installèrent dans le quartier Rosedale de Toronto à quelques rues de Jim et d'Alix. Ils avaient des enfants du même âge. Les deux familles restèrent en contact après le retour de Jane et d'Eric à Montréal. Elles échangeaient des vœux de Noël et se rencontraient à l'occasion.

À l'été 1995, Jane et Eric furent invités aux noces de leur fille Shanley à Washington. Les célébrations se poursuivirent pendant une agréable fin de semaine. Au retour, Eric dit à Jane : « Tu sais, je pense que Jim serait un bon candidat pour nous. »

« Pour faire quoi ? »

« Pour le conseil d'administration de Molson. J'y ai pensé toute la fin de semaine. Il conviendrait parfaitement. On le connaît, il est brillant comme tout et, durant sa carrière en droit, il a fait des fusions et des acquisitions. C'est exactement ce dont on a besoin pour retourner à la bière. Qu'est-ce que tu en dis ? »

Eric fit la proposition à Arnett presque un an plus tard, avec une grande franchise : « Jim, l'entreprise est en mauvais état. Je vais effectuer des changements et j'aimerais que tu te joignes à notre conseil d'administration. »

Arnett fut surpris. Les deux hommes n'avaient jamais vraiment discuté d'affaires, et Jim n'avait aucune expérience comme administrateur de société. Toutefois, c'est la confiance qui dominait sur la liste des priorités d'Eric et il connaissait Jim depuis plus de vingt ans.

« Ce sera un honneur, Eric. »

❧

Au début juillet de la même année, Eric assista à un autre grand rassemblement de famille. Des Molson des quatre coins du pays et de partout dans le monde se rencontrèrent à Montréal pour l'occasion, dont Ian Molson et sa femme Verena, venus de Londres. Les festivités durèrent trois jours et culminèrent avec un dîner d'honneur dans la vaste salle de réception de la brasserie de la rue Notre-Dame.

Ian aborda Eric au milieu de la soirée pour savoir s'il avait réfléchi à sa proposition de réunir l'actionnariat de la famille en une entité distincte. Depuis leur première conversation en 1989, Ian avait poursuivi ses discussions avec Eric et, au fil du temps, un plan en trois volets avait pris forme :

1. Ian s'engagerait davantage dans LCML. (À l'époque, il ne détenait qu'un très petit nombre d'actions avec droit de vote de catégorie B.)
2. Une société de portefeuille familiale conjointe, Molson Holdings, serait créée. Eric, son frère, ses deux sœurs et Ian en seraient les actionnaires.
3. Tous les participants transféreraient leurs actions de LCML dans la nouvelle entité en échange d'actions de Molson

Holdings. (Ensemble, leurs actions représenteraient la participation majoritaire dans l'entreprise.)

En plus des avantages dont ils avaient déjà discuté, Ian avança que Molson Holdings serait un moyen fiscalement avantageux d'étendre et de diversifier les intérêts d'affaires de la famille. Le pouvoir d'emprunt d'une société comme Molson Holdings donnerait à la famille la possibilité de faire fructifier son patrimoine en limitant les risques puisqu'il s'agirait d'une société sœur de LCML. Alors, même si son objectif fondamental était de rester l'actionnaire de contrôle de LCML, Molson Holdings pourrait trouver des sources de revenus additionnelles par l'entremise d'une assiette d'immobilisations distincte et élargie.

Eric demeura aussi prudent qu'en 1989. « Pensons-y. »

Par contre, il mit en branle la première phase du plan. Il proposa à Ian de siéger au conseil d'administration de LCML. Il était brillant, fin stratège et ambitieux, de même qu'un financier habile. Eric déclara aux autres membres : « Il sera un atout pour notre conseil. »

❦

Armé d'une nouvelle stratégie, d'un nouveau chef de la direction et d'un conseil d'administration redynamisé, Eric se sentit investi de confiance : *On peut y arriver ! On peut faire en sorte que Molson redevienne une grande brasserie canadienne !* C'était la première fois depuis des années qu'il se permettait d'avoir autant d'optimisme.

Toutefois, il connut un revers le vendredi 18 octobre 1996. La commission d'arbitrage demandée par Coors contre Molson pour violation de contrat communiqua son verdict. Elle blâmait très sévèrement LCML et ses dirigeants (par chance, la décision n'était pas publique). Après s'être remis du choc (et de la honte) de la nouvelle que Molson s'était livrée à de la tricherie, Eric s'empressa de corriger la situation le plus rapidement possible. Il ne voulait pas que cette affaire distraie son nouveau chef de la direction. Plus vite Molson remboursait Coors, négociait un nouveau contrat de licence avec elle et se débarrassait des coupables à l'interne, plus vite l'entreprise pourrait mettre en place des mesures pour devenir un brasseur d'envergure mondiale.

Toutefois, le tout nouveau chef de la direction Norm Seagram fut tétanisé (certains disaient « paniqué ») en prenant connaissance des conclusions de l'arbitrage.

« Seagram est entré en poste en septembre et, le mois suivant, on apprenait la décision des arbitres, se rappelle Jim Arnett. À l'époque, on ignorait le montant de l'indemnité, mais on savait qu'il s'agissait d'une grosse, d'une TRÈS GROSSE, somme d'argent. Norm Seagram a dû s'en occuper dès son arrivée. Il fut accaparé par cette tâche et semblait moins empressé à réorienter l'entreprise comme le voulaient Eric et le reste du conseil d'administration. »

Même si le problème n'avait pas pris naissance sous la gouverne de Seagram, sa façon de gérer le règlement arbitral incita Eric, Ian, ainsi que d'autres administrateurs à remettre en question ses capacités à être chef de la direction. Ils étaient troublés par le fait que cette histoire monopolisait son attention au point où il était incapable de mettre en œuvre le plan de retour à la bière.

« Eric et Ian voulaient vraiment qu'on se mette en branle, mais Norm n'avait pas de plan de match, raconte Arnett. Il était en poste, il allait faire des choses, mais il ne manifestait aucun empressement à retourner à la bière. C'était un problème. »

La situation s'aggravait sous la pression croissante du marché. À la fin de 1996, les rumeurs allaient bon train : Molson, riche en liquidités, était une cible possible de prise de contrôle. Eric s'adressait rarement aux médias, mais il se sentit poussé à faire une déclaration deux jours avant Noël pour éclaircir la situation. Il dit que les membres de la famille Molson avaient signé une entente pour conserver leurs actions et « pour ne pas vendre ou offrir leurs titres dans l'éventualité d'une offre publique pour l'entreprise dans un avenir proche ». Bref, Molson n'était pas à vendre.

Eric et Ian faisaient la même évaluation de l'entreprise. Ils s'entendaient sur la stratégie de retourner aux sources, ils voulaient une personne dynamique pour faire progresser les choses et ils se rendirent bientôt compte que Seagram n'était pas le chef de file idéal pour ce genre de transformation. « Norm était un gars formidable, mais il mettait du temps à prendre des décisions, raconte Eric. C'était très frustrant parce qu'il y avait tant à faire, mais Norm n'éprouvait pas de sentiment d'urgence. Ian et moi étions du même avis : il devait partir. »

Eric se rendit compte qu'il formait une bonne équipe avec Ian. « Il voulait obtenir du rendement, comme moi. Si quelqu'un n'allait pas faire ce qu'il devait, Ian n'avait aucun problème à s'en départir. » En outre, Ian se sentait à l'aise sous les projecteurs et s'exprimait bien, particulièrement dans la salle du conseil. Les deux cousins mirent au point une « routine », comme le disait Eric, pour les réunions du conseil d'administration. Eric, à titre de président, énumérait les sujets à l'ordre du jour et Ian intervenait pour donner, le cas échéant, les informations complémentaires. Cette méthode fonctionnait bien.

En fait, elle fonctionna bien jusqu'à ce qu'Ian laisse Eric en plan.

La première fois survint en janvier 1997. Une tempête faisait rage à Montréal ce soir-là. La neige avait paralysé l'aéroport international, et de nombreux administrateurs de Molson avaient appelé pour prévenir qu'ils ne pourraient pas assister à la réunion du conseil. Néanmoins, le quorum fut atteint et Eric ouvrit l'assemblée qui se tenait au club Mount Royal. Ian et lui avaient déterminé au préalable le déroulement de la réunion : Eric présenterait le thème du rendement de Norm Seagram, et Ian allait renchérir en précisant qu'il fallait agir vite pour éviter que l'entreprise en souffre.

Eric se souvient qu'Ian lui avait dit : « Ne t'inquiète pas, Eric. Tu n'as qu'à commencer et je vais prendre la relève. »

« J'ai donc débuté en expliquant que les plans de Norm pour l'entreprise ne nous rapprochaient pas de notre objectif de nous consacrer à la bière à 100 %, qu'il nous fallait aller de l'avant et que nous avions peut-être besoin d'un nouveau chef de la direction… mais Ian n'est jamais intervenu ! Il devait prendre la parole et il ne l'a pas fait. Je n'avais préparé aucun exemple ou détail parce qu'Ian devait s'en charger. » Ian avait laissé tomber Eric.

Les membres du conseil étaient interloqués. « Tu ne peux pas remplacer Norm, Eric. On vient tout juste de se débarrasser de Mickey ! » dit un des administrateurs. Un autre répliqua : « Tu passes à travers trop de chefs de la direction. » Et un troisième : « Tu ne peux pas le congédier, lui aussi, Eric. Il vient juste de commencer. »

Eric les entendit à peine. Tout ce qu'il sentait, c'était la trahison d'Ian. « Au cours de cette présentation, Ian m'a leurré. Il devait intervenir et il ne l'a pas fait. C'était le premier signe qu'il n'était pas fiable. »

En conclusion, les membres du conseil s'entendirent pour accorder à Seagram un délai de six mois au bout duquel il devrait leur proposer un nouveau plan pour faire revenir Molson dans le milieu de la bière. Sinon on allait lui montrer la porte.

Ce soir-là, Eric fit une « longue promenade contemplative dans la neige, comme Trudeau ». Il mit vingt-deux minutes pour se rendre du club Mount Royal à sa résidence à Westmount. Il était tellement préoccupé et fâché qu'il avait oublié son manteau et ses couvre-chaussures au club. En marchant péniblement sur Sherbrooke dans la tempête, il pensait à Ian. Pourquoi ne l'avait-il pas soutenu ? Puis il se rappela un commentaire que lui avait fait son frère quelques soirs auparavant en prenant une bière après le travail. Stephen, qui présidait la Fondation Molson, occupait un bureau au troisième étage de l'immeuble de la rue Notre-Dame. « Ian passe de plus en plus souvent à la brasserie ces jours-ci, tu ne remarques pas ? Il s'arrête toujours pour bavarder. Il me semble gentil, pas mal sympathique en réalité, mais je me demande où il veut en venir. J'ai juste un pressentiment… Penses-tu qu'on peut lui faire confiance ? »

Eric réfléchissait aux paroles de son frère en marchant. Il se sentait abandonné à l'idée qu'Ian puisse lui jouer dans le dos.

* * *

Au bout des six mois alloués, Norm Seagram n'avait pas beaucoup progressé. « Il nous est revenu avec une autre proposition, mais les jeux étaient faits, explique Eric. Le conseil s'est rendu compte qu'il ne pouvait pas élaborer de plan et que l'entreprise n'irait nulle part sous sa gouverne. Nous avons dû le congédier. Ça s'est bien passé parce que j'avais Ian et Matt Barrett de mon côté. »

Le banquier Matthew William Barrett était l'un des hommes les plus imposants à siéger au conseil de Molson. Originaire d'Irlande, il avait commencé à travailler à dix-huit ans comme caissier dans une succursale londonienne de la Banque de Montréal. Il fut transféré au siège social au Canada et, à quarante-cinq ans, il devint son chef de la direction. Selon Eric : « Il était un administrateur très influent. Le conseil l'écoutait quand il parlait. » En 1997, Barrett fut catégorique : Norm Seagram devait partir.

C'était la deuxième fois en moins d'un an qu'Eric devait remercier un dirigeant. Il appela la secrétaire de Seagram pour organiser un rendez-vous. « Je suis allé le voir vers 10 heures. Quand je suis entré, il était en train de mettre son veston. Il se préparait à m'accueillir. Quelqu'un l'avait probablement prévenu que je venais lui annoncer une mauvaise nouvelle. » La voix d'Eric faiblit, puis il ajoute : « En vrai gentleman, il avait enfilé son veston pour notre rencontre. Et là, je l'ai mis à la porte. »

La situation était très différente du congédiement de Cohen. « Norm Seagram était un type formidable, dit Eric, mais il ne faisait pas la bonne chose. L'entreprise allait à sa perte. J'avais besoin de quelqu'un qui allait renverser la vapeur et il n'y parvenait pas. Je m'en suis rendu compte assez rapidement. Ça a été difficile de le laisser partir. »

🍁

Une question se posait maintenant : qui remplacerait Seagram ?

Eric avait un plan. Après avoir obtenu l'autorisation des membres du conseil, il prit rendez-vous avec Jim Arnett. « J'ai dû parler aux autres administrateurs à l'insu de Jim, explique Eric, parce qu'il siégeait au conseil et je devais avoir leur approbation avant de lui faire une offre. » Eric prit l'avion pour Toronto et rencontra Arnett au Café Victoria, dans le vieil hôtel King Edward.

En remarquant les ornements en plâtre ivoire, les chandeliers en cristal et l'ambiance feutrée, Eric sut que c'était l'endroit approprié pour une conversation à l'abri des oreilles indiscrètes.

Une fois le serveur parti avec leurs commandes, Eric se cala dans son fauteuil et dit : « Je l'ai fait, Jim. J'ai congédié Norm. »

Arnett haussa un sourcil : « Tu sais que Bay Street va s'affoler quand la nouvelle sera répandue. Il est en poste depuis sept mois seulement. » Eric hocha la tête.

Il fallait regarder de l'avant. Il rappela les trois options qui s'offraient à LCML. Option A : récupérer la propriété du nom Molson à 100 % en rachetant les actions de Foster's et de Miller dans la brasserie et en utilisant la vente des actifs non brassicoles de LCML pour investir dans une entreprise d'envergure mondiale. Option B : conserver un partenariat de brassage modifié et convertir les actifs non brassicoles en investissements dans le milieu international de la bière. Option C : accepter le potentiel limité du partenariat entre Foster's, Miller et Molson, et simplement liquider le tout.

« De toute évidence, c'est l'option A qui est préférable, résuma Eric. L'option B convient, mais seulement si nous obtenons une bonne lettre d'accord qui nous donne un peu d'espoir pour une situation à long terme acceptable. Et l'option C, évidemment, n'est pas intéressante du tout. »

« Je suis d'accord, Eric, mais il faut bouger vite. »

« Oui, et nous avons perdu du temps avec Seagram. Et pour aggraver les choses, il nous a orientés vers l'option C. »

« Qu'est-ce que tu comptes faire, alors ? »

Eric expliqua certains changements dont il avait déjà discuté avec les autres membres du conseil. La tâche la plus urgente consistait à trouver un nouveau chef de la direction, quelqu'un qui pourrait rapidement monter dans le bateau ; négocier avec Foster's, Miller et Coors ; et mettre en branle la stratégie A. Ils devaient aussi remplacer l'actuel chef des services financiers de LCML, Stuart Hartley, par un « gars de finance hautement qualifié et parfaitement bilingue qui aurait le potentiel de devenir chef de l'exploitation un jour, si nécessaire ». Le conseil doutait des capacités de Hartley et, en outre, Eric insistait pour que le nouveau chef de la direction, le nouveau chef des services financiers et le reste de l'équipe de direction s'installent tous à Montréal. En fait, le siège social de l'entreprise devait revenir à des proportions plus modestes et à son lieu d'origine, rue Notre-Dame. Enfin, Eric annonça qu'il voulait créer un nouveau comité exécutif au sein du conseil d'administration « pour s'assurer que l'entreprise s'engageait dans la bonne direction et pour superviser le progrès de la transition vers le statut de brasseur à part entière ».

« C'est un plan ambitieux », dit Arnett. Ensuite, ils discutèrent de la recherche d'un chef de la direction. « Et toi, Eric, que dirais-tu d'occuper le poste ? »

« Il n'en est pas question. »

« Et Ian ? »

« Ian est coincé à Londres. Sa famille et ses affaires sont là-bas.» Au bout de quelques minutes, Eric ajouta : « Et toi, Jim, qu'en dirais-tu ? »

Arnett fut surpris. Il raconta plus tard qu'il n'avait jamais cru un jour devenir le chef de la direction d'une entreprise, encore moins d'une société canadienne emblématique comme Molson.

Eric insista : « Jim, cette solution a beaucoup de bon sens. Tu connais Molson, tu comprends la stratégie et durant toute ta carrière tu as fait des transactions. Tu sais gérer les cas complexes, tu peux mener des négociations délicates… Tu serais parfait. Nous avons besoin de quelqu'un qui peut vendre toutes ces entreprises, acheter de bonnes brasseries internationales et ramener Molson à ses racines. Les membres du conseil et moi pensons que c'est toi. Une fois qu'on aura réalisé tout ça, tu pourras accrocher tes patins pour aller faire autre chose. Qu'est-ce que tu en penses ? »

Après quelques secondes de silence, Arnett se ressaisit et répondit : « Wow, Eric, je ne m'y attendais pas. Merci. » Il prit une longue inspiration et sauta sur l'offre : « C'est une occasion formidable. Je serais honoré. »

Eric était ravi. Il avait confiance en Arnett, tout comme les autres administrateurs de LCML. Même s'ils le considéraient comme un président intérimaire engagé pour replacer l'entreprise sur la bonne voie, il pouvait mettre les choses en branle sur-le-champ. « On ne peut pas laisser une entreprise sur une pente glissante. Il faut agir vite », explique Eric.

Jane se souvient qu'Eric était moins tendu après cette réunion à Toronto : « Quand Eric a demandé à Jim de devenir chef de la direction, il était désespéré. Il voulait une personne loyale. Il en avait besoin. Et Jim était très loyal, très brillant et très compétent. »

Une fois Arnett au poste de chef de la direction, Eric passa à l'étape suivante de son plan : le remaniement du conseil d'administration de l'entreprise. Il créa un nouveau comité exécutif réunissant Arnett, Matt Barrett, Ian et lui-même. Faisant fi de son malaise naissant à l'égard d'Ian, il lui demanda de présider ce comité. Jim Arnett raconte : « Ian était un jeune homme intelligent, futé et énergique qui partageait l'enthousiasme d'Eric pour faire revenir Molson à ses origines. Eric lui confia donc un rôle important. »

Eric se mit à l'œuvre pour pourvoir les postes vacants au conseil. Il cherchait des candidats répondant à ces trois critères : compétence, loyauté et engagement à l'égard de la stratégie de retour à la bière. La première personne qui lui vint en tête fut Luc Beauregard : « J'ai décidé de proposer son nom parce qu'il était comme un psychologue : il savait ce que les gens pensaient et faisait preuve d'une grande "empathie organisationnelle". Je savais qu'il nous fallait ces compétences au cours de la transformation de l'entreprise, alors j'ai souhaité avoir Luc à mes côtés. »

Eric demanda à son entourage de lui proposer d'autres noms : « Qui, selon vous, peut nous aider à récupérer l'entreprise ? »

Ian recommanda Michael von Clemm, président du conseil d'administration de Highmount Capital de Boston (malheureusement, il mourut soudainement après avoir été élu administrateur) ; Luc Beauregard suggéra Francesco Bellini, Ph. D., cofondateur, président du conseil et chef de la direction de BioChem Pharma ; tandis que Jim Arnett jeta son dévolu sur l'avocat Daniel W. Colson, un confrère de Stikeman qui était devenu chef de la direction du *Daily Telegraph* de Londres.

Arnett explique son choix : « J'avais proposé Colson parce qu'Eric cherchait des types plus jeunes et brillants dont l'un de nous pouvait se porter garant. Ce qui était intéressant au sujet de Danny, ce n'étaient pas ses liens avec Conrad Black et Hollinger [la société de portefeuille qui possédait des intérêts dans des médias des quatre coins du monde, dont le *Daily Telegraph*], mais le fait qu'il était établi à Londres. C'était un homme d'affaires très intelligent qui connaissait un tas de gens et la scène internationale, ce qui était une partie de nos besoins. »

Eric était satisfait de la composition du conseil d'administration : « Colson, Bellini et Beauregard, ils étaient ma *gang*. Avec ces gars au conseil d'administration, Ian à la tête du nouveau comité exécutif et Jim Arnett comme chef de la direction, j'étais convaincu qu'on allait accomplir ce qu'on voulait. »

Arnett souligne l'ampleur de la mission d'Eric : « Ce qui se passait allait bien au-delà du retour aux sources. Eric essayait de récupérer son entreprise. Sur le plan pratique, il l'avait presque perdue avec Mickey Cohen… Eric tentait de reprendre le contrôle du patrimoine familial. »

❦

En mai 1997, tous les éléments étaient en place : de nouveaux administrateurs, un conseil restructuré et un nouveau chef de la direction. Eric espérait que cela suffirait à donner un élan à tous les changements qu'il souhaitait faire. Il y eut toutefois des obstacles, et certains se trouvaient à l'interne. Les cadres du siège social avaient compris que l'entreprise n'aurait plus besoin de la structure élaborée de LCML si elle se débarrassait de tous ses actifs non brassicoles. La brasserie disposait déjà de ses équipes en finances, ressources humaines, communications et stratégie. Les employés de la Scotia Plaza seraient superflus et toute une strate organisationnelle disparaîtrait naturellement.

Deux de ces cadres étaient particulièrement rébarbatifs, selon Eric : Stuart L. Hartley, chef des services financiers, et Brian H. Crombie, vice-président principal des finances. « Hartley nous donnait sans cesse des informations qui nous empêchaient de prendre des décisions. Il refusait de nous fournir tout renseignement qui aurait justifié un retour à la bière. En réalité, il ne ratait pas une occasion de nous démontrer que nous serions stupides de le faire. »

Arnett reconnaît qu'à son arrivée en mai 1997 on s'attendait à ce qu'il fasse le grand ménage à la haute direction de LCML, explique-t-il : « Eric et le conseil d'administration croyaient probablement que mon premier geste serait de congédier Hartley, mais je ne l'ai pas fait. Je l'ai gardé un an et demi parce que j'avais besoin de lui. Il était vraiment intelligent et il savait où se trouvaient tous les squelettes dans le placard. Il comprenait l'entreprise et savait comment traiter les enjeux financiers et comptables pour ce qui était de la vente et de la liquidation d'actifs. J'ai donc décidé dès le départ d'avoir recours à ses services. Selon moi, Eric doutait du bien-fondé de ma décision, mais c'est ce que j'ai fait. »

Arnett et son président du conseil n'étaient pas non plus du même avis concernant la vitesse à laquelle la nouvelle orientation stratégique de l'entreprise pouvait être mise en place. « Retourner à la bière, ça paraît tout simple, explique Arnett, mais souvenez-vous que nous ne possédions plus que 40 % des Brasseries Molson à l'époque. Alors même si mon premier objectif était d'être l'unique propriétaire des Brasseries Molson, ce n'était pas du tout évident que ce serait possible. » Évoquant le fait que 60 % de la brasserie appartenait à Foster's et à Miller, Brian Crombie avait expliqué à des journalistes à l'époque : « Qui sait si ces actions de la brasserie seront offertes et qui sait si elles le seront à un prix alléchant ? »

Pendant ce temps, comme l'entreprise disposait toujours d'une quantité énorme de liquidités provenant de la vente de Diversey, elle subissait constamment la pression de procéder à un rachat d'actions ou de verser un dividende exceptionnel. Arnett essaya de gagner du temps avec les analystes. Il leur expliqua la stratégie de rachat des actifs brassicoles et les pria de lui faire confiance. Néanmoins, le cours du titre était de 30 % inférieur à ce qu'il était cinq ans plus tôt. Il fallait agir vite.

Arnett approcha les dirigeants de Miller et apprit qu'ils étaient prêts à céder leur participation de 20 % dans Molson, mais les négociations furent ardues. Il y avait évidemment la délicate question du prix de vente. En outre, les deux parties devaient trouver un moyen de respecter leurs contrats de brassage sous licence dans leurs marchés nationaux, un point rendu plus complexe encore par le fait que LCML poursuivait ses discussions avec Coors. LCML venait de lui verser l'indemnité d'arbitrage de 100 millions de dollars et voulait signer une nouvelle entente pour continuer la vente des produits Coors au Canada. Toutefois, à moins de réussir à racheter la part de l'entreprise détenue par Miller, Molson devait obtenir l'approbation de cette dernière avant de conclure quelque entente que ce soit avec Coors.

Après avoir ouvert les négociations avec Miller, Arnett approcha Foster's pour racheter sa participation de 40 % dans les Brasseries Molson. Il essuya un refus catégorique du chef de la direction Ted Kunkel. Le plan de racheter la totalité des actifs de la brasserie se heurtait à un mur.

Eric rassura Arnett : « Ne t'en fais pas. Ils vont finir par nous vendre leurs actions. Il faut seulement être patient et chercher d'autres occasions d'affaires. »

Arnett fit face pour la première fois aux actionnaires de LCML à titre de chef de la direction lors de l'assemblée annuelle du 10 septembre 1997. Il fit un compte rendu de la situation au lutrin de la salle de bal du Windsor à Montréal. Il leur annonça que les négociations avec Miller étaient « à un stade très, très avancé ». En effet, LCML allait racheter la participation de 20 % détenue par Miller avant Noël. Arnett précisa que le refus de Foster's ne constituait pas un « revers énorme ». Il expliqua que cette déception était aussi, paradoxalement, une belle occasion : LCML pourrait utiliser les fonds réservés à cette fin pour faire une acquisition majeure dans un marché brassicole à l'extérieur de l'Amérique du Nord.

Arnett précise : « L'objectif avait toujours été, à tout le moins pour Eric et Ian, que nous soyons présents à l'échelle internationale. Je partageais leur vision dans les grandes lignes, mais j'essayais en premier lieu de récupérer *seulement* les actions de Molson. Par contre, je n'ai pas su quoi faire lorsque Foster's a refusé de nous céder sa participation. C'est à ce moment qu'Ian nous a présenté le projet Lion Nathan. »

Lion Nathan Ltd était une brasserie néo-zélandaise appartenant à Arthur Douglas Myers (anobli, il porte maintenant le titre de sir Arthur). Au cours d'une période de quinze ans, Lion Nathan était passée de petite entreprise à chef de file du marché en Australasie. En 1997, Myers décida qu'il était temps de vendre. Son banquier était nul autre qu'Ian Molson de CSFB.

Ian présenta le projet à Eric et aux membres du conseil d'administration. Selon lui, Lion Nathan serait un complément parfait aux Brasseries Molson. Eric était d'accord. Il se rendit en Nouvelle-Zélande pour rencontrer Myers et visiter les installations. « J'ai aimé ce que j'ai vu, raconte-t-il. J'ai senti que nous pourrions acheter cette entreprise et nous en servir pour lancer nos activités en Extrême-Orient. »

Méfiant, Arnett ne partageait pas l'enthousiasme d'Eric et d'Ian. Il ne comprenait pas comment il pourrait gérer une entreprise située à une vingtaine d'heures d'avion du siège social : « Nous avions déjà une foule de problèmes avec nos partenaires Foster's, Miller et Coors, et nous allions nous lancer dans une aventure en Océanie avec un nouveau partenaire ? Oubliez ça. »

Eric était conscient des difficultés, mais il insista : « J'ai poussé Lion Nathan parce que je voulais poursuivre notre développement dans le secteur de la bière et je voulais que nous soyons d'envergure internationale. Bien entendu, il restait à organiser les choses avec Foster's et Miller, mais j'étais d'avis que nous pouvions mettre la main sur Lion Nathan sur-le-champ et rassembler les éléments après avoir réorganisé nos activités brassicoles en Amérique du Nord. »

Arnett et son équipe passèrent l'automne 1997 à préparer la transaction avec Lion Nathan. De nombreux scénarios furent présentés au conseil d'administration. Au bout du compte, Arnett y mit un terme. « Ce fut une grosse décision pour le c.a., explique-t-il. C'était une décision stratégique importante, et je crois qu'Ian en particulier tenait beaucoup à conclure cette transaction avec Lion Nathan. Il ne voulait pas laisser passer cette occasion. Mais j'ai plus ou moins mis mon poste en jeu et je leur ai dit : "Écoutez, je pense que la chose à faire en ce moment, c'est d'accorder la priorité au rachat des Brasseries Molson." Je me disais qu'il fallait reprendre le contrôle de Molson et rétablir la situation avant de nous mettre en quête d'une acquisition internationale. »

Eric était frustré. Il aurait souhaité que l'équipe de direction de LCML puisse mener plusieurs dossiers de front : Lion Nathan, Miller, Coors et plus tard Foster's. Il se demandait si Arnett et Hartley (qui s'opposait vigoureusement lui aussi à l'achat de Lion Nathan) avaient une vision assez internationale pour la brasserie. Néanmoins, il se rangea du côté de son chef de la direction et, avec du recul, il convient aujourd'hui que c'était probablement la décision la plus sage. La participation de 45 % dans Lion Nathan fut acquise par la brasserie japonaise Kirin pour 1,33 milliard de dollars, une somme sans doute trop élevée et trop risquée pour Molson.

« Eric et moi avons eu des discussions assez directes au sujet de Lion Nathan, raconte Arnett. C'était délicat parce que nous étions amis (pas intimes, mais amis tout de même) et je travaillais pour lui. Ça change la dynamique. C'était difficile d'être le chef de la direction parce que d'une part j'étais entièrement loyal à lui et à la famille, mais, d'autre part, j'étais celui qui devait affronter les analystes financiers et les médias… Alors j'essayais de faire les deux : conserver ma crédibilité auprès d'eux et préserver ma relation avec Eric. Ce n'était pas toujours facile, mais nous nous respections, Eric et moi. »

🍁

« Ian a été très présent dès que je suis entré en poste comme chef de la direction », se rappelle Arnett. Même s'il vivait à Londres et dirigeait le groupe de banques d'investissement européen de CSFB, le jeune Molson venait régulièrement à Montréal (à l'époque, l'avion à réaction supersonique Concorde faisait la liaison entre les aéroports Heathrow et JFK en presque deux fois moins de temps qu'un appareil normal). Il mettait tellement « la main à la pâte » que Jim Arnett devait croire qu'il avait deux Molson comme patrons plutôt qu'un seul. « Je n'ai jamais vraiment compris la dynamique entre Eric et Ian… Quand j'étais chef de la direction, je ne voyais que leur collaboration. Quand je les conseillais, je les conseillais tous les deux. Ma théorie, c'est qu'Eric faisait participer Ian parce qu'il était un gars brillant et un membre de la famille, et qu'il était par conséquent digne de confiance. Vous savez, Eric ne fait pas confiance à beaucoup de gens. »

Eric avait encore l'impression qu'il pouvait se fier à Ian pour agir dans l'intérêt de Molson, même si son cousin l'avait laissé tomber lors de l'évaluation du rendement de Seagram devant le conseil d'administration quelques mois auparavant. En outre, il avait besoin d'un allié aussi motivé que lui pour transformer l'entreprise sans hésiter à se salir les mains au passage.

Stephen raconte : « Eric insistait pour récupérer les activités brassicoles et rapatrier le siège social à Montréal, et Ian semblait avoir l'intention de l'aider à y parvenir. » Nous sommes dans son bureau à Montréal. Au milieu des nombreux cadres, je remarque une photo de Stephen à la pêche à la mouche, visiblement heureux. Ses paroles me ramènent au présent : « Comment aurions-nous pu savoir qu'Ian allait faire toutes ces manigances derrière notre dos ? Mais j'avais des doutes. On ne savait jamais vraiment ce qu'Ian tramait. »

L'objectif d'Ian devint bientôt clair : il voulait *faire partie* de l'entreprise. Et même s'il en était un administrateur, en présidait le comité exécutif et avait un accès total à LCML, cela ne lui suffisait pas. Il souhaitait être un propriétaire et un actionnaire détenant le contrôle. Il se tourna vers Hartland.

À quatre-vingt-neuf ans, le sénateur Hartland Molson avait pratiquement terminé sa planification successorale, mais il se demandait encore quoi faire de ses actions de Molson avec droit de vote. Plusieurs options s'offraient à lui : il pouvait les léguer à sa fille unique, Zoe, les transférer ou les vendre à Eric et à Stephen afin de consolider la participation de la famille dans LCML, ou les céder à une œuvre de bienfaisance comme le lui avait proposé Eric. « À un certain moment, j'ai dit à oncle Hartland qu'il devrait mettre sur pied une fondation distincte de la grosse fondation [Fondation Molson]. Il aurait pu lui donner le nom de Fondation Hartland de Montarville Molson et choisir des causes qui lui tenaient à cœur, ce qui nous aurait donné de la souplesse quant aux causes que nous pouvions soutenir. »

Il y avait toutefois une quatrième option : vendre ses actions à Ian.

Cette proposition aurait été improbable quelques années auparavant. Le conflit familial entre les branches de Hartland et d'Ian remontait à 1972 (lorsque le père d'Ian, Billy, et ses frères avaient vendu l'équipe de hockey). Au fil du temps, par contre, Ian s'était employé à rapprocher les deux lignées de Molson. Cynthia, la sœur d'Eric, raconte que c'est sûrement Zoe qui était à l'origine des retrouvailles de son père et d'Ian. « Zoe connaissait Ian puisqu'elle habitait au Royaume-Uni. Elle le trouvait formidable et très bien branché, alors elle s'est assurée de le présenter à Hartland. » Le sénateur, comme Eric, trouvait Ian intelligent, travaillant, ambitieux, futé en affaires et voyait qu'il s'intéressait à la brasserie. Il conclut qu'Ian n'était pas fait du même bois que son père.

Hartland vendit donc ses actions à Ian par blocs : un premier de 535 000 actions de catégorie B (représentant environ 4 % des actions avec droit de vote de l'entreprise) fut transféré le 3 septembre 1997 pour 13,6 millions de dollars. Le dernier fut vendu le 11 mai 2002. Au total, Ian acquit 2,3 millions d'actions de catégorie B, ce qui portait sa participation à 10 % des actions avec droit de vote de Molson.

La nouvelle de cette vente fit des vagues au sein de la famille et rendit Jane perplexe : « Je ne comprenais pas comment Hartland pouvait vendre ses actions à Ian, surtout après ce que son père avait fait avec l'équipe de hockey. Oncle Hartland a laissé tomber Eric. » Deirdre partage cette impression : « Ian a jeté de la poudre aux yeux de Hartland pour obtenir ces actions. J'ai été surprise. Je ne savais pas pourquoi il ne les avait pas transférées à Eric et Stephen. Était-il jaloux de les voir aux commandes ? Ou bien était-il jaloux que son frère Tom ait eu une participation plus importante dans l'entreprise que lui ? Hartland voulait peut-être mettre son homme en place ? Je l'ignore. Mais il a décidé de vendre ses actions à Ian et ça a été toute une surprise. »

Eric fut aussi étonné que les autres membres de la famille : « Hartland aurait pu nous vendre ses actions, à Stephen et à moi, faire une transaction au sein de la famille, mais nous ne lui en avions jamais parlé. Il se fichait pas mal de nous et je ne voyais pas comment j'aurais pu le convaincre d'agir autrement. »

En se rappelant à quel point Hartland avait essayé de mettre de la pression sur Stephen et lui après la lecture du testament de leur père, Eric ajoute : « Qui sait ? Il s'est peut-être rendu compte un bon matin que nous étions aux commandes et que nous avions trop d'actions avec droit de vote, ou quelque chose du genre. Alors il a décidé de vendre les siennes à Ian. » En plus, Eric se dit que ce que Hartland faisait de ses actions le regardait, même s'il aurait été préférable d'avoir une approche familiale concertée. Eric se rangea donc derrière la décision de son oncle, même s'il n'avait pas oublié l'avertissement que lui avait servi Benny Parsons en 1978 : « Un jour, vous aurez peut-être besoin de ces votes. »

Un mois plus tard, Ian quitta son poste chez CSFB en Angleterre pour se consacrer à plein temps à l'entreprise familiale. Eric et lui étaient dorénavant partenaires. Et si Eric était la levure à l'origine du processus de fermentation, Ian était la chaleur servant à faire bouillir le houblon et le moût dans les cuves. Les deux éléments sont essentiels à la fabrication de la bière et, si un élément est manipulé sans précaution, toute la cuvée est bonne à jeter.

9 Refaire de Molson une brasserie

Nous sommes retournés à la bière ! Nous possédons maintenant
100 % de deux éléments clés qui réunissent tous les Montréalais,
tous les Québécois et presque tous les Canadiens : la bonne bière
et le hockey. C'est un moment glorieux et historique pour Molson et
tous ses partenaires.

ERIC H. MOLSON, le 29 juin 1998

Il y a une tempête à Montréal. Le vent me projette de la neige au visage pendant que je cours dans la rue pour me rendre au restaurant où
la famille se retrouve. J'entre et j'aperçois Andrew assis à une longue
table avec Eric et Jane, Justin et Julia, Stephen et Nancy. Geoff et Kate
doivent venir nous rejoindre plus tard à la cathédrale. Nous sommes
réunis pour prendre une bouchée avant de traverser la rue pour nous
rendre à la cathédrale Marie-Reine-du-Monde où auront lieu les funérailles de Jean Béliveau. Le héros du Canadien est mort chez lui huit
jours auparavant, le 2 décembre 2014.

Les menus sont déposés sur la table, mais personne n'a faim. Je
m'assois à côté d'Eric. Il ne touche pas à son verre de Molson Ex. Il
regarde en silence l'écran de télévision fixé au mur devant nous. On
retransmettra en direct les funérailles d'État qui doivent commencer
une heure plus tard. Pour le moment, on voit la foule qui se masse à
l'entrée de la basilique malgré le blizzard.

« Le Gros Bill… Il était super », dit Eric presque à lui-même.

Je poursuis en disant une banalité : « Un joueur fabuleux. »

Eric hoche la tête et boit une gorgée de bière. « Mais il était beaucoup plus que ça. Il est devenu célèbre en portant le chandail numéro 4

Eric Molson et le légendaire Jean Béliveau se dirigent au centre de la patinoire du Forum de Montréal pour une mise au jeu protocolaire, 1992. Photo : gracieuseté du Club de hockey Canadien inc.

du Canadien, mais c'est ce qu'il a fait hors de la glace qui le rend extraordinaire. »

Je demande à Eric : « Avez-vous aimé travailler avec lui ? » Jean Béliveau était un employé de Molson au début de sa carrière de hockeyeur, puis il fut nommé administrateur de l'entreprise en 1978. Il siégea au conseil avec Eric pendant presque vingt-cinq ans.

« Il était merveilleux, répond Eric en souriant. Il ne parlait pas beaucoup aux réunions du conseil, mais il était très loyal. Il avait de la prestance et de la dignité. »

Eric ajoute : « Je n'oublierai jamais une des premières fois où je l'ai rencontré, en 1960. Je venais d'entrer chez Molson. Nous avons tous les deux reçu un appel du président de la brasserie pour le Québec, John Kemp. Il nous avait demandé de dire quelques mots à l'occasion de l'inauguration d'un nouvel entrepôt. Alors le vendredi suivant, Jean, moi, le maire et tous les gros bonnets, nous étions sur la scène pour couper le ruban. J'étais *très* nerveux. Et tu sais quoi ? Jean aussi ! Je n'en croyais pas mes yeux. Voilà le gars qui quelques années auparavant à peine avait été le premier joueur de hockey *de l'histoire* à être sur la couverture de *Sports Illustrated*, le type qui a compté trois buts en moins d'une minute au cours d'un jeu de puissance. » Les règles de la supériorité numérique furent modifiées par la suite.

Eric continue : « Et il était là, juste à côté, aussi nerveux que moi. Peux-tu croire ? Jean a prononcé son allocution, les jambes tremblantes et la sueur au front comme s'il venait de sortir de la glace. Et puis, j'ai parlé à mon tour, les jambes tremblantes et en suant autant que lui, sinon plus. Tout de suite après la cérémonie, je lui ai demandé : "Tu es l'étoile des Canadiens, tu fais ça chaque jour... Comment se fait-il que tu sois aussi nerveux que moi ?" Il m'a répondu : "Ne t'en fais pas, Eric. On réussit mieux quand on est nerveux. J'ai participé à beaucoup d'événements comme celui-ci, et les meilleurs sont toujours nerveux." Alors, tu sais, Jean m'a aidé depuis notre première rencontre, quand j'avais vingt-trois ans. Il devait en avoir vingt-neuf environ. Je ne l'oublierai jamais. Peux-tu imaginer combien de Canadiens il a touchés comme ça au cours de sa vie ? »

Eric n'attend pas ma réponse. « Une multitude de personnes. Et Jean a toujours fait ça avec une grande humilité. Il avait de belles valeurs. Il comprenait ce que ça signifie, être intègre, et il respectait les autres. Le Gros Bill a utilisé sa célébrité de la meilleure façon possible : en donnant l'exemple. »

❦

Eric se faisait lui aussi un point d'honneur de donner l'exemple. Il considérait qu'une partie importante de son rôle de président du conseil d'administration, d'actionnaire détenant le contrôle et de chef de famille consistait à tenir ses proches informés. Même si la communication n'était pas son point fort, il organisait régulièrement des réunions du « clan de Tom Molson ». Si des conflits d'horaire empêchaient la tenue de telles rencontres, il envoyait des notes de service comme celle-ci, distribuée le 16 juin 1997 :

> *Chers membres des générations VI et VII, nous ne serons pas assez nombreux pour nous réunir cette semaine. Nous nous verrons donc plus tard quand j'aurai plus d'information à communiquer.*

Voici brièvement où nous en sommes, en code puisque la plupart de ces renseignements sont très confidentiels :

1. *le nouveau chef de la direction [Arnett] et quatre nouveaux administrateurs [Beauregard, Colson, Bellini et Von Clemm] ont une réflexion stratégique et ils sont très enthousiastes à propos du nouveau défi ;*
2. *aucune percée majeure jusqu'ici [concernant le rachat des actions de Molson détenues par Miller et Foster's], mais le progrès est constant ; la situation est extrêmement complexe ;*
3. *le rapatriement et la réduction du siège social [le retour du siège social de LCML à Montréal] arriveront, mais c'est un enjeu délicat pour le moment ;*
4. *le soutien et la sympathie sur le plan international se poursuivent [pour forger des alliances internationales avec d'autres brasseurs] ;*
5. *Foster's a annoncé son nouveau plan pour racheter ses deux principaux propriétaires (BHP et Asahi) ; Foster's est protégée par le gouvernement australien et aucune entreprise étrangère ne pourra en prendre possession ; et*
6. *continuez à réfléchir à l'idée d'une société mère puisqu'elle ne semble pas vouloir disparaître ; nous devrions nous préparer à avoir une sérieuse discussion sur les points positifs et les négatifs, sur ceux qui veulent rester ou pas, etc., puisque ça pourrait arriver brusquement.*

Le dernier point d'Eric sur la « société mère » était une référence au projet de Molson Holdings qu'Ian avait proposé en 1989. Le projet prévoyant que les membres de la famille transfèrent leurs actions de LCML dans une entité distincte n'avait pas disparu. Au contraire, il avait pris de la vigueur dès qu'Ian acheta les actions de Hartland.

Le projet avait évolué et incluait dorénavant une distribution des rôles et des responsabilités. Si Molson Holdings était créée, Ian en deviendrait le chef de la direction, Eric, le président du conseil, et Stephen, le vice-président du conseil d'administration. Dans une note de 1997, Ian avait défini la mission à quatre volets de l'entreprise :

premièrement, jouer un rôle proactif à titre d'actionnaire de contrôle de LCML ; deuxièmement, agir comme un véhicule créateur de richesse en investissant surtout à l'extérieur du Canada ; troisièmement, être le facteur déterminant pour toutes les autres activités et tous les autres intérêts liés à la famille Molson, comme la Fondation Molson ; quatrièmement, être gérée de façon rationnelle avec le meilleur rapport coût-rendement. Les événements s'accéléraient et Ian souhaitait vivement mettre la nouvelle structure en place. Eric préconisait la prudence.

La situation progressait aussi du côté de LCML. Le 27 novembre 1997, Arnett annonça que LCML et Foster's rachetaient la participation de 20 % appartenant à Miller. Les Canadiens et les Australiens possédaient dorénavant les Brasseries Molson en parts égales. Un mois plus tard, Arnett signa un contrat de licence avec Coors pour la fabrication, la distribution et la vente des produits de cette marque au Canada. Cette fois, par contre, Coors détenait 50,1 % du partenariat. « Bien entendu, l'entente de Coors était loin d'être aussi avantageuse que celle que nous avions auparavant, admet Arnett, mais au moins, nous avions Coors. » Au cours des négociations, les Américains utilisèrent deux leviers : la récente décision d'arbitrage et la popularité croissante de la Coors Light au Canada.

Par la suite, Arnett s'employa à trouver un moyen de racheter les 50 % restants des Brasseries Molson. Jusque-là, il avait essuyé le refus de Foster's. À la fin de décembre 1997, toutefois, Arnett découvrit une échappatoire au terme d'une révision trimestrielle du partenariat.

Il était assis seul avec le chef de la direction de Foster's, Ted Kunkel, dans un bureau de l'usine de Molson à Vancouver donnant sur False Creek. « Kunkel m'a informé qu'il pourrait être prêt à vendre. C'était très subtil, mais j'ai compris le message. Ça a été le premier indice de Ted que, si nous lui proposions le prix adéquat, il était prêt à céder la participation de Foster's dans Molson. »

Les négociations commencèrent en janvier 1998 et, six mois plus tard, l'affaire était conclue. Mickey Cohen allègue que les discussions avaient été plus faciles en raison d'une clause qu'il avait négociée cinq

John Barnett (président des Brasserie Molson), James Arnett (président et chef de la direction de LCML) et Eric Molson (président du conseil d'administration) lèvent leur chope où est gravé *100 % Molson* pour porter un toast après avoir annoncé le rachat de la participation de 50 % du Foster's Brewing Group dans les Brasseries Molson, le 24 juin 1998. Photo : John Lehmann, avec la permission de La Presse Canadienne.

ans auparavant. En janvier 1993, lorsque les Australiens et lui avaient cédé 20 % de la brasserie à Miller, il réussit à convaincre Foster's de donner à LCML une option pour les racheter. Une des règles de base d'Eric (qu'il avait apprise lorsque Tom et Hartland avaient vendu le Club de hockey Canadien à leurs cousins sans droit de premier refus) était de toujours penser à l'avenir et de prévoir un plan B. Alors quand la part de LCML dans la brasserie passa de 50 % à 40 % avec la vente à Miller, Eric avait insisté pour inclure une option de rachat.

Cohen rappelle : « Eric était inquiet quand nous avons vendu une participation de 20 % à Miller. C'est une chose d'être partenaire en parts égales avec Foster's, mais c'en est une autre de baisser à 40 % et de se retrouver dans une association à trois. Alors pour que cette entente soit conclue, nous avons négocié une option pour acheter les 40 % détenus par Foster's à un prix très fort si jamais nous en avions besoin. Les actionnaires publics ne se préoccupaient pas vraiment de ça, mais Eric, oui : il pouvait voir qu'un jour, cinq ans après, peut-être, Molson risquait de perdre la brasserie si elle n'avait pas le contrôle, et que le consensus s'effritait. Nous avons donc obtenu l'option. Plusieurs années plus tard, longtemps après mon départ, Molson l'a exercée et a racheté la totalité de la brasserie. »

Le 25 juin 1998, la une du *Financial Post* clamait : *Molson redevient entièrement canadienne : elle verse 1,1 milliard à l'australienne Foster's pour racheter 50 % des Brasseries Molson.*

Arnett sourit au souvenir de ce tour de force. « C'est la plus grande chose que j'ai accomplie pour l'entreprise. Nous avons repris les Brasseries Molson et nous avons sorti Foster's du Canada. Je crois, encore aujourd'hui, que si la famille Molson souhaitait retrouver sa place dans l'industrie de la bière, elle devait reprendre possession des Brasseries Molson. Et elle les avait récupérées. »

Le 29 juin 1998, lors d'une réception tenue au Centre Molson pour célébrer cette nouvelle, Eric annonça : « Nous sommes retournés à la bière ! C'est un moment glorieux et historique pour Molson, pour nos employés, pour nos clients et pour notre famille. » Déjà cinq ans et demi s'étaient écoulés depuis le lunch avec Stephen et Pat Kelley, mais ils avaient réussi. Ils avaient repris la brasserie. C'était un exploit remarquable.

Par contre, en privé, la facture de 1,1 milliard de dollars irritait grandement Eric. « Arnett a payé le gros prix aux Australiens. C'est facile d'acheter quelque chose quand on accepte de verser la somme que le vendeur demande. »

À sa décharge, Arnett réplique : « C'est vrai que nous avons dû payer un peu plus. Nous avons annoncé à tout le monde que notre stratégie était de retourner à la bière. À bien des égards, c'est une mauvaise tactique de négociation, mais il fallait *dire quelque chose* à Bay Street. On nous mettait de la pression pour liquider le satané conglomérat. On nous disait : "C'est quoi, ça ? Ce n'est rien ! C'est seulement un fouillis de toutes sortes de choses. Vendez tout !" Nous avons donc décidé de dévoiler notre stratégie, ce qui signifie que nous avons dû payer un peu plus cher. »

Deux jours plus tard, Arnett annonça la suite des événements aux actionnaires de LCML lors de l'assemblée annuelle : « Nous allons nous employer à rebâtir la part de marché dominante de la brasserie, à étendre nos activités aux États-Unis et à trouver des solutions aux problèmes de la division des sports et du divertissement. »

Tandis qu'Arnett s'occupait des ententes avec Miller, Coors et Foster's, les opérations de LCML stagnaient. Les résultats de fin d'exercice démontraient que les parts de marché de la brasserie baissaient au Canada et que les bières Molson ne se vendaient pas très bien aux États-Unis. Les profits de la division des sports et du divertissement connurent une chute impressionnante de 83 % comparativement à l'année précédente. De plus, il n'y avait pas d'acheteur pour Beaver Lumber, le dernier des actifs périphériques. Pour terminer, Eric ajouta que le siège social de l'entreprise se trouvait toujours à Toronto, qu'il employait encore trop de personnel et que son chef des services financiers, Hartley, demeurait en poste. Eric pressa Arnett de combler les lacunes.

Pendant ce temps, Eric dut régler un autre problème de taille : Ian se faisait de plus en plus insistant pour mettre sur pied Molson Holdings.

❋

Chaque fois qu'ils discutaient de Molson Holdings, Eric répétait à Ian qu'il voulait évaluer différentes façons de restructurer les actions avec droit de vote de la famille avant d'aller de l'avant avec son plan. La nature prudente d'Eric lui épargnait d'être coincé dans un stratagème à moins d'en saisir pleinement toutes les conséquences. Ainsi, même s'il admettait l'expertise financière d'Ian et qu'il comprenait le bien-fondé de sa proposition, il souhaitait avoir une perspective plus vaste sur la façon d'organiser les affaires de la famille. Ian et lui s'entendirent pour engager Guy Fortin, un avocat de premier plan spécialisé en droit des sociétés de chez Ogilvy Renault (maintenant Norton Rose), pour imaginer d'autres scénarios.

Toutefois, Ian était impatient d'aller de l'avant avec Molson Holdings. Il fit appel à Braehead, la société de gestion de son cousin et conseiller personnel, Stuart Iversen, pour mettre sur pied la nouvelle société de portefeuille et régler tous les problèmes afférents de comptabilité, d'impôt et de finance.

Eric protesta. Le 25 mars 1998, il écrivit à Ian : « Je croyais que nous avions convenu de procéder lentement et de ne pas engager Braehead avant d'en apprendre davantage sur cette firme et d'analyser les différentes possibilités. Nous ne devons pas présenter ce projet confidentiel à MM. Iversen et Sutton avant d'avoir l'approbation de la famille de Tom Molson. Nous avons approuvé Guy Fortin, et Guy Fortin seulement. »

Eric prenait soin de « faire les choses comme il faut », qu'il s'agisse de gouvernance d'entreprise ou de gestion des relations familiales. Il ne voulait pas que son frère et ses sœurs pensent qu'il puisse faire quoi que ce soit en leur nom sans leur consentement. L'intégrité était essentielle à la dynamique familiale saine et propice à un environnement où règne la confiance.

Ian lui répondit : « Merci pour ta lettre du 25 mars. Je suis désolé pour le malentendu. Je suis reconnaissant de tes précisions et je comprends tes inquiétudes concernant l'engagement hâtif de Braehead dans un rôle global. » Il expliqua que, tout ce qu'il voulait, c'était « mettre sur pied Molson Holdings le plus rapidement possible ». Comme dans la fable *Le lièvre et la tortue* d'Ésope, les deux hommes avançaient à une vitesse différente.

Après avoir mis fin à l'embauche prématurée d'Iversen pour ce dossier, Eric se remit à analyser le projet de Molson Holdings. En 1989, lorsqu'Ian proposa cette idée, Eric ne l'avait pas appuyée parce qu'on l'avait prévenu que ce ne serait pas avantageux pour ses sœurs et leurs familles. Toutefois, les choses avaient changé.

Dans une lettre adressée le 19 août 1998 à Stephen, Deirdre et Cynthia, Eric expliqua : « Ce qui est nouveau, c'est que nous avons maintenant un actionnaire membre de la famille qui, pour la première fois depuis des générations, a acquis une quantité considérable d'actions de ce que l'on peut décrire comme une société affichant un rendement inférieur aux attentes. Oncle Hartland connaît et respecte Ian depuis de nombreuses années, et sa décision de lui vendre ses actions appartient à lui seul. Ian a fait ses preuves dans le milieu des affaires, et il nous a bien aidés à restructurer le conseil d'administration et à entreprendre les mesures nécessaires pour retourner à nos racines en nous affirmant auprès du conseil. »

Eric répéta les deux objectifs de Molson Holdings : premièrement, convertir le contrôle de LCML, assuré par des membres individuels de la famille, à une forme de société pour que le contrôle soit détenu et exercé de manière plus concertée ; deuxièmement, agir comme un véhicule générateur de richesse pour ses actionnaires. Eric conclut avec une recommandation : que le clan de Tom Molson soutienne Ian dans sa campagne pour créer cette nouvelle société de portefeuille et lui en confie la gestion.

Après discussion entre eux et avec leurs conseillers respectifs, les frères et sœurs acceptèrent. Le plan avait du bon sens. Ensuite, ce fut une question d'argent. Si Ian travaillait à plein temps pour gérer Molson Holdings, quel devrait être son salaire ? À cet égard, Eric et Ian avaient des opinions divergentes.

Un après-midi d'automne cette année-là, Eric dit à Stephen : « Le salaire d'Ian est en train de devenir un problème. Je lui ai dit que les revenus des membres de la famille devaient être symboliques ou modestes, comme ça avait été le cas dans le passé. »

« Lui as-tu dit combien tu gagnes ? »

« Oui. Je lui ai aussi dit que je n'ai pas demandé la moindre augmentation depuis que je travaille pour l'entreprise. »

« Eric, regarde d'où il vient. Je pense que ses normes sont un peu différentes », dit Stephen.

« Je suis d'accord qu'il devrait être rémunéré pour ce qu'il fait, mais je pense aussi que s'il fait du bon travail et qu'il fait croître la valeur du portefeuille de Molson Holdings, il sera récompensé par l'augmentation du capital. »

Ian ne partageait pas leur avis. Le 5 novembre 1998, il envoya à Eric et à Stephen une proposition de rémunération en deux volets : 100 000 $ par année plus une prime d'options pour acquérir 10 % de Molson Holdings à un prix d'exercice égal à sa juste valeur marchande à la date de son incorporation.

Eric en discuta avec Jane un soir à table. Il lui dit : « Ce n'est pas correct. » Ian souhaitait que Stephen, Deirdre, Cynthia et lui déposent toutes leurs actions dans Molson Holdings. Il proposait de leur verser des dividendes calculés en fonction de l'augmentation de la valeur de

Molson Holdings, mais lui, en revanche, se verserait des actions de la société de portefeuille à titre de rémunération.

« Tu t'en rends compte ? Si Ian continue pendant dix ans, il finira par posséder l'entreprise au complet ! C'est comme une prise de contrôle insidieuse ! »

Eric consulta son frère et ses sœurs qui partageaient tous ses inquiétudes. « La proposition d'Ian de se faire rémunérer en actions et nous, en argent comptant, était un mécanisme qui lui permettrait ultimement de ravir le contrôle de tout ! » raconte Eric Stevenson, le fils de Deirdre.

Eric et Ian passèrent tout le mois de novembre à négocier. Ian revenait sans cesse à son idée initiale, soit de se faire payer en options pour acquérir plus d'actions de Molson Holdings. Mais Eric tenait bon : il était hors de question de lui verser des options d'achat d'actions. En guise de prime, proposa-t-il, Ian recevrait une rémunération modeste et un rendement privilégié de 10 à 20 % sur la création de richesses de Molson Holdings. Par exemple, si Molson Holdings réalisait un gain de capital de 10 millions de dollars, Ian recevrait les deux premiers millions, et les autres actionnaires se partageraient le reste. Un point c'est tout.

Ces discussions causèrent de nombreuses nuits d'insomnie à Eric. Brian Baxter, le fils de Cynthia, avait remarqué l'air soucieux de son oncle : « Je me souviens d'une rencontre avec Eric dans son bureau. Il était vraiment distrait. Je voyais qu'il se posait des questions. Il a commencé à me dire : "Vous êtes plus vieux maintenant, vous devriez tous vous impliquer et être à l'aise avec l'idée de créer un bureau familial ou une société de portefeuille si nous nous engageons dans cette voie." Puis Eric a complètement changé de sujet : "Ces fiducies-là ont été créées de toutes pièces de toute façon, et Tom aurait voulu que nous travaillions ensemble." » Tom Molson avait créé une fiducie pour chacun de ses quatre enfants et confié la gestion de celles de ses deux filles à Eric et à Stephen.

Les négociations avec Ian mettaient en relief l'éventail des responsabilités d'Eric : à l'égard de sa propre famille, de son frère, de ses sœurs, des vœux de Tom, de LCML et de l'héritage du nom Molson.

Et comme Jean Béliveau, il voulait faire la bonne chose et donner l'exemple.

Au bout du compte, Eric abandonna l'idée de Molson Holdings. Le stratagème d'Ian pour se faire rémunérer en options d'achat d'actions avait dégoûté tout le monde. Eric expliqua sa décision dans une lettre adressée à Stephen le 3 décembre 1998 :

> Pendant que nous étions en phase de planification, j'en suis venu aux conclusions suivantes : 1. La plupart des membres des générations VI et VII, sinon tous, souhaitent conserver les actions patrimoniales intactes et essayer de créer de la richesse avec les produits de ces actions ; et 2. la plupart ont des réticences concernant Molson Holdings et R. Ian Molson. Ces conclusions me portent à croire que nous devrions changer de direction et revenir à une ancienne idée : nous doter d'une convention entre actionnaires plus simple et à plus long terme qui nous permettrait de décider régulièrement de l'usage des actions de LCML et d'éloigner les vautours.

Ian fut mécontent de la décision de la famille. Selon Eric, il aurait dit : « Vous allez tous le regretter, Eric. C'est vraiment une bonne chose. Même si vous ne le faites pas tout de suite, vous devriez garder le dossier ouvert. Fortin a fait beaucoup de bon travail pour nous. »

Eric informa Fortin de sa décision, paya les honoraires salés de l'avocat et ferma le dossier.

🍁

Une fête estivale ! L'invitation était imprimée sur un épais carton écru évoquant élégance et prestige. R. Ian Molson et son épouse, Verena, organisaient un repas de gala et une soirée dansante le 11 juin 1998 à Kingham Hill House, leur domaine à proximité du village de Churchill en Oxfordshire.

Eric et Jane refusèrent l'invitation, mais Jim et Alix Arnett se rendirent en Angleterre pour l'occasion. Ce fut « un événement inimaginable », selon ce dernier : une fête dans la campagne anglaise, avec orchestre et feux d'artifice. Toutefois, au-delà de l'étalage de richesse et de symboles honorifiques, c'est l'attitude d'Ian qui frappa Arnett le plus : « Je me souviens de quelques Britanniques qui m'ont posé des questions sur Ian Molson. Ils croyaient qu'il était *le* Molson, l'actionnaire détenant le contrôle de l'entreprise. Je l'ai entendu à quelques reprises pendant la soirée. J'ai eu l'impression qu'Ian racontait partout à Londres qu'il était celui qui contrôlait les entreprises Molson. »

Dan Colson, un membre du conseil d'administration établi à Londres, avait remarqué la même chose. « Je connaissais Ian depuis toujours. Il travaillait pour CSFB qui se trouvait à une centaine de mètres de mon bureau, nous appartenions au même club de squash et nous connaissions les mêmes gens. Je crois qu'Ian est intrinsèquement intelligent. Il a son franc-parler et il est raisonnablement articulé. Par contre, quand on le compare à Eric, il s'affirme infiniment plus, il est infiniment plus ambitieux et infiniment plus perfide. Et son plan, depuis le début en ce qui me concerne, était de s'approprier l'entreprise et d'en éloigner Eric, ni plus ni moins. »

À cette époque, par contre, Eric se souciait peu de l'attitude de son cousin : il était complètement absorbé par la transformation de LCML.

Une fois le rachat de la participation de Foster's enfin officialisé, Eric pressa Arnett de rapatrier le siège social de l'entreprise à Montréal. Une année et demie s'était écoulée depuis qu'Eric avait évoqué ce changement. Le 28 octobre 1998, Arnett et la haute direction de LCML étaient enfin installés dans la brasserie de la rue Notre-Dame. L'ère de Mickey Cohen et des luxueux bureaux de la Scotia Plaza de la rue King à Toronto était révolue.

Un soir au souper, Eric annonça triomphalement à Jane : « Ça y est, c'est fait ! Nous avons *dédiversifié* l'entreprise, nous en avons refait une brasserie et nous avons déménagé toute la direction à Montréal. Ça nous a pris presque six ans, mais on a réussi. » Son soulagement était palpable.

« C'est merveilleux, chéri. Je suis tellement contente pour toi. » Après une courte pause, Jane ajouta : « Tu peux maintenant dire à ton oncle de te laisser tranquille. » Quelques mois avant l'annonce du déménagement, Hartland avait écrit à Eric deux lettres pour se plaindre de l'« impression déprimante » créée par les bureaux vides à l'usine de Montréal, là où se trouvait autrefois le siège social.

« Il reste encore beaucoup à faire, expliqua Eric. Nous devons récupérer nos parts de marché, soutenir davantage nos marques, déchiffrer le marché américain et nous doter d'une stratégie internationale plus énergique. »

« Et comment Jim se débrouille ? »

« Je ne sais pas vraiment. »

Eric se demandait si Jim avait le profil adéquat pour faire ce genre de chose. Il avait beaucoup de grandes qualités, mais il n'était pas un exploitant. Et maintenant qu'ils étaient revenus dans leur domaine d'expertise, c'est ce dont ils avaient besoin. « Il nous faut quelqu'un qui a des connaissances en marketing et une solide expérience de la gestion quotidienne pour y parvenir. Je dois en discuter avec le conseil. »

Eric se servit dans le plateau de fromages et changea de sujet : « Tu sais, on devrait organiser une réception juste avant Noël. On pourrait convier tous ceux qui ont travaillé avec nous pour transformer l'entreprise. On les inviterait à la maison pour les remercier comme il faut. Qu'est-ce que tu en dis ? »

« Ce serait formidable ! » répondit Jane. Eric n'était pas très porté sur les rencontres sociales. Il avait la réputation d'être « M. *Niet* » parce qu'il refusait d'assister à des réceptions, à moins qu'elles soient organisées pour les affaires ou pour des œuvres philanthropiques, comme l'Université Concordia ou l'Hôpital général de Montréal. Cette fois-ci, c'était différent.

Le 17 décembre 1998, Jane et Eric reçurent vingt-six personnes pour un repas chez eux. Il s'agissait surtout d'amis intimes et de membres de la famille, dont le clan de Tom Molson au complet, ainsi que Hartland et son épouse. Il n'y eut ni feu d'artifice ni musicien. Après le plat principal, Eric se leva et prononça une allocution au cours de laquelle il remercia sincèrement trois personnes à qui il attribuait la réussite de la stratégie de retour aux racines : Pat Kelley, Ronald Corey et Luc Beauregard. Des hommes qui, selon lui, s'étaient « acculés au pied du mur » pour lui et pour Molson. Ian n'était pas l'un d'eux.

La loyauté était le thème de la soirée. Et comme l'avait dit un jour l'auteur américain Elbert Hubbard, Eric déclara : « Quand on est mis à mal, une once de loyauté vaut une livre d'intelligence. » Eric raconta les débuts de l'odyssée du retour à la bière en décembre 1992, devant un sandwich et une Molson Export à l'hôtel InterContinental. Il parla du soutien indéfectible de Pat Kelley, « les soirs et les fins de semaine, avec son expérience de consultant et sa connaissance des gens et des opérations chez Molson ». Ronald Corey lui donnait régulièrement son opinion : « Il est comme Le Rocket, le genre de joueur qu'on veut dans son équipe. Quand on a besoin d'un but, il s'élance et il le compte. » Quant à Luc Beauregard, Eric raconta comment l'expert en relations publiques lui avait offert son aide « avant même que j'aie fini de lui expliquer la situation ».

Eric conclut son allocution en décrivant Molson comme une institution canadienne et en remerciant ces trois hommes qui avaient contribué à sa survie : « Des puissances étaient à l'œuvre pour nous éliminer : pas seulement les concurrents habituels en affaires, mais aussi au sein de l'entreprise. Nous avons planifié soigneusement et nous avons gardé le cap… Aujourd'hui, six ans plus tard, nous avons le sentiment que notre famille et l'entreprise survivront et nous continuons à faire de belles et bonnes choses pour la société à laquelle nous avons le bonheur d'appartenir, espérons-le, pour un siècle ou deux encore…

« Il n'est pas facile de comprendre Molson, parce que c'est plus qu'une entreprise : c'est une institution riche en histoire, en patrimoine et en archives, dont les racines sont profondément ancrées à Montréal, dans le hockey ; c'est aussi une famille. C'est un emblème pour le Canada et nous servons le pays avec dévouement. Leacock a écrit un jour : "Le nom Molson est tissé dans le tissu même qu'est le Canada." Par contre, une fois que l'on commence à comprendre l'institution qui porte le nom Molson, la bonne vieille loyauté s'installe. Je l'ai constaté rarement, mais c'est magnifique. Je l'ai vue chez Pat, chez Ron, chez Luc. Tous les trois, vous avez travaillé pour vous assurer que notre institution canadienne unique et notre famille survivent. Merci. »

🍁

Eric commença l'année 1999 avec une allocution d'un autre type. Il devait s'adresser, en grande partie en français, à des centaines de gens d'affaires lors d'un déjeuner-causerie de la Chambre de commerce de Montréal. Il était nerveux. « C'était probablement mon seul discours vraiment important. C'était pour souligner le lancement de notre

Eric Molson prononce un discours sur le retour de Molson à ses racines brassicoles lors d'un déjeuner-causerie à la Chambre de commerce du Montréal métropolitain tenu à l'hôtel Le Reine Elizabeth, le 2 février 1999. Photo : gracieuseté de La Chambre de commerce du Montréal métropolitain.

nouvelle ère. » Il répéta quatre semaines avec l'un des meilleurs formateurs de la firme National.

Le 2 février, tandis qu'il se dirigeait vers le lutrin, Eric sentait son cœur battre à tout rompre. Il parla du retour à la bière de Molson, du déménagement du siège social à Montréal et de ses percées dans le milieu brassicole international. Il parla aussi de hockey. Les clubs canadiens de la LNH vivaient une période difficile à cause de la faible valeur du dollar canadien, des impôts élevés et de la flambée des salaires des joueurs. Les Canadiens ne faisaient pas exception. « C'est une tâche ardue pour l'entreprise de préserver la valeur pour l'actionnaire tout en offrant un bon spectacle aux amateurs », admit Eric. Néanmoins, il assura à son public que, malgré les rumeurs à l'effet contraire, Molson n'avait pas de plan pour vendre l'équipe. Il conclut en réitérant fièrement l'engagement de l'entreprise à l'endroit de Montréal : « Molson est pour Montréal ce que Heineken est pour Amsterdam, Miller pour Milwaukee et Foster's pour Melbourne. »

Eric fut longuement applaudi. Fred Lowy, le recteur de Concordia, lui envoya un mot de félicitations : « J'ai regardé autour de moi pendant que tu parlais et j'ai pu constater à quel point les gens aimaient tes re-marques. Ton engagement à l'endroit de Montréal et de ses institutions était manifeste et il a soulevé l'enthousiasme de tout le monde. » La plupart des quotidiens (dont *The Gazette*, *Le Devoir*, *La Presse* et le *Globe and Mail*) reprirent son message : non seulement Molson avait survécu, mais elle était prête à conquérir le monde.

Le chef de la direction Jim Arnett était moins enthousiaste. John Barnett, le président des Brasseries Molson, venait de remettre sa dé-mission ; la brasserie continuait à perdre des parts de marché et la di-vision sports et divertissement affichait des pertes. Eric insistait pour qu'il se lance à la conquête du monde, et Ian se mêlait beaucoup (trop) de gestion quotidienne.

Comme chef de la direction, Arnett prêtait une oreille attentive aux conseils d'Ian et il l'invitait même à lui en donner. Il était, après tout, le président du comité exécutif du conseil d'administration et il soutenait la transformation de Molson. Pourtant, dès qu'Ian acheta le premier bloc d'actions avec droit de vote de Hartland en novembre 1997 et qu'il quitta son poste de directeur général de CSFB, sa présence s'inten-sifia et devint lourde. Au début de 1999, cette situation sembla frus-trer Arnett.

Patrick Kelley se souvient de certains échanges acerbes entre les deux hommes. Le premier eut lieu après une rencontre avec des re-présentants de la brasserie Bass en Angleterre : « Jim Arnett a eu une réaction explosive quand il a découvert qu'Ian avait participé à cette réunion avec moi. Il lui a téléphoné pour l'engueuler. Ensuite, il m'a engueulé aussi en me disant : "Ian n'est pas censé se mêler de la gestion au quotidien ! Pourquoi tu ne m'as pas dit qu'il y allait avec toi ?" »

Deux mois plus tard environ, Kelley assista à une autre scène. Cette fois, Arnett avait appris qu'Ian avait prévu rencontrer des brasseurs en Chine. « Jim a rougi de rage, se rappelle Kelley. Je lui ai dit qu'Ian nous accompagnait, Eric et moi. Il a immédiatement appelé Ian et ils ont eu une conversation inimaginable, une grosse chicane. Arnett lui criait : "Tu te mêles de ce qui ne te regarde pas. Je suis le chef de la direction, tu devrais demander ma permission." C'était une engueulade intermi-nable. Ça a été le début de la déchirure. Quand les gens se déchaînent, la confiance prend le large. »

Eric percevait lui aussi les conséquences de l'insécurité croissante d'Arnett. Un jour, par exemple, Eric organisa une rencontre avec un gestionnaire à Toronto pour « parler bière » et comprendre l'évolution des opérations de la brasserie au fil du temps. Quand Arnett apprit la tenue de la réunion, il l'annula. Il écrivit à Eric dans un courriel : « Eric, je dois dire que cela me met dans une situation difficile et embarrassante. Je crois que toute rencontre avec le personnel, portant sur un sujet important et avec un ordre du jour, etc., devrait passer par moi. »

Décontenancé par cette réaction, Eric écrivit à Stephen : « Je devrais pouvoir parler à n'importe qui, n'importe où. Je suis un brasseur orienté sur le marketing. Je veux en apprendre davantage sur les sujets pour lesquels j'ai de l'expérience et de l'intérêt. » Il s'agissait, selon lui, d'une question d'équilibre. Le chef de la direction devrait avoir la latitude nécessaire pour faire son travail, mais, à titre d'actionnaire détenant le contrôle, Eric avait la responsabilité de se tenir informé sur l'entreprise. Plus tard, ce dernier se demanda : « Pourquoi Jim s'inquiétait-il de ce que je faisais ? Je suis le gars le moins menaçant qui soit. »

Arnett ne considérait probablement pas Eric comme une menace, mais il devait sentir que sa position devenait de plus en plus précaire. « Quand j'ai commencé, explique-t-il, le comité exécutif du conseil devait s'investir davantage dans les affaires de l'entreprise pendant un certain temps, pour brasser les choses un peu. C'était facile pour moi au début, mais ça s'est compliqué par la suite. Je me demandais, par exemple, quelles décisions je devais prendre seul. Quels sujets je devais aborder avec le comité exécutif ou encore avec Eric. De plus, concernant la communauté extérieure, si chaque fois je devais dire "Il faut que je vérifie avec le siège social", on me répondait "Si vous, vous n'êtes pas le siège social, alors pourquoi nous vous parlons ?" »

Arnett sentait la pression grimper de tous les côtés, notamment de Bay Street. Comme la plupart des autres membres du conseil d'administration, il tenait pour acquis que le cours du titre monterait suivant l'annonce du rachat de 100 % des Brasseries Molson, mais ce ne fut pas le cas. Un consultant fut engagé pour sonder l'opinion des principaux actionnaires institutionnels. Leur réponse était limpide : « Aucun des hauts dirigeants de LCML n'a d'expérience dans le domaine brassicole. Ce sont les mêmes types qui sont en place, alors rien ne va changer. »

Toutefois, les choses bougeaient en coulisse. Le comité exécutif du conseil d'administration avait engagé une firme de recrutement de cadres pour trouver un nouveau chef de l'exploitation, quelqu'un qui pourrait un jour remplacer Arnett à titre de chef de la direction. Eric explique : « Nous cherchions un homme d'affaires brillant, orienté vers le marketing, pour être notre nouveau chef de l'exploitation. Et nous étions prêts à le payer une fortune. Le conseil d'administration soutenait la décision. Nous avions tous convenu que nous avions besoin de quelqu'un pour nous porter au prochain échelon. »

Le candidat au sommet de la liste était Daniel James O'Neill. Selon le chasseur de têtes, il était « un génie du marketing » qui « avait toutes les compétences requises pour devenir un grand chef de l'exploitation et, dans l'avenir, le prochain chef de la direction de l'entreprise ».

Eric lut son dossier. Originaire d'Ottawa, Dan O'Neill était titulaire d'un baccalauréat de l'Université Carleton et d'un MBA de Queen's. Il avait commencé sa carrière chez Colgate Palmolive et gravi les échelons des entreprises américaines en passant à S.C. Johnson, à Campbell Soup, puis chez H.J. Heinz, où il occupait le poste de vice-président à la direction. Eric fut impressionné par l'étendue de son expérience et sa portée internationale. O'Neill avait travaillé en Amérique du Nord, en Europe et en Amérique latine.

Une série de réunions fut organisée. La première, avec Jim Arnett, se déroula bien. Il conclut qu'O'Neill était le genre de type « capable de faire avancer les choses à la brasserie ».

Le candidat rencontra ensuite Matt Barrett, membre du conseil d'administration, un midi au restaurant de l'hôtel Four Seasons à Toronto. « Je suis arrivé à l'heure, raconte O'Neill, mais Barrett était déjà attablé, impeccablement vêtu d'un veston de tweed et d'un ascot, en train de siroter un scotch. » Cette rencontre fut elle aussi positive.

Pendant le repas, O'Neill se pencha vers Barrett et le regarda dans les yeux : « Pour arriver à faire ce que l'entreprise souhaite, je vais me mettre beaucoup de gens à dos. »

« C'est vrai. »

« Il faut que je sois sûr que le conseil d'administration est de mon côté. »

« Nous le serons. Mais permettez-moi de vous dire une chose. Vous savez, quand un avion décolle, il prend de la vitesse en roulant sur le tarmac, tout l'appareil tremble et vibre, les ailes battent. Ensuite, les ailes se stabilisent, les roues sont toujours au sol et il y a encore beaucoup de bruit. Et puis l'avion s'élève, on rentre les roues, et tout se calme. »

« Combien de temps croyez-vous que les tremblements et les vibrations vont durer ? »

« De douze à dix-huit mois. Après, ce devrait être un ciel calme », répondit Barrett qui n'aurait pu entrevoir les épreuves qui se profilaient à l'horizon.

Ian Molson fut la troisième personne à rencontrer O'Neill. Ils avaient prévu se voir deux heures à New York, mais l'entrevue dura presque sept heures, raconte O'Neill : « Nous avons parlé de l'entreprise, de sa croissance, des occasions qui s'offraient à elle. Ian est un type très intense. Intelligent. Super doué en mathématiques et en stratégie… Il prêtait une attention aux détails au-delà de l'entendement. Le genre d'homme qui cherche un poil sur une mouche. Aucun détail n'est trop insignifiant pour lui. »

Eric conclut la ronde d'entrevues. Alors qu'Ian insistait pour traiter des menus aspects de l'entreprise, Eric s'intéressait davantage à « une vision globale », raconte O'Neill. « Il me disait : "J'aimerais que vous nous ameniez là" en me décrivant la destination. »

Eric expliqua au candidat : « Nous avons perdu beaucoup de temps pendant notre période de diversification. Il faut revenir en force. Jim Arnett a réussi à nous débarrasser des différentes entreprises que nous avions, mais nous devons commencer à augmenter nos parts de marché si nous voulons survivre dans le domaine brassicole. Nous devons rationaliser notre gamme de produits, voir à l'accroissement des parts de marché et faire de Molson une société brassicole de premier plan et d'envergure internationale. Je ne veux pas être à la traîne. Il faut agir vite et rattraper le temps que nous avons perdu quand Molson était un conglomérat. »

Dan O'Neill (premier vice-président et chef de l'exploitation de la division brassage, Amérique du Nord), Eric Molson (président du conseil d'administration) et James Arnett (président et chef de la direction de Molson), 1999. Photo : collection de la Molson Coors Brewing Company.

Plusieurs années plus tard, O'Neill me confie qu'Eric l'impressionna pour deux raisons lors de cette première rencontre : sa passion et sa clairvoyance. « En 1999, la mondialisation de l'industrie brassicole était encore à ses balbutiements, mais Eric savait qu'il s'engageait dans la bonne direction pour assurer la survie à long terme de son entreprise. » Pour ce qui est de la passion d'Eric pour la bière, O'Neill précise : « Ça m'a soufflé. C'était incroyable… J'ai tout de suite saisi sa passion pour la fabrication de la bière et pour la brasserie. Je dois dire qu'au cours de ma longue carrière dans le milieu, et après avoir rencontré des experts aux quatre coins du monde, je n'ai connu personne qui en sait davantage qu'Eric sur l'industrie. »

Les deux hommes conclurent leur entretien en abordant le sujet du siège social. Eric lui demanda s'il était d'accord pour s'installer à Montréal « là où sont nos racines et notre culture ».

« En fait, c'est parfait, répondit O'Neill. Ma femme est canadienne-française, elle vient d'Aylmer au Québec. On a vécu dans tellement de villes différentes à travers le monde que ce serait formidable de revenir au Québec, à Montréal. »

L'affaire fut conclue. Avec un million d'options d'achat d'actions et un très gros salaire, Dan O'Neill devint le 1er avril 1999, à quarante-sept ans, chef de l'exploitation, brassage, Amérique du Nord. Selon l'entente, il deviendrait un jour chef de la direction, mais il devait d'abord contenir la hausse vertigineuse des coûts de marketing de Molson et gérer sa surcapacité. La brasserie possédait sept usines à travers le pays (trois au Québec et en Ontario) et aucune ne fonctionnait à plein régime. L'avion dont avait parlé Barrett en entrevue était sur la piste de décollage. Il vibrait beaucoup et les employés grognaient encore plus fort. La synergie et les fermetures d'usines seraient inévitables.

❦

Le rapport annuel de 1999 portait le titre *Réinventer*. Il mettait en relief les actifs reconfigurés, le retour au secteur d'activité d'origine et l'instauration d'une nouvelle stratégie d'avenir. On y clamait avec fierté : « Molson est de nouveau une véritable brasserie. […] Nous réinventons Molson. »

Au cours de l'assemblée annuelle, Eric annonça que pour refléter son « orientation exclusive sur le brassage », LCML s'appellerait dorénavant « Molson inc. » En outre, Eric proposa que R. Ian Molson soit nommé vice-président du conseil. « J'ai promu Ian, et le conseil d'administration était d'accord parce qu'il réussissait bien tout ce qui concernait la stratégie. » Même si Eric et sa famille avaient rejeté le plan d'Ian en vue de créer Molson Holdings, ils le considéraient tout de même comme un catalyseur pour accélérer la transformation de l'entreprise.

Dans une note adressée le 14 février 1999 à Stephen et à Luc Beauregard où il recommandait la promotion d'Ian, Eric écrivit : « Le rythme de l'entreprise me dérange. Je remarque de l'impatience à divers degrés au sein du conseil d'administration, alors je sais que je ne suis pas le seul à le croire. Nous ne nous sommes pas débarrassés de l'approche bureaucratique de la gestion que nous avons héritée du passé. Nous devons être avides, éprouver un sentiment d'urgence et réagir positivement aux différentes occasions. D'ici là, j'espère que nous ne serons pas à la remorque du reste du monde. »

Il arrive, au cours de l'existence d'une société, que les membres d'un conseil d'administration doivent s'investir davantage. Eric jugea que le moment était opportun. Il écrivit : « Les capacités de planification stratégique, d'établissement des priorités et de concentration manquent cruellement dans notre entreprise. Le conseil devra la diriger jusqu'à ce que nous soyons sûrs que notre équipe de direction sait où nous voulons aller. » Eric termina son message avec un énoncé précurseur des *Principes de la famille Molson* qu'il rédigera plusieurs années plus tard :

L'engagement de notre famille à demeurer l'actionnaire détenant le contrôle et à agir comme un acteur de changement positif est absolu et entier. Nous insisterons pour suivre toutes les étapes qui nous garantiront que la valeur pour les actionnaires augmentera de façon régulière et cohérente. Nous nous attendons à être tenus informés et éclairés sur toutes les questions qui peuvent toucher l'entreprise et ses actionnaires. Nous avons l'intention de planifier la succession familiale de façon plus concertée et, à cette fin, je proposerai au conseil d'administration qu'Ian soit nommé vice-président lors de la prochaine assemblée des actionnaires et que mon fils Geoffrey se joigne à l'entreprise pour occuper des fonctions dans le secteur du marketing ou du développement stratégique. J'espère que ces mesures seront conformes aux souhaits du conseil d'administration et aux intérêts de Molson.

La nomination d'Ian fut, dans l'ensemble, bien accueillie. On le considérait comme le complément d'Eric avec qui il formait une bonne équipe. Selon le chef de la direction Jim Arnett, « ça ne changeait pas vraiment les choses parce qu'Ian présidait déjà le comité exécutif du conseil d'administration ». Il considérait cette nomination comme un signe qu'Eric, alors âgé de soixante et un ans, se préparait probablement à quitter son poste de président du conseil.

Une modification apportée à la composition du conseil d'administration eut un effet plus important sur Arnett : la nomination d'O'Neill. « Quand nous l'avons engagé, explique Arnett, nous lui avons offert des conditions *très* avantageuses. Notamment celle de siéger au conseil. Cela avait du bon sens puisque les administrateurs voulaient le voir et apprendre à le connaître s'il devait devenir le prochain chef de la direction. Mais je trouvais que l'espace commençait à manquer avec Ian comme vice-président et O'Neill comme aspirant chef de la direction. » On perçoit encore, quinze ans plus tard, la frustration dans le ton de sa voix.

Toutefois, selon O'Neill, la vraie pomme de discorde avec Arnett concernait sa rémunération. O'Neill explique qu'Arnett fut furieux lorsqu'il apprit qu'O'Neill gagnait trois fois son salaire et qu'il avait reçu cinq fois plus d'options d'achat d'actions.

O'Neill se souvient que son chef de la direction l'affronta quelques mois après son entrée chez Molson : « J'étais dans mon bureau un samedi à Toronto. Jim entre et me lance : "Tu fais plus d'argent que moi et tu as reçu un million d'options. C'est vrai ?" Je me dis : "Seigneur, on est samedi matin, 10 heures, et mon patron me demande mon salaire ?" Je n'ai pas su quoi répondre. Je lui ai dit : "Je ne pense pas que tu devrais me parler de ça… Va voir Eric… ou Ian… C'est à eux que tu devrais en toucher un mot, pas à moi." Il n'a pas voulu sortir de mon bureau. Il restait assis à me fixer. C'était désagréable. »

Eric dit qu'Arnett ne se plaignit jamais à lui. Mais même si Arnett l'avait fait, il est peu probable que la situation ait pu s'améliorer. O'Neill était déjà à l'œuvre pour Molson et c'est tout ce dont se préoccupait Eric.

Lorsque le banquier Matt Barrett avait rencontré O'Neill la première fois, il lui avait demandé : « Que penses-tu du fait que Molson et Labatt ont exactement les mêmes revenus de ventes, mais que Labatt a un résultat net de 100 millions de dollars plus élevé ? »

O'Neill avait répondu du tac au tac : « Je pense que vous devez combler cet écart. Je suis sûr qu'il y a beaucoup de possibilités. »

Eric raconte comment O'Neill s'attaqua à cet écart de profit dès sa nomination : « Avant O'Neill, nous ne prenions pas les décisions nécessaires pour faire baisser les coûts. Il y avait une grande résistance au changement à la brasserie. O'Neill a su foncer. »

Le nouveau chef de l'exploitation réduisit les frais à coup de hache en centralisant les bureaux de l'Ontario dans un seul lieu. « Il y avait *cinq* bureaux différents à Toronto, explique O'Neill. J'ai désigné chacun et j'ai dit : "On va tous les fermer et on va aménager des espaces pour tout le monde dans la brasserie." J'ai probablement offusqué beaucoup trop de gens parce que j'avais un sentiment d'urgence. Je disais des choses comme : "On va se faire acheter ! Si on ne commence pas bientôt à améliorer le rendement, on va se faire avaler par quelqu'un d'autre." »

Il chercha d'autres façons d'augmenter l'efficience et proposa de fermer la brasserie de Barrie. Eric, qui l'avait inaugurée lorsqu'il présidait la division de l'Ontario plus de vingt-cinq ans auparavant, contesta sa décision : « Nous avons acheté Barrie en 1974 parce que nous avions des projets ambitieux pour aller aux États-Unis. Qu'est-ce qui a changé ? »

« On veut toujours faire une grande percée aux États-Unis, mais on ne produira jamais le volume nécessaire pour faire tourner les usines de Montréal, Toronto *et* Barrie à plein rendement. »

« Peux-tu m'assurer que nous n'aurons pas à ouvrir une autre brasserie si nous devons fermer celle de Barrie ? » lui demanda Eric.

« Je ne peux pas, mais regardez bien : voici les volumes de production actuels et voici nos projections. »

En révisant les données, Eric se rendit compte que c'était la première fois depuis des années qu'on lui présentait une analyse aussi claire et méthodique des activités brassicoles de Molson. Barrie ne fonctionnait qu'à 63 % de sa capacité. En la fermant, sa production serait transférée aux usines de Montréal et de Toronto, ce qui augmenterait leur rendement de 78 % à près de 90 %. « Tu as raison, il faut le faire. Mais prépare-toi : il y aura des contrecoups. »

🍁

La situation n'était pas difficile seulement dans la division du brassage. Le groupe de hockey et de divertissement se trouvait lui aussi à un tournant critique. « Quand j'ai accepté le poste de chef de la direction, se souvient Arnett, Eric m'a dit : "Jim, ne te mêle pas de l'équipe de hockey. Elle prend soin d'elle toute seule. Concentre-toi sur notre retour à la bière." Alors j'ai écouté son conseil. Un peu plus de six mois après mon arrivée, l'équipe n'atteignait pas les résultats souhaités. [...] Les financiers de Bay Street se sont mis à semer la pagaille parce qu'elle ne faisait pas d'argent. Alors il a *fallu* que je m'en mêle. »

En 1999, le Canadien et le nouveau Centre Molson perdaient beaucoup d'argent. Le club fut frappé par un impôt foncier annuel de 9,6 millions de dollars, ses coûts d'exploitation étaient plus élevés que jamais, les joueurs étaient rémunérés en devises américaines alors que le dollar canadien valait un maigre 0,62 $ américain, et leurs revenus gonflaient parce qu'il n'y avait pas de plafond salarial. Sur la glace, les choses se passaient aussi mal. Les Canadiens terminèrent de peine et de misère leur pire saison depuis quarante ans, au dernier rang de la division, et furent exclus des séries éliminatoires.

En février 1999, Arnett se demanda publiquement « s'il est nécessaire de posséder une équipe de hockey pour vendre de la bière ». Son commentaire provoqua une onde de choc dans les médias. Que voulait-il dire ? Molson prévoyait-elle se défaire de l'équipe ?

On nia les rumeurs, mais, derrière les portes de la salle du conseil, les administrateurs décidèrent d'agir. L'équipe était déficitaire et les perspectives pour un changement de cap rapide n'étaient pas réjouissantes. Tous les yeux se tournèrent vers Ronald Corey.

La décision fut très difficile à annoncer pour Eric. Quelques mois auparavant à peine, lors du souper de Noël, Ronald Corey avait été l'un des trois hommes qu'il avait remerciés pour leur dévouement à l'égard de Molson. « J'aimais Ronald. Il était loyal, il travaillait fort et il était un homme d'affaires pratique, un Monsieur Tout-le-Monde. Nous avons remporté deux coupes Stanley avec lui, et il a bâti le Centre Molson. Mais, dans le contexte, je pense qu'il a senti qu'il devait partir après dix-sept ans. Il n'était pas l'homme de la situation pour l'avenir. »

C'est Arnett qui parla à Corey. Ce fut un coup terrible. Et très médiatisé. La nouvelle du départ soudain de Corey fit la une à Montréal. *La Presse* y consacra toute sa page A1, comme *The Gazette,* et même *Le Devoir*, un journal plutôt intellectuel.

Pierre Boivin reçoit un chandail des Canadiens des mains de Réjean Houle et d'Alain Vigneault. Le numéro 29 évoque le jour de son entrée en fonction comme président du Club de hockey Canadien : le 2 septembre 1999. Photo : *La Presse*, le 3 septembre 1999, p. S1.

Les mois suivant le départ de Corey furent surnommés l'« été des hypothèses ». Les interrogations au sujet de son successeur alimentèrent les ventes de journaux. On lançait les noms d'hommes familiers avec le milieu du hockey comme Serge Savard, Pierre Lacroix, Marcel Aubut, Pierre Gauthier et Bob Gainey. Toutefois, le conseil d'administration de Molson ne cherchait pas uniquement un expert du hockey, il voulait quelqu'un qui pourrait améliorer le résultat net de la division. C'est ainsi que, le 2 septembre 1999, on annonça au Centre Molson la nomination de l'homme d'affaires Pierre Boivin au poste de président du Club de hockey Canadien. Les amateurs comme les journalistes étaient perplexes. Qui était cet homme ?

Eric explique : « Boivin était un homme d'affaires talentueux qui répondait à nos critères. Il avait réussi à la tête d'un grand manufacturier d'équipement de sport et avait une bonne réputation. Il était bon avec le gouvernement. Et il était un citoyen modèle. Je lui ai dit que l'équipe était importante non seulement à titre de club de sport, mais à titre d'institution unificatrice dans notre société. »

Boivin raconte qu'il n'arrive pas, encore aujourd'hui, à expliquer rationnellement pourquoi il a fini par accepter le poste : « On m'a séduit ! Au cours du processus, le pouvoir discret d'Eric a de toute évidence produit un effet sur moi. » Il fut impressionné par la modestie, la nature réservée et la capacité d'écoute d'Eric, mais c'est surtout sa perspective globale et sa vision qui l'inspirèrent. Pour Eric, l'équipe n'était pas seulement une formidable franchise de sport, mais aussi un véhicule de cohérence sociale. En outre, Boivin eut l'impression dès le départ qu'Eric était le genre de président du conseil qui donnait de l'autonomie à ses dirigeants pour accomplir la mission qu'on leur confiait.

Boivin imposa une seule condition : « J'ai demandé à Jim Arnett de me jurer qu'il n'allait pas vendre l'équipe, sinon je n'acceptais pas le poste. La réponse qu'on m'a faite, c'est : "Nous n'allons jamais, jamais, jamais vendre le club." Je l'ai entendu de la bouche de Jim, je l'ai entendu de la bouche d'Ian et je l'ai entendu de la bouche d'Eric. »

Boivin se mit immédiatement au travail pour améliorer la situation financière du Canadien. « Il fallait vraiment renverser la vapeur. L'équipe perdait de l'argent rapidement. Par contre, faire un tel changement dans une entreprise aussi visible sur la place publique était une aventure redoutable. On entreprend cette mission en sachant qu'elle prendra du temps et qu'on va probablement se tromper la première fois, ou chaque fois, et qu'on sera sous la loupe des amateurs et critiqué pour chaque geste qu'on fait… C'est pourquoi j'ai annoncé à Jim dès le départ : "Pour redresser la situation, il faut qu'on fasse un bout de chemin ensemble, tous les deux." » Encore une fois, Arnett promit à Boivin de ne pas vendre les Canadiens.

Ils se mirent tout de même à la tâche pour trouver d'autres actifs dont ils pourraient se départir, incluant le Centre Molson, explique Boivin : « On a finalement compris que le Centre Molson ne pouvait pas être vendu seul, à moins d'essuyer une perte colossale. Il ne générait pas suffisamment de liquidités pour qu'une société immobilière l'achète à sa pleine valeur. »

Ainsi, trois mois après son arrivée chez Molson, Boivin sut que le *statu quo* était impossible. « C'est devenu évident pour moi : même s'ils étaient tous sincères quand ils disaient ne pas vouloir vendre l'équipe, les pertes de 5 millions de dollars allaient augmenter à 10, 15 ou 20 millions. Ils devaient faire quelque chose. »

Eric ne voulait pas se défaire des Canadiens qui étaient, selon lui, « un actif patrimonial » qui devait être préservé. Néanmoins, il se frustrait lorsque les administrateurs passaient plus de temps à parler de hockey que du secteur d'activité fondamental de Molson. O'Neill raconte : « Les membres du conseil d'administration de Molson assistaient souvent à un match la veille de nos réunions. Le lendemain, ils donnaient leur avis sur les joueurs à échanger, la formation des trios, etc., ce qui contrariait Eric au plus haut point. Un jour, il s'est tourné vers moi et m'a dit : "Ils n'arrivent pas à se focaliser sur la brasserie !" Il adorait le hockey, mais il voulait se concentrer sur la bière. »

La solution s'imposa d'elle-même lorsque vint le temps de choisir entre renforcer les activités brassicoles ou conserver l'équipe. Ses Canadiens bien-aimés étaient « un trésor trop précieux » pour l'entreprise. « En outre, ajoute Eric, le marché nous a dit qu'une brasserie ne devrait pas posséder une équipe de hockey. Un expert nous a même démontré que, si nous vendions le club, le cours de notre action augmenterait automatiquement de 3 $, ce qui voulait dire une somme additionnelle de 300 millions de dollars dans les coffres de la brasserie. »

Le 28 juin 2000, lors de l'assemblée annuelle des actionnaires, Eric fit cette annonce difficile : « À titre de société inscrite en Bourse, nous avons une obligation envers nos investisseurs. Nos actionnaires sont en droit de s'attendre à un rendement maximal sur leur investissement. » Le Club de hockey Canadien et le Centre Molson étaient à vendre.

❧

Ce fut une décision des plus révélatrices. Les gens comprenaient que la « réinvention » de Molson marquait le début d'une nouvelle façon de voir les choses : fini l'ère des vaches sacrées.

Parallèlement aux changements qui avaient lieu dans le secteur du hockey, O'Neill continuait à faire bouger les choses à la brasserie.

Infatigable dans sa quête de synergie, il réduisit les coûts et rationalisa la gamme de produits de l'entreprise. Molson diminua les cinquante-cinq marques et les milliers de gammes de produits distinctes à sept : quatre marques stratégiques (Molson Canadian, Export Ale, Molson Dry et Coors) et trois marques spécialisées (Heineken, Corona et Rickard's). O'Neill procéda aussi à une restructuration et supprima des postes sans broncher. Les employés commençaient à sentir le changement de garde.

« Ça a été difficile pendant un certain temps, admet Eric. O'Neill secouait pas mal la cage, mais il redonnait du prestige à Molson. »

Les analystes financiers suivaient la situation de près. Ils admiraient la détermination d'O'Neill pour rendre Molson plus concurrentielle, pour augmenter la valeur pour l'actionnaire et pour atteindre des objectifs précis. Son engagement à réduire l'écart de rendement de 100 millions de dollars entre Labatt et Molson en trois ans tranchait avec les promesses vagues de ces prédécesseurs. Et O'Neill atteignait ses objectifs. Le cours du titre de Molson se mit à croître de façon constante.

Les actionnaires, incluant les membres de la famille, voyaient d'un bon œil tous ces changements. O'Neill prenait soin de tenir le clan de Tom Molson informé par des mises à jour régulières, et les résultats financiers contribuaient à la saine dynamique familiale. Brian Baxter, le fils de Cynthia, en fit part par courriel à O'Neill le 5 juillet 2000 :

Je vous ai dit et je tiens à répéter à quel point nous sommes tous ravis de vous voir prendre les commandes et aller de l'avant. C'est une épreuve, non seulement sur notre valeur nette, mais aussi sur la dynamique familiale quand une entreprise comme Molson stagne sur le plan financier et dérive sur le plan de la stratégie. Surtout pour les Molson autres qu'Eric et ses fils dont la position dans l'entreprise est ambiguë, il y a eu beaucoup de tensions entre le souhait de conserver notre héritage et le fait de constater que notre avoir en portefeuille le plus considérable perd 30 % de sa valeur pendant que le marché boursier croît de plus de 300 %. Être témoin d'un tel leadership positif et dynamique, surtout lorsqu'il s'accompagne d'une agréable petite augmentation de l'action, c'est une bouffée d'air frais pour tout le monde.

Dans le cadre de sa vague de changements, O'Neill lança un défi à l'agence de publicité de Molson qui détenait le compte depuis 1957 : « Nous avons besoin de revitaliser la marque Molson Canadian. Créons une nouvelle campagne de pub sur le thème *I am Canadian, Je suis canadien.* » Les publicitaires émirent des réserves. « Ils m'ont dit que, selon eux, c'était une idée horrible, raconte O'Neill, que ça ne fonctionnerait jamais et que si c'était ce que nous voulions faire, ils allaient démissionner. Je leur ai donc répondu : "Très bien, alors pourquoi pas ? Si vous ne souhaitez pas aller dans cette voie, pourquoi travailler ensemble ?" » C'est ainsi que, pour la première fois en plus de quarante ans, Molson lança un processus d'appel d'offres auquel elle invita trois autres agences de publicité.

Un des candidats, Bensimon Byrne, fournit les résultats d'une recherche démontrant que les Canadiens étaient fiers de leur héritage. Le chef de la création montra une vidéo et dit : « Regardez tous ces gens. Quand je me suis mis à leur poser des questions sur le Canada, ils ont été intarissables ! » Ce fut la genèse d'une campagne pour le Canada anglais, intitulée *The Rant* (la tirade).

Changer d'agence de publicité fut un coup de maître. La brasserie étant redevenue canadienne à 100 %, elle frappa dans le mille sur le plan du marketing avec un concept tout simple : *I am Canadian.*

Le 1er avril 2000, le *Toronto Star* annonçait en une : « Il a fallu Molson pour raviver la grande identité canadienne en nous montrant ce qui nous distingue des Américains. Elle livre son message grâce à une nouvelle pub dangereusement surnommée *The Rant.* »

La campagne devint virale longtemps avant que ce terme (ou même Internet) soit répandu. Dans le message, Joe (un Canadien ordinaire joué par l'acteur Jeff Douglas) est debout face au public sur la scène d'une salle de cinéma. Poliment, mais passionnément, il se lance dans une longue tirade sur ce qui le distingue comme Canadien pendant que des images défilent à l'écran : « Je ne vis pas dans un igloo. [...] J'ai un premier ministre, pas un président. [...] Une tuque, c'est un chapeau ; un *chesterfield*, c'est un canapé. [...] Je peux coudre avec fierté le drapeau de mon pays sur mon sac à dos. […] Le Canada est le *deuxième* pays au monde pour sa superficie, la patrie originelle du hockey, et c'est le *meilleur* endroit où vivre en Amérique du Nord ! Je m'appelle Joe et je suis canadien. Merci. »

Cette annonce capta l'attention du pays et reste du monde.

Les dirigeants de Molson furent bombardés d'appels. O'Neill raconte : « La responsable du tourisme au Canada m'a téléphoné de Boston pour me demander d'utiliser la pub. Et le chef du Comité olympique, qui venait de Suède, m'a dit : "J'ai passé toute la soirée d'hier avec votre premier ministre à boire de la Molson Canadian. Est-ce que je pourrais voir l'annonce ?" »

Arnett fut emporté par la vague d'enthousiasme. Il raconte en riant : « La campagne était fabuleuse ! J'ai même reçu une lettre du premier ministre de l'Ontario. Un ami m'a appelé pour me dire que son fils allait dans un camp pour jeunes en Israël et il devait apporter quelque chose pour représenter son pays. Il m'a demandé : "Penses-tu que je pourrais avoir un enregistrement de ta pub *The Rant*" ? »

Arnett a encore la chair de poule quand il se rappelle la première fois qu'il a vu l'annonce. « J'étais tellement excité, c'est incroyable. J'ai demandé : "Est-ce qu'on peut vraiment faire ça ? C'est tellement émotif. Et nationaliste en plus ! Est-ce que les gens vont l'aimer ou bien vont-ils nous en vouloir ?" Quoi qu'il en soit, nous sommes allés de l'avant et nous avons eu un énorme succès. C'était inspiré, très inspiré. »

🍁

En public, Dan O'Neill était un cadre dynamique et extroverti, un homme investi d'une mission qui ne pouvait pratiquement pas se tromper. Par contre, il avait un côté sombre. Des histoires se mirent à circuler à son sujet chez Molson : il maltraitait les gens, les humiliait devant les autres, les diminuait et flirtait ouvertement avec les jeunes employées.

Arnett approcha donc les directeurs qui relevaient directement d'O'Neill et leur demanda de répondre à quelques questions sur leur patron. Il rédigea un résumé de leurs commentaires, complété par des déclarations au sujet du comportement du chef de l'exploitation et présenta le tout aux membres du conseil d'administration.

Eric raconte : « Nous avions un problème sur les bras, mais ça n'est pas allé très loin. » Le conseil affronta O'Neill avec le rapport d'Arnett. Il répliqua que les commentaires ne le surprenaient guère, puisque ses employés n'aimaient pas ce qu'il les forçait à faire. « Je suis exigeant sur l'organisation parce que c'est ce que je dois faire pour casser la vieille culture et en créer une nouvelle. »

Le conseil accepta les explications d'O'Neill et le rapport eut pratiquement un effet contraire sur Arnett. Plusieurs administrateurs crurent qu'il jouait un jeu et essayait de semer la zizanie autour d'O'Neill pour son propre bénéfice.

« Jim commençait à dire que d'autres qu'O'Neill seraient plus adéquats comme futur chef de la direction de l'entreprise, se rappelle Eric. On aurait dit qu'il agissait de la sorte pour rester en poste plus longtemps. Quand nous avions nommé Jim, c'était clair qu'il avait un mandat intérimaire de trois ans, mais il ne voulait plus partir. Il aimait son travail... Il a essayé tous les trucs imaginables. Il faisait l'éloge de Boivin et d'autres, il expliquait que ça ne marcherait pas avec O'Neill parce que ce dernier était trop dur avec les employés et il nous conseilla d'engager une firme de recrutement pour mener une nouvelle recherche pour son successeur. »

Toutefois, la décision du conseil d'administration était unanime : le mandat d'Arnett à la tête de Molson tirait à sa fin. Le 4 mai 2000, Molson annonça que Jim Arnett allait céder son poste de chef de la direction à Dan O'Neill lors de l'assemblée générale du 27 juin.

Selon Sandy Riley, un bon ami d'Arnett qui devint membre du conseil d'administration de Molson en 1999, la transition se fit difficilement : « Je pense qu'il y avait une entente selon laquelle Jim devait remettre l'entreprise sur pied et qu'il y aurait un jour un changement de garde. D'après moi, Jim est, si on veut, tombé amoureux du travail de chef de la direction et il a oublié l'entente originale. D'autres diront que Jim a été probablement le premier qui a vraiment saisi la personnalité de Dan. Quand j'y repense, c'était un peu des deux : Jim *aimait* le poste, mais il s'inquiétait *aussi* de ce qui pourrait arriver si Dan prenait sa relève. Au bout du compte, Eric et les autres membres du conseil ont conclu que Molson avait besoin d'un gars de terrain et, selon l'entente,

Jim devait céder sa place. Mais il ne l'a pas fait aussi bien qu'il aurait dû et cela a causé des frictions. »

Eric se sentait mal à l'aise. Il était reconnaissant à Arnett pour ce qu'il avait fait : « C'est lui qui nous a ramenés à nos racines, à la bière, et qui nous a permis de redevenir canadiens à 100 %. » Par contre, pour aller de l'avant, l'entreprise avait besoin d'un dirigeant d'un autre type. C'est donc le cœur lourd qu'Eric sortit son calepin de sa poche pour y noter ses réflexions : « Jim est très bouleversé. [...] Alix [sa femme] dit qu'on l'a mis à la porte [...] il est très amer [...] très difficile. »

Aujourd'hui, toutefois, Arnett est plus positif : « J'étais satisfait de la façon dont j'ai quitté l'entreprise. Eric m'avait demandé de faire quelque chose, je l'ai fait, j'y ai mis une jolie boucle et je lui ai dit : "Voici." Alors, en ce qui me concerne, j'ai réussi la mission qu'on m'avait confiée en m'engageant. Au bout du compte, pour moi, c'était une expérience fantastique et je serai toujours reconnaissant à Eric de m'avoir donné cette occasion. »

Il fait une pause, puis me fixe à travers ses lunettes à monture noire : « Mais n'oubliez pas. Après mon départ, on ne s'est plus parlé... Eric et moi, on ne s'est pas adressé la parole pendant au moins cinq ans. »

🍁

Le début du XXIᵉ siècle fut une période passionnante pour Molson. Le cours de l'action était à la hausse, les résultats étaient positifs et les consommateurs avaient soif de ses bières. Molson était redevenue *cool*.

Assis dans son bureau de Longueuil, Robert Coallier, le chef de la direction de la coopérative laitière Agropur, raconte : « À l'époque, quand on parlait de Molson, tout le monde voulait aller y travailler. » Coallier fut engagé chez Molson en mai 2000 comme chef des services financiers. « Le fait que l'entreprise revenait à ses activités principales a créé un contexte stimulant qui m'attirait beaucoup. C'est peut-être aussi le fait que je suis un Canadien français qui est né et a grandi à Montréal et l'aura du nom Molson qui étaient la cause de mon enthou- siasme à me joindre à l'entreprise. »

L'ambition d'Eric à rapatrier le siège social à Montréal s'explique en partie parce qu'il souhaitait voir l'entreprise dirigée par une équipe qui comprenait l'histoire et le tissu social qui la rendaient unique, par des gens à l'écoute, des gens qui pouvaient sentir le pouls de la population.

En 2000, Eric vit son projet se matérialiser. O'Neill s'était installé à Montréal et la nouvelle équipe de direction sous sa responsabilité comprenait de nombreux Québécois bilingues : Robert Coallier, le nouveau chef des services financiers ; Marie Giguère, qui venait d'être engagée aux Affaires juridiques ; Bernard Cormier aux Ressources humaines ; Jean-Paul MacDonald, responsable des communications de l'entreprise ; et Raynald Douin, responsable des régions du Québec et de l'Atlantique. Au hockey, le grand responsable était Pierre Boivin. Eric sentait que Molson disposait d'un groupe de cadres talentueux « qui l'avaient, l'affaire ».

Il y eut néanmoins des tensions inévitables. Le président des Canadiens, par exemple, raconte : « Dan et moi, on ne s'est jamais bien entendus. Je sais qu'il a fait de bonnes choses pour l'entreprise à ses débuts comme chef de l'exploitation, mais il était un dirigeant impitoyable qui n'avait aucune aptitude en relations humaines. Un gars dangereux. Selon moi, un gars très dangereux. »

Heureusement, les deux hommes n'eurent pas à travailler longtemps ensemble. Boivin raconte : « J'ai commencé avec Jim Arnett et, huit mois plus tard, Dan O'Neill devenait mon patron. Mais je n'ai jamais eu la moindre affinité avec lui et je n'ai aucun doute que je ne serais jamais resté sous ses ordres. Ça ne s'est pas produit parce que le processus de vente de l'équipe était déjà en branle. » Immédiatement après l'assemblée générale des actionnaires de juin 2000 au cours de laquelle O'Neill fut nommé chef de la direction, les deux hommes organisèrent une conférence de presse pour annoncer la mise en vente du Club de hockey Canadien et du Centre Molson. Le chef de la direction avait fixé le 31 décembre 2000 comme date limite de la transaction.

O'Neill raconte que son téléphone sonna dès qu'il descendit de scène après avoir répondu à la dernière question des journalistes. C'était George Gillett fils, un promoteur immobilier américain qui menait une carrière en dents de scie. (Il avait fait une faillite personnelle en 1992.) Gillett lui dit : « Je crois savoir que les Canadiens de Montréal sont à vendre et je souhaite acheter l'équipe. Je suis un fanatique de sports depuis l'enfance. D'ailleurs, j'ai failli acheter l'Avalanche du Colorado, j'ai songé à acquérir les Panthers de la Floride et je regarde du côté des Sénateurs d'Ottawa… Mais il n'y a aucune équipe que j'aimerais posséder autant que les Canadiens de Montréal. »

Il s'avéra toutefois que le prix demandé par Molson était trop élevé pour Gillett. De plus, il ne souhaitait pas participer à une enchère organisée par une banque d'investissement. D'autres acheteurs potentiels se manifestèrent, mais ils finirent tous par reculer. Le prix demandé était trop élevé.

« Nous avons passé des mois à essayer de vendre l'équipe. C'était vraiment dérangeant, se rappelle O'Neill. J'ai fait du porte-à-porte, mais ce n'est pas facile de vendre une entreprise qui perd 12 millions de dollars par année. Je me suis rendu partout au Canada. »

Selon Boivin : « Dan commençait vraiment à s'inquiéter. Il s'est mis à penser qu'il ne réussirait peut-être pas à vendre cette chose-là et qu'il devrait peut-être s'y accrocher pour une année ou deux de plus. N'oubliez pas qu'il avait de la pression : il avait promis aux financiers de Bay Street que l'entente serait conclue avant la fin de l'année. »

Molson reçut enfin une offre que son conseil d'administration accepta le 15 décembre 2000. « Toutefois, raconte O'Neill, l'acheteur m'a appelé immédiatement après notre réunion (je suppose qu'il connaissait un membre présent) pour m'informer qu'il pouvait seulement nous verser un acompte inférieur de 30 % au montant convenu parce qu'il n'avait pas les fonds pour le moment. Je lui ai donc dit que notre entente était invalide. »

O'Neill dut annoncer que Molson raterait l'échéance du 31 décembre. Les analystes critiquèrent ce retard en disant que c'était un « faux pas important » pour le chef de la direction « qui n'avait pas réussi à atteindre l'objectif qu'il avait fixé ».

Peu après, O'Neill partit en vacances à Vail au Colorado avec sa famille, mais le ski n'était pas le seul but de son voyage. Dès son arrivée, il appela George Gillett qui habitait la région. O'Neill alla le rencontrer dès le lendemain à son bureau, comme il le raconte : « En entrant dans sa salle de réunion, j'ai vu, accrochées au mur, une demi-douzaine d'affiches, une pour chaque équipe de la LNH qui était à vendre. Sur chacune, il avait noté des nombres et des statistiques. Je lui ai montré l'entente pour les Canadiens de Montréal. »

Gillett lut la lettre d'intention, écrivit quelques notes au dos pour modifier certaines modalités et annonça à O'Neill : « Voici l'entente que je suis prêt à signer. » Les deux hommes échangèrent une poignée de main.

Robert Coallier, le chef des services financiers de Molson, raconte : « Dan m'a téléphoné la veille du jour de l'An, alors que j'étais au chalet, pour me demander quand je pourrais me rendre à Vail. Quand je lui ai rappelé que nous étions le 31 décembre, il a répliqué : "Demain, ça ira." »

La vérification diligente commença immédiatement, et Molson annonça à la fin de janvier 2001 que George Gillett avait acquis 80,1 % du Club de hockey Canadien (Molson conservait une participation de 19,9 %) et la totalité du Centre Molson pour la somme de 275 millions de dollars. Ce montant était largement inférieur au prix de 325 millions de dollars qu'espérait O'Neill, la construction de l'amphithéâtre ayant coûté à elle seule 265 millions de dollars cinq ans auparavant. Néanmoins, O'Neill justifia cette dépréciation en alléguant que Molson n'aurait plus à absorber des pertes annuelles de l'ordre de 10 à 12 millions de dollars comme ce fut le cas les trois années précédentes.

Certains alléguèrent que Gillett avait fait une très bonne affaire. Ce qui était le cas à de nombreux égards. Étant donné ses antécédents en matière de crédit, l'homme d'affaires américain avait une capacité d'emprunt limitée. Par contre, il était tenace, et le vendeur, très motivé. La vente annoncée en janvier ne fut conclue qu'en août 2001 et, durant ce délai de huit mois, Gillett et O'Neill tentèrent de trouver du financement. Ils finirent par convaincre la Caisse de dépôt et placement du Québec, un investisseur institutionnel qui gère notamment le régime de retraite provincial, de consentir près de 180 millions de dollars à Gillett. Ce prêt mit d'autres investisseurs en confiance pour combler le reste du prix de vente. La Caisse accepta d'accorder ce prêt à Gillett parce que Molson le garantissait.

Coallier, qui avait collaboré au montage financier avec la Caisse, explique : « Si jamais George s'était trouvé en défaut de paiement, Molson aurait récupéré l'équipe pour le solde de la valeur du prêt. Elle s'était donc engagée à racheter l'équipe en cas de problème et serait redevenue propriétaire. Cette disposition répondait à deux objectifs :

premièrement, assurer à la Caisse qu'elle n'allait pas perdre son investissement ; deuxièmement, nous assurer qu'une institution financière n'allait pas vendre l'équipe à Labatt, ce qui était notre plus grande inquiétude. »

Eric avait confié aux cadres de Molson la responsabilité de mener les négociations, non sans leur avoir imposé deux conditions : l'équipe devait demeurer à Montréal et elle ne devait pas tomber dans de « mauvaises » mains (comme Labatt). Une fois ces deux conditions respectées, il offrit un soutien indéfectible à O'Neill, à Coallier et au reste de l'équipe qui travaillait à la conclusion de l'entente.

Coallier fut impressionné par la détermination d'Eric : « Je ne me rappelle pas une seule journée où Eric nous a dit qu'il regrettait d'avoir vendu l'équipe. Une fois la décision prise, il tint bon. C'est caractéristique d'Eric : il ne revient jamais sur une décision. Elle n'a peut-être pas été prise rapidement, mais une fois son idée faite, les instructions étaient très, très claires. »

La détermination fut un élément clé pour conclure la transaction avec Gillett. La réaction des médias fut viscérale dès qu'ils apprirent la vente des Glorieux à un Américain. Le bleu-blanc-rouge allait appartenir à un *étranger* ? Comment un homme tel que Gillett pourrait-il comprendre ce que l'équipe signifiait pour Montréal et le Québec ?

Le public s'enflamma encore plus lorsque la Caisse décida de financer la transaction. Le premier ministre du Québec, Bernard Landry, se sentit obligé d'expliquer aux députés de l'Assemblée nationale que le gouvernement ne participait pas au financement de la transaction et que la Caisse avait agi de son propre chef.

Eric n'oublia pas la conclusion de l'allocution de Landry en chambre (trente-sixième législature, deuxième session, le 8 mai 2001) : « Et n'oublions pas que c'est une famille québécoise, profondément québécoise d'ailleurs par certains aspects, *folkloriquement* québécoise, la famille Molson, qui a pris la décision de vendre. Et la famille Molson est toujours dans le portrait et reprendra l'entreprise si jamais l'acheteur américain devenait [*sic*] à être défaillant. »

Eric ne crut jamais qu'il entendrait un jour un souverainiste convaincu comme Bernard Landry qualifier les Molson de « famille québécoise, profondément québécoise, *folkloriquement* québécoise ».

Il en fut fier, malgré les circonstances douces-amères. Les efforts que Jane et lui avaient déployés au fil des ans pour apprendre le français, pour envoyer leurs enfants à l'école francophone et pour soutenir les institutions québécoises francophones avaient porté leurs fruits. Sa génération n'était peut-être plus associée aux « maudits Anglais » du passé.

Malgré les inquiétudes d'Eric concernant l'identité de Molson et la réputation à long terme de l'entreprise, son chef de la direction semblait obsédé par le cours de l'action et ses moindres fluctuations. Les deux hommes étaient très différents à cet égard. Chaque augmentation paraissait encourager O'Neill à mettre en œuvre l'initiative à laquelle il travaillait. Cette priorité accordée à la hausse de la valeur actionnariale est une bonne chose, tant que les mesures adoptées pour stimuler la croissance de la valeur de l'action à court terme ne nuisent pas à la santé de l'entreprise à long terme.

L'ambition d'O'Neill de faire croître le prix de l'action de Molson était inextricablement liée à sa compensation et à son million d'options. En gros, dès que le cours augmentait d'un dollar, il empochait un million. Certains allèguent que cette ambition alla jusqu'au point où « augmenter la valeur pour l'actionnaire » était synonyme d'« enrichir Dan ». D'ailleurs, O'Neill parlait sans vergogne de ses objectifs financiers, non seulement à ses subordonnés directs, mais à tous les autres employés et même à des clients.

Dave Perkins, un employé de longue date de Molson qui fut président des régions de l'Ontario et de l'Ouest, se rappelle : « Chaque année, nous emmenions nos plus gros clients et leurs épouses à ce que nous appelions le "Cercle du président". Debout devant nos invités, Dan parlait du nombre d'options qu'il détenait, du montant d'argent qu'il avait fait jusque-là et de la somme qu'il espérait gagner. Contrairement à ce à quoi on aurait pu s'attendre, il ne les remerciait pas et ne disait pas à quel point il aimait les avoir pour clients. Tout tournait autour de lui, de ce qu'il avait accompli et de l'argent qu'il avait gagné. Et les clients riaient à gorge déployée ! »

Peu importe ses motivations, O'Neill continuait à faire des gestes positifs à titre de chef de la direction. Un exemple, qui tenait particulièrement au cœur d'Eric, concernait les activités de Molson aux États-Unis.

Depuis 1993, année où Mickey Cohen vendit le secteur américain de Molson à Foster's et Miller, les ventes aux États-Unis avaient baissé de 35 %, malgré une hausse importante pour d'autres bières importées. En moins de dix ans, la Molson avait glissé du deuxième au septième rang aux palmarès des bières importées les plus vendues aux États-Unis.

Eric était incrédule : « Nous exportions beaucoup vers les États-Unis. Nous sommes arrivés dans ce pays avant toutes les autres brasseries canadiennes et nous avions réussi à augmenter notre part des importations totales aux États-Unis de 4 % environ au début des années 1970 à environ 17 % au milieu des années 1980. Toutefois, maintenir une équipe de ventes aux États-Unis était une entreprise coûteuse et nous ne pouvions pas nous en charger. Mickey Cohen avait donc décidé de confier la vente à un tiers, mais ça n'a pas fonctionné. Nous avons cédé le contrôle et nos marques ont manqué d'attention. Il a fallu les racheter. »

Et c'est ce que fit O'Neill. Molson reprit possession de la totalité de ses marques aux États-Unis contre la somme de 200 millions de dollars. O'Neill expliqua aux journalistes : « En rachetant nos marques, nous reprenons la maîtrise de l'un de nos secteurs de croissance les plus importants : le marché américain. » Le jour de l'annonce de la transaction, le cours de l'action grimpa de 6,2 %.

« Lorsque nous avons racheté les marques de Molson de Miller, elles étaient vraiment en mauvaise posture, explique Dave Perkins qui dirigeait les activités américaines de Molson. Leur déclin dépassait les 10 %, elles se vendaient au rabais et la gamme de produits était complètement déséquilibrée. »

Sachant qu'elle ne pourrait pas redresser seule la situation aux États-Unis, Molson décida de s'adjoindre un partenaire. Coors, dont Molson vendait et distribuait déjà les produits au Canada, fut un choix qui allait de soi. Molson conclut donc une entente de réciprocité : un partenariat en vertu duquel Coors distribuerait et vendrait les produits Molson au sud de la frontière, comme Molson le faisait pour les produits Coors au Canada. À l'insistance d'Eric, et contrairement à son entente antérieure avec Miller, Molson conserva 50,1 % du partenariat américain avec Coors. « Nous devons conserver le contrôle de nos marques. »

En raison de leurs ententes réciproques de part et d'autre de la frontière, les équipes de Molson et de Coors se rencontraient régulièrement pour faire le point. Les deux dirigeants, Dan O'Neill et Leo Kiely, apprirent peu à peu à mieux se connaître. « J'ai connu Dan O'Neill parce qu'il vendait notre marque au Canada et nous avons fini par faire de même avec la marque Molson aux États-Unis, raconte Kiely qui était à l'époque chef de l'exploitation de Coors. Dan est un gars très intense, très compétitif et très motivé. […] Moi, je suis différent. J'aime bâtir des équipes, j'aime responsabiliser les gens pour qu'ils réussissent des choses. Je peux être très présent sur le terrain, mais je m'attends généralement à ce que les gens dirigent leurs entreprises. Dan est un type beaucoup plus autoritaire. Ce n'est pas un problème, ce sont des façons légitimement différentes de gérer une entreprise. »

✤

Toutefois, O'Neill n'était pas seul aux commandes de Molson. Officiellement, oui, mais en coulisse, Ian Molson exerçait toujours son influence, et son opinion avait beaucoup de poids.

« Il n'y avait aucun doute : Ian était très présent, raconte le chef des services financiers de l'époque, Robert Coallier. Il parlait constamment à Dan au téléphone. Il était plus engagé que tout président ou vice-président du conseil que j'ai jamais connu. […] En fait, c'était l'emploi à plein temps d'Ian. Pensez-y : la vice-présidence du conseil d'administration, un emploi à temps plein ? Ce n'est pas normal. »

Un des membres du conseil d'administration, Dan Colson, compare le style de gestion collégial d'Eric avec l'attitude autoritaire d'Ian : « Selon moi, Eric est un gentleman, et il est très intelligent, mais il n'est pas une personne qui se met à l'avant pour diriger. Lors des réunions, quand je le voyais demander l'opinion de chacun, je me disais : "Voyons, Eric, tu es le foutu président du conseil et tu possèdes plus d'actions que quiconque. Pourquoi tu ne décides pas, toi, et tu ne dis pas à tout le monde ce que tu penses ?" Mais il n'est pas comme ça, Eric. Par contre, Ian, oui. Ian, qui possédait à peine quelques actions, ordonnait à tout le monde quoi faire ou ne pas faire et, au bout du compte, il dirigeait la place. »

Selon Colson, les manigances d'Ian devinrent plus efficaces quand O'Neill entra à l'emploi de Molson. « Ian a complètement mis O'Neill sous son emprise et l'a fait entrer dans son camp », explique-t-il. Bientôt, il se créa un triangle pernicieux « Ian-O'Neill-Eric ». Selon Colson, le caractère d'O'Neill facilitait les choses : « Dan était l'un de ces types qui essaient toujours de ménager la chèvre et le chou. Il faisait croire à Eric qu'il était de son côté alors qu'en fait il était toujours, selon moi, de connivence avec Ian. Il est un de ces gars qui pensaient qu'Ian était dans une quête irréversible pour prendre la direction de l'entreprise, alors il s'est immédiatement joint au camp d'Ian. »

Ils s'entendaient à tel point que certains des cadres de la brasserie chuchotaient qu'Ian était le vrai chef de la direction, et Dan, son chef de l'exploitation. Ian se mêlait de tout, de la stratégie au bassin de talents de l'entreprise. Dave Perkins dit : « Ian agissait à une profondeur et avec une assurance qui allait bien au-delà de ce qui est approprié à son poste de vice-président du conseil… Il était incroyablement bien informé sur tout ce qui concernait le fonctionnement de l'entreprise. Ça allait aussi jusqu'aux employés. Il ne fait aucun doute que beaucoup de gens avaient l'impression qu'Ian souhaitait diriger l'entreprise et faisait le maximum en son pouvoir en utilisant Dan comme son agent. »

Et tout comme O'Neill, Ian faisait l'éloge d'un objectif : créer de la valeur pour les actionnaires. Pourtant, reste à savoir : la valeur pour l'actionnaire, mais à quel prix ?

Le 13 septembre 2000, O'Neill organisa un lac-à-l'épaule avec les cadres de l'entreprise. C'était la première réunion du genre depuis huit ans. En guise d'introduction, Eric annonça : « Nous sommes en train de refaire de l'éthique et de la responsabilité personnelle des éléments fondamentaux de notre façon de faire des affaires. » Il défendit les valeurs du travail, de l'intégrité, de la qualité, de l'innovation, du souci du consommateur et de la reddition de comptes. Ces éléments, expliqua-t-il, « devraient devenir la pierre angulaire de la façon dont chacun de vous fait des affaires pour Molson ».

Ian suivit avec sa version de ce qui importait. « Mais ne vous faites aucune illusion : la raison d'être de Molson, notre mission centrale, à titre d'employés d'une société faisant appel public à l'épargne, est la création de valeur pour l'actionnaire. En fait, ce doit être le seul objectif de l'entreprise. Tout ce que nous faisons devrait nous servir à atteindre cet objectif : la qualité du produit, le marketing, la publicité, la satisfaction du consommateur, la gestion financière et même les valeurs fondamentales. Il ne devrait y avoir aucune confusion. La valeur pour l'actionnaire est l'objectif à atteindre, et tout le reste est un moyen d'y parvenir. »

Ian avait raison à bien des égards. La création de valeur pour l'actionnaire avait été le leitmotiv de la gouvernance des sociétés faisant appel public à l'épargne pendant des années, mais, depuis quelque temps, Molson n'avait pas été un modèle à cet égard. Cette optique présente toutefois un danger lorsqu'elle est recherchée de façon arbitraire, sans prendre en considération les intérêts des autres parties prenantes ni la viabilité de l'entreprise elle-même. (Pensons à la crise financière de 2008.)

La position d'Eric était plus nuancée. Selon lui, la gouvernance d'entreprise ne consistait pas uniquement à répondre aux besoins des investisseurs de Molson. « Vous devez travailler au bénéfice de *toutes* les parties prenantes. Pas seulement vos actionnaires, même s'ils sont très importants, mais aussi vos employés, vos créditeurs, vos fournisseurs, les consommateurs et les communautés où vous êtes implantés. [...] À notre époque, de nombreuses entreprises subissent d'énormes pressions du marché pour produire des résultats à court terme, trimestre après trimestre. Cette perspective à court terme nuit à leur capacité de planifier pour la réussite à long terme. L'objectif ultime de vos décisions devrait être de maximiser la valeur à long terme de l'entreprise. »

C'est là que réside la différence entre Eric et Ian. Alors que, selon Ian, la bonne gouvernance est axée sur l'actionnaire (c'est-à-dire Bay Street ou Wall Street, et ce qui compte le plus, c'est ce que les actionnaires retirent de l'entreprise), la priorité d'Eric est la santé soutenue de l'entreprise. Du point de vue d'Eric, l'actionnaire est l'une des nombreuses parties prenantes. Cela ne signifie pas qu'Eric est un être supérieur et altruiste ; il adopte simplement une vision à long terme et croit que les actionnaires réussiront mieux au bout du compte s'ils possèdent des intérêts dans une entreprise en bonne santé financière qui persévère à réussir.

O'Neill connaissait bien la vision d'Eric pour Molson, même si ce dernier ne le martelait pas avec énergie. « Eric n'est pas le genre de personne à frapper le poing sur la table, explique O'Neill, mais il sait ce qu'il veut, il veut que ça se fasse et il s'attend à ce qu'on le fasse. » O'Neill comprenait aussi que ce qui motivait Eric n'était pas ce qui motivait Ian. « Certaines personnes, comme Ian, sont poussées à maximiser le rendement tandis que d'autres, comme Eric, cherchent à faire croître l'héritage à long terme de l'entreprise. Alors que doit-on faire : maximiser le rendement ou bien atteindre un certain point et vendre l'entreprise ? Dans ce cas, il n'y a plus d'héritage… Une famille qui détient le contrôle est en fait la gardienne d'un patrimoine. Elle va le protéger et s'assurer qu'il reste intact, qu'il n'est pas floué, qu'il n'est pas volé. Eric était le protecteur du nom Molson. »

Le 13 septembre 2000, en écoutant les discours d'Eric et d'Ian, les cadres de Molson furent d'accord pour conclure que la culture de l'entreprise devait évoluer. La complaisance qui s'était immiscée des années auparavant ne s'était pas complètement dissipée. Pourtant, tandis qu'Ian parlait de la valeur pour l'actionnaire, certains devinèrent qu'il était davantage préoccupé par son propre portefeuille. Dave Perkins résume cette impression : « Selon moi, le problème, avec Ian Molson, c'est que les gens s'interrogeaient sur ses motifs. Ils se demandaient s'il était là pour aider à bâtir une entreprise plus solide pour l'avenir ou pour satisfaire ses motivations personnelles. »

10 Les principes de la famille Molson

Un peuple qui place ses privilèges au-dessus de ses principes perd rapidement les deux.
DWIGHT D. EISENHOWER (1890-1969)

En ce 28 décembre 2015, les célébrations de Noël sont terminées et tout le monde est parti. Geoff, Kate et leurs quatre enfants sont au Massachusetts pour rendre visite à leur parenté ; Justin, Julia et leurs petits sont rentrés au Vermont. Il ne reste plus qu'Andrew, nos filles et moi à Massawippi avec Eric et Jane.

« Les phares et les feux arrière, dit Eric avec le sourire en ajoutant du bois dans la petite cheminée de la cuisine. Deux grands moments des fêtes : la hâte de voir tout le monde arriver et le retour de la tranquillité quand chacun repart. » Les bûches s'enflamment et le feu crépite.

La maison était animée, avec les trois chiens, huit adultes et dix petits-enfants (sans compter un à naître) qui discutaient, ouvraient leurs cadeaux, couraient partout en riant et en jouant (et en se disputant parfois, bien entendu). Mais je sais que mes beaux-parents adorent ces moments. « Je ne voudrais pas que ça se passe autrement », me dit Jane. Elle invite aussi ses frères et sœurs (ceux d'Eric sont tous à Ivry) et des amis qui sont seuls ou qui n'ont pas d'autres plans à venir partager le repas traditionnel de dinde.

Eric attise le feu de nouveau, puis me rejoint à la table. Il sort son carnet de sa poche de chemise et écrit quelques mots. Eric et ses notes… Je me demande s'il a toujours procédé comme cela (remarquer, planifier et écrire) pour arriver à faire tout ce qu'il a fait. Il semble toujours calme.

Était-il ainsi au début des années 2000 ? Comment survécut-il à l'« affaire Ian » ? Demeura-t-il imperturbable quand il risqua de tout perdre ? La période de 2003 à 2005 fut éprouvante. En vint-il à douter de lui ? Eut-il peur ? Comment était-ce de se faire intimider par une bande d'hommes ? Eut-il envie de tout abandonner et de les laisser faire ce qu'ils voulaient ? Quelle impression eut-il en renonçant à tout cet argent ?

Au fil de nos entretiens, j'ai appris qu'Eric était motivé par quelque chose de plus grand que lui. Il ne perdit jamais de vue ce qui comptait le plus pour lui : renforcer l'héritage de Molson et léguer à la génération suivante plus que ce qu'il avait reçu. C'est peut-être cette responsabilité qui lui donna la force d'âme de surmonter les obstacles sur sa route.

J'admire depuis toujours l'œuvre du psychiatre autrichien Viktor E. Frankl, un survivant de l'Holocauste. Selon moi, son ouvrage *Découvrir un sens à sa vie avec la logothérapie,* publié à l'origine en allemand en 1946, devrait être une lecture obligatoire pour tous les étudiants. Dans sa préface à l'édition française de 1984, il conseille aux lecteurs : « Ne visez pas le succès. Plus vous en ferez un but, moins vous l'atteindrez. Car on ne peut pas poursuivre le succès, pas plus qu'on ne peut poursuivre le bonheur. Ils ne sont que des effets secondaires du dévouement que l'on manifeste pour une cause plus grande que soi-même ou de l'abandon que l'on peut éprouver envers une autre personne. »

À mon avis, Eric trouva une telle cause par l'entremise de sa double mission envers l'héritage de Molson et envers les générations à venir. Je crois aussi que cette cause plus grande que lui-même fut pour lui une source vive puissante de force intérieure et de courage, des qualités souvent sous-estimées par ceux qui se fient uniquement aux apparences.

🍁

Les choses se présentaient bien lors de l'assemblée générale annuelle de Molson en juin 2001. Les résultats étaient positifs et la valeur du titre

Le chef de la direction de Molson, Dan O'Neill, lors de la conférence de presse qui a suivi l'assemblée générale annuelle du mercredi 27 juin 2001. Photo : Paul Chiasson, avec la permission de La Presse Canadienne.

avait augmenté de 88 % depuis l'année précédente. Il s'agissait du meilleur rendement de l'action de toutes les grandes brasseries à travers le monde cette année-là. C'est donc avec beaucoup d'enthousiasme que le chef de la direction Dan O'Neill s'adressa aux actionnaires pour leur annoncer que Molson était l'un des rares brasseurs de la planète à connaître une croissance : « Nos occasions d'affaires surpassent nos ressources. » Il annonça son objectif : poursuivre le développement de l'entreprise grâce à l'expansion internationale.

Molson était déjà présente à l'extérieur de l'Amérique du Nord. En décembre 2000, elle avait pénétré au Brésil en achetant Bavaria. Cette brasserie appartenait à la Companhia de Bebidas das Américas (AmBev), la plus importante société de boissons en Amérique latine et le troisième brasseur en importance au monde, pour ce qui est des volumes, derrière Anheuser-Busch et Heineken. Lorsque les deux principales brasseries du pays, Antarctica et Brahma, avaient manifesté l'intention de fusionner pour créer AmBev, les autorités antitrust brésiliennes avaient exigé la vente de Bavaria. Molson sauta sur l'occasion et en profita pour l'acquérir, ainsi que cinq autres brasseries dans différentes régions du Brésil, pour une somme avoisinant les 150 millions de dollars, incluant les primes d'encouragement.

Même si Bavaria était la quatrième marque du Brésil, il ne s'agissait pas d'une bière de prestige et elle ne détenait que 3,5 % du marché local. O'Neill rejeta les réserves des sceptiques : il connaissait bien cette région du monde puisqu'il avait travaillé pour S.C. Johnson au Brésil pendant quelques années. Il alléguait que cette transaction était un bon test, car elle permettait à Molson de percer un des marchés brassicoles qui connaissaient la croissance la plus rapide au monde. « Bavaria était une petite acquisition, explique-t-il. Nous avons tâté le terrain pour vérifier nos capacités avant de nous lancer dans une aventure trop folle. » En outre, lors des négociations, Molson atténua ses risques en prévoyant l'utilisation du réseau de distribution d'AmBev pour les quatre années suivantes.

Ian Molson partageait l'enthousiasme de son chef de la direction. « Ian adorait le Brésil, raconte O'Neill. Sur le plan stratégique, en tenant compte de la jeunesse et de la croissance de la population, c'était une bonne décision. Il a vu le potentiel. »

L'achat de Bavaria présentait un autre avantage : la possibilité de tisser des liens plus étroits avec AmBev. Quatre mois après avoir acquis la marque, Ian et O'Neill allèrent rencontrer le coprésident et chef de la direction d'AmBev, Marcel Hermann Telles, à Rio de Janeiro. Au cours d'un repas, les trois hommes discutèrent d'affaires et d'occasions futures. Telles leur apprit qu'il préparait avec ses associés l'acquisition de Quilmes, la première brasserie d'Argentine, et qu'un jour ils mettraient la main sur le géant américain Anheuser-Busch. O'Neill rit en se rappelant à quel point il avait trouvé cette idée improbable. Pourtant, c'est exactement ce que fit AmBev en 2008 avec l'acquisition d'Anheuser-Busch et la création d'AB InBev, la plus importante brasserie au monde.

Le 27 avril 2001, dans une lettre adressée à Telles, Ian écrivit : « Nous avons beaucoup aimé nos discussions. J'espère que vous avez constaté notre engagement à développer une relation à long terme et mutuellement avantageuse entre Molson et AmBev. [...] Pendant que vous poursuivez vos négociations pour mener à bien votre transaction avec Quilmes, nous serions plus qu'heureux de collaborer avec vous si jamais vous avez besoin d'un partenaire, quelle qu'en soit la raison, pour des motifs financiers ou autres. Nous connaissons bien la famille Bemberg [propriétaire de Quilmes] et si jamais nous pouvons apporter une contribution ou vous aider d'une façon quelconque, nous en serons des plus heureux. »

Quand Ian entrevoyait une occasion d'affaires, il la saisissait. Eric aimait l'audace de son cousin.

❧

O'Neill raconte : « Notre principe, c'était qu'il fallait devenir plus gros. Eric me répétait sans cesse : "Il faut qu'on grossisse si on ne veut pas se faire avaler." Et il avait raison. Toute l'industrie était en train de se consolider. »

O'Neill avait affiché dans son bureau une série de graphiques illustrant la position de Molson par rapport aux grandes brasseries dans le monde. « Il était évident, explique celui-ci, que l'écart qui nous séparait des gros joueurs se creusait de plus en plus. Ils connaissaient une croissance plus rapide que nous. Alors même si nous nous développions en termes absolus, nous étions plus petits en termes relatifs, et cela avait des conséquences sur notre pouvoir d'achat et sur notre effet de levier à l'échelle internationale. »

En janvier 2001, une occasion alléchante se présenta. Carling, la marque la plus populaire du Royaume-Uni, était à vendre. Cette transaction fut elle aussi une conséquence de la législation antitrust : les organismes de réglementation britanniques avaient obligé Interbrew, le brasseur belge de la Stella Artois et de la Labatt, à vendre Carling après que cette dernière eut augmenté sa part de marché à 32 % en Grande-Bretagne avec l'achat de Bass en août 2000. O'Neill se hâta de présenter une offre, mais il n'était pas le seul : Coors, Carlsberg, Heineken et Anheuser-Busch, entre autres, manifestèrent leur intérêt. Carling était très convoitée, avec près du cinquième du marché britannique, au deuxième rang des marchés brassicoles les plus rentables au monde.

L'équipe de Molson séjourna presque tout le mois de décembre 2001 à Londres pour préparer l'acquisition. Coors aussi, se rappelle O'Neill : « Pete Coors a littéralement passé Noël là-bas. »

Leo Kiely participait étroitement aux négociations au nom de Coors. Il se souvient que les équipes de Molson et de Coors se croisaient souvent lors du processus de vérification diligente : « On avait l'impression de pourchasser les gens de Molson à travers Londres ! »

Coors déposa l'offre la plus élevée, et la vente de Carling fut conclue le 23 décembre 2001 pour 1,7 milliard de dollars américains. Robert Coallier dit : « Nous étions stupéfaits. Nous ne pouvions y croire quand nous avons vu le prix que Coors était prête à payer. » Selon O'Neill, l'analyse de rentabilisation n'avait aucun sens : « Nous prenons nos décisions en fonction des chiffres et nous avons fixé notre prix maximum. Coors était prête à payer davantage, alors nous avons été le deuxième soumissionnaire. C'était beaucoup de travail pour perdre au bout du compte. »

O'Neill se retrouva à débattre de questions qu'il connaissait bien. Quelle serait la grande acquisition internationale de Molson ? Comment la brasserie pourrait-elle assurer sa croissance ? La pression s'intensifia. Les analystes se plaignaient que les mesures de réduction des coûts adoptées par O'Neill, quoique efficaces, ne pouvaient soutenir la croissance de l'entreprise que pendant un certain temps. Molson devait miser sur l'expansion et l'augmentation de ses revenus, faute de quoi elle n'aurait plus qu'une seule option : vendre l'entreprise.

O'Neill porta de nouveau son attention vers le Brésil. Depuis l'entente avec AmBev conclue l'année précédente, l'équipe de Molson avait constaté l'impossibilité de faire de l'argent au Brésil avec une maigre part de marché de 3,5 %, comme l'explique Coallier : « Quand nous avons acheté Bavaria de l'entreprise AmBev, nous avons cru faire une affaire formidable puisque nous avions versé une très petite somme d'avance et que nous étions censés verser le solde calculé en fonction des parts de marché additionnelles. Ce que nous ignorions, par contre, c'est que, pour AmBev, la marque était une perte et elle se fichait du solde de la vente. Les Brésiliens voulaient simplement démontrer au bureau de la concurrence de leur pays qu'ils s'étaient départis de la plus petite marque de leur portefeuille. Après l'entente, ils détenaient encore 80 % du marché. Ils étaient censés distribuer la Bavaria pour nous, mais ils faisaient du mauvais travail. »

Selon Marie Giguère, chef des services juridiques à l'époque : « Nous savions que la distribution serait un grand défi au Brésil à cause des infrastructures défaillantes. C'est compliqué de faire livrer les produits dans ce marché. Nous espérions que notre entente avec AmBev pour la distribution de la Bavaria allait fonctionner, mais étant donné sa position dominante dans le pays, ce n'était pas vraiment réaliste. » Le 8 novembre 2001, moins d'un an après avoir signé l'entente avec AmBev, Molson annonça la mise sur pied de son propre réseau de distribution pour accélérer la pénétration de la Bavaria au Brésil.

C'est à ce moment que se présenta l'occasion d'acquérir Cervejarias Kaiser SA.

Copropriété de Coca-Cola Bottlers of Brazil (75,5 %), de Coca-Cola (10,3 %) et de Heineken (14,2 %), Kaiser était la deuxième brasserie en importance au Brésil. En s'en portant acquéreur, Molson obtiendrait immédiatement 18 % du marché brésilien, le quatrième au monde qui connaissait une croissance impressionnante de 7 % par année. Ian Molson et Dan O'Neill étaient persuadés que ce serait une excellente affaire.

« C'était une décision sensée. Kaiser était une entreprise formidable et nous avions l'impression que ce serait extraordinaire d'être distribués par Coke et d'être son partenaire », explique Coallier.

Ian suivait l'affaire de près et se rendait régulièrement au Brésil avec O'Neill pour poursuivre les négociations. Une équipe de vérification diligente fut formée. Son nom de code : « Project Do It » (soit le projet Faisons-le).

Comme pour toute transaction d'affaires, chacun connaissait les risques encourus. Le danger le plus immédiat était que, même si Kaiser occupait le deuxième rang au Brésil, AmBev demeurait, et de loin, le chef de file du marché. En outre, AmBev avait la réputation d'être impitoyable. Néanmoins, O'Neill assura aux sceptiques qu'il avait la situation bien en main, comme le raconte Dave Perkins : « Je me souviens que Dan a dit : "J'ai rencontré les types d'AmBev et tout va fonctionner." Il laissait entendre que les gens d'AmBev allaient nous laisser cohabiter "douillettement" dans leur marché. Et je suis sûr qu'ils ont fait croire ça à Dan parce que c'est leur façon de fonctionner. »

L'équipe de Molson était confortée par le fait que Heineken cherchait elle aussi à mettre la main sur l'entreprise. « Heineken possédait déjà environ 15 % de Kaiser, explique Coallier. Elle en était copropriétaire depuis une vingtaine d'années et elle avait des représentants au conseil d'administration. Nous avions l'impression que les gens de Heineken savaient tout ce qu'il y avait à savoir au sujet de Kaiser. C'est pourquoi le fait que cette brasserie voulait elle aussi mettre la main dessus nous rassurait beaucoup. »

Le Project Do It finit par devenir réalité. Le 18 mars 2002, Molson acquit Kaiser pour la somme astronomique de 1,2 milliard de dollars. La transaction fut approuvée par le conseil d'administration de Molson, en dépit de la facture salée et des risques inhérents à la situation commerciale au Brésil. « C'est évident qu'il a fallu travailler beaucoup plus pour convaincre le conseil que lors de l'acquisition de Bavaria, explique Marie Giguère. Kaiser était une entreprise beaucoup plus importante et beaucoup plus complexe. Nous avons dû nous assurer d'harmoniser nos intérêts avec ceux des embouteilleurs de Coca-Cola puisqu'ils allaient distribuer notre bière. Nous leur avons donc demandé de conserver une part de cette entreprise pendant un certain temps au moyen d'incitatifs financiers et d'actions. Dan a fini par convaincre le c.a. Il était un très bon vendeur. »

En 2002, le conseil d'administration de Molson comportait beaucoup de grosses pointures :

Matthew W. Barrett, directeur général de Barclays Bank plc ;
H. Sanford (« Sandy ») Riley, président et chef de la direction du
    Groupe Investors inc. ;
Francesco Bellini, Ph. D., président du conseil de Picchio
    International inc. et ex-président du conseil, chef de la
    direction et cofondateur de BioChem Pharma inc. ;

Daniel W. Colson, vice-président du conseil d'administration
de Hollinger Inc. et vice-président du conseil d'administration
et chef de la direction de Telegraph Group Ltd ;
Donald G. Drapkin, vice-président du conseil d'administration
et administrateur de MacAndrews & Forbes Holdings Inc. ;
Luc Beauregard, fondateur, président du conseil d'administration
et chef de la direction du Cabinet de relations publiques
National ;
Lloyd I. Barber, Ph. D. président émérite de l'Université de Regina ;
Eric, Stephen et Ian Molson ;
Daniel J. O'Neill, chef de la direction de Molson.

Trois nouveaux administrateurs s'ajoutèrent après l'achat de Kaiser :
Luiz Otávio P. Gonçalves, fondateur et ex-chef de la direction de
Kaiser ; Robert A. Ingram, chef de l'exploitation et président de la division pharmaceutique de GlaxoSmithKline plc ; ainsi que David P.
O'Brien, président du conseil d'administration d'Encana Corporation.
Selon Eric, il s'agissait d'un « groupe talentueux » : « Nous avions un
bon mélange de gens proches de l'entreprise et d'administrateurs indépendants. Ils s'y connaissaient en finances, ils comprenaient notre
secteur d'activité, ils soutenaient notre stratégie globale et ils acceptaient de remettre en question leurs propres opinions et celles de notre
équipe de direction tout en maintenant un climat favorisant le respect
et la discussion ouverte. »

Colson se rappelle les discussions au sujet de Kaiser : « O'Neill a
recommandé au conseil d'approuver l'achat de Kaiser en disant que
c'était une idée formidable. Il a convaincu tout le monde, et même
Eric, que c'était une occasion exceptionnelle. Ian aussi était très volubile et très favorable au sujet du Brésil. »

Eric se mêla beaucoup moins de la transaction avec Kaiser qu'Ian,
mais l'approuvait : « C'était une occasion d'expansion excitante […]
au potentiel énorme […] il y a beaucoup de gorges assoiffées de
bière au Brésil ». Il laissa Ian s'en charger : « Je n'ai jamais visité les
brasseries là-bas. C'est Ian qui y est allé. Il était plongé jusqu'au cou
dans la transaction avec Kaiser. Le Brésil était son bébé. Il a créé un
conseil consultatif pour le Brésil, a recruté quelques types et s'y rendait

Molson
Daily Close, MOL.A - TSE

Le cours de l'action de Molson connut une hausse constante durant neuf mois pour
clore à 35,30 $ le 3 avril 2002, deux semaines après l'annonce de l'acquisition de
Kaiser.

souvent. C'était un groupe distinct de membres du conseil d'administration qui supervisait la vérification diligente, et il comprenait O'Neill et Ian. [...] Ian travaillait bien avec O'Neill et il s'en est chargé jusqu'à un certain point. »

Lorsque Molson annonça l'acquisition de Kaiser en mars 2002, les représentants de Heineken étaient « livides » : « Ils étaient *vraiment* livides, insiste Robert Coallier. Je me suis tourné vers Dan et je lui ai dit : "On n'a pas besoin de posséder 100 % de Kaiser. On pourrait en vendre une partie à Heineken." Et c'est ce que nous avons fait. » Molson fusionna Kaiser et Bavaria et en vendit 20 % à Heineken le 17 avril 2002. « Heineken a payé 200 millions de dollars de plus que nous pour cette portion, alors nous étions pas mal satisfaits. »

Restait à déterminer qui allait diriger les activités au Brésil. O'Neill proposa Coallier sur-le-champ en vantant les qualités intellectuelles, les connaissances en finances et la fiabilité de l'homme de quarante et un ans. « J'avais confiance en Coallier, explique O'Neill. Il faut faire confiance à nos chiffres quand nous sommes sur le point de prendre contrôle d'une nouvelle entreprise. Ian partageait mon opinion. » Tous deux s'entendaient sur le fait que Coallier était l'homme de la situation pour Molson au Brésil.

Certains, toutefois, demeuraient sceptiques. Plusieurs membres du conseil d'administration soulignèrent que Coallier n'avait jamais travaillé à l'étranger. Il ne connaissait pas la culture ni les pratiques d'affaires du Brésil, et ne parlait pas portugais. Qui plus est, ils croyaient que, pour faire face à un concurrent aussi féroce qu'AmBev, Molson devait embaucher un cadre aguerri. Coallier, lui, n'avait aucune expérience pratique en matière d'exploitation.

« Je leur ai dit qu'on ne pouvait pas parachuter un gars dans un autre pays en s'attendant à ce qu'il règle les problèmes, rappelle Colson. Il fallait faire appel aux talents de l'endroit. »

Eric partageait son avis. « Comprends-moi bien : j'aimais Coallier, mais, par le passé, on n'avait pas eu beaucoup de chance quand on avait confié la responsabilité à des comptables, et il était un Canadien qui n'en savait guère plus sur l'Amérique du Sud que moi… et je ne connaissais pas grand-chose. »

Coallier lui-même hésita lorsqu'on lui proposa cette affectation : « Dan et moi avions une très belle relation. Il avait confiance en moi, mais la première fois qu'il m'a offert le poste au Brésil, j'ai refusé. »

O'Neill pressa Coallier de reconsidérer son offre. Colson explique : « O'Neill était incapable de déléguer et il voulait tout contrôler. Il devait donc confier la tâche à un de ses collègues. C'est pour cette raison qu'il a décidé de nommer Coallier chef de la direction au Brésil. »

Ian appuya le choix d'O'Neill. « Après avoir refusé l'offre de Dan, rappelle Coallier, Ian a insisté pour que j'y aille. Il m'a même dit que si je voulais avoir un avenir dans l'entreprise, je devais songer sérieusement à saisir cette occasion. C'était un incitatif très puissant. Ian voulait engager quelqu'un qui comprenait les finances de la place. Alors, vous savez, ils connaissaient ma loyauté envers l'entreprise, ils voulaient un Canadien et je pense qu'ils se sont dit que j'en étais capable. »

Le 16 mai 2002, deux ans après avoir été engagé chez Molson à titre de chef des services financiers, Robert Coallier fut nommé président et chef de la direction de Cervejarias Kaiser. Il s'installa au Brésil trois mois plus tard. Et même si tout était nouveau pour lui, il prit sa vitesse de croisière rapidement. Coallier ne mit que quelques semaines sur place pour se rendre compte qu'il y avait des problèmes à l'horizon. À la fin de septembre, se souvient-il, « j'ai appelé Dan pour lui dire qu'on n'obtiendrait jamais le chiffre d'affaires qu'on avait prévu au Brésil, jamais. »

❦

La situation au Brésil n'était pas la seule source d'inquiétude : il y avait aussi des problèmes au pays. La cohésion du conseil d'administration de Molson commençait à se dissoudre.

Lorsque Marie Giguère fut nommée vice-présidente principale, avocate et secrétaire générale chez Molson en août 1999, le conseil d'administration était équilibré et participatif, explique-t-elle : « La plupart des administrateurs avaient leur opinion. Matt Barrett jouait un rôle important, les gens le respectaient et l'écoutaient. […] Danny Colson aussi avait son point de vue sur les choses, tout comme Don Drapkin. Puisque Lloyd Barber faisait partie du c.a. depuis longtemps, il avait vu pas mal de choses. Alors je pense que chacune de ces personnes jouait son rôle au conseil. »

Comme d'autres, elle attribue à Eric le mérite de s'assurer que les administrateurs se sentent libres d'exprimer leur opinion : « Il y a deux genres de présidents du conseil : ceux qui ont été chef de la direction et pensent l'être encore, et ceux qui ne l'ont jamais été et qui jouent adéquatement leur rôle de président du conseil en laissant le chef de la direction faire son travail. Eric était de la deuxième catégorie et il faisait en sorte que tous les membres du conseil d'administration puissent donner leur avis. Il créait un climat propice aux discussions ouvertes entre les administrateurs. »

Toutefois, sous l'influence grandissante d'Ian Molson, la dynamique se mit à changer peu à peu dans la salle du conseil. Son emprise était indéniable en raison de sa fonction de vice-président du conseil et du fait qu'il était le Molson qui s'exprimait avec le plus d'autorité. « Le conseil d'administration écoutait Ian, raconte Giguère, probablement parce que nous étions mêlés à beaucoup de fusions et d'acquisitions et qu'il avait une certaine expérience dans ce domaine. C'est pour ça, d'après moi, que les autres administrateurs l'écoutaient. Il avait aussi des opinions très tranchées, alors bien entendu il faisait sentir sa présence. »

Tout le monde remarqua le changement. Robert Coallier, qui prenait part à la plupart des réunions du conseil d'administration, observa qu'Ian commençait « à jouer un rôle de plus en plus important » et « à prendre plus de place » : « Eric dirigeait la réunion, mais il ne se mêlait pas nécessairement aux discussions et aux débats. Eric est plutôt celui qui écoute. Il analysait ce qui se passait et se forgeait sa propre opinion, mais il ne se lançait jamais dans un débat. »

Eric préférait que le conseil d'administration propose ses propres recommandations plutôt que d'imposer sa volonté. Il jugeait que c'était un moyen plus efficace de diriger l'entreprise et d'utiliser l'expertise des gens autour de la table. Il se fichait d'être le premier à parler ou de se faire attribuer le mérite d'une idée. Il se souciait uniquement que les opinions soient émises et débattues ouvertement. Certains admettent que cette attitude lui permettait de prendre du recul pour avoir une vue d'ensemble, mais d'autres y décelaient un signe de faiblesse. Selon Colson, entre autres, Ian (au style plus dynamique) « tissait sa toile autour d'Eric ». Toutefois, Ian exerçait son autorité au-delà du conseil d'administration de Molson. Toujours selon Colson, Ian s'« investissait dans la gestion quotidienne avec O'Neill », ce qui contrastait nettement avec l'attitude d'Eric qui laissait l'autonomie à son chef de la direction. « Ian et O'Neill étaient copains-copains, alors ils élaboraient tous ces projets merveilleux ensemble et les présentaient ensuite au conseil d'administration comme si c'était une espèce de stratégie d'entreprise grandiose. »

Il devint de plus en plus évident qu'Eric et Ian avaient non seulement un style de gestion distinct, mais aussi des valeurs divergentes. « Eric et Ian étaient complètement différents, observe Francesco Bellini. Ian était un manipulateur alors qu'Eric était gentil. Il faisait tout dans les règles alors que nous ne savions jamais ce qu'Ian tramait dans notre dos. Et Ian était en quête de pouvoir. Il était jeune et voulait s'emparer de l'entreprise. »

Toutefois, Eric ne voyait pas les choses de cette façon à l'époque. Il avait même réussi à mettre de côté les conflits qu'ils avaient eus quatre ans plus tôt concernant Molson Holdings pour se concentrer sur les talents de son jeune cousin.

Dans un tableau qu'il prépara le 19 juin 2001, Eric illustra comment il envisageait le passage de la présidence du conseil de Molson de lui (EHM) à Ian (RIM), puis à son fils Andrew (ATM) au fil des ans.

	2002	2007	2012	2017	2022	2027	2032	2037
EHM (né en 1937)	65	70						
RIM (né en 1955)	47	52	57	62	67			
ATM (né en 1967)	35	40	45	50	55	60	65	70

Eric se justifie ainsi : « J'ai laissé de la place à Ian parce qu'il s'y connaissait beaucoup en finances et qu'il faisait partie de la famille. Il était de dix-huit ans plus jeune que moi et de douze ans l'aîné d'Andrew, alors ça allait bien pour l'âge. » Eric jugeait que son fils aîné avait les qualités requises pour lui succéder un jour à la présidence du conseil d'administration. Avocat d'entreprise, Andrew venait de terminer une maîtrise en gouvernance et éthique des sociétés à l'Université de Londres et travaillait à l'époque comme professionnel en relations publiques. Si les autres administrateurs acceptaient sa candidature, il pourrait prendre la relève au moment approprié. En outre, pensait Eric, il pourrait proposer son deuxième fils, Geoff, qui travaillait depuis deux ans chez Molson à Toronto, pour occuper cette fonction quand ce dernier serait prêt. Ian assurerait l'intérim en attendant.

Eric en toucha un mot à Luc Beauregard et lui demanda son avis.

Beauregard trouva que son idée avait du sens et qu'Andrew était un bon choix : « Je l'ai vu à l'œuvre et il te ressemble : il écoute, il soupèse toutes les options et il a un esprit analytique. Andrew a aussi une très bonne intuition des gens. Pour ce qui est d'Ian, il est talentueux. La seule chose que tu dois vérifier, c'est si tu peux lui faire confiance. »

Les administrateurs de Molson se divisaient au fur et à mesure qu'Ian occupait une présence plus imposante. D'un côté se trouvaient ceux qui favorisaient Ian et, de l'autre, ceux qui demeuraient loyaux à

Eric. Ce dernier admet aujourd'hui que, puisqu'il n'est pas très habile en politique interne, il mit du temps à reconnaître à quel point le fossé entre les deux factions était profond. À l'époque, il considérait les divergences d'opinions comme un atout qui pourrait mener à des décisions plus éclairées. Il affirme, encore aujourd'hui : « La diversité rend plus fort. »

Pour sa part, Colson voyait les choses autrement. « Il devenait de plus en plus évident qu'il se formait une clique autour d'Ian et de sa coterie, des types comme Drapkin, entre autres. Lentement mais sûrement, ils ont coopté d'autres membres. Je voyais cette dynamique s'accentuer et je comprenais qu'ils ne tramaient rien de bon. Il fallait être aveugle pour ne pas le remarquer. »

La clique décrite par Colson est en partie la conséquence du mode de sélection des administrateurs. « Ian exerçait une grande influence sur le choix des nouveaux membres du conseil, explique Coallier. Évidemment, Eric acceptait ou non à titre de président, mais, parfois, j'ai eu l'impression que le processus était davantage mené par Ian. » Francesco Bellini est plus direct : « Eric a commis une erreur en permettant à Ian de laisser entrer ses amis au conseil d'administration. » C'est peut-être vrai, mais tous les membres du conseil d'administration avaient l'occasion de donner leur opinion au cours du processus de sélection. Toutefois, on peut comprendre leurs réticences à s'exprimer quand la personne qui fait la recommandation porte le nom Molson.

Le chef de la direction Dan O'Neill était très conscient de l'existence des deux factions. Par contre, il croyait à l'origine, comme Eric, que cette division donnerait lieu à une saine tension. « Il y avait un groupe (Ian, Drapkin et d'autres) plus orienté vers le profit et les données. Ils débattaient des chiffres, ils en fournissaient et ils posaient un tas de questions sur les chiffres. De l'autre côté se trouvaient Eric et son groupe (Bellini, Beauregard et d'autres) qui étaient davantage orientés vers l'organisation d'ensemble et la mise en œuvre de la stratégie. C'était une bonne chose d'avoir deux côtés. Le mariage des deux camps me tenait sur le qui-vive. »

Avant l'acquisition de Kaiser, lorsque l'entreprise avait le vent dans les voiles, cette différence d'approches était constructive, mais avec la baisse des résultats, toutefois, elle devint une source de tensions. « Il finit par y avoir des frictions entre les deux groupes, dit O'Neill. Les choses se mirent à mal aller entre les "gars de chiffres" recrutés par Ian et les "gars à long terme" d'Eric. À titre de chef de la direction, je l'ai vraiment remarqué. Je devais gérer les deux factions. » L'écart entre les deux groupes s'explique aussi par le fait que l'un cherchait à obtenir un rendement immédiat (acheter à bas prix et revendre à prix élevé), alors que l'autre souhaitait augmenter la valeur intrinsèque de l'entreprise à long terme.

Outre le fossé qui se creusait au conseil d'administration, il y eut un incident concernant la rémunération d'Ian, qui ébranla de nouveau la confiance d'Eric à l'égard de son cousin. En mars 2002, le conseil approuva le versement d'options d'achat d'actions de Molson à Ian en plus de son salaire annuel de 250 000 dollars (40 % couvraient son travail de « consultation » pour Molson et le reste était versé en jetons de présence à titre de vice-président du conseil). Toutefois, Stephen remarqua quelque chose de louche en révisant le procès-verbal de la réunion : « Il semblait y avoir un léger rajustement ou une faute de frappe dans le passage qui traitait du versement d'options à Ian. Des zéros avaient été ajoutés et les 340 options étaient devenues 34 000 dans le procès-verbal. Nous avons donc chargé Luc de demander s'il y avait une faute de frappe ou un autre type d'erreur. On ne peut pas accuser quelqu'un d'une chose comme ça. C'est difficile à prouver. »

Eric fut lui aussi surpris par le nombre : « Dans mon souvenir, on n'avait pas beaucoup discuté de ce sujet. Et je n'avais jamais vu quelle valeur ces options représentaient, mais quand j'ai constaté le montant, j'étais contre. »

Après avoir eu la confirmation que la quantité d'options accordées était bien de 34 000, Eric et Stephen s'en mêlèrent : « Nous avons essayé de persuader Ian de changer d'avis, raconte Eric. Nous ne trouvions pas que c'était juste pour une personne ayant une telle fonction de demander un bloc d'options aussi considérable. Il aurait doublé son salaire annuel à 595 000 dollars. » Eric ne jugeait pas approprié qu'un membre de la famille reçoive plus d'un demi-million de dollars par année à titre de vice-président du conseil de l'entreprise. Lorsqu'il en parla à d'autres administrateurs, ceux-ci lui proposèrent d'augmenter sa propre rémunération de président pour atteindre celle de son cousin. Ils tenaient pour acquis qu'Eric était en colère parce que la compensation d'Ian serait supérieure à la sienne.

Il protesta : « La solution, *ce n'est pas* d'augmenter mon salaire. On ne répare pas une erreur par une autre. » Selon Eric, un membre de la famille ne devait pas recevoir une rémunération excessive pour siéger au conseil de Molson.

À la réunion du conseil d'administration suivante, le 24 juin 2002, Eric donna son avis. Il sortit les notes qu'il avait préparées la veille et lut : « Le conseil d'administration doit savoir que nous avons une longue tradition de rémunérer modestement les membres de la famille Molson qui y siègent. À titre de président du conseil d'administration, je considère que je rends service à l'entreprise et à ses actionnaires. Ma mission consiste à aider l'entreprise à prospérer. C'était le cas avec les Molson qui m'ont précédé, et nos efforts ont été, et demeurent, d'assurer les bénéfices à long terme de tous les actionnaires. »

Pour maintenir l'intégrité de la structure à deux catégories d'actions, expliqua Eric, nul ne devait croire que la famille profitait de sa situation d'actionnaire détenant le contrôle. « Trois membres de la famille Molson siégeant au conseil d'administration contrôlent une très grande société faisant appel public à l'épargne avec 11,5 % du capital. Nos actionnaires semblent avoir accepté ce fait. En consultant le paragraphe sur la divulgation de la rémunération figurant dans la circulaire de la direction sollicitant des procurations, ils savent que nous ne profitons pas de notre situation. […] Je crois que ce ne serait pas avisé d'accorder de grandes quantités d'options aux Molson. L'intégrité de notre famille et de l'entreprise serait menacée et nous ne devons pas courir ce risque. »

Il conclut avec un ton autoritaire : « La gouvernance est le plus grand problème du monde des affaires et nous devons nous assurer d'éviter de commettre l'erreur d'accorder un grand nombre d'options à des membres de la famille Molson qui ne sont pas cadres de l'entreprise. » Eric sentit son cœur battre en rangeant ses notes.

C'est le gros bon sens. Les membres de la famille siègent au conseil d'administration pour assurer l'intendance de l'entreprise au nom de toutes les parties prenantes. Si les actionnaires se mettent à penser que

nous ne partageons pas les avantages du contrôle avec eux, nous per-
drons leur confiance et ce sera la fin. Ian fait-il cela dans son propre
intérêt ? Est-il un autre Mickey Cohen ? J'ai laissé aller cette situation
trop longtemps. Je ne répéterai pas cette erreur.

La décision d'accorder annuellement 34 000 options d'achat à Ian fut finalement révoquée par le conseil d'administration.

❦

Comme il l'avait fait pendant des années, Eric passa l'été 2002 entre Montréal et Kennebunkport. Jane et lui adoraient ce coin du Maine, l'air salin, les promenades matinales sur la plage avec Baguette, leur jack russel, les balades à vélo jusqu'au village… Leur maison leur offrait un répit idyllique des pressions de Montréal. Quelques jours leur suffisaient pour recharger leurs batteries.

En 2002, toutefois, Eric ne parvenait pas à chasser ses « soucis montréalais » de son esprit. La récente tentative d'accaparement d'Ian le laissait songeur : pouvait-il avoir confiance en lui ? Sur quels intérêts veillait-il : les siens ou ceux de l'entreprise ?

Eric pensa alors à Elmer « Red » Carroll, un employé de longue date de Molson qui était mort neuf mois auparavant. Selon Eric, cet homme, qui se faisait toujours appeler « Red Carroll de Molson », incarnait l'honnêteté et la loyauté. C'était lui qui transportait Eric et son frère à l'école quand ils étaient petits ; il avait livré des documents ultraconfidentiels à Saint Paul au Minnesota lorsque Molson tenta d'acheter la brasserie Hamm ; c'est lui qui ramena Eric et Jane à la maison après la naissance de leurs trois garçons à l'Hôpital général de Montréal. Même après sa retraite de Molson en 1990, Red prêta main-forte à Hartland, puis à Celia, la mère d'Eric, jusqu'à leur mort. Selon Eric, Red faisait partie de la famille même s'il n'en portait pas le nom. Qu'en était-il d'Ian ?

Toutes ces interrogations sur l'éthique et le rôle de la famille au sein du conseil d'administration de Molson incitèrent Eric à se documenter sur la gouvernance d'entreprise. Il n'était pas seul dans cette quête : Andrew, alors âgé de trente-cinq ans, manifestait autant d'intérêt. D'ailleurs, le mémoire de maîtrise qu'il venait de terminer portait justement sur la façon dont une gouvernance adéquate permettait à tous les actionnaires de profiter des entreprises dotées d'une structure à deux catégories d'actions.

Cet été-là, père et fils passèrent beaucoup de temps à discuter des agissements d'Ian à titre de vice-président du conseil, de sa façon de se mêler des activités quotidiennes de l'entreprise et du clivage qui se créait au sein du conseil d'administration. Andrew se réjouissait de cet intérêt pour la gouvernance qui le rapprochait d'Eric : « Nous partagions de l'information. Nous échangions des livres. La gouvernance d'entreprise, c'était notre façon de communiquer. C'était un moment de symbiose où nous découvrions quelque chose ensemble. »

Un soir, assis sur la véranda de la maison du Maine à contempler le clair de lune sur l'océan, Andrew demanda à son père : « As-tu pensé à noter tes principes ? Tu sais, les expliquer clairement. Tu pourrais faire un document sur ta façon de voir comment notre famille devrait assumer ses responsabilités à titre d'actionnaire de contrôle. Tu pourrais le distribuer à Ian et même aux autres administrateurs. Comme ça, tout le monde connaîtrait clairement ta position. »

Ils s'attaquèrent à cette tâche ensemble. Ils peaufinèrent et modifièrent de multiples versions pour arriver au document intitulé *Les principes de la famille Molson*.

LES PRINCIPES DE LA FAMILLE MOLSON

Tous les membres du conseil d'administration d'une société doivent agir dans l'intérêt supérieur de ses actionnaires, de *tous* ses actionnaires. Ils doivent agir dans l'intérêt supérieur de la Société : augmenter la valeur pour les actionnaires et ne pas représenter des groupes particuliers.

Puisque la quantité d'actions détenues par l'ensemble des membres de la famille Molson peut qualifier ces derniers d'« actionnaires importants » et d'« actionnaires détenant le contrôle », il est important d'adhérer à certains principes et à certaines valeurs que la famille a respectés au cours de sa longue présence au Canada. La famille contrôle actuellement la Société avec plus de 50 % des droits de vote, même si son actionnariat combiné représente moins de 15 % de la valeur totale de celle-ci. Raison de plus pour que les membres de la famille actifs dans l'entreprise respectent des principes de gouvernance rigoureux, adhèrent aux valeurs de la famille et adoptent le comportement éthique qui a permis à la Société de perdurer. Cette culture familiale peut être considérée comme un facteur important de la réussite de la Société.

À titre d'actionnaires importants de Molson inc., les représentants de la famille doivent suivre étroitement les affaires de la Société dans l'intérêt de l'ensemble des actionnaires. Ils peuvent y parvenir par une présence assidue aux réunions du conseil d'administration. Ces membres de la famille doivent assumer leurs responsabilités au sein du conseil d'administration au bénéfice de tous les actionnaires. La structure de la Société sera efficace aussi longtemps que la famille se comporte de la sorte.

Si la famille ne partage pas les avantages du contrôle de la Société avec tous les actionnaires, elle n'exerce pas sagement ses responsabilités et finira par perdre leur confiance.

À titre d'actionnaires importants, les membres de la famille doivent :

1. comprendre les affaires de la Société ;
2. soutenir le chef de la direction de la Société et son équipe de gestion afin qu'ils soient en mesure d'assumer leurs responsabilités au mieux de leurs connaissances ;
3. comprendre et approuver la mission de la Société, incluant les stratégies pertinentes requises pour atteindre ses objectifs ;
4. promouvoir et favoriser les normes les plus rigoureuses d'intégrité et de comportement éthique dans l'ensemble de la Société ;
5. maintenir et améliorer les meilleurs attributs de leur histoire et de leur tradition ;
6. faire comprendre à la direction que le népotisme ou le favoritisme ne seront pas tolérés et s'assurer qu'aucun

avantage personnel (emploi non justifié, dons ou occasions d'affaires) ne sera offert aux amis, parents et associés ;

7. s'assurer que la compensation pour la participation à une activité au nom de la Société, à titre d'intendant et de témoin pour l'ensemble des actionnaires, n'excède pas les normes en vigueur dans les entreprises respectées, correspond aux normes du marché et n'offre aucun avantage personnel aux membres de la famille.

Les ancêtres de la famille Molson ont confié aux générations suivantes la tâche de veiller à la prospérité de la Société au nom de l'entreprise et de ses actionnaires. Bien que de nombreuses générations aient pu profiter de cette prospérité, il revient à chacune d'assumer les responsabilités qui en découlent et de se comporter de façon à être bénéfique pour le Canada, pays qui a permis à la Société de prospérer. Les descendants de la famille Molson doivent s'efforcer de se comporter avec la plus grande intégrité et de respecter les normes éthiques les plus rigoureuses. Telle est la culture de la famille et celle de la Société.

Depuis longtemps, les membres de la famille Molson sont reconnus pour être de bons citoyens, pour créer de la richesse et pour l'utiliser au bénéfice du Canada. Les Molson de chaque génération ont assumé ces responsabilités dans la communauté et se sont évertués à améliorer la vie de leurs concitoyens. Cette tradition se poursuit aujourd'hui.

La Société exerce aussi son rôle de bon citoyen en respectant une tradition de générosité envers les organismes de bienfaisance du pays tout entier. Un bon exemple est le programme des Héros locaux qui encourage les employés à s'investir dans la communauté pour aider les autres.

Ce sont les principes, l'éthique et les valeurs de la famille Molson. C'est la culture de Molson. Et la famille et la Société s'engagent à assurer la réussite et à préserver la grande tradition de Molson.

11 Faire face à l'échec

Le succès n'est pas final, l'échec n'est pas fatal. C'est le courage de continuer qui compte.

SIR WINSTON CHURCHILL (1874-1965)

Assise dans la cuisine de la maison de Massawippi, j'attends Eric parti me chercher à boire dans la pièce voisine. Il insiste toujours pour me servir, même si je lui dis que je peux le faire moi-même. Les boissons sont rangées dans un meuble unique orné d'une charrette de livraison de Molson de la fin du XIXe siècle peinte à la main, mais doté d'un secret de l'ère moderne : les tiroirs sont réfrigérés.

Outre le tintement des bouteilles, la maison est calme. J'installe mon magnétophone et j'organise mes notes. Il neige et les champs sont recouverts d'un manteau blanc. J'aperçois Jane au loin qui promène le chien. De la fumée s'échappe de la cheminée de la maisonnette au bout du chemin : Andrew, qui s'y trouve avec nos filles, a allumé un feu.

Je suis submergée par un sentiment de plénitude et de gratitude. Je suis entourée de gens que j'aime et ils sont tous en santé, heureux et investis dans ce qu'ils font. Et je travaille à un projet qui me fascine. Je n'ai pas toujours cette impression au sujet du livre. Je suis nerveuse parfois, surtout quand je m'inquiète de l'opinion d'Eric. Quelle sera sa réaction quand il le lira ? Ensuite, je me dis : « Calme-toi, Helen. Il t'a bel et bien demandé de raconter les faits tels qu'ils se sont passés, sans fard. »

Eric me verse un verre de *ginger ale* Bull's Head et se sert une Molson Ex. Nous reprenons la conversation interrompue la veille au soir.

« C'est difficile de déterminer si une personne ment, surtout si elle le fait bien, explique-t-il. Un bon menteur arrive très bien à brouiller les pistes. C'est comme essayer de savoir à quel moment quelqu'un se retourne contre nous. Prends l'histoire de Brutus : quand César s'est-il rendu compte que son grand ami l'avait trahi ? À quel moment a-t-il senti la présence du couteau planté dans son dos ? »

Je hausse les épaules : « Mais les gens vous avaient prévenu au sujet d'Ian, non ? Vous aviez déjà vécu quelques expériences difficiles avec lui, n'est-ce pas ? Par exemple, quand vous pensiez à mettre sur pied Molson Holdings et lorsqu'il a essayé de se faire rémunérer en options ? Ou encore lors de la réunion du conseil d'administration quand il vous a laissés tomber au moment de discuter de Norm Seagram ? »

« Oui, mais ces incidents n'étaient pas vraiment des signes d'un caractère malhonnête. N'oublie pas que je *voulais* qu'Ian s'investisse. On devait transformer l'entreprise et il m'aidait à avancer dans la bonne direction. C'était difficile de prévoir qu'Ian allait essayer de me coincer. Je n'ai rien vu, rien du tout. Je ne me suis pas rendu compte qu'il essayait de se débarrasser de moi avant la toute fin. Le hic, c'est que je n'étais pas prêt à partir. Il me restait des choses à accomplir. Je devais m'assurer que Molson continuait à exister. Molson devait devenir une brasserie d'envergure international, et le Brésil n'allait pas nous permettre d'atteindre cet objectif. »

🍁

Rio de Janeiro au Brésil. La vue du sommet de Morro da Urca, la colline haute de 220 mètres, à côté du célèbre Pão de Açúcar (le Pain de Sucre), est variée : les eaux bleues de la baie de Guanabara, constellées de bateaux pénétrant dans le port achalandé ; les longues plages festonnées de Copacabana et d'Ipanema ; les édifices blancs de la ville massés dans la vallée entre les sommets verdoyants ; et, au loin, à 710 mètres au-dessus de la ville, le célèbre O Cristo Redentor, la statue du Christ-Rédempteur, les bras en croix, domine la ville.

Le 29 janvier 2003, par une soirée froide et pluvieuse inhabituelle pour la saison, la vue est masquée par de lourds nuages. Molson avait organisé une grande fête brésilienne au Morro pour souligner son arrivée en Amérique latine et le début des exportations de la Bavaria au Canada. Parmi les invités se trouvaient les membres du conseil d'administration de Molson, de nombreux analystes financiers et investisseurs de l'entreprise, ses partenaires brésiliens et des personnalités locales, tel le maire de Rio. À la fin du repas de cinq services, Eric s'adressa aux invités. Debout face aux convives, il sentit monter par le trac.

« Alors j'étais là, dans mon complet bien pressé, prêt à prononcer mon discours que j'avais répété toute la journée. Je parlais, en anglais et en portugais, quand tout à coup quelqu'un a sifflé très fort et des danseuses brésiliennes, à peine habillées, sont montées sur scène. Elles portaient des bikinis minuscules ! Je me suis retrouvé au milieu de ces jeunes filles qui dansaient. Tout le monde regardait ! Bon Dieu ! Je me suis dit que ce n'était vraiment pas dans mes cordes. Je voulais m'enfuir le plus vite possible. »

L'image absurde des danseuses légèrement vêtues encerclant Eric, timide et mal à l'aise, était une métaphore puissante du fossé de plus en plus profond qui se creusait chez Molson : l'éclat et la supercherie contre la modestie et la persévérance. Ce soir-là, au milieu de la samba et du merengue, c'est le clinquant qui semblait prévaloir.

Le lendemain, les membres du conseil d'administration se rencontrèrent dans une salle de l'hôtel Copacabana Palace. Ils étaient, dans l'ensemble, euphoriques. Cette humeur était-elle attribuable aux festivités de la veille, à la présentation enthousiaste des résultats trimestriels (dopés par la récente acquisition de Kaiser) par O'Neill ou à sa confiance à pouvoir redresser les parts de marché défaillantes de la brasserie au Canada ? Quelle qu'en soit la raison, Molson semblait sur son erre d'aller.

Toutefois, Eric était toujours préoccupé par les enjeux de gouvernance. Il venait de terminer la rédaction des *Principes de la famille Molson* et prévoyait les communiquer aux autres administrateurs. Il sentait qu'il devait leur rappeler le rôle de la famille à titre d'actionnaire détenant le contrôle de Molson. Cet après-midi-là à Rio, par contre, tout le monde était prêt à ajourner la réunion ; le moment n'était pas bien choisi.

Eric reprit ce sujet à la réunion suivante du conseil d'administration, en mars 2003. Après leur avoir fait part des *Principes*, il demanda aux administrateurs d'approuver un programme de gouvernance d'entreprise en trois volets : premièrement, comparer les pratiques de gouvernance de Molson avec les meilleures politiques en vigueur au Canada et aux États-Unis ; deuxièmement, sonder tous les membres du conseil sur des questions touchant à l'efficacité du conseil d'administration ; et troisièmement, analyser les conséquences de la structure à deux catégories d'actions (avec ou sans droit de vote) de l'entreprise.

Trois mois plus tard, lorsque les résultats du programme furent présentés au conseil d'administration, la situation s'envenimait chez Molson. Ce fut pratiquement un retournement complet.

🍁

Eric ne se rappelle pas très bien à quel moment il apprit que les affaires allaient mal au Brésil. Coallier fut le premier à l'alerter. Au début, il ne voyait que des signes de légers problèmes. Par exemple, trois mois après l'achat de Kaiser, la valeur du real, la devise brésilienne, chuta de 25 % comparativement au dollar canadien. Molson mit en place une mesure de couverture de change pour se prémunir des fluctuations futures. Peu à peu, toutefois, les mauvaises nouvelles se succédèrent, et les problèmes ne furent pas tous aussi faciles à régler. Ils concernaient principalement la distribution de leurs produits.

La distribution est un facteur clé dans l'industrie de la bière, particulièrement dans un pays aux infrastructures déficientes comme le Brésil. Conscient de cette situation, O'Neill avait négocié avec les embouteilleurs de Coca-Cola du pays pour qu'ils continuent à distribuer la Kaiser (en plus de la Bavaria), même si Molson leur avait acheté la brasserie en mars 2002. Il était fier de ce bon coup : « Imaginez notre marque livrée dans chaque bar et petit commerce de quartier, tous ces endroits qui servent du Coke ! » Pour s'assurer que les embouteilleurs respectaient leur part du marché, il leur offrit 7,8 millions d'actions de Molson dans le cadre de la transaction. Malheureusement, cette mesure incitative ne suffit pas. Comme les embouteilleurs gagnaient beaucoup plus d'argent à distribuer des boissons gazeuses que de la

Dave Perkins, qui occupa plusieurs fonctions de direction au cours de sa carrière longue de trente-six ans chez Molson, et Robert Coallier, président et chef de la direction de la division Kaiser au Brésil, le 9 mai 2005. Photo : collection de la Molson Coors Brewing Company.

bière, ils ne firent pas d'effort pour mousser les ventes de produits Molson en dépit de leur participation dans l'entreprise.

Selon Coallier, le problème trouve son origine dans la façon dont la vérification diligente a été menée. En préparant l'acquisition de Kaiser, l'équipe de Molson et son conseil consultatif pour le Brésil attrapèrent la « fièvre acheteuse » qui survient lorsqu'une entreprise à la recherche d'une occasion d'investissement se met à « ne vouloir perdre l'acquisition » à aucun prix ou presque. Dans ce cas, la fièvre était attisée par de nombreux facteurs. Ils devaient trouver un moyen d'assurer la croissance de Molson, ils venaient de perdre Carling aux mains de Coors, les occasions de réduire les coûts se faisaient rares au Canada, des entreprises comme Kaiser n'étaient pas en vente très souvent, et Heineken voulait elle aussi acquérir la brasserie brésilienne.

Coallier raconte : « Nous avons failli abandonner à quelques occasions, mais nous avons repris les négociations. Et je pense que c'était une erreur. Lorsque nous étions sur le point de nous retirer, nous aurions dû le faire. Nous étions prêts à prendre des risques plus grands que nécessaire. Vous savez, l'éthique commerciale est très, très différente au Brésil. Je crois que les Brésiliens ont trouvé ces gentils Canadiens bien naïfs et ils se sont dit : "On va les rouler." Et en toute honnêteté, on consentait à se faire mener en bateau. »

Dave Perkins se souvient aussi de l'ambition et de l'entêtement qui régnaient pour que l'affaire soit conclue : « Je connais plusieurs membres de l'équipe de vérification diligente qui ont analysé le cas de Kaiser. Ils soutiennent encore qu'on les avait fortement encouragés à enlever toute information qui aurait mis l'acquisition en péril. Les gens savaient que la distribution, l'environnement concurrentiel et la vitalité des marques présentaient des risques élevés, mais l'environnement était tel qu'on ne pouvait pas être un dénonciateur à l'époque. »

Coallier se rappelle un incident qui aurait dû mettre fin à tout cela : « À un certain moment au cours du processus de vérification diligente, nous avons dit que nous voulions parler aux embouteilleurs de Coke. C'était une demande raisonnable puisqu'ils allaient distribuer nos produits. On nous a répondu : "Non, vous ne pouvez pas." Ce refus aurait dû être une raison suffisante pour qu'on laisse tout tomber. Mais nous ne l'avons pas fait. Un ami de Dan était chef des services financiers ou directeur des embouteilleurs de Coke de São Paulo. Ils ont eu une discussion et ils ont apparemment réglé le sujet. Or, ce type-là n'était pas tout à fait honnête. Quoi qu'il en soit, lorsqu'ils nous ont refusé de rencontrer les embouteilleurs de Coke, nous aurions dû abandonner. »

Toutefois, O'Neill, Ian Molson et d'autres membres du conseil consultatif de Molson pour le Brésil étaient impatients de mettre la main sur Kaiser (il s'agissait, après tout, du Project Do It). Et peu après l'acquisition, il fut évident qu'ils avaient un sérieux problème sur les bras. Malgré les actions de Molson qu'ils détenaient, les embouteilleurs de Coke au Brésil déployaient peu d'efforts pour promouvoir la bière Kaiser.

La situation se détériora neuf mois plus tard. Le 23 décembre 2002, le plus grand distributeur de Molson au Brésil, PanAmerican Beverages Inc. (Panamco) de São Paulo, fut acheté par Coca-Cola Femsa pour 3,2 milliards de dollars américains. Sous les auspices de Femsa, les affaires de Molson représentaient moins de 1 % de ses revenus. En revanche, le distributeur de São Paulo représentait plus de 30 % du chiffre d'affaires de Molson au Brésil. O'Neill tenta de négocier une nouvelle entente avec Femsa, mais la proportion insignifiante des produits Molson dans les résultats du distributeur ne donnait aucun avantage.

« Je crois encore que Kaiser était une bonne acquisition, mais nous l'avons vraiment mal mise en œuvre, explique O'Neill. Nous réalisions environ 50 % de notre chiffre d'affaires dans une région : l'État de la ville de São Paulo. Nous avions un distributeur là-bas, Panamco, qui ne travaillait pas pour nous au plan concret. Et peu importe ce qu'on faisait, ça ne fonctionnait pas. C'était le déclin de toute l'affaire. Ailleurs au pays, nous avions de bons résultats, mais à São Paulo, c'était lamentable. »

À l'été 2003, la part de marché de Molson au Brésil avait baissé de près d'un tiers : elle était passée de 17,8 % à 12,7 % en un an.

Eric explique : « Non seulement nous perdions des parts de marché, mais le taux de croissance n'atteignait pas celui qu'on nous avait dit. Selon O'Neill, le taux de croissance annuel du marché brassicole au Brésil était de l'ordre de 5 %. Puis, un jour, celui-ci m'annonce qu'il n'était plus que de 1 %. On n'a pas ça dans le milieu de la bière, le marché ne change pas aussi rapidement. Ça m'a fâché et j'ai commencé à avoir des doutes sur O'Neill. »

La situation empirait au Canada aussi. La promesse faite en public par O'Neill d'atteindre une croissance de 15 % année après année avait de lourdes conséquences. À l'origine, il avait respecté ses engagements par des augmentations de prix incessantes et des compressions des coûts, des mesures qui avaient donné un élan à court terme au cours de l'action. Toutefois, à la fin du printemps 2003, ces mesures nuisaient à Molson. La qualité fut compromise par les cycles de production abrégés et par l'empaquetage moins soigné. Les cadres se plaignirent d'avoir les mains liées : « Nous nuisons à nos marques en coupant continuellement dans le marketing et les coûts de vente pour atteindre les objectifs financiers. » Pire, l'annulation des projets d'immobilisation et d'innovation mettait en péril l'avenir de l'entreprise.

« Ils pensaient tous à la Bourse, dit Eric. Ils parlaient sans cesse de paramètres comme la valeur économique ajoutée. Et ceux-ci ont leur bien-fondé, mais quand on ne tient pas compte des possibilités de croissance inhérentes aux décisions d'investissement, on peut faire de mauvais choix. On peut perdre de vue à la fois les clients et l'avenir de l'entreprise. Et c'est ce qui est arrivé. » Les parts de marché commencèrent à se détériorer.

Comme pour tous les défis auxquels il avait dû faire face, Eric s'informa des faits, analysa la situation et demanda conseil autour de lui. Cette fois, il se tourna vers Pat Kelley qui était revenu chez Molson à titre de vice-président principal responsable de la stratégie brassicole internationale. En coulisse, il informait Eric de ce qui se passait. Ils s'entendaient pour conclure que l'objectif de croissance de 15 % fixé par O'Neill n'était pas réaliste et que, bientôt, l'entreprise serait incapable de l'atteindre. Kelley avertit Eric : « Quand ça arrivera, quand O'Neill n'atteindra pas ses objectifs, ce sera très négatif pour lui émotionnellement, surtout parce que ça aura un effet sur sa rémunération. Et nous savons tous les deux que c'est une préoccupation énorme pour O'Neill. »

Eric avait été témoin de ce dont Kelley parlait : « Je me rappelle une discussion avec O'Neill au conseil d'administration, concernant son augmentation de salaire. C'était une scène horrible. O'Neill a ramassé tous ses livres, il les a lancés au milieu de la table et il est parti en trombe. Il ne faut jamais faire ça, peu importe le stress qu'on subit. »

Eric commença à se demander si O'Neill était le bon dirigeant pour Molson. « À la fin, O'Neill s'est mis à tout contaminer à cause de sa façon de diriger. Ce n'était pas seulement son insistance sur les résultats à court terme, ce n'étaient pas seulement ses crises de colère. C'est simplement qu'il n'avait aucun tact avec les gens. Il s'en prenait à ses subordonnés. En plus, il faisait beaucoup de choses indignes du nom Molson, comme se garer devant une borne d'incendie ou un espace réservé aux handicapés et, par la suite, déchirer la contravention. Ce n'est pas un comportement acceptable pour Molson. »

« Dan écrasait les gens », se souvient Dave Perkins qui travaillait pour lui à titre de dirigeant pour l'Ontario, puis de président de Molson USA. « À son départ de l'entreprise, il ne restait presque personne parmi la vingtaine de hauts cadres qui étaient en poste à son embauche et beaucoup de postes avaient été pourvus à deux ou trois reprises au cours de son mandat ! J'étais le *seul* survivant. C'est bizarre, n'est-ce pas ? Le roulement était inimaginable, et les attentes pour des résultats immédiats étaient insensées. Il engageait une personne pour changer la situation de Molson Canadian, par exemple, et si elle n'y parvenait pas en moins de neuf mois, il ordonnait de la congédier ! »

En 2003, Geoff, le fils d'Eric, travaillait pour Dave Perkins à Denver au Colorado à titre de principal gestionnaire de comptes clients pour Molson USA. Il était entré à l'emploi de la brasserie quelques mois après O'Neill en 1999 et avait été à même de constater l'évolution du chef de la direction. Il raconte : « Dan O'Neill était bon au début. Il a transformé l'entreprise. En entrant, il a fait un bon ménage et a rebâti la marque. Toutefois, à la deuxième moitié de son mandat, il a commencé à détruire la place. » Je suis assise avec Geoff à son bureau au Centre Bell. Il y a des souvenirs des Canadiens partout. D'une voix plus basse, il reprend : « Dan O'Neill disait que tout allait bien, mais ce n'était pas le cas. Tout ça, c'était de la merde. Les choses ne tournaient pas rond. J'y étais et je voyais ce qui se passait. Les ventes n'augmentaient pas au Canada : 80 % de nos profits étaient attribuables à la hausse des prix. Au Brésil, les affaires sombraient. O'Neill essayait de gagner du temps. J'ai vu quelqu'un en train de détruire la culture, quelqu'un qui bluffait pendant une période difficile pour faire monter le cours de l'action. »

Lors de la réunion du conseil d'administration tenue le 19 juin 2003, un O'Neill à l'air morose écoutait Robert Coallier faire son rapport sur le Brésil. Malgré une augmentation des prix de 30 %, le marché stagnait. Le volume de ventes de la Kaiser avait chuté de 31 % depuis le début de l'année. O'Neill dit qu'ils essayaient de ranimer le système de distribution de Panamco à São Paulo et de négocier une nouvelle entente avec Femsa, mais les progrès étaient lents. En attendant, ils s'employaient à former leur propre équipe de ventes. Ils engagèrent 1 200 Brésiliens, leur fournirent des motocyclettes et leur donnèrent l'instruction de visiter des clients potentiels à travers le pays pour leur vendre de la bière.

C'était trop peu, trop tard. « La situation au Brésil a déraillé rapidement, dit Eric. On se faisait écraser sur les parts de marché. Nous utilisions les camions des distributeurs de Coca-Cola, mais nous n'entretenions pas nos relations avec eux. On avait commencé par un coup d'éclat qui s'est éteint. Quand O'Neill et Coallier me l'ont appris, on perdait notre chemise. Ils auraient dû nous prévenir bien avant. »

Les tensions montèrent tandis que les activités au Brésil plombaient le rendement global de Molson. Marie Giguère assista à la détérioration de la dynamique au sein du conseil d'administration. En cherchant des solutions, ils se mirent à s'accuser mutuellement. Elle raconte : « Dan avait une attitude plus défensive. Il n'était plus considéré comme le type qui allait régler tous les problèmes de Molson. »

C'est à cette époque qu'Eric décida « de se remettre en marche ». La situation avec Mickey Cohen lui avait enseigné l'importance d'agir rapidement : « Quand il y a une crise, il faut se retrousser les manches et foncer. » Par contre, ce qui compliquait les choses, c'était l'implication d'Ian au Brésil.

« Kaiser, c'était le bébé d'Ian. Alors, au début, je l'ai laissé s'en occuper. Il était à la tête du conseil consultatif sur le Brésil. » Toutefois, l'association d'Ian et de Dan ne produisait plus de résultats. Eric devait dorénavant superviser et son chef de la direction et le vice-président du conseil d'administration, ce qui était beaucoup plus complexe que tout ce qu'il avait tenté de faire dans le passé.

❦

Le 2 octobre 2003, Dan O'Neill téléphona à Pat Kelley. Même si ce dernier était à la retraite depuis quatre mois, O'Neill savait qu'il avait toujours une relation privilégiée avec Eric et lui demanda : « Étais-tu au courant du problème entre Eric et son cousin ? »

« Oui, je m'en doutais. »

« C'est très sérieux, insista O'Neill. Toute rupture évidente entre Eric et Ian va nuire à l'entreprise. Beaucoup de gens considèrent qu'Ian aide bien Eric pour diriger l'entreprise. Un conflit, ça n'aide personne. »

« En as-tu parlé à Eric ? », demanda Kelley.

« Oui, deux fois, mais il ne semble pas vouloir admettre quels sont les vrais problèmes. Toute cette histoire trouvera bientôt son aboutissement, de façon très désagréable. Il faut faire quelque chose. »

« Je ne suis pas sûr de comprendre ce que tu attends de moi, Dan. »

« J'espère qu'Eric n'essaie pas de chasser Ian du conseil pour le remplacer par un de ses fils », continua O'Neill.

Kelley s'irrita : « Pourquoi tu me dis tout cela ? »

« Je me demandais simplement si Eric t'en a déjà touché un mot. Tu pourrais lui parler ? On doit trouver une solution avant que tout ça aille trop loin. »

« Je sais qu'Eric est en train de définir les règles de gouvernance de l'entreprise, alors je pense qu'il s'en occupe. Je ne crois pas pouvoir faire beaucoup plus que ça. » Kelley mit fin à la conversation.

À l'été 2003, Eric était plongé dans les enjeux de gouvernance de Molson. Le conseil d'administration avait engagé Egon Zehnder, une entreprise de recherche de cadres et de leadership d'envergure mondiale, pour l'aider à mettre en œuvre le programme à trois volets approuvé lors de la réunion de mars. Eric ne fut pas surpris du premier rapport résumant les résultats du questionnaire rempli par les membres du conseil d'administration de Molson. Ils soulevèrent trois points :

1. les problèmes concernant l'« absence de successeurs potentiels au chef de la direction et la qualité de l'équipe de haute direction » ;
2. la confusion concernant « ce qui constitue la "famille Molson", sa succession et ses intentions » ;
3. le manque de clarté « concernant le mandat et les attentes du rôle de vice-président du conseil [...], un certain nombre d'administrateurs ont remis en question la pertinence de ce poste ».

Eric relut le dernier point. Il n'était pas le seul à trouver que le rôle d'Ian était mal défini et que son cousin outrepassait ses fonctions.

Ce fut à cette époque que sir George Adrian Hayhurst Cadbury entra dans la vie d'Eric. En plus d'être un des plus éminents experts en gouvernance d'entreprise au monde et l'auteur du célèbre *Rapport Cadbury* de 1992, sir George présida le conseil d'administration de l'entreprise familiale, Cadbury Ltd (connue plus tard sous le nom de

Cadbury Schweppes), pendant vingt-quatre ans avant de prendre sa retraite en 1989.

Selon Robert Swidler, le conseiller principal d'Eric chez Egon Zehnder : « Eric était fasciné par Adrian Cadbury parce qu'il avait longtemps présidé le conseil d'administration d'un manufacturier de produits de consommation, de boissons et de confiseries détenu de longue date par sa famille. Eric m'a demandé de faire les présentations, ce que j'ai fait, mais c'était son initiative. Ce n'est pas moi qui lui ai suggéré de rencontrer cet homme. Il avait décidé seul, ou peut-être à la suggestion d'Andrew, de rencontrer sir Adrian. Andrew connaissait probablement Cadbury en raison de ses études en gouvernance. »

Le 26 août 2003, Eric quitta Kennebunkport pour aller rencontrer Cadbury à Londres. L'Anglais, qui venait rarement dans la capitale, avait emprunté un bureau au siège social d'Egon Zehnder, à côté de Green Park, pour y accueillir Eric. Vêtu d'une tenue impeccable (complet foncé et cravate ornée d'armoiries), Cadbury avait les yeux pétillants malgré son flegme. Eric lui trouva une ressemblance avec Benny Parsons, une éminence grise qui le comprenait.

Les deux hommes discutèrent des mesures de gouvernance en vigueur chez Molson, des *Principes de la famille Molson* et des résultats du récent rapport d'Egon Zehnder. Eric parla ouvertement de ses inquiétudes grandissantes concernant Ian : « Il se promène comme si l'entreprise lui appartenait. Ce n'est pas notre genre de comportement. »

À la suite de leur discussion, sir Adrian formula une série de recommandations à Eric. 1. Former un comité de gouvernance au sein du conseil d'administration. 2. Abolir le comité exécutif du conseil d'administration. 3. Réduire la taille du conseil d'administration à dix ou douze membres. 4. Chercher deux nouveaux administrateurs spécialisés en finances et en marketing. 5. Définir des règles concernant la présence aux réunions du conseil d'administration et en faire rapport aux actionnaires. 6. Divulguer toutes les sommes versées aux administrateurs, en sus de leurs jetons de présence, peu importe le montant. 7. Établir la règle que les administrateurs doivent assister aux réunions en personne et y participer au téléphone exceptionnellement seulement.

Toutefois, la recommandation la plus remarquable de Cadbury concernait les fonctions d'Ian : « Le secret, ici, c'est que le vice-président du conseil d'administration doit soutenir le président dans l'exécution de ses fonctions. Dans ce cas, si je me fie aux entrevues menées avec vos administrateurs, il ne joue assurément pas son rôle de cette façon et il ne le considère pas comme tel. »

« Je sais », dit Eric.

« Cela entraîne donc deux problèmes différents. Premièrement, Ian interagit très souvent avec le chef de la direction, et les membres du conseil se demandent à quel titre il le fait : à titre de consultant, de membre du conseil, de grand investisseur ou de vice-président ? Ce n'est pas clair. »

« C'est ambigu, admit Eric. C'est pour cette raison, entre autres, que j'ai rédigé les *Principes de la famille Molson*. Ce genre d'interférence de la part d'Ian va à l'encontre de notre norme de base qui consiste à laisser l'équipe de gestion professionnelle de l'entreprise faire son travail. Au début, j'acceptais la participation d'Ian et j'en étais même heureux, parce que nous étions en situation de crise. Nous avons dû recourir à toute l'expertise à notre portée pour démanteler le conglomérat et retourner à la bière. Mais dans notre situation, le chef de la direction devrait avoir l'espace nécessaire pour faire son travail. »

Cadbury hocha la tête. « Le deuxième problème, c'est que, pour certains, le titre de "vice-président du conseil d'administration" d'Ian indique qu'il est le successeur désigné pour votre poste. Est-ce bien le cas ? Vous succédera-t-il à la présidence du conseil d'administration ? »

Le silence pensif d'Eric incita Cadbury à poursuivre son explication : « Le vice-président du conseil devrait normalement être nécessaire dans trois scénarios : si vous voulez désigner votre successeur et le préparer à occuper vos fonctions ; si vous voulez désigner quelqu'un pour agir en votre nom pendant votre absence ; ou si vous avez un rôle précis en tête pour cette personne, un rôle qui ne serait possible que si elle porte ce titre. Alors si vous revenez en arrière, Eric, qu'est-ce qui vous a motivé à nommer Ian à ce poste ? »

« Au départ, j'ai pensé qu'Ian serait une bonne personne pour me remplacer comme président du conseil. Je le considérais comme

Molson

Les armoiries de la famille Molson arborant la devise
Industria et Spe. Photo : collection de la famille Molson.

la personne idéale pour faire la transition entre moi et Andrew ou Geoffrey (en supposant, bien entendu, qu'ils soient qualifiés et que le conseil d'administration approuve leur nomination). Selon moi, ça avait du bon sens : Ian a l'âge idéal, il fait partie de la famille, il est un actionnaire important et il est qualifié. C'est ce que je me suis dit. Mais tout cela dépendait de la confiance que je lui porte. Et maintenant, je ne suis plus sûr de pouvoir lui faire confiance. »

« Si c'est le cas, ajouta Cadbury avec prudence, il vaut peut-être mieux éliminer le poste de vice-président du conseil d'administration. »

Eric savait que ce ne serait pas une tâche facile et qu'Ian s'y opposerait. Néanmoins, il était résolu à jouer le tout pour le tout. Il ferait valoir que l'abolition de ce poste était cohérente avec les pratiques exemplaires de bonne gouvernance. Eric dit : « En observant cette norme, nous n'aurons pas à nous inquiéter de la pérennité de notre structure à deux catégories d'actions ».

Eric écrivit à sir Adrian le 15 septembre 2003 pour l'informer de l'évolution du dossier : « Après notre réunion, je suis rentré chez moi avec les idées claires en sachant ce que je devais faire. Le comité de gouvernance du conseil d'administration a été formé dès la réunion suivante, le 10 septembre. Je le préside et il comprend MM. O'Brien et Cleghorn. [John E. Cleghorn, ex-président du conseil et chef de la direction de la Banque Royale du Canada, siégeait au conseil de Molson depuis le 23 juillet 2003.] Nous sommes maintenant sur la bonne voie et je ne vous remercierai jamais assez pour vos conseils. Nous serons bientôt l'une des entreprises les mieux administrées au monde. »

Deux mois plus tard, le 20 novembre, Eric écrivit une deuxième lettre à sir Adrian : « La plupart des recommandations dont nous avions convenu à Londres ont été acceptées. [...] Le seul et unique problème sérieux que j'ai eu a été, comme prévu, le rôle et le titre de vice-président du conseil d'administration. J'en avais proposé l'abolition dans l'intérêt d'une meilleure gouvernance, mais le conseil n'était pas d'accord et a décidé d'essayer l'option que vous et moi avions rejetée, soit un changement de comportement. Nous allons donc préparer une description détaillée des fonctions liées à ce poste et nous verrons comment les choses se passent. »

Eric déposa son stylo et se rappela comment il avait été incapable de convaincre les administrateurs d'éliminer le poste de vice-président du conseil occupé par Ian. Il repensa à la devise des Molson : *Industria et Spe,* travail et espoir. « J'imagine que c'est ici que l'"espoir" entre en jeu », se dit-il en glissant la lettre dans l'enveloppe.

***

En plus de son malaise concernant la présence active d'Ian chez Molson, Eric fut témoin de deux autres incidents survenus à l'été 2003, qui minèrent sa confiance envers son cousin.

Le premier fut la lecture de *Crooks and Cronies : An Exposé of Corporate Corruption within the Law* (titre que l'on pourrait traduire par « Crimes et copinage : exposé sur la corruption d'entreprise dans les limites de la loi »). Publié à compte d'auteur par Peter Teale, cet ouvrage relate le déclin rapide puis la faillite d'Efdex Inc., une entreprise point-com où il travaillait. Eric s'y intéressa parce que « Ian Molson des Brasseries Molson » y occupait une place importante, notamment sur la quatrième de couverture où il était nommé à titre d'administrateur d'Efdex.

Eric appela Ian dès qu'Andrew porta ce livre à son attention : « Qu'est-ce qui se passe, Ian ? Ce livre est très mauvais pour notre image et pour notre réputation. »

« Ce n'est rien », lui assura Ian. Il expliqua le contexte, puis poursuivit par courriel : « Pour que tout soit clair, j'ai pensé t'écrire pour poursuivre la discussion que nous avons eue en août, concernant mes anciennes fonctions d'administrateur d'une entreprise appelée Efdex. À la suite de la faillite de l'entreprise, Peter Teale, un ex-employé mécontent, a tenté de poursuivre, pour des motifs entièrement fallacieux, l'ancien président du conseil et chef de la direction de l'entreprise et a menacé de rédiger un livre calomnieux sur celle-ci et sur son conseil d'administration. Il a bien entendu mis sa menace à exécution. Ce livre est totalement inexact, trompeur et, en effet, diffamatoire. [...] Le conseil d'administration d'Efdex a commis une erreur en ne poursuivant pas Peter Teale pour avoir écrit un récit aussi diffamatoire et malhonnête. »

Eric répondit par courriel : « Je suis tout de même inquiet des dommages potentiels à la réputation de notre entreprise et de notre famille. » Il fit suivre cet échange à deux de ses alliés au conseil, Daniel Colson et Luc Beauregard, en mentionnant : « Je vais continuer mes recherches parce que je m'inquiète pour l'image de Molson. Le message d'Ian est son opinion seulement, et je ne sais pas à quel point elle est fiable. »

La confiance d'Eric s'amenuisa de nouveau en septembre 2003 après une rencontre avec Peter Buckley. Buckley était le président du conseil d'administration à la fois de Caledonia Investments plc (un conglomérat britannique inscrit à la Bourse de Londres) et de Cayzer Trust, la société familiale privée qui possédait 49,6 % de Caledonia. La mère de Buckley faisait partie de la famille Cayzer, une des plus prospères de Grande-Bretagne, qui était associée à Caledonia depuis des générations, tout comme Verena, la femme d'Ian.

Au début des années 2000, les Cayzer étaient divisés, et leur conflit s'étalait dans tous les grands journaux et tabloïds du pays. Les titres étaient des plus alarmants : *Le clan Cayzer part en guerre pour Caledonia ; Cayzer Trust uni contre la faction rebelle de la famille ; Le président du conseil, l'héritier et la lutte de 10 M £ pour contrôler une fortune familiale.*

D'un côté se trouvait Buckley, un comptable et gestionnaire de fonds privés discret qui dirigeait Caledonia, et de l'autre, sir James Cayzer, un bon vivant bien connu qui siégeait aux conseils de Caledonia et de Cayzer Trust, mais qui n'y joua aucun rôle actif avant 2001. Il critiquait la manière dont Buckley gérait la fortune familiale et s'opposait aussi au fait que des membres de la famille ne pouvaient vendre leurs parts de la fiducie qu'à d'autres membres de la famille et à une valeur réduite. Ian Molson, qui défendait probablement les intérêts de son épouse Verena, se jeta dans la mêlée, prit parti pour sir James Cayzer et s'unit à lui pour attaquer Buckley.

C'est à ce moment que Buckley appela Eric. Après les présentations d'usage, il lui expliqua que Daniel Colson, membre comme lui du conseil d'administration de Telegraph Group, lui avait suggéré d'entrer en contact avec Eric. Il s'agissait d'une affaire confidentielle et souhaitait le rencontrer en personne.

Le 15 septembre 2003, Buckley vint donc à Montréal accompagné d'un autre administrateur de Caledonia et membre de la famille, Jamie Cayzer-Colvin. Le lendemain matin, les trois hommes se rencontrèrent à l'hôtel Hilton Garden Inn près de l'aéroport. « Ils sont venus de Londres pour me rencontrer, raconte Eric, parce qu'Ian et ses acolytes causaient beaucoup de problèmes à la famille Cayzer. Buckley m'a raconté qu'Ian était de connivence avec James Cayzer, un cousin rebelle, et qu'ils avaient presque détruit Cayzer Trust. […] Ils essayaient de prendre le contrôle de Caledonia. »

Buckley demanda à Eric de lui parler de son expérience avec Ian. À la fin de leur discussion, il lui lança un sérieux avertissement. « Buckley m'a dit qu'Ian semblait sournois et malhonnête, raconte Eric. Essentiellement, il m'a conseillé d'ouvrir l'œil. »

Colson, qui connaissait et les Molson et les Cayzer, offre un point de vue privilégié. Sans mâcher ses mots, il dit : « Ian essayait de faire chez Caledonia la même chose que chez Molson. Il essayait d'organiser une espèce de coup d'État qui, au bout du compte, a échoué. Peter

Buckley a immédiatement serré la vis à Ian, il l'a publiquement déshonoré et l'a chassé comme une souris morte. Il est difficile de ne pas remarquer les analogies entre Ian chez Caledonia et Ian chez Molson. Dans les deux cas, il n'occupait aucun poste important. La participation de sa femme dans Caledonia était minime, tout comme sa participation minuscule chez Molson. Les seules actions qu'il possédait, à ma connaissance, étaient celles qu'il avait achetées du vieux sénateur. Au bout du compte, personne n'était plus ambitieux ni plus sournois qu'Ian. »

« C'est l'appât du gain qui motivait Ian, conclut Eric. Il était insatiable. Avant de faire toutes ces magouilles avec nous, il avait agi de la même façon avec la famille de sa femme. Ian m'a déjà dit : "Eric, la seule chose que je veux, c'est faire beaucoup d'argent." Son ambition ne m'aurait pas beaucoup dérangé s'il avait agi de la bonne manière. Mais au bout du compte, il était malhonnête et c'est ce qui a semé la discorde entre nous. »

❦

À l'automne 2003, le fossé entre les deux Molson était indéniable, se souvient Colson : « Ian a passé la plus grande partie de l'année à essayer d'embrigader tout le monde. Il tentait de les convaincre qu'Eric était de trop et n'était plus nécessaire, mais que lui, Ian, était la réponse à tous les problèmes de Molson. Étonnamment, certains des hommes au conseil d'administration le croyaient… Imaginez, Ian faisait des pieds et des mains pour montrer à chacun des administrateurs à quel point il savait ce qui se passait, à quel point il était aux commandes, comment O'Neill et lui allaient régler la situation et qu'Eric avait dépassé sa date de péremption. »

Ce comportement n'était pas exactement du sabotage, mais plutôt une tentative de diviser pour mieux régner, qui s'apparentait à une déclaration de guerre. Eric en était conscient : « Ian attisait la situation au conseil, il parlait dans mon dos. Il disait aux autres membres qu'ils devraient songer à se débarrasser de moi pour me remplacer par lui. Ian a essayé de les convaincre pendant un bon moment. »

Eric eut l'impression qu'Ian avait probablement recruté Dan O'Neill comme allié. Marie Giguère, qui avait entendu dire qu'« Ian complotait en coulisse et jouait au plus fin », explique : « Quand les choses ont commencé à mal aller entre Eric et Ian, cela a nui à Dan puisque Eric savait que les deux hommes étaient proches. Eric ne croyait plus à la loyauté de Dan. Et vous savez, la loyauté, c'est très important pour Eric. »

Voyant la situation se détériorer, Eric savait qu'il devait agir. Entre-temps, il gardait ses pensées pour lui et il contenait ses sentiments. La relation entre les cousins devint plus tendue avec le silence froid d'Eric. Stephen se rappelle qu'Ian lui en avait parlé : « Ian se pointait constamment à mon bureau à la brasserie. Il me disait qu'il avait de la difficulté à parler à Eric. Moi, je lui disais : "Essaie encore. Il ne te fait peut-être pas beaucoup confiance. Tu devrais le rencontrer." Je pense qu'il n'a pas pu le faire, et puis tout s'est mis à se dégrader. À ce moment-là, on ne savait plus ce qu'Ian avait derrière la tête. »

Durant toute cette période, Eric pensait à l'analogie avec le surf, que faisait The Turk, son ancien professeur de Princeton : « Il faut grimper sur la vague et y rester. » Cela signifiait, pour Eric, qu'il devait garder les yeux rivés sur l'avenir, sur sa vision pour Molson, et ne pas baisser le regard, sans quoi, s'il s'enlisait dans les machinations et les politicailleries d'Ian, tout s'écroulerait. Eric résolut de ne pas se laisser entraîner. Il adopta une attitude scientifique : il observa la dynamique interne et se fixa sur son but ultime, soit faire de Molson un joueur important de l'industrie brassicole mondiale qui connaissait une consolidation rapide.

Le contexte du marché brassicole se modifiait au fil des grandes transactions couvrant plusieurs régions, mais Molson ne suivait pas le rythme. Même si l'entreprise était passée du vingt et unième au quinzième rang en termes de volumes à l'échelle internationale, le fossé entre Molson et les quatre principales brasseries au monde était passé de 60 à 90 millions d'hectolitres. Le 16 septembre 2003, lors d'une conférence des investisseurs de Molson, O'Neill admit que la consolidation dans le marché brassicole se réalisait « beaucoup plus rapidement que nous nous y attendions » et que « le fossé entre nous et les quatre grands s'était en fait creusé davantage ».

Eric s'inquiétait. Non seulement la brasserie ne faisait aucun progrès à l'échelle internationale, mais les actifs de Molson n'atteignaient pas les résultats escomptés. Ils perdaient encore des parts de marché au Canada, ayant glissé de 45,1 % à 44,4 % l'année précédente, ce qui était considérable puisque le Canada était le moteur de profit de Molson et représentait 94 % des revenus. L'investissement au Brésil tournait au vinaigre : les parts de marché avaient chuté de près du tiers en une année. En outre, la situation demeurait difficile aux États-Unis.

Eric dit à Andrew qu'il leur fallait un partenaire : « Pour croître au-delà de notre base, nous devons nous associer à un brasseur avec lequel nous pouvons grandir, mais qui ne nous avalera pas. » Eric ne voulait pas que Molson soit marginalisée ni vendue.

En 2003, le conseil d'administration de Molson confia au Boston Consulting Group (BCG), un cabinet de consultation en gestion d'envergure internationale, le mandat de trouver la brasserie qui pourrait devenir partenaire de Molson. « Nous avons demandé à BCG d'analyser toutes les possibilités de transaction internationale, explique Giguère, mais on avait l'impression que les résultats étaient déjà déterminés. Nous savions qu'il y avait des contraintes, notamment que la famille ne voulait pas vendre Molson et que nous n'avions ni l'envergure ni le bilan nécessaires pour être à l'origine d'un regroupement, alors ces conditions ont probablement influencé le travail que BCG a fait pour nous. »

BCG est revenu avec deux recommandations de partenaires « prioritaires » : Coors et Heineken.

« Nous avons su très tôt que Coors serait le favori, précise Giguère. Ian serait prédisposé à choisir Heineken parce qu'il était très près de la famille. Nous le savions tous. Alors je crois qu'il y avait des doutes quant au fait qu'Ian allait essayer d'organiser quelque chose avec Heineken. »

Ian n'hésitait pas à informer ses interlocuteurs qu'il avait des liens étroits avec Charlene de Carvalho-Heineken, propriétaire d'une participation majoritaire de 25 % de la brasserie hollandaise. « Je pense qu'Ian était le parrain de l'enfant de la fille de Freddy Heineken, explique Robert Coallier. Je suis sûr qu'il y a eu des discussions derrière les portes closes dont je n'ai pas été informé. Dan en savait peut-être plus à ce sujet. »

« La question de Heineken était omniprésente, dit Dan O'Neill. Ian est un grand ami de la fille de Freddy Heineken et ils étaient mutuellement parrain et marraine de leurs enfants. On avait l'impression qu'il voulait conclure une entente avec Heineken. Je ne suis pas sûr, mais ça en avait tout l'air. »

Il y avait une chose dont O'Neill était certain : la position d'Eric. « Eric avait l'impression que, si jamais quelqu'un comme Heineken nous achetait, ça ne deviendrait pas "Molson-Heineken", mais bien "Heineken" tout court. Et Eric ne voulait pas être avalé. Il voulait conserver le nom Molson dans toutes nos activités. Il voulait aussi que des membres de la famille siègent au conseil d'administration. Eric a été très clair à ce sujet. Il m'a dit : "Je veux que nous continuions dans le milieu brassicole. Nous adorons la bière. C'est notre passion, notre patrimoine, notre famille. Je n'y renoncerai jamais." »

Molson devait survivre.

12

Résister aux luttes de pouvoir

Il n'est pas prudent d'écarter de ses calculs un dragon vivant quand on est près de lui.

J.R.R. TOLKIEN (1892-1973)

Nous avons une vue splendide de Dubrovnik depuis le balcon de notre chambre à l'hôtel Excelsior. Même si c'est notre troisième matin ici, je suis encore captivée par le paysage qui se déploie devant moi sur 180 degrés : les eaux bleu foncé de l'Adriatique, encadrées par l'île de Lokrum couverte de pinèdes à gauche et par les remparts médiévaux majestueux de la vieille ville à droite. Depuis deux jours, j'arpente les ruelles en pierre, j'explore les sites et je baigne dans l'atmosphère quasi spirituelle de la « Perle de l'Atlantique ». Il n'est pas étonnant que George Bernard Shaw ait dit un jour : « Ceux qui cherchent le paradis sur terre doivent venir à Dubrovnik. »

Pendant que je fais mes excursions, Andrew participe à des réunions avec les autres membres du conseil d'administration de Molson Coors. Ils se réunissent généralement soit à Montréal soit à Denver, mais c'est en Croatie qu'ils ont tenu leurs assemblées en septembre 2015 pour visiter une des neuf brasseries d'Europe centrale que l'entreprise a achetées dans le cadre de l'acquisition de StarBev LP en juin 2012. Cette transaction de 3,54 milliards de dollars américains était une autre étape du plan d'expansion de Molson Coors hors de sa base en Amérique du Nord et au Royaume-Uni. Grâce à StarBev, Molson Coors a obtenu

Peter Hanson Coors.
Photo : collection de la
Molson Coors Brewing
Company.

une présence forte en Europe centrale et occidentale, tout en ajoutant à son portefeuille de marques la Staropramen, vendue dans plus de trente pays. La visite en Croatie offrait aux membres du conseil d'administration l'occasion de voir de près une partie de ces activités.

Je n'ai pas l'habitude d'accompagner Andrew en voyage d'affaires. En fait, c'était la première fois que je me joignais à lui pour une réunion du conseil d'administration de Molson Coors. Mais je ne pouvais pas laisser passer l'occasion de faire une entrevue avec Pete Coors. Cette rencontre avait été étonnamment complexe à organiser à cause de la distance entre le Colorado et le Québec, et des hésitations de Pete Coors quand Andrew l'avait approché pour lui demander de me rencontrer, sous prétexte qu'il ne connaissait pas bien Eric. Même s'ils avaient été partenaires d'affaires et qu'ils avaient siégé au conseil pendant quelques années, Coors allégua qu'ils n'avaient pas de relations personnelles étroites. Néanmoins, Andrew réussit à le convaincre. C'est pour cette raison que je visite la Croatie en touriste pendant qu'Andrew est confiné dans une salle de réunion.

Mon entrevue doit avoir lieu la veille de notre départ, le samedi 26 septembre 2015 au déjeuner. Andrew et moi arrivons au restaurant principal de l'Excelsior presque en même temps que Pete Coors.

Difficile de ne pas le remarquer : grand, épaules larges, épaisse chevelure blanche, pantalon de coutil kaki, chemise à col boutonné bleu clair et sourire éclatant. Il est le portrait tout craché de l'homme dans les annonces de bière. Nous échangeons des salutations chaleureuses et nous nous installons sur la terrasse donnant sur la mer. Le serveur vient prendre nos commandes et, voyant le logo de MillerCoors sur sa chemise, lui demande s'il travaille pour Miller.

« Pour Coors, en fait, répond Pete. Miller est à Milwaukee et nous sommes établis à Golden, au Colorado. »

C'est sur ces mots que commence notre entrevue.

J'avais évidemment fait des recherches sur Pete avant de l'interviewer. D'après Google, il est l'arrière-petit-fils d'Adolph Coors, l'entrepreneur germano-américain qui fonda la brasserie Coors en 1873. À la fin de ses études à l'académie Philips Exeter, il étudia en vue de décrocher un diplôme en génie de Cornell et un MBA de l'Université de Denver. Il entra à l'emploi de l'entreprise familiale en 1971 et en gravit les échelons jusqu'à sa nomination de chef de la direction en 1992. Il s'intéresse aussi à la politique : en 2004, il se présenta pour décrocher le siège de sénateur du Colorado pour les républicains. Même s'il ne fut pas élu, il demeure un fervent partisan.

Andrew et lui racontent leurs souvenirs d'Exeter. Pete parle de ses emplois d'été dans la brasserie familiale dès ses quatorze ans. Je ne peux m'empêcher d'être fascinée, même si je me rends bien compte qu'il a déjà raconté ces anecdotes. Il décrit comment, lorsqu'il fut embauché comme stagiaire dans l'usine de traitement des déchets de l'entreprise, il devait se déshabiller dans le garage en rentrant chez lui après sa journée de travail. Il puait *à ce point-là*, se souvient-il en rigolant.

Il est intéressant et amusant. Ce raconteur américain charismatique est très différent d'Eric, le maître brasseur canadien réservé.

Pete commence par expliquer qu'il n'est pas maître brasseur, mais qu'il a « suffisamment de connaissances sur le sujet pour être dangereux ». Il ajoute : « Je suis dans les brasseries depuis longtemps et je peux tenir une conversation intelligente sur les processus de fabrication et les technologies que nous utilisons, mais je me consacre plutôt au marketing, aux ventes et à la gestion. »

L'usine de Coors à Golden, Colorado. Photo : collection de la Molson Coors Brewing Company.

Quand je lui demande de me parler de sa relation avec Eric, il me répond sérieusement : « Je ne connaissais pas beaucoup Eric. Il semblait particulièrement s'intéresser aux aspects techniques de la brasserie, c'est ce que Jeff [le frère aîné de Pete] faisait. Jeff et Eric avaient coutume de se rencontrer au consortium international des brasseurs et ils partageaient leur intérêt pour la technique, mais je ne sais pas à quel point ils se connaissaient. »

Je suis surprise : « Mais alors comment les deux familles en sont-elles venues à s'associer ? »

Pete me corrige : « Ce ne sont pas les *familles* qui se sont associées. Jeff connaissait Eric, mais ça n'a pas influencé la transaction. Molson

Coors était une transaction d'affaires, strictement d'affaires. Ça s'inscrivait dans notre plan de croissance internationale. Il nous fallait devenir plus gros et nous développer, donc nous nous sommes alliés à Molson. »

❦

Le 4 novembre 2015, je suis attablée face à Leo Kiely dans un restaurant italien achalandé du centre-ville de Denver. Il me raconte : « Ce qui a présenté une occasion pour nous, c'est le Brésil. Je pense que, fondamentalement, le Brésil a été pour Molson une horrible acquisition qui a dégénéré, mais elle nous a ouvert des portes. » De sa voix basse au ton mesuré, Kiely me ramène douze années en arrière pour me décrire l'origine de la fusion entre Molson et Coors.

Par un vendredi après-midi de l'automne 2003, Kiely, alors chef de la direction de Coors, était assis dans une salle de réunion du Colorado avec Dave Perkins, président de Molson USA, la coentreprise de Molson et de Coors aux États-Unis. Les deux hommes se rencontraient régulièrement pour passer en revue les résultats de la coentreprise et ils avaient toujours des discussions constructives. Tout ressentiment entre les deux brasseries à la suite de la décision d'arbitrage rendue six années auparavant avait disparu depuis longtemps.

Cet après-midi-là, Kiely aborda un sujet dont ils avaient déjà traité : « Peux-tu dire à tes gens à Montréal que nous sommes ouverts s'ils manifestent un intérêt sérieux pour discuter d'une transaction ? »

« Bien sûr, Leo. Je vais en parler à Dan », répondit Perkins.

Kiely me raconte que de nombreux facteurs l'ont incité à évoquer une fusion. D'abord, Molson était une entreprise très rentable. « Je me rappelle la première fois que j'ai consulté l'état des résultats de Molson et de Labatt. Je me suis dit : "Wow ! Au Canada, le secteur de la bière fait plus du double de profits que nous faisons aux États-Unis avec moins de la moitié de notre volume." » Deuxièmement, comme Molson se trouvait affaiblie à cause de ses investissements au Brésil, elle était probablement ouverte à une transaction. Selon Kiely : « Dan O'Neill est tombé dans un piège au Brésil. » Et troisièmement, la situation concurrentielle et les fusions à l'échelle internationale exerçaient des pressions à la fois sur Molson et sur Coors.

« Rappelez-vous : c'était à l'époque où AmBev s'est établie et s'est mise à faire des acquisitions ambitieuses, explique Kiely. Nous voyions tous les deux le monde qui se consolidait autour de nous et nous savions que nous nous en éloignions. C'était écrit dans le ciel que, sans avoir plus de portée, Molson et Coors allaient se retrouver enclavées en Amérique du Nord pour faire face à un énorme concurrent. Nous nous sommes dit qu'ensemble nous allions disposer de l'envergure et de l'expertise nécessaires pour devenir une entreprise de calibre mondial crédible. En passant, ça s'est matérialisé. C'est ça, l'origine de l'entente : deux entreprises familiales ancrées dans leur pays respectif qui observent la situation et se disent : "On va se retrouver à la traîne." »

Perkins transmit le message de Kiely, et O'Neill rappela ce dernier : « Eric n'ira pas de l'avant à moins qu'il puisse vous rencontrer et qu'il ait la certitude que nous pouvons faire cela ensemble. Il faut que la confiance règne. »

« Je comprends ça », répondit Kiely. Pour unir leur patrimoine, les deux familles devaient éprouver une confiance mutuelle.

Kiely et Eric se rencontrèrent à la brasserie de Montréal le lundi 8 décembre 2003. Eric se chargea du menu : deux sandwichs à la viande fumée (un classique montréalais) et deux Molson Export (un autre classique).

Ce souvenir amuse Kiely : « Eric servait la pire nourriture que j'ai mangée de ma vie ! Du smoked meat ? Combien peut-on en empiler dans un sandwich ? Tout un classique ! Alors on se retrouve avec ces sandwichs dégoulinants difficiles à manger, dans son petit bureau à la brasserie, en train de parler de l'avenir de Molson et de Coors. J'en ris encore ! »

« Leo est venu en ville et nous avons mangé ensemble, raconte Eric à son tour. C'était probablement du smoked meat. J'ai dû en commander parce que les gens adorent ça, mais je ne me rappelle plus. Par contre, je me souviens qu'on a parlé de Molson et de Coors, et on s'est dit qu'il était probablement temps de devenir plus sérieux. On connaissait les gens de Coors depuis de très nombreuses années. Depuis l'oncle Bill. Ce sont des brasseurs techniques et hautement créatifs. À l'époque, les deux brasseries avaient sensiblement la même taille, on travaillait déjà en étroite collaboration, on distribuait nos marques mutuelles dans notre propre pays, et tous les autres brasseurs s'associaient. Il fallait faire quelque chose. »

Ils en vinrent à la conclusion que leurs perspectives pour perpétuer leur entreprise étaient bien meilleures ensemble qu'isolément. « Je pense que les deux familles ont abordé cette question avec scepticisme au début, se souvient Kiely. Elles avaient leurs deux gars d'affaires (O'Neill et moi) qui disaient : "Ce projet-là a du mérite. On aimerait avoir votre approbation pour y jeter un coup d'œil." Nous ne faisions rien sans l'approbation d'Eric ou de Pete. »

Peu après, les deux principaux actionnaires se rencontrèrent autour d'un repas un soir, au Hilton de l'aéroport O'Hare à Chicago. Eric raconte : « C'est à cette occasion que j'ai probablement dit à Pete que, selon moi, nous devions évaluer la possibilité de faire quelque chose et que nous avions un meilleur avenir si nous y allions ensemble. Pete était d'accord. »

🍁

Le début de l'année 2004 s'avéra pénible pour Dan O'Neill. Dans sa première déclaration publique, le 15 janvier, il dut annoncer une révision à la baisse de ses prévisions de fin d'exercice. Alors que son objectif était une croissance de 14,5 % par rapport à l'année précédente, il avoua qu'il ne pensait pas atteindre plus de 2 % à cause du bourbier au Brésil. Le lendemain, la valeur de l'action de catégorie A de Molson chuta de près de 14 %, soit la baisse la plus importante en un jour des dix-neuf années précédentes.

Eric saisit cette occasion pour agir. Il était plus facile d'intervenir quand les choses ne se passaient pas bien. En outre, toute cette situation exerçait une pression sur l'entreprise. « Ce jour-là, il était évident que, si on continuait de la sorte, le Brésil allait nous faire sombrer. Je ne pouvais plus compter sur O'Neill et Ian. J'ai dû agir seul. »

Même s'il avait déjà semé une graine chez Coors, il décida de visiter d'autres brasseries pour avoir une meilleure idée du paysage concurrentiel à l'échelle internationale : « J'ai voulu mieux comprendre et constater la situation par moi-même. J'ai parlé de mon voyage à O'Neill, mais je lui ai dit aussi que je voulais y aller seul. Je lui ai expliqué : "Dan, j'ai du rattrapage à faire. Je suis président du conseil d'administration. J'ai été tenu à l'écart et, maintenant, je vais aller voir des brasseurs étrangers." »

Au cours de son blitz européen du 9 au 13 février, Eric rencontra Erik Hartwall, propriétaire de la plus importante société de boissons de Finlande, à Helsinki ; sir Brian Stewart, président du conseil d'administration de Scottish & Newcastle, à Édimbourg ; Charlene de Carvalho-Heineken à Londres ainsi que Povl Krogsgaard-Larsen, président du conseil d'administration de Carlsberg, à Copenhague.

« Je répète constamment à mes fils qu'il faut parfois rencontrer les autres propriétaires seul à seul, sans témoin, explique Eric. Trouver un moment pour dire tout ce qu'on veut. On se met à parler, puis on leur sert une ou deux bières, et ils se mettent à parler encore plus. Un de nos principes, c'est d'être des actionnaires informés. Ma tournée en Europe a servi exactement à ça. Je suis parti seul pour découvrir des variantes de ce que nous pourrions faire pour l'avenir de Molson. Pendant tout ce temps, pendant que je discutais avec les Européens, je savais que c'était dans la poche avec Coors parce qu'ils voulaient vraiment s'associer à nous. Ce voyage éclair m'a permis de mieux connaître les autres proprios de brasseries et de mieux nous faire connaître, nous aussi. Quand Ian a appris ce que j'avais fait, il a pété les plombs. »

Ian lui manifesta sa désapprobation par courriel le 23 février et envoya une copie conforme à Dan O'Neill : « On m'a dit que tu es allé à Londres, à Copenhague et ailleurs la semaine dernière. J'ai entendu parler de tes rencontres (dont j'ignorais tout, évidemment) par plusieurs sources. Je trouve étrange que tu ne m'aies pas parlé, ne serait-ce que par simple courtoisie et bonnes manières, avant ta rencontre avec Michel et Charlene à Londres. C'est légèrement étrange que je l'aie appris par eux, et que ce soit eux qui m'aient raconté votre discussion et m'aient demandé ma réaction à certaines choses que tu aurais dites. Je suis sûr que tu comprends à quel point les communications franches sont l'apanage de toute entreprise bien gérée (et bien dirigée). »

Ian se trompait. Si Eric ne lui avait rien dit, ce n'était pas à cause de lacunes en communication, c'était pour une raison beaucoup plus fondamentale : il n'avait plus confiance en lui.

L'écart entre les deux cousins se refléta au sein du conseil d'administration de Molson. Les deux camps se retranchèrent davantage et ne s'entendaient pas sur la voie à prendre, comme le relate Francesco Bellini : « On voyait clairement que le conseil se divisait. Il y avait des administrateurs du côté d'Eric, et les autres de celui d'Ian. » Ceux qui accordaient leur confiance à Eric croyaient que la meilleure chose à faire était de fusionner avec Coors : les deux entreprises étaient déjà de proches collaborateurs, elles étaient de taille similaire, et les familles Molson et Coors pouvaient parvenir à trouver une façon de gérer conjointement leurs entreprises combinées.

D'autre part, Ian et ses défenseurs s'opposaient à toute transaction avec Coors parce qu'ils estimaient qu'il y avait moyen de faire mieux.

« C'était horrible, mais beaucoup de conseils d'administration vivent de telles divisions, explique O'Neill. C'est presque normal. Les membres ne s'entendent pas toujours. Il y a des groupes différents qui croient qu'une stratégie vaut mieux qu'une autre. »

Dans ce cas, par contre, la situation était plus grave qu'un désaccord sur la stratégie. Il concernait aussi le leadership. Les deux étaient intrinsèquement liés. « Il était évident, se rappelle O'Neill, qu'Ian souhaitait remplacer Eric à la présidence. Il essayait manifestement de démontrer au conseil d'administration qu'il en savait plus que tout le monde. Personnellement, je crois que si Eric avait été plus agressif et plus dur, il aurait rompu avec son cousin beaucoup plus tôt. Mais il garde beaucoup de choses en dedans. »

La dissension entre les deux Molson était évidente non seulement pour les administrateurs de l'entreprise, mais aussi pour la haute direction. Robert Coallier, à l'époque responsable pour le Brésil, explique : « Eric se préoccupait de la pérennité de Molson et c'est pour cette raison qu'il privilégiait une entente avec Coors. Ian, lui, s'y opposait fermement. Il n'a jamais voulu d'une association avec eux. D'après lui, les actifs de Molson étaient largement supérieurs à ceux des Américains et c'est à ce moment qu'il a commencé à essayer d'écarter Eric. »

✦

Le 4 mars 2004, un autre bouleversement ébranla l'industrie brassicole : l'association, au coût de 18,3 milliards de dollars, du géant belge Interbrew (propriétaire de Labatt) et de la brésilienne AmBev. Cette transaction eut des répercussions chez Molson non seulement parce qu'elle chassait Anheuser-Busch de son piédestal à titre de plus grande brasserie au monde, mais surtout parce qu'elle créait un concurrent unique dans ses deux marchés du Canada et du Brésil. Le jour où l'on annonça la création du colosse belgo-brésilien, un analyste de Bear Stearns clama ce que beaucoup croyaient en privé : « C'est une très mauvaise nouvelle pour Molson. Si la brasserie canadienne n'avait pas de cible dans le dos, c'est maintenant chose faite. »

Eric sentit la pression : « Le défilé de la consolidation se mettait en branle. Les gens ont commencé à dire que nous étions devenus une cible pour une offre d'achat. Les vautours se remettaient à tourner au-dessus de nos têtes. »

Eric avait utilisé l'analogie des vautours pour la dernière fois à l'occasion de la vente de Diversey, lorsque Molson refusa de céder à la demande des actionnaires et de leur verser un dividende spécial ou de racheter leurs actions alors que l'entreprise disposait de beaucoup de liquidités. Tel qu'il le fit à l'époque, il appela Pat Kelley : « As-tu regardé dehors ? As-tu vu les vautours ? Ils sont partout. Ils volent autour de nous. »

« Je sais, répondit Kelley. La transaction entre AmBev et Interbrew a transformé notre univers. »

« Le problème ne se limite pas à l'extérieur. Il y a des personnes ici même, au sein de l'entreprise, qui s'activent à nous trahir. Je crois qu'O'Neill et Ian essaient de tramer quelque chose avec Heineken. »

Kelley était déjà très conscient des tensions entre les cousins. Le 8 mars, O'Neill lui avait téléphoné, passablement énervé : « As-tu parlé à Eric au cours des derniers jours ? »

« Je lui ai parlé très brièvement la semaine dernière concernant Concordia. »

« Eh bien, Patrick, il faut que je te dise que je pense qu'Eric est en train de perdre la tête. Il est très agité. Il pense qu'Ian est contre lui et il croit que je travaille avec son cousin pour vendre l'entreprise à son insu. S'il te plaît, parle-lui et essaie de le calmer. »

« Je ne sais pas ce que je peux faire, Dan, dit Kelley. C'est entre Eric et Ian. Et puis, ça ne ressemble pas à Eric d'affronter quelqu'un s'il n'a pas été provoqué. »

« Patrick, parle-lui. Essaie de le calmer. Je n'ai pas besoin de cette merde. »

Le lendemain 9 mars, lors de la réunion du conseil d'administration, les membres discutèrent de la stratégie à adopter pour aller de l'avant. Matt Barrett remarqua la tension entre les cousins et demanda à les rencontrer en privé le jour même.

« Il faut que ça cesse, leur dit Barrett. L'entreprise va imploser si vous continuez de la sorte. Vous devez collaborer, sinon je vais frapper vos deux têtes l'une contre l'autre pour vous forcer à le faire ! »

« Merci, Matt, dit sèchement Eric. Tout va bien. On va régler le problème. »

Eric commente ce sermon de Barrett : « Ce n'était pas vrai. Il n'y avait aucune chicane de famille entre Ian et moi. Je sais qu'Ian l'a qualifiée ainsi aux médias, mais ce n'était pas comme ça. J'ai toujours traité Ian avec politesse. C'était simplement que je n'avais plus confiance en lui. Ian était sournois, malveillant et il faisait des choses tout seul de son côté. »

Quand elle vit Eric rentrer à la maison ce soir-là, Jane eut l'impression qu'il portait le poids du monde sur ses épaules. « Qu'est-ce qu'il y a, chéri ? Comment s'est passée la réunion du conseil d'administration ? »

Eric se versa un verre de Molson Ex et s'assit à la table de la cuisine avant de lui répondre : « On a un problème. »

Jane prit place face à lui et l'écouta.

« Ça va mal. Je ne peux pas faire confiance à Ian. Il s'agite et on dirait qu'il veut prendre ma place. Et puis, il a O'Neill de son côté. Je ne sais pas ce qu'ils trament, tous les deux. »

« Est-ce que d'autres l'ont remarqué ? »

« J'ai parlé à Beauregard et à Colson, et ils pensent comme moi. Je ne sais pas pour les autres. Aujourd'hui, Matt Barrett nous a pris à part pour nous prévenir de nous entendre, sinon il allait frapper nos deux têtes l'une contre l'autre. Tu te rends compte ? »

Jane posa sa main sur la sienne. « Il faut que tu fasses quelque chose. Tu m'inquiètes. Tu ne dors plus. »

« Je vais bien. »

« Je suis sérieuse. Ça ne peut pas continuer comme ça. »

« Ce n'est pas simple, dit Eric en prenant une gorgée de bière. Il faut que je tienne compte du conseil d'administration, et Ian peut être très persuasif, parfois. Il est constamment au téléphone en train de faire des plans et de préparer des transactions. Il souffre de *téléphonite* aiguë. C'est tout ce qu'il fait. »

« Je pensais que tu voulais abolir le poste de vice-président du conseil. »

Eric hocha la tête : « Ça n'a pas marché. Le conseil a refusé. Peu importe, nous devons trouver un moyen pour que Molson survive à long terme. Si on ne fait rien, on va se faire avaler. En plus, la division du Brésil est en train de couler, et les employés d'O'Neill se succèdent comme dans des portes tournantes. O'Neill, Seigneur… Tout ce qui compte pour lui, ce sont ses options d'achat d'actions. »

« Et Coors ? »

« Coors serait un bon partenaire pour nous. Je ne pense pas que ça marcherait avec les Européens tout de suite, mais Coors pourrait être un bon allié. Ils sont comme nous : ils privilégient les résultats à long terme et ils se préoccupent de la qualité. En plus, ils ont Leo Kiely. Il serait un chef de la direction formidable pour nous. Mais Ian s'oppose à cette idée. Il prétend que Coors est une entreprise malade parce qu'elle n'a qu'une marque et qu'elle est plus faible que nous. »

« Et toi, tu n'es pas d'accord ? »

« Non. Coors a un système de distribution gigantesque aux États-Unis. Ils sont très bons techniquement, et la Coors Light est une marque qui peut aller loin. Si on combine les forces de Coors avec les nôtres, on pourrait bâtir une plateforme nord-américaine très solide. Une fois ensemble, on pourrait ajouter un troisième partenaire. Femsa, par exemple. On pourrait créer un partenariat brassicole canadien-américain-mexicain, à l'image de l'ALÉNA. Ensuite, on pourrait aller encore plus loin, parler aux Européens ou aux Japonais et créer une brasserie d'envergure internationale. » Eric était toujours plus volubile en privé, avec Jane, que dans tout autre contexte. Elle était son baromètre.

« As-tu discuté de tout ça avec Stephen ou tes sœurs ? »

« Stephen est au courant de ce que je veux faire. Mais tu as raison : je devrais en parler à Deirdre et à Cynthia avant que ça aille trop loin. »

Une semaine plus tard, le 16 mars 2004, O'Neill reçut une lettre de Kiely l'informant qu'il voulait organiser une rencontre avec Eric et Pete Coors pour explorer des façons pour leurs deux entreprises de collaborer plus étroitement :

> *Comme nous en avons discuté précédemment, bien que nos situations soient différentes à bien des égards, Molson et Coors vivent le même dilemme. Dans un environnement international qui s'oriente vers la consolidation, aucun de nous ne se trouve dans une situation favorable, individuellement, pour faire d'autres acquisitions importantes et devenir ainsi une grande brasserie d'envergure internationale. Il s'agit moins d'une question de ressources financières que d'un manque de synergie concurrentielle. De plus, vous et nous avons peu de « partenaires » potentiels (quoiqu'il puisse y avoir des acheteurs potentiels). Bref, nous risquons d'être de plus en plus marginalisés et d'être obligés, dans quelques années, de vendre pour maximiser la valeur pour les actionnaires.*
>
> *Par contre, ensemble, nous pouvons former une grande puissance dans le milieu brassicole. Nous disposerions de la portée et des revenus nécessaires pour demeurer indépendants, et de liquidités suffisantes pour explorer des occasions d'acquisition et en profiter.*

Kiely décrivit ensuite de nombreuses options. Molson pouvait acheter Coors ou, à l'inverse, Coors pouvait acquérir Molson. Il rejeta toutefois ces solutions en expliquant : « Au point où nous en sommes, nous supposons que la famille Molson ne veut pas vendre et souhaite rester dans le domaine de la bière. Je sais que c'est également le cas pour les Coors. »

La deuxième possibilité était une fusion d'égaux, c'est-à-dire ni une prise de contrôle ni un achat par une des deux entreprises. Kiely proposait plutôt une transaction dans laquelle les deux entreprises remettaient leurs actions et recevaient en échange des titres émis par la nouvelle entreprise issue de la fusion. Il admettait que cette mesure présenterait des défis, comme la structure du conseil d'administration, la nomenclature des stocks et l'emplacement du siège social. Néanmoins, il écrivit : « Nous croyons que tout commence par une compatibilité culturelle, c'est-à-dire des groupes (ainsi que leurs équipes de gestion et leurs employés respectifs) qui partagent les mêmes valeurs. […] Nous croyons connaître Molson suffisamment bien pour savoir que nos valeurs et nos cultures sont compatibles. »

En lisant la lettre de Kiely, Eric revint plusieurs fois sur les mots « fusion d'égaux ». Il se demandait si une telle chose était réaliste. Il pensait à au moins un groupe d'actionnaires qui s'y opposerait : ceux qui avaient investi dans Molson dans l'espoir d'obtenir une grosse prime si Molson subissait une prise de contrôle. Ils s'opposeraient à toute transaction qui mettrait en péril une telle prime.

Ils traverseraient le pont au moment opportun, se dit Eric. « Analysons cette fusion d'égaux. »

Pendant ce temps, il devait s'assurer d'avoir le soutien de sa propre famille. Il n'avait encore rien dit à Cynthia, à Deirdre, ni à leurs enfants, des adultes dans la quarantaine. Il ne voulait pas trop parler pendant que tout était à l'étape de projet pour éviter les fuites ou même l'interférence de certaines personnes qui ne disposaient pas de tous les faits et qui risquaient aussi de remettre son jugement en question. Elles pourraient lui demander : « Pourtant, tu nous as dit il y a trois ans à peine qu'Ian était la bonne personne pour mener Molson à la prochaine étape. »

Eh bien, les choses changent. Et il s'était trompé.

Il convoqua une réunion des générations VI et VII du clan de Tom Molson, soit Andrew (Geoff et Justin se trouvaient aux États-Unis), Stephen, Deirdre et Cynthia, ainsi que ses neveux : David et Eric Stevenson, et Colin, James et Brian Baxter.

Eric n'y alla pas par quatre chemins : « Tout s'écroule avec Ian. Nous devons trouver un moyen d'aller de l'avant. »

Silence.

David Stevenson explique : « Je pense que ça a été difficile pour Eric de se présenter devant la famille et d'avouer qu'Ian n'était plus de notre côté. Je me rappelle qu'on s'est regardés, mon frère et moi, très étonnés. Mais pour être tout à fait honnête, ce n'était pas une surprise complète.

J'ai toujours cru qu'Ian avait des arrière-pensées. C'est difficile de dire à quel moment les choses ont commencé à mal se passer avec Ian. Tout est arrivé très vite. »

Eric Stevenson, frère de David et aîné de la septième génération, raconte : « J'ai toujours cru qu'on voyait Ian venir de loin. Pour moi, c'était évident. C'est un gars dur, souvent sans pitié. Alors on n'a pas été surpris quand Eric a dit que les choses s'écroulaient. »

« Eric nous a prévenus de nous préparer parce qu'Ian allait attaquer, explique Brian Baxter, le fils de Cynthia. C'était évident qu'Eric avait l'impression d'être assis sur un baril de poudre et qu'il ne savait pas très bien comment se sortir de la situation. »

Une fois le premier choc passé, tous les membres de la famille Molson présents ce jour-là confirmèrent qu'ils soutenaient Eric, comme l'explique David Stevenson : « Quand mon oncle a dit qu'Ian l'avait laissé tomber et qu'il devait s'en aller, nous l'avons assuré que nous étions de son côté et nous lui avons demandé ce que nous pouvions faire pour l'aider. Nous n'étions pas dans la salle du conseil avec les administrateurs de Molson, nous n'avons pas assisté aux réunions, alors quand le temps est venu de faire un changement, nous avons accordé toute notre confiance à Eric pour faire ce qu'il fallait. »

❧

Le vendredi 19 mars, O'Neill rappela Patrick Kelley qui, de nouveau, prit des notes pour faire un résumé de leur conversation dès qu'il eut raccroché.

O'Neill commença par le remercier d'avoir aidé sa fille Jennifer avec sa demande d'admission à Concordia : « Elle vient de recevoir un courriel et une lettre qui confirment qu'elle a été acceptée. On est très contents. »

« Tant mieux, mais ce n'était rien. J'ai été heureux de lui donner un coup de main », répliqua Kelley.

« En passant, as-tu eu le temps de parler à Eric ? »

« Oui, il y a quelques jours. »

« Cette histoire avec Ian, ça le distrait beaucoup. Je te le dis, il me met dans le même sac qu'Ian. Il pense qu'on est en train de vendre l'entreprise à Heineken. »

« Tu m'as dit ça la dernière fois qu'on s'est parlé, mais il ne m'a rien dit à moi. »

« Et Coors ? Est-ce qu'il t'en a parlé ? Ils nous ont écrit pour nous proposer une fusion d'égaux il y a quelques jours. » Sans attendre la réponse de Kelley, O'Neill continua : « Je ne suis pas sûr à propos de Coors. Leur rendement aux États-Unis n'est pas fantastique. Honnêtement, Patrick, qu'est-ce que tu préférerais, toi ? Une fusion d'égaux avec Coors ou bien une formidable transaction moitié-moitié avec Heineken, couvrant les Amériques ? On y mettrait notre entreprise et, eux, ils y mettraient toutes leurs activités sur le territoire américain. Penses-y. »

« Je comprends, Dan, mais il y a le problème de préserver le nom Molson. Je ne pense pas que la famille soit prête à abandonner le secteur de la bière. »

« Ouais, je le sais. De toute façon, s'il te plaît, parle à Eric. Vois s'il va discuter avec Coors. Il est tellement renfermé ces temps-ci, je ne sais pas trop ce qu'il pense. »

Si O'Neill avait pu s'entretenir avec Eric, il aurait compris que son président du conseil était toujours soucieux de la survie à long terme de Molson. Eric n'avait confiance ni en Ian ni en O'Neill pour atteindre cet objectif. Ils semblaient tous deux motivés par leurs intérêts personnels et les résultats à court terme. Alors, malgré leur préférence pour une transaction avec Heineken, Eric choisit d'explorer la proposition de Kiely pour une fusion d'égaux avec Coors. « Nous avions besoin de franchir la frontière avec notre propre investissement. Nous avions besoin d'une bonne bière légère comme la Coors Light. Et puis, il fallait que je coupe l'herbe sous le pied d'Ian qui avait l'œil sur Molson pour lui-même, ou peut-être pour Heineken. Je devais m'assurer d'avoir une bonne transaction en vue. »

Eric décida de parler face à face avec Pete Coors. Les deux familles devaient se rencontrer avant que la direction s'engage davantage.

🍁

Un souper fut organisé à Montréal le 15 avril 2004 avec Pete Coors, sa fille Melissa, Stephen et Eric. Ce dernier avait dressé une liste de sujets qu'il voulait aborder :

1. Confirmer que la famille Molson a l'intention de rester dans le domaine brassicole longtemps encore.
2. Connaître l'objectif de la famille Coors : créer une brasserie d'envergure mondiale ? Qu'adviendra-t-il de la course au Sénat américain de Pete Coors qui doit avoir lieu au Colorado en novembre 2004 ?
3. Explorer l'idée d'une approche en trois étapes : commencer par Molson et Coors ; créer une « brasserie 100 % ALÉNA » en ajoutant un troisième partenaire comme Femsa ; aller négocier avec une brasserie européenne ou internationale.
4. Penser à différentes brasseries européennes : Carlsberg a fait du ménage et peut maintenant faire affaire avec l'Amérique du Nord ; Scottish & Newcastle risque de présenter un enjeu au Royaume-Uni (problème de concurrence puisque Coors possède Carling) ; Heineken serait une option seulement si elle accepte une position minoritaire (improbable).
5. Expliquer le point de vue de la famille Molson sur la gouvernance : nous avons une approche centrée sur le chef de la direction et nous trouvons important d'avoir des dirigeants professionnels ; à titre de propriétaires, nous agissons stratégiquement par l'entremise du conseil ; seuls les membres de la famille qui ont la compétence, l'expérience et les qualifications appropriées, et qui souhaitent travailler dans l'entreprise, pourront être employés par elle.

Après avoir abordé ces sujets au repas, Eric pressa Pete : « Faisons ça ensemble. On a un continent à conquérir. On a des brasseries formidables et on emploie des gens talentueux. Faisons travailler nos équipes sur une fusion d'égaux. »

Ils donnèrent leur accord de principe et dressèrent une liste de cinq critères incontournables : une entente entre Molson et Coors doit offrir une valeur à long terme à l'ensemble des actionnaires, elle doit être juste et répondre aux intérêts supérieurs de toutes les parties prenantes, elle doit conserver le patrimoine de chaque entreprise, elle doit conserver la brasserie au cœur de ses activités et elle doit permettre à chacune des deux familles de jouer un rôle soutenu dans la coentreprise.

Le lendemain, Eric et Jane prirent l'avion pour Londres où ils avaient prévu, des mois plus tôt, une semaine de vacances. Tandis que l'avion roulait sur la piste à l'aéroport Pierre-Elliott-Trudeau de Montréal, Eric dit à Jane que la réunion avec Pete s'était bien déroulée : « J'ai un bon pressentiment à propos de Coors. »

« Je l'espère, Eric. »

« Par contre, je m'attends à ce que la prochaine réunion du conseil en mai soit pénible. Je pense qu'Ian va faire quelque chose. Il faudra être prêts. »

✦

La veille d'une réunion du conseil d'administration de Molson, il y a généralement un souper regroupant les administrateurs. Celui du mardi 4 mai 2004 eut lieu au club Mount Royal, un édifice en pierre grise imposant à l'angle des rues Sherbrooke et Stanley. Les quinze membres, qui pour la plupart avaient pris l'avion pour être présents, se retrouvèrent dans l'une des salles à manger privées. Le décor, le service et le repas étaient impeccables. N'eût été la tension qui planait dans la pièce, la soirée aurait pu être des plus plaisantes.

Au moment du plat principal, la conversation porta sur l'avenir de Molson. Dan O'Neill aborda le sujet de la fusion d'égaux. La discussion révéla le gouffre qui séparait le conseil.

Du côté d'Eric se trouvaient tous les administrateurs qui jugeaient qu'il s'agissait d'une bonne occasion. Molson et Coors se connaissaient bien, elles faisaient des affaires ensemble depuis des années et étaient dirigées par des familles qui se préoccupaient des résultats à long terme. En outre, en s'unissant, elles formeraient une base solide à partir de laquelle il deviendrait possible de conquérir le monde.

Pour leur part, Ian et ses partisans considéraient Coors comme une entreprise qui n'avait qu'une marque et avait commis beaucoup d'erreurs dans le passé. Par exemple, elle avait payé trop cher pour Carling au Royaume-Uni et cette acquisition plombait ses résultats. D'après eux, deux partenaires faibles ne pourraient pas en créer un fort.

Un débat animé se prolongea jusqu'au dessert. O'Neill parla ensuite du Brésil. La situation de Molson dans ce pays s'améliorait et il s'attendait à revenir bientôt à une croissance supérieure à 10 %. Eric remarqua que Luc Beauregard s'agitait pendant qu'O'Neill parlait, ce qui ne lui ressemblait pas du tout.

Beauregard finit par l'interrompre : « Voyons, Dan, est-ce que tu nous prends pour des idiots ? »

« Je vous le dis, nous sommes sur le point de renverser la vapeur. Tout est réglé. »

Beauregard lança sa serviette de table sur son assiette et marmonna, suffisamment fort pour que tout le monde l'entende : « Va te faire foutre, Dan. C'est de la merde ! »

Tout le monde se tut. Cette insulte était une première, tant pour le chef de la direction que pour Beauregard qui choisissait toujours soigneusement ses mots.

Eric se leva : « Le repas est terminé. Nous nous reverrons demain matin à la brasserie pour la réunion du conseil d'administration. »

Plus tard au cours de la soirée, il téléphona à Beauregard : « Il faudra que tu t'excuses demain. »

« Je sais. J'ai perdu mon calme. C'est seulement que je ne supporte plus tous ces mensonges. Je pense que tu dois faire quelque chose, Eric. As-tu remarqué la dynamique autour de la table ce soir ? »

« Oui. »

« Si tu ne mets pas fin rapidement au duo d'Ian et de Dan, ils vont finir par trouver un moyen de te voler l'entreprise. Ian complote contre toi depuis des mois. Il a divisé le conseil, il a rallié des gens et il répète à qui veut bien l'entendre que tu es incompétent et que tu devrais prendre ta retraite. Et Dan, lui, il va se coller à celui qui va lui être le plus utile. Alors si tu ne dis pas à Ian qu'il ne sera pas le prochain président du conseil ou si tu ne trouves pas un moyen de te débarrasser de Dan, ce sont eux qui vont réussir à se débarrasser de toi. »

« Oui, je sais bien. Mais il faut que je trouve le bon moment. »

« OK, mais ne sous-estime pas Ian, dit Beauregard d'un air sombre. Je suis sûr qu'en ce moment même il discute avec Barrett, Drapkin et tous ceux qui veulent bien l'écouter. »

❦

On aurait dit que Luc Beauregard avait espionné la scène qui se déroulait au même moment au bar du Ritz-Carlton, en face du club

Mount Royal. Après le repas, un petit groupe d'administrateurs de Molson s'y étaient réunis. Leur conversation s'anima tandis que la bouteille de scotch se vidait. Le sujet de la discussion : qui devrait présider le conseil d'administration ?

Matt Barrett siégeait au conseil depuis près de dix ans. Il avait vu l'entreprise vivre une série de phases : conglomérat sous Mickey Cohen, brasserie à l'ère de Jim Arnett et dorénavant entreprise internationale avec O'Neill. Le temps était venu d'avoir un nouveau président. Eric, soixante-six ans, occupait cette fonction depuis 1988. L'entreprise avait besoin d'un président plus jeune et plus dynamique.

En outre, l'industrie de la bière évoluait. Finie l'époque où elle était dirigée par de vieilles familles bien établies. Elle était maintenant dominée par des sociétés d'investissement impitoyables. Si Molson voulait faire partie du nouveau monde, elle devait être dirigée par une personne experte en finance et en négociation. Eric était dépassé.

John Cleghorn sirotait pensivement son scotch. Il faisait partie du conseil d'administration depuis un an seulement, et la différence depuis son arrivée était stupéfiante. À l'époque, Eric avait clamé qu'Ian représentait l'avenir de Molson. Pourtant, ils étaient aujourd'hui à couteaux tirés. La situation s'était détériorée à une vitesse phénoménale.

À la fin de la soirée, les hommes réunis autour de la table conclurent qu'il était temps de changer. Ian était leur homme. Le moment critique aurait lieu le lendemain.

🍁

Eric se rendit à la brasserie de la rue Notre-Dame à 7 heures le lendemain matin. Il voulait se préparer pour la réunion qui devait commencer deux heures plus tard. Il prit l'ascenseur jusqu'au quatrième étage, se fit un café et s'assit dans son bureau pour repasser ses notes.

Ian entra en coup de vent, les traits tendus et le visage rouge. « Eric, est-ce que c'est vrai que tu ne m'appuieras pas pour que je sois le prochain président du conseil d'administration ? »

« Pardon ? »

« Je te le demande : as-tu changé d'idée ? Est-ce que tu me soutiens toujours pour que je sois le prochain président du conseil d'administration ? »

« Eh bien, tu as raison. Ça n'arrivera pas. Ni moi ni ma famille n'allons appuyer ta candidature pour être président. Au moment opportun, on va chercher ailleurs. »

« Comment peux-tu faire ça ? » Ian devint cramoisi.

Furnace face (face de fournaise). Peter Buckley avait utilisé cette expression pour décrire Ian quelques mois auparavant quand Eric l'avait rencontré pour discuter des plans ourdis par Ian contre Caledonia.

Eric garda son calme : « C'est simple, Ian. Ça ne marchera pas parce que je n'ai pas confiance en toi, et ma famille non plus. Alors, quand le moment sera venu, nous n'allons pas soutenir ta candidature pour prendre la relève comme président du conseil. »

Ian tourna les talons et sortit d'un pas raide. Il se rendit à la salle du conseil, prit son stylo à plume et se mit à écrire avec rage sur le bloc-notes devant lui.

Eric, lui, était soulagé. Il l'avait fait, enfin. Il avait regardé Ian droit dans les yeux et lui avait dit ce qu'il pensait depuis des mois : Ian était sournois et n'était pas digne de confiance. Eric ramassa ses feuilles et partit rejoindre les autres administrateurs dans la salle du conseil. La réunion allait débuter.

Don Drapkin l'intercepta dans le couloir. Ce New-Yorkais, financier et avocat d'affaires rusé, était un ami d'Ian et un proche collaborateur du milliardaire Ronald Perelman (depuis, les deux hommes ont eu une dispute qui a fait les manchettes). Il lui demanda : « Eric, j'aimerais te parler de Princeton. Tu sais, ma fille étudie là-bas. »

Eric était perplexe et se demandait pourquoi il voulait lui parler de Princeton et de sa fille à ce moment-là. Peut-être souhaitait-il le distraire ? Eric l'interrompit : « Excuse-moi, Don. Je n'ai pas le temps maintenant. La réunion est sur le point de commencer et je dois me préparer. »

En se rendant vers la salle de réunion, il se dit qu'il n'avait jamais vraiment aimé Drapkin, ce négociateur de Wall Street qu'Ian lui avait recommandé à titre d'administrateur de Molson. L'antipathie d'Eric remontait peut-être à leur première rencontre à New York, que Drapkin avait passée les yeux rivés sur son écran d'ordinateur à surveiller les cours de la Bourse. Ou peut-être venait-elle du fait que Drapkin assistait régulièrement aux réunions du conseil par téléphone plutôt que de prendre un vol d'une heure pour être à Montréal. Quoi qu'il en soit, Eric ne lui faisait pas confiance. En prenant place au bout de la table, Eric remarqua que Drapkin se penchait vers Ian et lui chuchotait quelque chose à l'oreille avant de s'asseoir.

« Ils sont en train de tramer quelque chose », pensa-t-il avant d'ouvrir la séance.

Luc Beauregard fut le premier à parler : « Avant que nous commencions, j'aimerais présenter mes excuses pour mes paroles hier soir. C'était déplacé et irrespectueux envers Dan. Je crois que nous sommes tous frustrés présentement par la situation au Brésil, mais je suis sûr que nous arriverons à trouver une solution. »

Eric accepta les excuses de Beauregard et lut l'ordre du jour. Après l'approbation routinière du procès-verbal de la réunion précédente, O'Neill fit son rapport des activités. Malgré les résultats décevants des six derniers mois, il demeurait confiant. Il décrivit les différentes mesures instaurées au Brésil pour assurer la croissance future. Pour ce qui était du Canada, O'Neill admit que les ventes faiblissaient en Alberta à cause des prix réduits offerts par les concurrents. Pour contrecarrer cette situation, O'Neill annonça la mise sur pied d'une nouvelle organisation qui donnerait une envergure nationale aux marques de Molson et entraînerait un développement du marché plus efficace.

Malgré les paroles rassurantes d'O'Neill, les administrateurs étaient sceptiques. Leur incrédulité se mua en dissension au point suivant de l'ordre du jour : avec quel partenaire Molson devrait-elle s'associer pour créer une alliance stratégique ? Coors ? Heineken ? Une autre brasserie internationale ? Du coin de l'œil, Eric vit Ian hocher la tête et lire ses notes, le visage encore rouge.

Étant donné le clivage au sein du conseil d'administration, la conversation évolua rapidement du futur partenaire de Molson au futur président du conseil. Sandy Riley se rappelle : « C'était une réunion émotive, très émotive. Je n'étais pas heureux et je pense que personne ne l'était. Nous étions coincés au milieu de cette situation familiale très dure. En fait, Ian nous a dit : "C'est Eric ou c'est moi." Et nous avons dû choisir. »

D'après Riley, la rupture entre Eric et Ian était prévisible, mais n'aurait pas dû se faire lors de cette réunion du 5 mai 2004. « Je les ai réprimandés tous les deux pendant la réunion. Je leur ai dit qu'ils avaient l'obligation de régler leurs problèmes eux-mêmes. Ce n'était pas correct de leur part de nous mettre dans cette situation pour régler quelque chose qu'ils auraient dû régler en privé. Ce n'était pas un enjeu d'affaires : c'était un enjeu personnel, un problème de famille. C'était évident qu'il y avait un paquet de vieilles histoires mêlées à tout cela. Eric et Ian diront peut-être que c'était seulement une question d'affaires, mais pour tous ceux qui ont assisté à la scène, c'était essentiellement un problème de dynamique familiale. »

Eric se rappelle le cri du cœur de Riley : « Sandy a parlé. Il est devenu tout rouge, il s'est mis à donner des coups de poing sur la table. Il était très fâché. Il m'a dit que le temps était peut-être venu pour moi de partir. »

Un par un, les administrateurs qui s'étaient réunis la veille pour le digestif ont donné leur avis.

« Tu as raison, Sandy, dit Lloyd Barber, c'est insoutenable. Le conseil a besoin d'un nouveau président. »

Donald Drapkin ajouta que le conseil avait besoin d'un président qui communiquait mieux et qui était plus investi qu'Eric. Pour faire valoir son point, il raconta comment Eric l'avait repoussé dans le couloir le matin même.

Eric lança : « Don, je ne t'ai pas repoussé, j'essayais de me concentrer avant la réunion et tu me parlais de Princeton et de ta fille. Je n'ai pas été impoli, j'avais du travail à faire ! » Eric n'en croyait pas ses oreilles ! Ce commentaire venait de l'homme qui n'avait pas détaché son ordinateur du regard pendant toute leur première réunion. C'est lui qui l'accusait d'impolitesse ?

Matt Barrett fut le dernier à parler : « Je sais que ça doit être difficile pour toi, Eric, mais il est peut-être temps de prendre ta retraite. »

Eric observa Stephen. Son jeune frère, qui avait toujours été à ses côtés, lui lança un regard d'encouragement et de soutien.

« Eh bien, je ne prévois aller nulle part. » Il se tourna vers John Cleghorn, le chef du comité de gouvernance du conseil, et lui demanda : « John, qu'est-ce qu'on fait maintenant ? »

Cleghorn prit une profonde inspiration : « Je propose d'ajourner. Nous allons organiser une réunion distincte avec les administrateurs indépendants pour discuter de la succession. »

Les administrateurs consultèrent leur agenda et s'entendirent pour se retrouver trois jours plus tard, le samedi 8 mai à 11 heures, à l'hôtel Hilton de l'aéroport de Toronto. Les membres de la famille Molson n'étaient pas invités. Le seul sujet à l'ordre du jour serait le prochain président du conseil d'administration. Eric ou Ian ?

🍁

Ce furent trois longues journées pour Eric. Après la réunion du conseil d'administration, il quitta Montréal pour cet endroit où il trouvait toujours la paix et la tranquillité : Massawippi. Sur la route, Jane et lui parlèrent peu. Ils étaient restés éveillés tard la veille à évaluer différents scénarios. Dans le pire des cas, Eric était prêt à remplacer tous les membres du conseil d'administration. Après tout, il détenait encore le contrôle de l'entreprise. Il reconnaît aujourd'hui que « ça aurait été le chaos le plus total ».

« Je n'en revenais pas de voir à quel point Eric était calme, raconte Jane. Il gardait une grande partie du stress pour lui seul. Des gens au conseil voulaient le chasser, mais il restait concentré sur Molson. Il a toujours fait la bonne chose pour l'entreprise. Il disait : "Si vous ne voulez plus de moi, ça va, mais ça ne peut pas être Ian." Il ne croyait pas que c'était la bonne chose pour Molson d'avoir Ian à sa tête. »

Eric raconte : « J'avais fait tout ce que je pouvais. Il ne me restait plus qu'à attendre et à espérer. Jane m'a vu traverser cette période. Elle était là pour moi. » Doucement, il ajoute : « Elle a toujours été ma meilleure amie. »

Eric pensa à l'issue du vote. L'avenir de Molson et l'héritage de sa famille étaient aux mains de huit hommes : Beauregard, Bellini, Colson, Ingram, Riley, Cleghorn, O'Brien et O'Neill. Matt Barrett, Lloyd Barber et Donald Drapkin avaient remis leur démission immédiatement après la réunion du 5 mai.

Eric savait qu'il avait le soutien de Beauregard, Bellini et Colson. Il n'en doutait aucunement. Robert Ingram et Sandy Riley étaient des administrateurs solides, mais, après tout ce qui s'était dit quelques jours auparavant, il ignorait pour qui ils allaient voter. Pour ce qui était de Cleghorn et d'O'Brien, il croyait avoir perdu leur confiance. « Cleghorn avait de la difficulté à croire que je veuille me défaire d'Ian après l'avoir admis au conseil comme vice-président et successeur potentiel. Il doutait de moi parce que j'avais changé d'idée. » Il en allait de même pour O'Brien. « O'Brien et Cleghorn étaient des administrateurs très importants, mais ils étaient comme cul et chemise : ils faisaient toujours la même chose. Ils étaient bons, par contre. Ils aimaient Molson et ils connaissaient nos valeurs. » Malgré tout, Eric craignait l'issue du vote du samedi.

Dan Colson se souvient du climat d'incertitude. « Même des gars qui auraient dû être très loyaux envers Eric, comme John Cleghorn et David O'Brien, hésitèrent. Ils auraient pu voter pour l'un ou pour l'autre. Je me rappelle les avoir vus le matin avant la réunion. J'ai bavardé avec chacun séparément. Je voulais m'assurer qu'ils ne feraient rien de stupide parce qu'Ian avait déployé beaucoup d'efforts pour les convaincre. »

Bellini se souvient des divisions et de la tension qui régnaient lors de la réunion du 8 mai : « J'étais pratiquement le seul à défendre Eric et la fusion avec Coors. J'avais déjà annoncé à Ian que je ne le verrais jamais comme président du conseil d'administration. J'ai été surpris qu'on en arrive là. J'ai toujours su, au fond, qu'Eric avait la majorité des votes et qu'il pouvait congédier tous les administrateurs s'il le voulait, mais il n'a pas utilisé ce droit, même si ce qui s'est passé était une véritable révolte ! À la réunion du samedi matin, Colson est resté avec moi, pour Eric. Beauregard aussi. Et à la fin, O'Neill s'est rangé de mon côté. Même s'il avait toujours été dans le camp d'Ian, à la fin, il était dans celui d'Eric. »

Le chef de la direction avait été tellement près d'Ian au fil des ans qu'Eric n'aurait pas été surpris si O'Neill s'était rangé de son côté. Les deux hommes avaient collaboré étroitement à tout : de la restructuration de l'entreprise aux investissements au Brésil. Toutefois, à la réunion du 5 mai, lorsque la situation avait dérapé, Eric avait remarqué l'air abattu d'O'Neill. Il crut que ce dernier avait des regrets. Même les journalistes avaient écrit que le chef de la direction « généralement enthousiaste » semblait « morose » et « déprimé » en commentant les résultats du quatrième trimestre et de fin d'exercice 2004 lors de l'appel aux analystes qui avait suivi la réunion du conseil d'administration. Des journalistes avaient conclu que les rumeurs qui circulaient dans l'industrie s'avéraient et que « Dan O'Neill était probablement sur la voie de sortie à titre de chef de la direction de la plus grande brasserie canadienne ».

O'Neill vivait une période très stressante. Loyal à la fois envers Ian et Eric, il se sentait écartelé : « Vous ne pouvez vous imaginer à quel point la situation était mauvaise. Beaucoup de conseils vivent des dissensions importantes, mais c'était horrible. C'était une mutinerie générale. Mon père et ma mère se sont séparés et ont quitté la famille quand j'avais dix ans et ils avaient des disputes violentes, mais ce qu'il y a eu chez Molson était bien pire. Je n'avais jamais rien vécu de tel. »

Avant cette réunion à Toronto, Dan O'Neill s'inquiétait de la nature du message. Il avait préparé une courte présentation sur les pour et les contre d'une transaction avec Coors (autrement dit, du soutien ou non à Eric) et, à la dernière minute, il décida d'en parler à Dave Perkins.

« La veille au soir, raconte Perkins, Dan m'a pris à part pour m'expliquer ce qui se passait. Je crois que Dan se servait de moi parfois pour raffiner sa pensée. C'est comme s'il s'exerçait. En tout cas, il n'a pas été clair sur son opinion, mais j'ai eu l'impression qu'il préférait Coors. Voyez-vous, à l'époque, je ne considérais pas le problème comme un conflit entre Eric et Ian, mais plutôt entre Coors et Heineken. Ce soir-là, j'ai donc quitté Dan avec le sentiment qu'il était dans le camp de Coors.

O'Neill devient pensif en parlant de la réunion à Toronto. « On s'est tous rencontrés dans une salle de réunion de l'aéroport Pearson. Tout le monde s'attendait à ce que je sois dans le camp d'Ian. J'ai écrit un texte de quatre pages et j'ai dit : "J'ai parlé à chacun de vous. C'est Ian qui m'a engagé. Il était mon mentor. Mais dans l'intérêt de la valeur à long terme de la marque et de l'entreprise, je vais soutenir Eric." »

Les administrateurs cyniques disent qu'O'Neill opta pour Eric parce qu'il s'était rendu compte que ses propres intérêts seraient mieux servis par une fusion d'égaux avec Coors plutôt que par une prise de contrôle de Heineken. Peut-être croyait-il jouer un rôle plus intéressant dans un scénario Molson Coors ? Il souhaitait peut-être devenir chef de la direction de la nouvelle société ? Ce n'est qu'une hypothèse. Néanmoins, O'Neill remarqua la surprise dans la salle quand il fit part de sa position. « Les autres administrateurs croyaient tous que j'allais soutenir Ian. Mais j'ai dit que je soutenais Eric. Après cela, Ian ne m'a plus jamais reparlé. C'était probablement le pire moment de ma vie : la tension, le choix difficile, la perte d'amitiés. »

D'autres membres du conseil d'administration appuyèrent Eric, notamment Sandy Riley. Même si, quelques jours plus tôt, il avait critiqué les deux Molson pour avoir laissé la dynamique familiale malsaine contaminer la salle du conseil, il jugea que la situation « était dans une large mesure causée par Ian ». Riley en fait une analyse non équivoque : « J'ai vraiment l'impression qu'Ian était celui qui a défoncé des clôtures et poussé les choses bien au-delà de ce que lui permettaient ses prérogatives. Ian a *largement* outrepassé les limites de ce qu'il pouvait faire. J'ai aussi pensé qu'Eric avait, d'une certaine façon, été naïf en admettant Ian. Il aurait dû prévoir la situation. Mais au bout du compte, ce n'est pas une erreur fatale, c'est simplement la nature humaine. »

La discussion se poursuivit entre les administrateurs qui soutenaient Eric et ceux qui favorisaient la nomination d'Ian. À un moment critique, Luc Beauregard interrompit le débat et lança : « Vous ne vous rendez pas compte qu'Eric et sa famille possèdent plus de 800 000 actions avec droit de vote dans l'entreprise ? »

Le silence se fit.

Beauregard avait prévu son intervention. Avant de s'envoler pour Toronto, il avait téléphoné à Eric pour lui dire : « Ne t'inquiète pas, je vais lancer une bombe H à la réunion. » Son arme secrète était la situation de contrôle d'Eric dans l'entreprise.

Sandy Riley prit le relais de Beauregard : « Il faut en arriver à une conclusion et, moi, je soutiens Eric. Il est le principal actionnaire et c'est lui qui dirige l'entreprise depuis quelques années. Alors si vous me demandez de choisir, je prends Eric. »

Peu après, les autres administrateurs présents votèrent pour désigner le futur président du conseil d'administration de Molson.

Le téléphone sonna dans la maison de Massawippi. Jane répondit et tendit l'appareil à Eric.

John Cleghorn alla droit au but : « La réunion est terminée. C'est bon, Eric, tu restes président du conseil. Tu gardes ton poste. Ian s'en va. »

Eric s'assit, soulagé : « Comment ça s'est passé ? »

« On a discuté et on a décidé de te soutenir. On recommande aussi à Molson d'engager Citigroup pour évaluer l'ensemble des options. On va lui demander de tout analyser : continuer la stratégie d'affaires actuelle, faire une fusion d'égaux, vendre l'entreprise, la convertir en fiducie de revenu ou même faire une série de petites acquisitions et vendre le Brésil. Tout sera sur la table. »

« C'est bon. »

« De plus, Sandy Riley va t'appeler pour t'offrir ses excuses. »

« Très bien. Merci, John. »

« Pas la peine, Eric. Je suis désolé qu'on en soit venus à ça, mais je pense qu'on fait la bonne chose. »

Eric raccrocha. Qui l'avait sauvé ? Colson ? Bellini ? Beauregard ? O'Neill ? Chacun avait probablement joué un rôle. Il prit une profonde inspiration. Il l'avait échappé belle. Mais était-ce vraiment fini ? Ian s'en irait-il sagement ? « Peu probable », pensa-t-il.

Eric jeta un coup d'œil aux journaux que Jane avait déposés sur la table de la cuisine. Le titre à la une du *Globe and Mail* attira son attention : *Hollinger réclame 1,2 milliard de dollars de Black*. Eric fut abasourdi en arrivant au troisième paragraphe de l'article sur la poursuite contre le « baron des médias », Conrad Black : « Deux nouveaux défenseurs s'ajoutent à la poursuite : l'épouse de lord Black, Barbara Amiel, et son collègue de longue date Daniel Colson. »

« Merde », murmura Eric. Il avait suivi de près la situation de Conrad Black. Une poursuite de 1,25 milliard de dollars américains avait été déposée à Chicago contre Black et d'autres dirigeants de Hollinger sous prétexte que le baron des médias et son équipe s'étaient transféré de l'argent de l'entreprise sans autorisation. Eric y voyait un exemple de ce qui risquait de survenir lorsque l'actionnaire qui détient le contrôle d'une entreprise avec une structure à deux catégories d'actions profite de sa position. Colson, un de ses administrateurs loyaux et l'homme de confiance de Black, était nommé dans cette poursuite.

« Ces accusations portées contre Danny sont probablement sans fondement, pensa Eric, mais ça change les choses. »

Eric considérait Colson comme un homme digne de confiance et intelligent, et doté d'un excellent sens des affaires. Il avait même songé à lui demander de prendre la relève à la présidence du conseil si jamais il se voyait forcé de démissionner. L'entreprise était dorénavant en jeu, et toutes les possibilités devaient être explorées. La loyauté était une des qualités les plus admirables de Colson, mais Eric se demandait s'il n'était pas *trop* loyal. C'est peut-être pour cette raison qu'il se retrouvait dans le pétrin avec Hollinger et Conrad Black. Sa dévotion envers Black était-elle trop entière ? Ou encore Colson avait-il cédé à l'appât du gain ?

Colson fut blanchi ultérieurement, mais la seule chose dont Eric était sûr à l'époque, c'est que ses propres problèmes étaient loin d'être réglés.

❦

Le 11 mai, trois jours après la réunion déterminante de Toronto, Eric reçut la lettre de démission d'Ian.

> *Cher Eric,*
> *Je t'écris pour confirmer que je ne souhaite pas me présenter pour être réélu au conseil d'administration de Molson lors de l'assemblée générale annuelle du 22 juin 2004.*
> *Au cours des douze à dix-huit derniers mois, il est devenu évident pour moi, pour notre chef de la direction et pour la plupart des membres du conseil d'administration que tu ne peux plus et que tu ne souhaites plus travailler avec moi de manière profession-nelle et harmonieuse. Cette rupture de nos relations et ton refus, en dépit des instructions explicites du conseil, à te comporter adé-quatement ont déstabilisé celui-ci et la direction, et signifient qu'à ce moment crucial l'entreprise souffre de l'absence de leadership uni et cohérent.*
> *Étant donné ces circonstances, il est clair pour moi qu'il est insoutenable pour nous deux de siéger au conseil de Molson.*

Puisque tu as refusé de prendre ta retraite, malgré l'avis que tu as reçu à cet effet de certains administrateurs et le fait que tu sièges depuis plus de vingt ans à titre de président ou de vice-président, je crois que mon départ est la seule mesure responsable.

Eric remarqua qu'il avait envoyé une copie de cette lettre à tous les autres administrateurs de Molson. « Il ne lâchera pas, se dit Eric. Ian veut s'assurer que tout le monde entende ses plaintes à mon égard encore une fois. Je ne suis pas parfait, mais lui non plus. » À aucun moment Ian ne sembla reconnaître qu'il aurait avait pu contribuer à la détérioration des relations et à la rupture du sentiment de confiance.

Le lendemain, Molson publia un communiqué de presse annonçant son intention de réduire la taille du conseil d'administration lors de la prochaine assemblée générale annuelle. Luc Beauregard, Francesco Bellini, John Cleghorn, Dan Colson, Robert Ingram, Eric Molson, Stephen Molson, David O'Brien, Dan O'Neill et Sandy Riley devaient être soumis à la réélection. Ian Molson et ses alliés étaient absents de la liste.

« Les choses se passèrent rapidement par la suite, raconte Eric. Le conseil a complètement changé, mais c'était probablement mieux ainsi. Un président du conseil qui est aussi propriétaire d'une entreprise doit s'entourer de bons administrateurs, de gens qui posent les bonnes questions et qui s'y connaissent en affaires. »

Comme l'avait annoncé Cleghorn à Eric après la réunion de Toronto, Molson engagea Citigroup Global Markets pour procéder à une évaluation des options s'offrant à l'entreprise. O'Neill précise que cette analyse se fit même si lui et son équipe de gestion avaient déjà mené une analyse approfondie. « Le conseil a jugé préférable de procéder à sa propre étude. Ça m'a surpris. Ça nous a retardés, mais ils tenaient à la faire. Les conclusions du rapport de Citigroup ont été les mêmes que les nôtres. Au bout du compte, le conseil a fait l'analyse, la direction a fait l'analyse, et le résultat a été le même. On est allés de l'avant avec Coors. »

Le 1er juin 2004, Dan O'Neill rencontra Leo Kiely de Coors à Chicago pour discuter des lignes directrices d'une éventuelle transaction. Dix jours plus tard, ils signèrent une entente de confidentialité.

La transaction entre Molson et Coors était en voie de se matérialiser, et la vérification diligente était sur le point de commencer.

✦

Quelques semaines après la réunion du conseil à Toronto, Stephen reçut une lettre du frère d'Ian, Frederick William (Bill) Molson. Deuxième d'une famille de quatre garçons, Bill était un courtier en valeurs mobilières montréalais qui suivait le cours du titre de Molson sans s'impliquer davantage dans la brasserie. Dans sa lettre, il manifesta son « désarroi » et son « indignation » après avoir appris le départ d'Ian.

> *La présence d'Ian au conseil a été la meilleure chose qui soit arrivée à cette entreprise. Plutôt que de le remercier et de lui ouvrir les bras, vous [Eric et Stephen] avez fait une série de gestes douteux qui ont entraîné son départ. Il n'a absolument rien fait pour mériter un tel traitement. Vos gestes contre Ian sont uniquement fondés sur vos propres insécurités et vos propres intérêts. Ils ne reposent sur rien et n'ont rien à voir avec le besoin d'assurer la poursuite de la croissance et la réussite de l'entreprise. Votre attitude sera jugée par l'histoire et le comportement des marchés, mais permets-moi d'insister sur le fait que les agissements de ton frère sont aux antipodes des « valeurs » de la famille Molson auxquelles il se plaît tant à faire référence.*

La lettre se poursuit dans le même esprit pendant quelques paragraphes.

Stephen fit lire la lettre à Eric. « Seigneur, marmonna-t-il. Il trouve que je n'ai pas "ouvert les bras" à Ian ? Je l'ai nommé vice-président du conseil ! » Il hocha la tête en relisant le passage qui l'accusait de ne pas être à la hauteur des valeurs de la famille Molson.

Eric prit une deuxième lettre sur son bureau. C'était la réponse de Cynthia à Bill qui avait aussi envoyé une copie de sa note aux deux sœurs Molson.

Cynthia, qui n'était pas dupe de la tentative de Bill de semer la zizanie entre ses frères et elle, avait répondu :

Il va sans dire qu'il est pénible pour tous les membres de la famille d'éprouver de mauvais sentiments provoqués par des questions d'affaires, mais ce n'est malheureusement pas nouveau. Cela s'est certainement produit à plusieurs occasions chez Molson depuis plus de deux cents ans. Aucun ancêtre ne se « roulera dans sa tombe » pour autant. Mes frères sont des gardiens extrêmement consciencieux de la brasserie familiale. Ils accordent tous deux une grande valeur à l'histoire et aux liens avec les Molson d'ici et d'ailleurs. S'il y a eu une division importante au sein des administrateurs membres de la famille Molson, je suppose que des mots violents ont été lancés d'un côté comme de l'autre, mais je ne crois pas qu'il soit utile, de la part de ceux qui savent peu de chose ou seulement une version de cette mésentente, qu'ils se forment une opinion hâtive et tranchée, et il n'est pas approprié non plus d'avancer des déclarations hargneuses et provocantes.

Un sentiment de gratitude envahit Eric à la lecture de cette lettre : « Dieu merci pour Stephen, Deirdre et Cynthia. Je n'aurais jamais pu traverser cette épreuve sans leur soutien et leur loyauté. »

Eric s'enfonça dans son fauteuil et regarda ses étagères remplies de souvenirs. En contemplant les différentes étiquettes et bouteilles de bière d'autrefois, il se demandait ce que l'avenir lui réservait. La fusion d'égaux avec Coors serait son geste déterminant, tout comme les décisions prises par ses prédécesseurs avaient modelé Molson. Il avait démantelé le conglomérat et était sur le point de s'associer à Coors pour créer la plateforme nord-américaine qui assurerait la croissance de Molson. Il lui avait fallu douze ans depuis ce *lunch* où il avait levé son verre de Molson Ex en proposant un toast pour « retourner à la bière ».

🍁

Ce sont peut-être les défis qu'Eric dut relever au fil des ans qui le rendirent plus fort. À une certaine époque, lorsqu'il se sentait intimidé par Tom, Hartland et leurs semblables, il ne donnait pas son avis et laissait les autres prendre les initiatives. Toutefois, ses combats contre l'avidité et l'égoïsme le poussèrent à définir sa vision pour Molson et à énoncer ses principes. Il est probable que, sans Mickey Cohen, Ian et les divers dirigeants de cet acabit, Eric n'aurait pas eu la résilience pour favoriser sa vision globale de la brasserie ou son idéal pour la gouvernance de Molson.

Je ne peux m'empêcher de penser à ce passage de *La Nuit des rois* de Shakespeare : « N'ayez pas peur de la grandeur. Certains sont nés grands, certains atteignent la grandeur et certains ont la grandeur innée. »

Avec sa modestie habituelle, Eric sourit et me dit qu'il n'a rien fait de particulier. « Par moments, j'ai cru ne pas pouvoir y arriver. Mais j'étais bien entouré par Jane, mes fils, Stephen, mes sœurs et nos éminences grises… Toutes ces personnes sont restées à mes côtés et ont eu confiance en moi. Je n'aurais pas réussi sans elles. »

TROISIÈME PARTIE

LE RETOUR

13 S'engager dans la bonne voie

N'as-tu pas honte de ne penser qu'à amasser des richesses, qu'à soigner ta réputation et qu'à récolter des honneurs, sans t'occuper de la vérité et de la sagesse, ni du perfectionnement de ton âme ?

SOCRATE (470 ou 469-399 av. J.-C.)

C'est un rituel. Tous les printemps, lorsque la neige commence à disparaître et le sol à dégeler, nous nous réunissons dans la cabane à sucre familiale au bout du chemin à Massawippi. La petite construction de bois se trouve près de la maison, au milieu des érables qui sont tous équipés d'un seau de métal et d'un chalumeau soigneusement installés quelques jours auparavant. En prêtant l'oreille, on entend l'eau d'érable qui tombe goutte à goutte dans les seaux. Les enfants trempent le doigt dans le liquide clair qui leur donne un avant-goût de la saveur sucrée qui s'en dégagera lorsqu'elle aura bouilli.

La cabane est animée. Les portes coulissantes sont ouvertes et la fumée s'élève par l'orifice au milieu du toit. Les glacières débordent de Molson Ex et de Molson Canadian. D'un côté est aligné l'équipement (les cuves d'ébullition en acier inoxydable, les évaporateurs et les filtreurs) et de l'autre se trouve une table couverte de plateaux remplis de neige où l'on verse le sirop qui a atteint la consistance de la tire.

La plus jeune des petits-enfants de Jane et d'Eric tend son bâtonnet de bois en demandant : « Est-ce que c'est prêt ? »

Enfin, la tire est versée en longues bandes sur la neige fraîche. Petits et grands y roulent leurs bâtonnets et en font de délicieuses sucettes.

Eric Molson dans l'entrée de la cabane à sucre familiale à Massawippi, Québec, 2009. Photo : collection de la famille Molson.

« Je peux en avoir plus ? » me demande ma fille de quatre ans.

« Comment on demande ? » intervient son père.

« S'il te plaît ? »

L'atmosphère est à la fête. Excités par le sucre, les enfants courent partout, et les adultes, aux langues déliées par la Molson, se lancent dans des conversations animées.

Eric se tient loin du groupe, à l'autre bout de la cabane avec Larry, responsable de la fabrication depuis des années. Eric lève un flacon de sirop devant la lumière, et les deux hommes analysent la couleur et la clarté de la production de l'année.

« Qu'est-ce que tu en dis ? » demande Eric.

Larry hoche la tête : « Ouais, ça a l'air bon. Ouais. »

Eric retourne aux évaporateurs, se penche au-dessus de la vapeur dégagée par la sève bouillante et hume les arômes. Il vérifie la température de nouveau. Cette activité fait le bonheur du chimiste, du Canadien et de l'homme de famille en lui : Eric se plaît à superviser la transformation d'une substance naturelle, une activité typique du patrimoine du pays, entouré des gens qu'il aime. Qui plus est, il peut s'asseoir à l'écart avec Larry et observer la scène sans avoir à parler.

Quand je lui demande comment il va, il me dit qu'il ne se plaindrait pas si c'était moins chaotique. Puis il se penche vers moi et avoue : « En fait, j'adore ça. » Le sourire qui illumine son visage révèle à quel point cet endroit, si loin des tractations politiques des salles du conseil, nourrit son âme.

Le 17 juin 2004, la une du *Globe and Mail* clamait : *Une chicane de famille s'immisce dans la salle du conseil de la vénérable Molson*. Citant « un informateur interne », les journalistes Derek DeCloet et Andrew Willis décrivaient en détail « la lutte de pouvoir impliquant des membres de l'une des familles les plus en vue du pays » :

> *La cause des tensions semble être le refus d'Eric Molson d'accorder plus de responsabilités à son cousin Ian, un ancien négociateur de Wall Street à qui l'on attribue en grande partie la stratégie qui a amélioré le rendement financier de l'entreprise. [...]*
>
> *Lors d'une réunion du conseil en mai dernier, Matthew Barrett, administrateur de Molson et ancien président et chef de la direction de la Banque de Montréal, a dit à Eric Molson que le temps*

était venu de céder son poste de président. C'est ce qu'a révélé, sous
le couvert de l'anonymat, une source bien informée quant à ces
questions. M. Barrett n'a pas pu être joint pour commenter.

Eric Molson, soixante-six ans, siège au conseil d'administra-
tion depuis trente ans, dont plus de la moitié à titre de président.
Plutôt que de donner sa démission, il se présentera pour être réélu.
Il détient le contrôle de l'entreprise puisqu'il possède le plus gros
bloc d'actions avec droit de vote.

« Eric savait que les administrateurs [...] auraient souhaité
qu'Ian lui succède à la présidence du conseil, et il ne voulait
pas que cela se produise », a expliqué notre source.

Des reportages similaires s'étalèrent à la première page du *National Post*, du *Toronto Star*, de *The Gazette* de Montréal, du *Calgary Herald* et du *Vancouver Sun*. Même si Eric avait remporté le vote de confiance du 8 mai, Ian n'avait pas déposé les armes. « C'est Ian qui nous a fait ça, raconte Eric. Il parlait aux journalistes, mais on ne fait pas ça quand on peut l'éviter. On essayait de conclure une transaction avec Coors, mais, chaque jour, il y avait des histoires dans les journaux. »

Dan Colson, qui connaissait très bien le monde des journaux et des médias en général depuis dix-huit ans à titre de chef de la direction du Telegraph Group de Londres, confirme les soupçons d'Eric : « J'ai appris par mes contacts qu'Ian parlait à un type du *Globe and Mail*. [...] Je l'ai croisé un mois plus tard à Londres au club de squash et j'ai décidé de l'interroger. Je lui ai lancé : "Ian, j'ai entendu dire que tu as dîné avec ton bon ami DeCloet à Toronto." Ian a immédiatement rougi et a répondu : "Oh ! on parlait affaires !" Ouais. Tu parles. Alors j'ai ajouté : "C'est bizarre, il n'a jamais rien écrit sur l'industrie brassicole. Ce n'est pas ce qu'il couvre normalement." »

Les médias, peu importe lesquels, attaquaient Eric sans répit. Il y en eut d'ailleurs quelques-unes le jour de l'assemblée générale annuelle de Molson, le 22 juin 2004. À la maison ce matin-là, Eric saisit le cahier Affaires du *Globe*. Le premier article qu'il lut concernait la réunion à venir : « Lorsque le président du conseil d'administration, Eric Molson, se présentera cet avant-midi à l'assemblée générale annuelle à Montréal, les actionnaires devraient lui poser la question suivante :

"N'est-il pas temps pour vous, monsieur, d'aller vous reposer au *beer garden* avant qu'il y ait trop de dommages ?" »

En plus de parler en public, ce qu'il détestait, Eric devait maintenant affronter de telles attaques. Il déposa le journal et prit une grande inspiration. La journée s'annonçait longue. Premièrement, l'assemblée générale annuelle (très publique) avec les actionnaires, suivie d'une réunion du conseil d'administration, puis d'une rencontre avec les membres de la famille pour faire le bilan. Il réussirait à passer à travers tant qu'il resterait concentré sur la vue d'ensemble en se répétant intérieurement : « Il n'est pas question de moi, mais plutôt de faire ce qui est dans l'intérêt de Molson. »

Eric esquissa un sourire en se rappelant les paroles du Turk qui lui conseillait de garder le cap sur son objectif (« Grimpe sur la vague et restes-y ») ainsi que la confiance qu'il lui manifestait. Il pensa ensuite à son père. Tom avait souvent été sévère et critique, mais, au bout du compte, il lui avait confié l'héritage de la famille. Il avait cru en lui. Cette pensée donna de la force à Eric.

🍁

La salle de réception de la brasserie était pleine à craquer, se rappelle Eric : « C'était la cohue. Il y avait une meute de journalistes. On a dû faire venir des gardiens de sécurité additionnels. »

Chez Molson, les assemblées générales annuelles étaient habituellement des réunions sérieuses et officielles qui respectaient scrupuleusement les règles du protocole. Les actionnaires dociles écoutaient poliment les comptes rendus du président et du chef de la direction de l'entreprise. Le 22 juin 2004, toutefois, non seulement la salle était-elle bondée, mais il y avait de la fébrilité dans l'air. Comment Molson expliquerait-elle la démission simultanée de cinq administrateurs ? Pourquoi Ian Molson était-il parti ? Eric Molson allait-il demeurer à la présidence du conseil ? Et qu'adviendrait-il de Dan O'Neill et de son investissement foireux au Brésil ? Serait-il le prochain à partir ? Pourquoi Dan Colson se présentait-il pour être réélu comme administrateur alors qu'il venait d'être désigné comme défendeur dans la poursuite contre Conrad Black et accusé de pratiques financières répréhensibles ?

Eric Molson fait son entrée à l'assemblée générale annuelle sous les flashes des photographes, le 22 juin 2004. Photo : Ryan Remiorz, avec la permission de La Presse Canadienne.

Eric garda son sang-froid devant l'assemblée et ajusta son micro. Heureusement, il n'avait pas à affronter directement les journalistes : les contraintes d'espace les obligeaient à suivre la réunion sur des écrans installés dans une autre pièce.

Eric lut ses notes. Il remercia d'abord les administrateurs de Molson qui ne se représentaient pas aux élections (Lloyd Barber, Matt Barrett, Donald Drapkin et Luiz Otávio P. Gonçalves), puis ajouta : « Enfin, le dernier, mais non le moindre, R. Ian Molson, qui a siégé au conseil d'administration au cours des huit dernières années et à titre de vice-président depuis 1999, a décidé de ne pas se présenter cette année. Ian a fait partie de plusieurs comités. Grâce à son expérience en services bancaires d'investissement, il a apporté une excellente contribution à la direction de cette entreprise et s'est beaucoup investi personnellement pour assurer sa réussite. Il demeure un actionnaire important. » Eric espéra que ces mots suffiraient, mais les journalistes s'empressèrent de remarquer qu'il n'avait pas remercié Ian à proprement parler, contrairement à ce qu'il avait fait pour les autres administrateurs.

Ensuite, Eric expliqua la politique de gouvernance à laquelle l'entreprise travaillait depuis l'année précédente. Il expliqua notamment la diminution de la taille du conseil et l'élimination du comité exécutif afin que tous les administrateurs puissent participer plus étroitement aux décisions du conseil.

Eric parla également de la structure à deux catégories d'actions et des implications pour une entreprise d'être contrôlée par un actionnaire comme la famille de Tom Molson. « Les décisions peuvent être prises en visant la croissance à long terme. Nous n'avons pas à adopter des mesures à court terme simplement pour gonfler la valeur de notre titre en vue du prochain trimestre ou pour faire plaisir à ceux qui aiment revendre des entreprises rapidement avec un profit considérable. »

Il termina en expliquant comment il entrevoyait l'avenir de Molson et les quatre règles fondamentales qui orientaient chacune de ses décisions :

1. Nous sommes résolus à être un acteur proactif dans l'industrie brassicole mondiale.
2. Notre entreprise accorde une grande importance à ses racines canadiennes, notamment à la communauté de Montréal où tout a commencé.
3. Nous N'ACCORDONS PAS la priorité aux actionnaires attirés par les gains à court terme.
4. Nous nous concentrons sur les actionnaires et sur TOUTES les parties prenantes qui souhaitent s'associer à une brasserie canadienne rentable et axée sur la réussite à long terme, notamment nos employés, les communautés où nous sommes implantés et nos partenaires d'affaires.

Vers la fin de son discours, Eric se sentit enhardi. Il avait profondément détesté voir tous les racontars sur la chicane de famille et les discussions confidentielles du conseil d'administration étalés dans les journaux, mais il croyait en ce qu'il faisait. Il espérait que le jeu allait en valoir la chandelle.

On passa ensuite à l'élection des administrateurs. Le groupe de trois personnes représentant les détenteurs d'actions de catégorie A

(Dan Colson, John Cleghorn et Robert Ingram) était problématique à cause de la controverse concernant l'implication de Colson dans le procès de Conrad Black. Selon certains, ces allégations rendaient sa présence au conseil de Molson inappropriée. Entre autres, AIM Funds Management, le plus gros actionnaire de Molson, déclara que toute personne dont les activités au conseil d'administration de Black étaient obscures n'avait pas leur place comme administrateur d'une grande entreprise canadienne. D'autres investisseurs, dont Jarislowsky Fraser Ltd et Amvescap plc, partageaient cette opinion.

Eric était déterminé. Il expliqua aux actionnaires que Colson subissait « des pressions importantes à cause d'allégations qui restaient à prouver » et qu'il était « un administrateur diligent » qui avait accompli des tâches importantes pour Molson depuis son arrivée au conseil sept années auparavant. Il demanda ensuite le vote pour le groupe d'administrateurs dont faisait partie Colson.

« Certains s'opposent ? Non ? Adopté. »

Bill Molson, qui se trouvait dans la salle avec son frère Ian, l'interrompit : « Excusez-moi. Quel était le compte des votes pour les administrateurs représentant la catégorie A ? »

Environ 20 % des détenteurs d'actions de catégorie A s'étaient abstenus, ce qui est un nombre élevé étant donné que, jusque-là, les administrateurs indépendants étaient habituellement élus à l'unanimité. La controverse autour de Colson avait fait des dégâts.

« D'autres questions ? » demanda Eric.

Bill Molson leva la main de nouveau : « Il semble clair pour beaucoup de gens que la participation d'Ian Molson a été profitable à l'entreprise. Le chef de la direction et plusieurs administrateurs de Molson m'ont dit à plusieurs occasions qu'ils accordaient une valeur inestimable à ses conseils et à son aide. Je veux donc demander à Eric Molson pourquoi il ne soutient pas la candidature d'Ian Molson pour lui succéder à la présidence du conseil d'administration. »

Voilà : un affrontement public.

Eric prit une longue inspiration. « Je pense avoir répondu à cette question dans mon allocution. M. Ian Molson a rendu de fiers services à l'entreprise, mais il a lui-même décidé de ne pas solliciter un nouveau mandat pour des raisons personnelles. »

Bill Molson insista : « Pourtant, vous avez déclaré publiquement que vous vous opposiez à ce qu'Ian Molson vous succède. »

« Je ne pense pas avoir fait cette déclaration. »

Silencieux, les journalistes et les actionnaires attendaient une réaction. Ian regardait droit devant lui, impassible.

En se remémorant cet échange, Eric dit : « Tout ça avait été orchestré d'avance par Ian. Il a participé à l'assemblée générale annuelle, mais il n'a rien dit. Premièrement, il a demandé à son grand frère Bill de se lever et de m'affronter devant tout le monde. Ensuite, il a chargé sa tante Claire Faulkner de faire d'autres commentaires négatifs. »

Il y eut une autre question difficile, cette fois de la part de Bruce McNiven, un avocat montréalais et ami intime d'Ian. Eric devrait-il rester président du conseil d'administration à soixante-six ans ?

Eric rétorqua laconiquement : « Les membres du conseil choisissent le président et ils savent tous mon âge. » Il demanda ensuite à John Cleghorn, président du comité de gouvernance de l'entreprise, de répondre à cette question.

Ian Molson discute avec des actionnaires après l'assemblée générale annuelle du 22 juin 2004. Photo : Christinne Musch, publiée dans le *Globe and Mail*, le 23 juin 2004, p. B6.

« Il est juste d'affirmer que les administrateurs indépendants ont voté pour Eric Molson à la présidence », confirma Cleghorn.

Marie Giguère se souvient de l'atmosphère qui régnait ce jour-là : « C'était tendu. Premièrement, Eric n'aime pas les assemblées annuelles et la plupart des nôtres étaient *vraiment* ennuyantes. Généralement, *personne* ne posait de question. Aucune. Mais cette année-là, la salle était pleine à craquer. On a dû apporter plus de chaises. Ensuite, Bill, le frère d'Ian, a levé la main et s'est mis à poser des questions difficiles. C'était *très* tendu. Au bout du compte, ça s'est bien passé, mais Eric n'était pas très heureux. Ce n'est pas le genre d'environnement qu'il aime. Il n'aime pas les affrontements, il déteste vraiment ça. »

L'élection se déroula comme prévu. Selon le rapport déposé aux organismes de réglementation des valeurs mobilières du Canada, les détenteurs de 10,3 % des actions de catégorie B (qui équivalaient aux 2,3 millions d'actions appartenant à Ian) votèrent contre les administrateurs les représentant (notamment Eric et Stephen), et 20,2 % des détenteurs d'actions de catégorie A s'abstinrent de voter pour Colson et les autres administrateurs représentant leur catégorie.

Après l'ajournement de l'assemblée, Eric quitta la brasserie sans s'adresser aux journalistes. Au moins, c'était terminé. Le deuxième affrontement avec Ian, très public celui-là, était derrière lui.

Les journalistes se pressèrent pour poser des questions. Stephen était sorti avec Eric. Colson aussi s'était esquivé, ne souhaitant pas attirer davantage l'attention vers lui. Lorsque les journalistes demandèrent à Ian pourquoi il n'était pas le nouveau président du conseil d'administration de Molson, il se contenta de répondre : « Ce n'était pas ma décision. »

Bill Molson ne fut pas plus éloquent : « Je veux ce qu'il y a de mieux pour l'entreprise, rien de plus. Je veux qu'il y ait une bonne direction pour l'avenir. » Quand on lui demanda de commenter la démission d'Ian, il déclara : « C'est dommage. Ian a fait du bon travail. »

O'Neill en dit davantage lors de la conférence de presse qui suivit l'assemblée générale annuelle. Concernant la présence d'Eric au conseil, il déclara : « Je suis entièrement d'accord. Le président actuel est la bonne personne pour occuper ce poste. » Pour ce qui est du départ d'Ian, O'Neill expliqua qu'il était un homme talentueux et qu'il avait partagé sa grande expérience avec le conseil d'administration. « Je ne dis pas que Molson est en meilleure position sans Ian au conseil d'administration, mais ce dernier a encore l'équilibre nécessaire pour bien fonctionner. »

Par contre, les questions posées au chef de la direction portèrent principalement sur les résultats de l'entreprise. Au cours de l'année précédente, le volume de ventes de Molson au Brésil avait chuté de 17,5 %. La rentabilité et les parts de marché avaient baissé elles aussi. Devant les actionnaires, O'Neill avait déclaré : « Ce rendement ne nous satisfait pas. L'équipe de direction et moi-même, nous sommes tous anxieux de savoir ce qui se passe là-bas. » Lors de la conférence de presse, il ajouta qu'à moins d'une nette amélioration de Kaiser avant janvier 2005 Molson chercherait probablement à vendre sa participation de 80 % dans l'entreprise brésilienne.

Après la conférence de presse, O'Neill alla rejoindre les autres administrateurs pour la réunion du conseil. Le principal point à l'ordre du jour concernait Coors. Ils parlèrent des grandes lignes de la fusion d'égaux proposée et confièrent à l'équipe de direction de Molson le mandat de poursuivre les discussions. Ils créèrent aussi un comité indépendant pour réviser les modalités de la transaction et soumettre leurs recommandations aux autres membres du conseil. Présidé par Sandy Riley, ce comité réunissait Francesco Bellini, John Cleghorn, Daniel Colson, Robert Ingram et David O'Brien.

« C'était une situation délicate, explique Marie Giguère. Un actionnaire détenant le contrôle n'a pas d'obligation de fiduciaire comme telle. C'est pourquoi nous avons dû former un comité indépendant dont Eric et les autres membres de la famille étaient exclus. Ce comité avait une lourde tâche : il devait décider si la transaction que nous étions sur le point de conclure avec Coors était équitable pour *l'ensemble* des actionnaires. »

Le comité tenait tellement à conserver son indépendance qu'il décida d'embaucher ses propres conseillers financiers (Merrill Lynch) et avocats (Fasken et Shearman & Sterling) pour collaborer à l'évaluation. Ainsi, la brasserie avait ses conseillers juridiques particuliers, tout comme Eric, Stephen et leur société de portefeuille (Pentland Securities [1981] inc.), ainsi que Deirdre et Cynthia. C'était le Pérou pour les cabinets de services professionnels. Néanmoins, Eric jugeait important que chacun soit représenté en bonne et due forme. Tous devaient prendre leur propre décision sans subir l'influence de l'actionnaire détenant le contrôle.

À la fin de cette longue journée, Eric participa à une dernière réunion avec les représentants des générations VI et VII. Malgré sa grande fatigue, il fit un compte rendu des projets d'avenir avec son frère, ses sœurs et ses neveux.

« Eric n'a pas dit grand-chose, mais il nous a fait comprendre comment il allait, raconte Cynthia. Nous savions qu'il se sentait profondément trahi par Ian. Il nous a expliqué qu'il menait le combat de sa vie pour, essentiellement, sauver la brasserie. »

Brian Baxter, le fils de Cynthia, ajoute : « Une des choses que le frère et les sœurs d'Eric diront probablement de lui, c'est qu'il est un communicateur pitoyable. Parfois, ses sœurs raccrochent après lui avoir parlé et se demandent : "Pourquoi il ne dit pas simplement ce qu'il veut dire ?" Mais elles admirent son intelligence, ses connaissances et son honnêteté. C'est pour cela qu'on lui a donné le bénéfice du doute et qu'on l'a soutenu. »

Eric tenta de préparer sa famille pour la tempête qui était sur le point de s'abattre sur elle. Incapable de susciter une levée de boucliers contre Eric lors de l'assemblée générale annuelle, Ian allait probablement intensifier ses attaques par la voie des médias. Pire, il pourrait préparer une contre-attaque et lancer une offre publique d'achat hostile contre Molson. Le clan de Tom Molson devait se serrer les coudes. Bill Molson avait déjà tenté de les diviser en écrivant à Stephen, et rien n'empêchait Ian d'essayer de nouveau d'inciter Cynthia, Deirdre et Stephen à se retourner contre leur frère.

Ce qu'Ian avait probablement sous-estimé, c'était la loyauté des membres du clan de Tom Molson les uns envers les autres, comme l'explique Brian : « Le frère et les sœurs d'Eric se sont dit : "Qu'il ait tort ou raison, nous allons l'appuyer." C'est presque inconcevable, selon moi, qu'ils en viennent un jour à ne pas le soutenir. »

Ian lança son offensive une semaine plus tard, le 29 juin 2004, dans un article fouillé, à la une du *Wall Street Journal*. Dans leur texte intitulé *Une chicane de famille met en péril l'empire de la bière Molson*, les journalistes Robert Frank et Elena Cherney donnent une foule de détails des coulisses. Ils citent Ian : « [...] un plan de succession devrait être mis en place dès maintenant et Eric devrait prendre sa retraite ». Le texte raconte en partie ce qui se passa :

> *Un matin de mai, Ian Molson est entré à grands pas dans les bureaux de la direction de Molson inc. Il cherchait son cousin Eric H. Molson qui présidait le conseil d'administration de la brasserie familiale depuis plus de seize ans.*
>
> *Ian a trouvé son cousin dans un corridor. Il lui a demandé : « Est-ce que c'est vrai que tu t'opposes à ce que je te succède à la présidence du conseil ? » Selon Ian, Eric a confirmé qu'il ne voulait pas que son cousin prenne la relève. [...]*
>
> *Bien qu'Eric semble avoir remporté la première ronde, la lutte pour le contrôle que se livrent les deux cousins devrait s'intensifier maintenant qu'Ian fomente une révolte des actionnaires contre son cousin. Déjà, des administrateurs, des actionnaires et des membres de la famille prennent parti pour l'un ou pour l'autre. [...]*
>
> *Lors d'une réunion du conseil d'administration tenue à Rio de Janeiro en janvier 2003, Eric avait surpris tout le monde en annonçant une vaste revue de la gouvernance d'entreprise de Molson. En juin, Ian a appris par hasard que l'étude recommandait l'élimination de son poste de vice-président. Il affronta son cousin après avoir entendu parler des conclusions du rapport. « Y a-t-il quelque chose dans ce rapport sur la gouvernance dont nous devons discuter, toi et moi ? » se rappelle-t-il lui avoir demandé. Selon Ian, Eric répondit par la négative en haussant les épaules. [...]*
>
> *La tension a atteint son paroxysme au début de mai. Selon plusieurs administrateurs, lors d'un repas la veille d'une réunion du conseil, MM. Drapkin et Barrett, notamment, ont fait*

campagne pour exclure Eric Molson. Aucun des cousins n'assistait
à la rencontre.

Le lendemain matin, Ian raconte qu'il est entré dans le bureau
de son cousin et lui a demandé s'il deviendrait un jour président
du conseil d'administration, mais Eric l'a repoussé. [...]

Ian affirme que le combat ne fait que commencer. Dans sa lettre
de démission, il allègue que le « refus [d'Eric] de [se] comporter
adéquatement a déstabilisé le conseil et la direction » de Molson.
Ian consulte les actionnaires pour soutenir la candidature d'un
autre président du conseil d'administration (même si ce n'est pas
lui) et il tente de convaincre les membres de la famille de mettre
leurs votes en commun pour affaiblir la position dominante d'Eric.

« Ian a été déloyal, dit Eric Stevenson, l'aîné de Deirdre. Pire encore, il en a parlé en public. On a serré les rangs quand on a vu sa photo à la première page du *Wall Street Journal*. »

Eric essaya de faire fi des articles sur la « chicane de famille » pour se concentrer sur l'avenir de la brasserie. « Ian a décidé de s'adresser aux médias. Je ne pense pas que ce soit une façon d'agir, mais c'était son choix. Il avait fait la même chose avec la famille de sa femme quand il a essayé de démanteler Caledonia Investments avec James Cayzer, du moins, c'est ce que m'a raconté Peter Buckley. [...] Je savais que la transaction qu'on essayait de conclure avec Coors était nécessaire pour notre avenir, alors c'est sur ça que je me concentrais. J'avais aussi une arme secrète : la prochaine vague de successeurs prêts à prendre la relève. Andrew et Geoff se démarquaient dans les entreprises où ils travaillaient et ils m'ont prouvé qu'ils avaient ce qu'il fallait. Alors j'avais la chance de mon côté. J'avais mes gars. »

À l'époque, Andrew travaillait en relations publiques pour National, et Geoff se trouvait chez Molson USA à Denver. Ils suivaient tous deux de près ce qui se passait chez Molson et faisaient des comptes rendus à leur père. Andrew avait un point de vue externe et analysait ce qui était rapporté dans les médias et le milieu des finances, tandis que Geoff évaluait à l'interne ce que racontaient les employés de Molson et les professionnels de l'industrie brassicole.

Les négociations entre Molson et Coors passèrent à la vitesse supérieure au cours des premières semaines de juillet 2004. Les réunions, à Montréal et à Denver, se prolongeaient souvent tard dans la nuit, et les deux parties s'évertuaient à trouver une façon de permettre aux actionnaires de Molson comme de Coors d'accepter de remettre leurs actions en échange de titres de la nouvelle entreprise. Ils devaient trouver un ratio d'échange qui reflétait la valeur de chaque entreprise tout en étant cohérent avec la notion de « fusion d'égaux ».

Marie Giguère participait de près aux discussions : « C'était intense. Il fallait trouver l'équilibre juste pour que ce soit vraiment une fusion d'égaux. [...] N'oubliez pas que les actionnaires de Molson recevaient 55 % de la nouvelle entreprise parce que Molson valait en fait davantage que Coors. Alors chaque groupe recevait un nombre d'actions pratiquement égal et nous voulions conserver l'équilibre 55-45. C'est de cette façon que nous avons pu faire une fusion d'égaux sans avoir à verser de prime à l'acquisition. Mais si la balance devait pencher davantage en faveur de l'un ou de l'autre, qui deviendrait ainsi l'"acquéreur", le traitement aurait été différent du point de vue comptable. Et si on l'avait traité différemment sur le plan comptable, il y aurait eu aussi des conséquences sur le plan psychologique. »

Pendant que les équipes de Molson et de Coors travaillaient à mettre en œuvre cette fusion d'égaux, Ian échafaudait sa propre transaction, ce qui compliquait la situation et détournait l'attention de tout le monde. Le chroniqueur financier Andrew Ross Sorkin décrivit ses efforts dans les pages du *New York Times* du 25 juillet 2004 : « Furieux que son cousin Eric Molson, le président du conseil d'administration de l'entreprise, ait refusé de lui céder sa place en mai, Ian Molson fait des pieds et des mains pour réunir des partenaires pour un coup d'État financier et saborder la fusion. [...] Alors Ian se promène en tendant la main (en fait, une chope) pour essayer de réunir le financement nécessaire. Il a notamment sollicité ses anciens collègues du bureau de First Boston à Londres, son bon ami Ron Perelman (le président du conseil de Revlon qui ne refuse jamais une bonne bataille) et Onex Corporation, un fonds d'investissement canadien spécialisé dans le rachat d'entreprises qui avait déjà tenté de mettre la main sur John Labatt ltée. Il a également approché Heineken. »

Ce juillet-là, les rumeurs circulaient, selon lesquelles Ian essayait de vendre Molson à Heineken. Des administrateurs de Molson reçurent des appels d'«Ian et de ses représentants » qui leur expliquèrent : « Vous ne pouvez pas faire cette transaction avec Coors. Vous obtiendrez plus de valeur si vous offrez l'entreprise au plus offrant et laissez les gars de Heineken faire une proposition. »

Sandy Riley, président du comité indépendant qui supervisait la transaction avec Coors, décrit les pressions excessives qu'Eric et lui subissaient *pour ne pas* conclure la transaction avec Coors : « Le bruit courait qu'on obtiendrait un prix beaucoup plus élevé en vendant à Heineken qu'en nous associant à Coors. Mais avec Coors, on avait la chance de bâtir quelque chose de plus gros, de meilleur et de plus international qui générerait plus de valeur à long terme. […] Durant cette période, Eric se faisait harceler par des gens qui le pressaient de vendre à Heineken. Et moi, je recevais des appels de banquiers d'affaires qui me disaient : "Vous savez, il y a des types pas mal rusés qui savent comment mettre de la pression sur un conseil d'administration si vous ne faites pas ce qu'il faut." »

Eric ne céda pas devant ces menaces.

Riley se rappelle avoir dit à Eric : « Écoute, si tu me dis, à moi, le président du comité indépendant, qu'une fusion avec Coors est la voie dans laquelle tu veux t'engager, et pourvu qu'il soit clair avec le travail qu'on fait ici que la transaction avec Coors augmentera la valeur pour les actionnaires et les parties prenantes de l'entreprise, tu me facilites le travail. […] Si tu es ferme dans tes convictions, nous aussi, nous pouvons être fermes. »

Ainsi, quand les gens se présentaient à Riley pour lui dire qu'ils obtiendraient un meilleur prix de Heineken, il répliquait : « C'est peut-être le cas, mais l'actionnaire détenant le contrôle a une opinion très tranchée sur la meilleure façon de créer de la valeur. Et quant à la fusion avec Coors, il est écrit noir sur blanc qu'elle générera de la valeur additionnelle. Ça pourrait prendre un peu plus de temps qu'une transaction à court terme avec Heineken, mais, à long terme, elle a le potentiel de créer *encore plus* de valeur. Eh oui, il y aura des risques lors de la mise en œuvre, mais c'est ce que le principal actionnaire veut faire. Nous n'avons aucune raison de refuser de le soutenir parce qu'il est impossible de prouver que la valeur créée à la suite d'une transaction avec Heineken, par exemple, sera beaucoup plus élevée que la valeur de l'entente que le principal actionnaire souhaite conclure avec Coors. »

Pendant ce temps, les équipes de Molson et de Coors continuaient à préparer la fusion. Quelle serait la valeur de la synergie qui pourrait être générée par la combinaison des activités des deux brasseries ? Où se trouverait le siège social de la nouvelle entreprise ? À quelle Bourse les titres seraient-ils inscrits ? Qui allait diriger la nouvelle entreprise ? Comment serait-elle administrée ? Quel y serait le rôle des familles Molson et Coors ?

Puis, le 18 juillet, il y eut une fuite. Marie Giguère se le rappelle fort bien. « Il commençait à y avoir pas mal de gens autour de la table : nos conseillers financiers, ceux de Coors, un tas d'avocats, etc. Et puis, un dimanche à la mi-juillet (je m'en souviens parce que je recevais toute ma famille dans le nord et j'ai dû rentrer à Montréal), nous étions tous au bureau en train de travailler, et ce soir-là, notre chef des communications reçoit un appel vers 9 heures. Elle répond sans en vérifier la provenance. C'est un journaliste. Comment nier qu'il se passe quelque chose à un journaliste qui appelle au bureau tard un dimanche soir au beau milieu de l'été ? »

Le lendemain, Molson admit publiquement dans un communiqué de presse qu'elle négociait avec Coors : « En réaction à des articles publiés dans les médias aujourd'hui, Molson inc. et Adolph Coors Company [...] confirment qu'elles discutent la possibilité d'une fusion d'égaux des deux sociétés dont les modalités en sont encore à l'étape de discussion et sujettes à l'approbation finale des conseils d'administration. Les parties confirment que les nominations d'Eric Molson (actuellement président du conseil de Molson) à titre de président du conseil ; de Leo Kiely (actuellement chef de la direction de Coors) à titre de chef de la direction [...] font partie des discussions en cours. »

Cette fuite obligea les équipes de Molson et de Coors à redoubler d'efforts et à conclure la transaction avant que les détails soient éventés.

Deux jours plus tard, le 21 juillet, le comité indépendant de Molson se réunit pour réviser les dispositions finales de la transaction et écouter trois présentations. Premièrement, Leo Kiely expliqua sa vision de la nouvelle entreprise issue de la fusion. Ensuite, des experts de Merrill Lynch, qui conseillaient le comité, déterminèrent que la transaction était équitable pour tous les actionnaires sur le plan financier.

Ce fut ensuite le tour d'Eric. Il informa le comité qu'il soutenait la fusion et s'engageait à « s'investir à long terme comme actionnaire d'un acteur majeur dans l'industrie brassicole internationale ». Molson Coors deviendrait la cinquième brasserie en importance dans le monde. En conclusion, Eric insista pour rappeler que ni lui ni Pentland (sa société de portefeuille) n'avaient « l'intention de vendre leurs intérêts dans Molson ».

À la suite des présentations, les membres du comité indépendant réévaluèrent les modalités de la fusion, puis, jugeant que la transaction était juste pour *tous* les actionnaires de Molson, ils l'adoptèrent à l'unanimité.

La réunion du conseil d'administration de Molson eut lieu immédiatement après, en présence de tous les membres. Ils repassèrent les détails de la fusion. Riley leur communiqua les recommandations du comité indépendant et leur demanda d'approuver la fusion d'égaux.

Toutefois, avant d'approuver la transaction, le conseil avait un dernier problème à régler : Ian Molson. Plus tôt ce jour-là, il avait envoyé par messager une lettre à Riley (président du comité indépendant) ainsi qu'à tous les autres administrateurs de Molson. Il cherchait à convaincre le conseil d'administration de soutenir la transaction qu'il tentait d'organiser plutôt que celle négociée avec Coors.

Cher Sandy,
Pour faire suite à notre récente correspondance, je souhaite informer officiellement le conseil d'administration de Molson inc. et son comité indépendant que je suis à la tête d'un groupe d'investisseurs qui souhaitent déposer une offre pour acquérir toutes les actions de catégorie A et de catégorie B de Molson en circulation pour une contrepartie en espèces de 40 $ l'action. Notre offre prévoit une relation plus étroite avec Adolph Coors Company et la

poursuite des ententes commerciales de Molson avec Coors. Nous sommes convaincus que, lorsque le conseil aura eu l'occasion de prendre connaissance des détails de notre offre, les administrateurs conviendront qu'elle représente une valeur supérieure pour les actionnaires, comparativement à l'autre transaction dont il a été question dans les médias.

Comme vous le savez, j'ai conclu une entente avec Onex Corporation pour financer l'offre. Nous avons reçu les feuilles de modalités de prêt de deux banques pour le financement par emprunt nécessaire. La prochaine étape, avant de présenter officiellement notre offre aux actionnaires, consiste à obtenir l'approbation et le soutien du conseil d'administration et d'une majorité des détenteurs d'actions de catégorie B de Molson.

Depuis vendredi dernier, le 16 juillet, nous avons demandé à plusieurs reprises à rencontrer le comité indépendant ou le conseil d'administration pour présenter notre offre à ce dernier. Nous n'avons pas encore obtenu de rendez-vous. Nous craignons que le conseil conclue une autre transaction qui diminuera la valeur que nous sommes en mesure d'offrir aux actionnaires ou qui les empêchera d'avoir le temps nécessaire ou l'occasion d'analyser notre offre. Une telle éventualité serait malvenue, surtout si une indemnité de rupture des négociations devenait exigible à la suite du dépôt de notre offre. En outre, comme vous le savez, j'ai l'intention de me prévaloir de mes droits en vertu de l'entente des actionnaires de la famille Molson pour bloquer une transaction qui ne servirait pas les intérêts de tous les actionnaires.

De nouveau, nous demandons que le conseil ne prenne aucun engagement qui puisse restreindre les options des actionnaires ou diminuer la valeur dont ils pourraient profiter jusqu'à ce qu'il ait eu l'occasion d'étudier notre offre.

Des paroles percutantes. Cette lettre comportait, en termes à peine voilés, une menace de poursuite contre les administrateurs de Molson s'ils n'interrompaient pas leurs démarches en vue de la fusion Molson Coors. En outre, Ian promettait de recourir à tous les moyens à sa disposition pour s'opposer à la transaction, notamment la convention d'actionnaires qu'il avait signée en 2001 avec Eric et Stephen, celle qu'ils avaient conclue après avoir rejeté le projet Molson Holdings d'Ian.

Pourtant, Ian n'offrait pas vraiment une option viable. Même s'il déclarait pouvoir acheter toutes les actions de Molson au prix de 40 $ chacune (ce qui équivalait à une prime d'environ 15,3 % sur leur valeur au marché), il ne confirmait pas avoir obtenu le financement pour le faire. Sa vague référence à une entente avec Onex n'était rien de concret. En outre, il ne fournissait aucun renseignement sur la structure ni sur les autres modalités de la transaction qu'il proposait. Après avoir consulté ses conseillers, le comité indépendant conclut que la lettre d'Ian ne constituait pas une offre en bonne et due forme.

La lettre d'Ian comportait une affirmation plus trompeuse encore : celle que, selon son scénario, les relations avec Coors seraient non seulement maintenues, mais seraient « renforcées ». C'était exactement le contraire que les gens de Coors avaient affirmé au comité indépendant quelques heures auparavant : selon eux, si les négociations entre Molson et Coors étaient retardées à cause de discussions avec Ian, Coors « ne pourrait fournir aucune garantie qu'une transaction entre Molson et Coors pourrait aller de l'avant aux mêmes conditions que celles qui faisaient l'objet de discussions, et se trouverait même en péril ».

Les représentants de Coors déclarèrent également que, si Molson était achetée par un concurrent ou par une autre partie dans le cadre d'un rachat par effet de levier (comme le proposait Ian), Coors se prévaudrait de son droit de mettre fin à son entente de partenariat avec Molson. Ainsi, Molson perdrait la Coors Light, une marque qui représentait près de 20 % de son volume de ventes (et un pourcentage plus élevé de ses profits) au Canada.

Le risque de perdre les ventes de Coors et la conclusion du comité indépendant voulant que la lettre d'Ian ne constituait pas une offre en bonne et due forme mirent fin au débat. Pour ce qui était de la menace d'Ian de bloquer la fusion avec Coors en se prévalant de la convention entre actionnaires qu'il avait signée avec Eric et Stephen, on décida d'y voir plus tard.

Le conseil d'administration de Molson accepta à l'unanimité de procéder à la fusion d'égaux avec Coors.

En pensant à cet épisode, Riley conclut : « Je crois qu'Eric a fait preuve d'un courage énorme et d'une grande détermination en négociant cette entente avec les Coors, malgré ce qu'Ian essayait de faire. Les Coors et les Molson ont pour leur part manifesté une bonne dose de confiance en acceptant de se livrer aux mains d'un partenaire. Même si les deux familles sont partenaires à parts égales (chacune détient un droit de *veto*), l'exploitation de l'entreprise et la réputation des familles et des bières qu'elles brassent depuis toujours se retrouvent potentiellement aux mains de quelqu'un d'autre. Les familles, qui pouvaient autrefois décider de la ligne de conduite de leur entreprise, devraient à l'avenir se contenter de bloquer une éventuelle proposition qu'elles n'approuvaient pas. Et ça, ça prend du courage. »

L'après-midi même, Eric prit l'avion pour New York. En se préparant au décollage, il songea à la conférence de presse prévue le lendemain matin à l'hôtel Palace sur Madison Avenue. Pour y participer lui aussi, Pete Coors avait interrompu sa campagne en vue d'être élu sénateur du Colorado. Les deux hommes annonceraient conjointement la fusion d'égaux de Molson et de Coors.

Eric pensa à nouveau au bien-fondé de cette entente. Ensemble, Coors et Molson pourraient conquérir le monde. Premièrement, ils consolideraient leur position en Amérique du Nord, puis ils se lanceraient sur les marchés internationaux. Les deux familles avaient une riche histoire, un héritage illustre et de grandes marques : Molson Canadian (première au Canada), Coors Light (numéro sept dans le monde) et Carling (au premier rang au Royaume-Uni). Ils avaient d'excellentes brasseries et une main-d'œuvre talentueuse.

Eric pensa à Leo Kiely : « On va l'engager comme chef de la direction. Il sera formidable. Il est honnête et brillant. Il arrivera à rallier les troupes. En plus, il excelle en stratégie et en exploitation. Il va réussir à faire passer notre entreprise à l'échelon supérieur. »

Il n'était pas le seul à se faire ces réflexions. D'autres administrateurs, comme Sandy Riley, croyaient eux aussi que Kiely était l'homme de la situation : « Leo avait la meilleure personnalité pour ce genre de chose. Quand on associe deux entreprises, il faut à la tête une personne généreuse et chaleureuse, qui se lie facilement avec les autres [...] particulièrement dans un cas comme celui-ci où on fait affaire avec des familles. »

Eric avait connu quatre chefs de la direction au cours de son mandat de président du conseil. Il y eut Mickey Cohen, un stratège visionnaire et bien branché qui dirigea le conglomérat LCML en ne se tenant toutefois pas assez près de la gestion quotidienne. Vint ensuite Norm Seagram, un gentleman et un bon gestionnaire qui manquait cependant du cran nécessaire pour accompagner l'entreprise dans son virage. Jim Arnett lui succéda, un homme rompu aux fusions et acquisitions qui occupa le poste par intérim au cours du retour aux activités brassicoles, mais qui, une fois cette transition réalisée, n'était pas la personne indiquée pour diriger la brasserie. Finalement, Dan O'Neill, un agent de changement, occupa cette fonction. Il pouvait profiter de la synergie et prendre des décisions difficiles, mais Dan ne réussit pas à faire croître le chiffre d'affaires, et certaines compétences interpersonnelles lui faisaient défaut.

« Il est difficile de trouver le bon chef de la direction, mais il est aussi ardu de s'en débarrasser, explique Eric. Il faut s'assurer que celui-ci a commis des erreurs avant d'agir. Avec la fusion, j'ai vu l'occasion de faire croître notre entreprise et de mettre la bonne personne aux commandes. Cette personne, c'était Leo Kiely. Je voulais qu'il dirige Molson Coors et j'avais le soutien des autres administrateurs. »

Pendant les négociations, Eric l'avait même pris à part pour lui dire qu'il allait diriger la boîte.

« De toute évidence, je ne le connaissais pas autant que je connaissais Pete, raconte Kiely, mais j'étais sûr qu'Eric allait soutenir toutes les mesures dont nous avions besoin pour atteindre nos objectifs. Et il a réussi. » Kiely avait la certitude qu'Eric était « le genre d'homme pour lequel je pouvais faire du bon travail ». Il croyait pouvoir compter sur la perspective à long terme d'Eric. « C'était mon assise. Je savais qu'Eric n'allait jamais vendre la brasserie. J'avais donc une plateforme sur laquelle m'appuyer. Ça m'a donné une grande confiance. [...] Eric est peut-être un homme timide qui cherche à éviter les affrontements, mais il est déterminé. Il est *très* déterminé. »

Giguère décela les mêmes qualités chez le président du conseil : « Eric avait choisi de s'associer aux Coors plutôt que d'explorer d'autres avenues parce que, à titre d'actionnaire détenant le contrôle, il ne voulait pas mettre l'entreprise en vente. Il voulait plutôt prendre part à la consolidation mondiale à sa façon. Il tenait autant à cette solution parce qu'il croyait sincèrement que c'était la meilleure pour l'entreprise, et ça, ça témoignait de sa grande détermination. »

En outre, selon Kiely, ce projet était un des éléments qui unissaient Pete Coors et Eric : « Ils s'étaient tous les deux battus pour l'indépendance de leur entreprise respective. Et ils les ont réunies de façon qu'elles demeurent indépendantes de quiconque. [...] Je trouvais chaleureux de travailler avec des gens qui étaient profondément investis dans leur entreprise et non dans leur carrière. Je savais que Peter et Eric s'engageaient à fond dans la réussite de leurs entreprises. Eric a tout fait pour retourner à la bière. Tout. Ça, c'est de la détermination. Ça, c'est incroyable. »

🍁

Le matin du 22 juillet 2004, Pete Coors et Eric Molson étaient assis côte à côte face à une meute de journalistes. Ils portaient tous deux une épinglette à la boutonnière : Peter, le drapeau américain, et Eric, une feuille d'érable rouge. Ils présentèrent les modalités générales de l'entente, rappelèrent leur engagement et se donnèrent une poignée de main pour les caméras. Ils étaient sur le point de créer la cinquième brasserie en importance dans le monde.

> *Nom* : Molson Coors Brewing Company.
> *Taille* : Volume de vente combiné : 60 millions d'hectolitres
>   (51 millions de barils américains) ; ventes nettes : 6 milliards
>   de dollars américains ; BAIIDA : 1 milliard de dollars améri-
>   cains ; et flux de trésorerie disponible : 707 millions de dollars
>   américains.
> *Parts de marché* : 43 % au Canada, 21 % au Royaume-Uni,
>   11 % aux États-Unis et au Brésil.
> *Synergie prévue* : 175 millions de dollars américains.

Direction : Eric H. Molson, président du conseil d'administration ; Dan J. O'Neill, vice-président, synergie et intégration ;
W. Leo Kiely III, chef de la direction.

Gouvernance : Conseil d'administration de quinze membres
(dont neuf indépendants de la direction et des actionnaires
détenant le contrôle) : cinq nommés par la famille Molson,
cinq par la famille Coors, trois élus par les actionnaires sans
droit de vote, ainsi que Leo Kiely et Dan O'Neill.

Actions avec droit de vote de la famille : Les familles Molson
et Coors ont conclu une entente de vote. Elles mettent en
commun leurs actions dans un seul bloc représentant 62 %
des votes (chacune en possède la moitié) et s'entendent pour
ne pas chercher une autre entente que celle-ci.

Indemnité de rupture des négociations : Si une partie se retire,
elle devra verser à l'autre la somme de 75 millions de
dollars américains.

À la fin de la conférence de presse, Eric rappela sa vision d'entreprise :
« Nous n'avons pas l'intention de quitter le domaine de la bière. La

Peter Coors et Eric Molson lors de la conférence de presse annonçant la fusion de
Molson et de Coors, le 22 juillet 2004. Photo : Jeff Christensen/Reuters.

W. Leo Kiely III, chef de la direction de la nouvelle coentreprise Molson Coors. Photo : collection de la Molson Coors Brewing Company.

famille souhaite jouer un rôle pour bâtir une grande brasserie d'envergure internationale et favoriser la croissance de la valeur pour tous nos actionnaires. »

L'affaire n'était pas encore conclue. Il restait à convaincre les actionnaires de Molson et de Coors, et c'était loin d'être gagné. L'approbation des deux tiers des actionnaires de Molson détenant des titres avec droit de vote *et* sans droit de vote était nécessaire. Le vote devait se dérouler avant la fin de 2004.

Leo Kiely et Dan O'Neill organisèrent une tournée de présentation pour vendre la fusion de Molson et de Coors. Ils s'adressèrent aux investisseurs de Montréal, Toronto, New York, Los Angeles, Memphis et Boston. Malheureusement, ils se butèrent à de la résistance partout où ils allèrent. Certains n'aimaient pas qu'il s'agisse d'une fusion d'égaux et non d'une prise de contrôle parce qu'ils n'obtiendraient pas la prime en espèces généralement versée quand une entreprise en acquiert une autre. Dans une fusion d'égaux, les actionnaires échangent essentiellement leurs actions pour des titres de la nouvelle entreprise et personne ne reçoit de boni.

Kiely explique : « Une fusion d'égaux, c'est très difficile à vendre. Les investisseurs institutionnels canadiens n'en voulaient pas. Certains fonds spéculatifs américains non plus. C'était ardu. Ces investisseurs avaient acheté le titre en s'appuyant sur une stratégie qui leur aurait valu une prime. Mais une fusion d'égaux, c'est une transaction avec zéro prime. »

C'est pourquoi il est préférable qu'un actionnaire orienté sur les résultats à long terme tienne les rênes, comme l'explique Kiely : « C'est ce qui est vraiment intéressant des entreprises familiales. Elles ne cherchent pas à faire un gain rapide. Peu importe la prime, Coors ou Molson pouvait dire : "Non, je ne vendrai pas." Et ça rendait les financiers complètement fous ! Les familles exercent un contrôle considérable et, si elles croient que la transaction n'est pas favorable pour l'entreprise à long terme, peu importe la valeur de la prime, elles peuvent simplement refuser. La question au sujet de la prime, c'est de savoir si on s'engage à court terme ou à long terme. Molson et Coors avaient une perspective à long terme de leur entreprise. »

C'était éprouvant. D'une part, ils étaient constamment assaillis par des investisseurs qui exigeaient de recevoir de l'argent (ou des primes). D'autre part, Ian et ses alliés tentaient d'organiser une offre publique d'achat hostile. En outre, il y avait ceux qui voulaient transformer Molson en fiducie de revenu. « Tous les journaux en parlaient, rappelle Eric. Tout ce qu'ils voulaient, c'était prendre de l'argent de l'entreprise sans se préoccuper de sa viabilité à long terme. »

Une fiducie de revenu était essentiellement un stratagème fiscal (aboli par le gouvernement canadien en 2011) qui permettait à une entreprise de verser tous ses gains à des investisseurs de façon à les faire profiter d'avantages fiscaux plutôt que de les réinvestir dans l'entreprise. Pour des sociétés comme Molson qui avaient besoin de capitaux pour prospérer et se développer (par des acquisitions ou en misant sur l'innovation, par exemple), ce mécanisme aurait mené en définitive à l'asphyxie. Du moins, c'était l'opinion d'Eric, même s'il était l'actionnaire qui aurait bénéficié le plus de la transformation de son entreprise en fiducie de revenu.

Il s'avère que tous les investisseurs ne sont pas motivés par la somme d'argent qu'ils peuvent gagner au cours de leur vie. Eric dit un jour : « On a besoin d'argent pour trois choses : la santé, le logement et l'éducation. C'est ça qui compte, le reste, c'est du superflu. Je n'ai pas besoin de me promener en Lamborghini. Je n'ai pas besoin de manger des crêpes Suzette tous les soirs. Et je ne possède pas de yacht. On ne veut pas faire un tas d'argent pour le simple plaisir de faire de l'argent. À quoi ça servirait ? Une fois qu'on a répondu à nos besoins de base, on peut travailler pour accomplir des choses beaucoup plus importantes. »

Une citation célèbre du philosophe Adam Smith résume cette notion. « Deux caractères différents sont présentés à notre émulation : l'un est fait d'ambition orgueilleuse et d'avidité ostentatoire, l'autre d'humble modestie et d'équitable justice. Deux modèles différents, deux portraits nous sont présentés, selon lesquels nous pouvons façonner notre caractère et notre comportement : l'un plus criard et clinquant dans ses couleurs, l'autre plus correct et plus *exquisement* beau dans son trait [...]. »

J'admire le dernier profil depuis toujours et c'est peut-être pourquoi Eric et son parcours m'interpellent.

❦

La période précédant le vote des actionnaires fut difficile et incertaine, une période de crise. En chinois, le mot « crise » (危机) est formé de deux caractères : « danger » (危) et « occasion » (机). Le danger ici était qu'Ian réussisse à faire en sorte qu'une tierce partie s'empare de Molson, alors que se présentait l'occasion de préparer l'expansion internationale. Pour Eric, par contre, la transaction offrait une autre possibilité : faire admettre la jeune génération de Molson au nouveau conseil d'administration.

Advenant l'approbation de la fusion, Andrew aurait été une des cinq personnes proposées par la famille Molson pour siéger au nouveau conseil, les quatre autres étant : Sandy Riley, David O'Brien, Francesco Bellini et Eric. Stephen Molson, Luc Beauregard et Dan Colson prévoyaient céder leur place.

« Ça ne veut pas nécessairement dire que je serai président du conseil. Mon frère Geoff est extrêmement compétent. Il connaît bien l'industrie de la bière et j'espère qu'un jour il siégera au conseil avec moi », affirma Andrew à des journalistes en août 2004.

Andrew avait trente-six ans. Il avait quitté la pratique du droit des affaires chez McCarthy Tétrault pour se lancer en communications chez National, le plus grand cabinet de relations publiques au Canada. Aux deux endroits, il eut l'occasion de collaborer à des mandats pour Molson. Il n'avait jamais songé à travailler chez Molson au quotidien, comme son père : « Je me suis intéressé à l'entreprise en suivant ses transactions. Quand j'étais petit, j'entendais papa en parler, puis j'ai commencé à lire des articles à ce sujet dans les journaux. Plus tard, je suis devenu conseiller chez McCarthy, puis chez National. Mais c'est en approfondissant mes connaissances en gouvernance d'entreprise que j'ai décidé de m'investir. Je ne voulais pas travailler *chez* Molson. Geoff y était déjà. Je voulais apporter ma contribution en participant à la régie de Molson, sur le plan de la gouvernance, peut-être en siégeant un jour au conseil d'administration. J'ai donc décidé de décrocher un diplôme dans ce domaine. »

En 2000, année où Andrew prit cette décision, la gouvernance d'entreprise était un domaine tout neuf. Comme les programmes d'étude étaient rares, Andrew dut faire ses propres recherches : « Robert Monks est un gourou de la gouvernance d'entreprise. Il me fascinait. C'est un *wasp* d'une grande famille de Boston qui avait décidé de s'attaquer à l'*establishment* et de devenir un actionnaire militant. Il y a un livre sur lui, *A Traitor to His Class*, écrit par Hilary Rosenberg. Par la suite, il est devenu un grand penseur sur la gouvernance d'entreprise aux États-Unis. Je lui ai envoyé un courriel et je lui ai demandé : "À quel endroit un humble travailleur comme moi peut-il étudier votre discipline pendant une courte période, puis retourner au travail ?" Alors, grâce à lui, j'ai découvert que Birbeck, qui fait partie de l'Université de Londres, offrait une maîtrise en gouvernance et éthique d'entreprise. Ce n'est pas une école très connue, mais j'ai fait une demande et on m'a admis. Nous étions six dans mon groupe. »

Cette expérience fut un tournant pour Andrew. Entre autres, ses études lui permirent de cristalliser ses réflexions sur les entreprises à deux catégories d'actions. Dans son mémoire intitulé *The* Juste Milieu: *Sharing the Benefits of Control* (Le juste milieu : le partage des avantages du contrôle), il illustre comment, sous réserve de respecter certaines conditions, ces entreprises obtiennent un rendement supérieur à celles qui ont une structure à une seule catégorie d'actions. Ces conditions sont les suivantes : que l'actionnaire privilégié « ne soit pas incompétent au sein du conseil d'administration », qu'il « réagisse aux inquiétudes des autres actionnaires » et qu'il « ne les exproprie pas ». Grâce à ces conditions, prétend Andrew, une structure à deux catégories d'actions permet à des actionnaires avertis, engagés et tournés vers les résultats à long terme de siéger au conseil d'administration et d'agir en ayant à cœur les intérêts supérieurs de l'entreprise et de l'*ensemble* des actionnaires. Cette organisation favorise les décisions d'investissement à long terme plutôt que les mesures motivées par les résultats trimestriels. En outre, elle peut agir comme dispositif de défense efficace contre les acquéreurs opportunistes.

En lisant le mémoire de son fils, Eric fut impressionné par la maturité de ses réflexions. Tandis qu'Andrew poursuivait son parcours professionnel du droit commercial aux relations publiques, puis à la gouvernance d'entreprise, Eric le consultait de plus en plus souvent pour connaître son point de vue. Leur partenariat d'affaires s'est cimenté à l'été 2003 en rédigeant les *Principes de la famille Molson*. À partir de cette période, Eric se mit à consulter systématiquement Andrew en ce qui concernait les décisions stratégiques, la dynamique au sein du conseil d'administration et les relations avec les actionnaires.

Eric discutait affaires également avec Geoff, mais dans une perspective plus concrète. Ensemble, ils analysaient ce qu'Eric appelle le « pouls à l'interne » : les ventes, le marketing, la satisfaction de la clientèle et le moral des employés. En 2004, Geoff travaillait chez Molson depuis six ans.

« Quand O'Neill est arrivé, dit-il, je me rappelle avoir appelé mon père pour lui annoncer que c'était l'occasion idéale pour moi de venir travailler chez Molson. Pendant des années, il m'avait répété : "Geoff, va faire tes preuves ailleurs. On va t'engager quand l'entreprise te trouvera une valeur. On ne va pas t'engager simplement parce que tu es un Molson." Mon père voulait que j'acquière de l'expérience ailleurs et que je fasse mes preuves. C'est la meilleure chose qu'il a faite pour moi parce que, si j'avais fait à ma tête, je serais entré chez Molson à vingt et un ans. J'aurais été un gars de bière à vie. J'ai plutôt acquis une expérience précieuse dans d'autres entreprises. »

À vingt-quatre ans, Geoff avait passé une année au service des médias de Coca-Cola, puis il s'était inscrit au Babson College. Après avoir décroché son MBA, il devint consultant en gestion au Kalchas Group à New York. Il y resta deux ans avant d'être engagé par Dave Perkins pour se joindre à l'équipe des ventes de Molson à Toronto.

« À mes débuts là-bas, je faisais très attention aux conversations que j'avais avec mon père, se rappelle Geoff. Eric ne veut jamais interférer. De plus, comme je ne voulais pas perdre la confiance de mes collègues de travail, je ne répétais jamais à mon père les potins ou les plaintes des employés, jamais. Eric m'a enseigné à faire attention. Par contre, je donnais mon opinion et je lui ai parlé quand les choses se sont mises à mal aller.

« J'étais à Denver pendant toute l'histoire avec Ian. J'appelais mon père et je lui donnais mon avis. Je lui disais de rester fort ou je l'assurais qu'il faisait la bonne chose, par exemple. C'était une période émotive pour Eric, très stressante. Moi, je ne suis pas du genre à m'énerver, à moins que ce soit pour mes enfants, et sauf pendant cette période. Je me demandais si nous faisions ce qu'il fallait. L'atmosphère au conseil était mauvaise. Mon père m'inquiétait. Ian s'opposait à la fusion et il alimentait les médias avec toutes ses histoires. Ce n'était pas beau. »

Durant cette période trouble, toutefois, Eric planifiait discrètement sa succession. Andrew le rejoindrait au conseil d'administration de Molson Coors et Geoff quitterait le Colorado pour revenir à Montréal et travailler à la brasserie. Eric explique : « Tout repose sur la capacité des frères à bien travailler ensemble et à se tailler une place qui convient à leurs compétences. » Comme Eric et Stephen, et comme Tom et Hartland avant eux, Andrew et Geoff deviendraient des alliés et des partenaires forts.

Eric considérait que Justin jouait un rôle tout aussi important. Son deuxième fils n'a jamais vraiment aimé le milieu des affaires. Il préfère la science et la nature, et se passionne pour l'architecture du paysage, l'agriculture et la cuisine. Il est aussi très discret. Il a choisi de vivre loin de Montréal, à la campagne au Vermont, et d'élever ses enfants à l'écart de l'attention suscitée par le nom Molson. Eric admire le courage de Justin, cet « homme de famille formidable » qui a suivi sa passion.

« Andrew et Geoff devront régler les problèmes d'affaires quand ils se présenteront plus tard. Mais ils ne se battront pas et ils ne deviendront pas cupides. Ils vont simplement les régler. Je *pense* que ça va se passer comme ça, mais on ne sait jamais. Justin est discret. Il est celui qui va les aider à garder leur calme. Si quelque chose se produit, il va les asseoir autour de la table et leur préparer un délicieux chili. Il sera là et, si nécessaire, il va leur prêter main-forte. »

La personne qui offrit le plus grand soutien à Eric durant la crise de 2004 fut Jane. Même si elle maintient qu'elle ne connaît « absolument rien aux affaires » (surtout quand il s'agit de stratagèmes comme des offres publiques d'achat hostiles, des pilules empoisonnées et des acquisitions par emprunt), elle connaît les gens, explique Eric. « Jane comprend mieux que moi ce qui motive une personne. Je me fie à elle pour ça et pour bien d'autres choses. Elle m'a observé durant cette période avec Ian et elle a été une source constante de soutien. À vrai dire, Jane est le roc de Gibraltar de la famille. Elle a fait de nos trois garçons de bons citoyens solides, qui apportent leur contribution à la communauté, qui respectent toutes les cultures et qui incarnent les valeurs que nous défendons dans la famille. »

Ce sentiment est mutuel. L'amour et l'admiration que Jane éprouve pour Eric sont manifestes : « Une fois qu'Eric a accepté la responsabilité de chef de famille, il l'a assumée avec beaucoup, beaucoup de sérieux. Les choses ne se sont pas toujours passées exactement comme il l'aurait souhaité parce que rien n'est parfait et il a connu des déceptions. Mais Eric est résilient et il a respecté ses engagements. Je l'admire pour ça.

« Une autre chose qu'Eric a bien réussie, c'est aider les enfants à prendre la relève. Il n'avait pas bénéficié de ce soutien, ni de la part de Tom, ni de la part de Hartland. Ils ne lui ont jamais témoigné une grande confiance. Mais Eric, lui, a bien réussi avec ses fils. Il leur a démontré qu'il avait confiance en eux et, au moment approprié, il s'est écarté pour les laisser prendre la relève. »

Une étape importante de la transition eut lieu l'été où Eric proposa à Andrew de devenir administrateur de Molson Coors. Toutefois, il restait à faire approuver la fusion par la majorité des actionnaires, et la route était semée d'embûches.

Le premier revers eut lieu le vendredi 17 septembre 2004. À 19 h 19, Molson et Coors déposèrent leur circulaire préliminaire de sollicitation de procurations auprès de la Securities and Exchange Commission des États-Unis dans laquelle étaient expliquées les modalités de l'entente.

L'heure du dépôt intrigua immédiatement les journalistes. Derek DeCloet écrivit à la une du *Globe and Mail* : « La règle numéro un en relations publiques : si vous devez annoncer une mauvaise nouvelle, faites-le le plus tard possible le vendredi après-midi. Moins de gens en prendront connaissance, et vos ennemis auront toute la fin de semaine pour se calmer avant de vous appeler pour vous engueuler le lundi matin. Ainsi, lorsque Molson et Adolph Coors déposèrent leur document de sept cent quatre-vingt-dix pages auprès de la Securities and Exchange Commission des États-Unis la semaine dernière, à l'heure où les financiers de Bay Street se rendaient au pub, les investisseurs ont eu la puce à l'oreille, avec raison. Et comme de fait, il y avait quelques vilaines surprises tapies à l'intérieur. »

Une « vilaine surprise » pour les actionnaires fut que les cadres de Molson détenant des options d'action pouvaient participer au vote sur la transaction. On leur avait accordé ce droit même s'ils ne possédaient pas d'actions à proprement parler. En outre, ils pourraient exercer leurs options une fois la transaction conclue. Certains considérèrent cette modalité comme un incitatif masqué pour encourager ces dirigeants à voter pour la transaction en retour d'un gain immédiat. Pire, les vrais investisseurs de Molson (ceux qui possédaient des actions et non seulement des options) ne recevraient aucune prime si la transaction était approuvée. Ils obtiendraient uniquement le droit d'échanger leurs actions de Molson pour des titres de la nouvelle entreprise.

Pour attiser davantage l'indignation des actionnaires, Dan O'Neill allait empocher plus de 7,3 millions de dollars si la transaction se réalisait, dont 3 millions pour compenser sa rétrogradation. Le fait qu'il ne serait pas le futur chef de la direction de Molson Coors allait déclencher une clause de son contrat prévoyant le versement de trois ans de salaire, même s'il conservait un emploi à la brasserie. La somme de 1,7 million de dollars proviendrait de la vente de ses actions. Les conditions de rendement attachées à ces dernières devenaient caduques avec la fusion. Enfin, le reste (2,6 millions de dollars) proviendrait des 400 000 options d'achat d'actions qu'il avait reçues deux ans auparavant. Ces options ne devaient être exerçables que si la valeur du titre de Molson doublait à 61,32 $ en 2007, mais, avec la fusion, elles l'étaient sur-le-champ. (L'action se négociait à 34 $ à l'époque.)

Les investisseurs réagirent à tour de rôle.

Henri-Paul Rousseau, président et chef de la direction de la Caisse de dépôt et placement du Québec (le puissant fonds d'investissement institutionnel qui détient plus de 90 milliards de dollars d'actifs), exprima son « inquiétude » concernant le fait que les détenteurs d'options pouvaient voter sur la transaction. Il souligna également que certains hauts cadres de Molson étaient susceptibles de recevoir des « bonis très avantageux » advenant l'approbation de la fusion, même si ces cadres demeuraient des employés de la nouvelle entreprise. Dans une lettre soigneusement rédigée à l'attention d'Eric concernant les gains potentiels d'O'Neill, Rousseau écrivit : « Une telle double rémunération semblerait excessive. »

Selon Claude Lamoureux, président et chef de la direction du Régime de retraite des enseignantes et enseignants de l'Ontario d'une valeur de 75 milliards de dollars, puisque les détenteurs d'options étaient cadres et administrateurs de l'entreprise, « ils ont des intérêts entièrement différents » de ceux des autres investisseurs publics de Molson. Il annonça ensuite que Teachers' allait intenter des poursuites pour bloquer la transaction s'il pouvait s'exprimer sur la fusion.

Stephen Jarislowsky, le président du conseil de Jarislowsky Fraser Ltd qui détenait plus de 4 millions d'actions de Molson, déclara aux médias : « Ils [les détenteurs d'options] ne possèdent pas encore d'actions. Ils n'ont pas payé pour s'en procurer. Je crois qu'il s'agit là d'une mesure désespérée tout à fait contraire aux règles de bonne gouvernance. [...] Elle démontre, si une telle chose est possible, que les lois canadiennes protégeant les actionnaires sont inexistantes. »

Selon les avocats de Molson, toutes les modalités proposées (même celle permettant aux détenteurs d'options de voter) étaient légales. La Loi canadienne sur les sociétés par actions (LCSA) accordait à tous les détenteurs de valeurs mobilières le droit de vote lors des transactions susceptibles de changer leurs droits. Marie Giguère explique : « En réalité, c'est que ce que permettait la loi. La LCSA stipulait que dans une telle situation les détenteurs d'options pouvaient voter. C'était parfaitement légal et nous faisions les choses en suivant les règles, mais les investisseurs se sont emportés. Et nous n'avons pas contrôlé le message, pas du tout. Ça n'a pas aidé non plus que bon nombre d'entre nous à la direction étaient susceptibles de faire pas mal d'argent avec la transaction. C'est donc devenu un gros problème. »

À l'époque, quand les actionnaires étaient insatisfaits pour une raison quelconque, ils décidaient simplement de vendre leurs actions. Mais en 2004, dans la foulée des scandales financiers d'Enron, de Worldcom et de Tyco, les investisseurs manifestaient beaucoup plus ouvertement leur mécontentement. De l'avis de Sylvain Cossette, un des avocats d'Eric et de Stephen chez Davies Ward and Beck, il n'y avait « rien de techniquement mauvais » avec le vote par des détenteurs d'options, « mais, en 2004, nous vivons dans un monde d'actionnaires revendicateurs ».

Malheureusement, Eric ne fut informé de ce problème que lorsque les actionnaires commencèrent à se manifester. Son regret est indiscutable : « Je ne me mêlais pas beaucoup des détails de la transaction, mais j'aurais dû le faire. Comme je n'ai jamais été très doué pour ce genre de chose, j'ai laissé les professionnels s'en charger. Je me préoccupais davantage de la stratégie et des grandes lignes de la transaction. Je savais que je voulais Leo à la tête de l'entreprise, je savais que nous voulions exercer le contrôle conjointement avec la famille Coors, je voulais que nous soyons incorporés au Delaware où il y a des lois d'entreprises progressistes pour protéger nos actifs, et j'essayais de protéger Montréal du mieux possible. Mais je ne me suis pas arrêté aux détails. C'était mon erreur.

« Je n'aurais jamais autorisé cette modalité concernant les détenteurs d'options si je l'avais su. Ce n'était pas équitable et ça nuisait à notre image. Je ne l'ai pas saisi. Et le conseil l'avait approuvé. Nous l'avons fait à titre d'administrateurs et nous n'aurions pas dû. Sinon des dirigeants pourraient imprimer toutes sortes d'options et profiter de leur position pour contrôler leur entreprise. [...] C'était une mauvaise décision. »

Je me demande si je dois pousser plus loin. Le malaise d'Eric me rend… mal à l'aise.

Il poursuit son récit et s'enflamme : « Je comprends la position de Stephen Jarislowsky à ce sujet, mais il m'a laissé tomber. Il aurait dû venir me voir concernant le droit de vote accordé aux détenteurs d'options avant d'alerter le public avec ses critiques. Il travaillait pour nous, tu sais. Alors pourquoi n'a-t-il pas pris la peine d'envoyer quelqu'un pour m'en parler ? » Jarislowsky Fraser était non seulement un actionnaire de Molson, mais aussi le gestionnaire des portefeuilles de placement privé d'Eric et de sa famille.

La déception d'Eric à l'endroit de Jarislowsky est compréhensible, mais, comme dans la plupart des situations, il y a deux versions à cette histoire. Les choses se seraient peut-être passées autrement si Eric avait informé personnellement Jarislowsky des motifs qui l'incitaient à privilégier une fusion de Molson et de Coors. Le financier en aurait peut-être profité pour lui dire ce qui ne lui plaisait pas de la transaction plutôt que d'alerter les médias.

Eric avait chargé O'Neill d'aller s'adresser aux investisseurs : « C'était sa tâche, à titre de chef de la direction, de vendre le bien-fondé de la transaction. » Toutefois, en déléguant cette tâche, Eric rata une occasion d'avoir une conversation entre actionnaires avec les Jarislowsky de ce monde. Andrew émet une hypothèse : « Si Eric avait fait lui-même la tournée des grands investisseurs comme Jarislowsky plutôt que d'envoyer quelqu'un d'autre qui se préparait à toucher un gros boni si la transaction se matérialisait, il aurait su les persuader des avantages de la fusion. » La rencontre entre O'Neill et Jarislowsky le 21 septembre avait duré moins d'une heure et, en rentrant à la brasserie, O'Neill avait informé Eric que l'investisseur s'opposait à la transaction.

« Je lui confiais tous mes actifs. Il est un gestionnaire de portefeuille très doué, explique Eric. Mais quand il s'est prononcé publiquement contre la fusion sans m'en parler, je n'ai pas eu le choix : j'ai dû le congédier. Il devenait un obstacle à notre avenir. »

Dès qu'il apprit la décision d'Eric, Jarislowsky lui écrivit pour le remercier de lui avoir confié ses avoirs et pour exprimer sa confiance que leur amitié ne serait pas entachée par le fait qu'ils avaient « un différend majeur concernant les affaires ». Contrairement à Eric, il ne croyait pas que Molson Coors puisse devenir un acteur important dans le milieu brassicole mondial. « J'ai toujours défendu la détermination de votre famille à conserver votre entreprise, écrivit-il, mais le présent et l'avenir indiquent, sur le plan rationnel dénué d'émotion, que ce n'est plus faisable à moins d'avoir la taille d'Anheuser-Busch et de pouvoir se lancer à l'étranger seul ». Cela n'aurait pas pu être le cas pour Molson, selon Jarislowsky, même en fusionnant avec Coors. Pour ce qui est d'accorder le droit de vote aux détenteurs d'options, il expliqua : « Permettre aux détenteurs d'options de voter semble en contradiction avec les droits des actionnaires de catégorie A [sans droit de vote] avec qui vous voulez regrouper ces votes, surtout qu'une fois la fusion faite ces options seront immédiatement exercées. [...] Les détenteurs d'options ne devraient pas voter à moins d'être dans une catégorie distincte. [...] Un combat à armes égales est équitable et acceptable. Piper les dés ne l'est pas et, honnêtement, personne ne devrait s'en enorgueillir. Cette façon de faire compromet la haute estime dont jouit le nom Molson dans notre communauté. »

Eric explique : « Je n'étais pas d'accord avec le point de vue de Jarislowsky sur l'avenir de l'industrie de la bière. D'ailleurs, on a vu ce qui s'est passé avec Anheuser-Busch. Par contre, il avait raison concernant le droit de vote des détenteurs d'options. C'était une erreur. Même si c'était légal, ce n'était pas la chose à faire. Ils auraient dû voter dans une catégorie distincte et pour un point déterminé ou pas du tout. [...] Ça aurait pu entacher notre réputation si on n'avait pas corrigé le tir. »

Les critiques continuaient à pleuvoir. Le 29 septembre, les anciens administrateurs Donald Drapkin, Matt Barrett et Lloyd Barber s'exprimèrent tous contre le droit de vote accordé aux détenteurs d'option. Eric ne fut nullement surpris par les commentaires de Drapkin puisqu'il « avait toujours été un allié d'Ian », mais la position des deux autres le déçut amèrement. Barrett avait siégé au conseil pendant plus de dix ans, et Barber, vingt-cinq ans. Ils avaient assisté à des matchs de hockey ensemble et s'étaient invités chez l'un et chez l'autre. Alors quand ils déclarèrent que le droit de vote aux détenteurs d'options n'« était pas nécessaire » et que ce n'était pas « une mesure de très grande classe », Eric se demanda pourquoi ces deux hommes non plus ne lui en avaient pas touché un mot personnellement plutôt que de s'adresser aux journalistes.

Il prit des mesures pour corriger la situation en demandant à l'équipe de Molson de revoir les éléments les plus délicats de la transaction avec les grands groupes d'actionnaires (tels la Caisse et Teachers'). En outre, le 30 septembre, il rencontra les administrateurs et les conseillers de Molson pour trouver des solutions.

« Garth Girvan, notre avocat chez McCarthy, nous avait assuré que l'octroi du droit de vote aux détenteurs d'options n'avait rien de mal, raconte Eric. Techniquement peut-être pas, mais j'ai dû lui expliquer que ce n'était pas bien *pour nous,* pour notre image. C'était contraire à nos principes d'honnêteté et de franchise. Il fallait corriger la situation, même si c'était légal. »

Le 14 octobre, Molson annonça la modification des modalités de la transaction. Les détenteurs d'options *n'auraient pas* le droit de s'exprimer sur le bien-fondé de la fusion. Par contre, ils pourraient voter pour déterminer la possibilité de convertir leurs options de Molson en options de l'entreprise fusionnée. O'Neill n'aurait droit à *aucun* montant d'argent au moment du changement de contrôle, mais plutôt s'il quittait l'entreprise dans les vingt-quatre mois suivant la fusion (au lieu de recevoir une indemnité de départ). Enfin, les options et les unités d'actions restreintes accordées à O'Neill en fonction du rendement ne pouvaient pas être encaissées immédiatement. Elles seraient converties en titres de Molson Coors et sujettes à des modalités de rendement semblables.

Selon Teachers', ces changements réglaient les problèmes de gouvernance d'entreprise. La Caisse jugea également que la nouvelle proposition était « acceptable ». Toutefois, Jarislowsky s'opposait toujours à la fusion et en parla aux médias : « Je ne vois pas ce que deux types qui ont le même profil peuvent accomplir. Pour le moment, ils repoussent l'idée de ne pas être une entreprise familiale en étant à moitié enceinte. Mais qu'arrivera-t-il à long terme si les conditions du marché avantagent [les brasseries d'envergure mondiale plus importantes] ? Qu'est-ce que ça donnera, sauf compliquer la tâche la prochaine fois qu'il faudra faire quelque chose parce qu'il faut l'accord des deux parties plutôt que d'une seule ? [...] Je pense que ni Molson ni Coors ne sont des entreprises en croissance dans l'industrie de la bière et je ne crois pas qu'elles le deviendront de cette façon. Ça ne règle pas les problèmes. Les loups rôdent toujours à leurs portes. »

Ces mesures ne réglèrent pas non plus cet autre problème : une fusion d'égaux entre Molson et Coors n'entraînait aucun versement de prime ce qui, pour certains actionnaires, était inacceptable. Les loups étaient affamés.

🍁

À l'automne 2004, Ian avait manœuvré pour monter une contre-offre en vue d'acquérir Molson. Il cherchait d'autres partenaires pour compléter la somme de 1 milliard de dollars promise par Onex. De nombreuses personnes informées tinrent pour acquis qu'il allait collaborer avec Heineken. Les deux entreprises entretenaient déjà des relations au Brésil, Molson distribuait la Heineken au Canada, et Ian avait toujours fait allusion à ses relations étroites avec la famille. Quelques semaines auparavant, toutefois, un cadre de Heineken avait publiquement nié les rumeurs et affirmé que l'entreprise ne s'intéressait pas à Molson.

À la mi-septembre, il y eut des rumeurs voulant que SABMiller plc, le troisième brasseur au monde en volume, se joindrait à Ian et à Onex pour participer à une offre d'achat hostile. Cette proposition avait tout pour séduire les actionnaires qui souhaitaient une somme en argent.

Il y eut toutefois quelques accrochages, notamment concernant Coors Light. Si Molson venait à tomber aux mains d'un « ennemi » comme SABMiller, Coors annonça qu'elle retirerait la Coors Light du Canada. Étant donné qu'il s'agissait de la bière légère la plus vendue au pays, avec une part de marché en croissance de 8,5 %, la menace faisait réfléchir. Les analystes la considéraient comme une pilule empoisonnée d'une grande efficacité. Il y avait ensuite l'indemnité de rupture des négociations de 75 millions de dollars américains. Si Molson annulait la fusion d'égaux pour s'allier à SABMiller, par exemple, elle devrait verser à Coors cette somme non négligeable.

Le 23 septembre, des journalistes interrogèrent Malcolm Wyman, directeur financier de SABMiller, au sujet des rumeurs. Il admit que son entreprise était « en mode d'acquisition dans une industrie en consolidation », mais il refusa de commenter celles selon lesquelles il planifiait une offre publique d'achat hostile pour Molson. Finalement, SABMiller décida d'attendre.

Eric eut à se prémunir d'une offre publique d'achat hostile échafaudée par Ian, mais aussi à franchir un l'obstacle plus personnel : le pacte de vote familial que son cousin avait mentionné dans sa lettre au conseil d'administration de Molson le 21 juillet 2004 et dont il avait l'intention de se prévaloir pour bloquer la transaction avec Coors. En 2001, après l'échec du stratagème de Molson Holdings, la société de portefeuille d'Eric et de Stephen (Pentland Securities) et celle d'Ian (Swiftshure Trust) avaient conclu une convention d'actionnaires de cinq ans. Ils avaient combiné leurs participations respectives de 44,69 % et de 10,3 % dans les actions avec droit de vote de catégorie B de Molson et s'étaient engagés à ne pas s'en défaire à moins de certaines conditions. Il s'agissait essentiellement d'un mécanisme de blocage conçu pour prévenir toute offre publique d'achat non souhaitée en réunissant les actions des membres de la famille pour garantir leur position de contrôle. Ian, toutefois, se prévalait dorénavant de la convention pour opposer son *veto* à la fusion d'égaux avec Coors.

Le seul moyen pour Eric de s'en sortir consistait à se procurer davantage d'actions de catégorie B. Si Pentland en possédait plus de 50,1 %, elle pouvait se retirer de l'entente. Avec sa participation de 44,69 %, Eric n'était pas loin de son objectif, mais comme ces actions se négociaient en faible quantité, il lui aurait été impossible de s'en procurer suffisamment sur le marché libre. La solution évidente consistait à demander l'aide de ses sœurs.

Tom avait légué à Deirdre et Cynthia 2,4 millions d'actions de catégorie B (soit 10,8 % de la quantité totale d'actions de cette catégorie) qui avaient été déposées dans une fiducie familiale dont Eric était un fiduciaire. Cette fonction lui aurait aisément permis d'ordonner la vente de ces actions à Pentland. Il aurait pu aussi convertir unilatéralement les actions de catégorie B de ses sœurs en titres de catégorie A (sans droit de vote) pour augmenter le pourcentage de sa participation d'actions avec droit de vote au-delà de la barre des 50,1 %. Par contre,

Eric n'aurait jamais agi comme les brutes qu'il détestait tant dans sa jeunesse ni contraint ses sœurs d'accepter plutôt que de leur permettre de prendre leurs propres décisions concernant leur héritage.

Eric jouait son rôle de fiduciaire de la succession de son père avec un grand sérieux. Stephen, fiduciaire lui aussi, partageait le dévouement de son frère. Ils demandèrent à leurs sœurs de prendre la décision. Eric les rencontra, ainsi que leurs enfants d'âge adulte, pour leur expliquer les conséquences de la convention d'actionnaires entre Pentland et Swiftshure. Il demanda à l'équipe de direction de Molson de leur présenter les détails de la fusion d'égaux et les pressa d'engager leurs propres avocats et conseillers pour avoir une opinion objective sur la meilleure marche à suivre pour eux. Brian Baxter, deuxième fils de Cynthia, expliqua qu'Eric et Stephen s'assurèrent « scrupuleusement » que leurs sœurs obtenaient un avis indépendant : « À cause du risque de conflit d'intérêts apparent, ils jugèrent qu'il était critique que non seulement les deux sœurs, mais aussi leurs cinq fils, approuvent unanimement leur demande. »

Avec l'approbation et le soutien des Stevenson et des Baxter, Eric entama un processus en trois étapes pour se défaire du pacte de vote familial signé en 2001 avec Ian. Premièrement, les fiducies de Deirdre et de Cynthia vendirent 18 000 actions de catégorie B à Pentland. Ensuite, elles convertirent les 95 % restants de leurs actions de catégorie B en actions de catégorie A (sans droit de vote). Ainsi, le nombre total d'actions avec droit de vote de Molson (c'est-à-dire le dénominateur) diminua, et la part d'actions de catégorie B de Pentland augmenta de 44,7 % à 50,7 %, ce qui permit à Eric et à Stephen (donc à Pentland) de franchir la barre des 50,1 % dont ils avaient besoin pour empêcher Ian de bloquer la transaction de Coors.

« Ian a probablement eu un choc en apprenant que mes sœurs m'ont aidé de la sorte, dit Eric. Il avait essayé de les convaincre de faire autrement, mais mes sœurs étaient de mon côté. Elles m'ont fait confiance et ensemble, on y est parvenus. »

Le sang-froid d'Eric, de son frère et de ses sœurs m'impressionne. Étant d'origine grecque, je suis habituée à voir toutes les histoires de famille se régler avec force gestes et discussions animées. Nous finissons par trouver un accord, mais non sans froisser quelques personnes au passage. Je demande à Eric s'ils avaient vécu autant d'agitation en 2004. « Il n'y a eu aucun drame, me répond-il en souriant. N'oublie pas que nous sommes anglo-saxons. On ne pique pas de colère. Mais au bout du compte, on a eu de la chance : Ian était le seul cupide de sa génération. Tous les autres, nous nous sommes serré les coudes. »

David Stevenson raconte : « Je sais qu'oncle Eric a toujours été reconnaissant de ce qu'on a fait, mais il n'a jamais été question qu'on refuse de l'aider. Nous étions tous prêts à faire ça pour soutenir la famille. Nous lui avons dit : "Dis-nous où signer." […] C'était la différence entre notre groupe et Ian. Pour autant que je sache, Ian essayait simplement de vendre l'entreprise ou de faire l'impossible pour en tirer un gain personnel. »

En retour, les neveux d'Eric n'ont demandé qu'une seule chose : que Stephen et Eric se retirent de leur rôle de fiduciaires pour la portion de l'héritage de Tom léguée à leurs mères. Brian Baxter explique pourquoi : « Un des avantages accessoires de la conversion de nos actions et de notre retrait du bloc d'actions avec droit de vote, c'est que nous n'avions plus besoin d'Eric et de Stephen comme administrateurs des fiducies de Cynthia et Deirdre. Au bout du compte, c'est une relation beaucoup plus saine et appropriée entre Eric et ses sœurs. » David ajoute qu'il n'était plus nécessaire qu'ils agissent à ce titre parce que les sœurs auraient été « attachées à tout ce qui aurait pu survenir avec Molson Coors à l'avenir, sans pouvoir exercer le moindre contrôle ». Eric et Stephen acceptèrent cette demande.

Dans une note manuscrite envoyée le 18 janvier 2006, Deirdre exprima sa gratitude à Eric pour sa diligence à son égard et à celui de Cynthia depuis la mort de leur père, vingt-six ans auparavant :

> *Mon cher Eric,*
>
> *Pendant de nombreuses années, tu as été un des fiduciaires de ma société de placement, THPM Estate. […] Tu nous as conseillées, Cynthia et moi, tu as organisé des réunions pour nous avec la fiducie (Royal ou National) et tu as assumé tes tâches sans exiger le moindre cent, auquel tu aurais eu droit, et tu nous offrais même le lunch. Et tout ça avec patience et sérénité, même lors de conflits et de difficultés au sein des compagnies Molson et à*

des périodes où tu étais déjà plus qu'occupé avec d'autres affaires urgentes.

Je te remercie du fond du cœur pour ta loyauté et ton empressement à t'occuper de nos affaires. Ce fut un réconfort pour moi, après la mort de papa, de savoir que tu veillais sur nos intérêts et que je pouvais toujours compter sur toi et sur tes conseils soutenus. [...]

Avec beaucoup d'amour, comme toujours,
Deirdre

Même s'il avait franchi des obstacles considérables, Eric devait encore remporter le vote des actionnaires. La fusion d'égaux devait être approuvée par au moins les deux tiers des détenteurs d'actions de catégories A et B de Molson. Les résultats s'annonçaient serrés.

Dan O'Neill et Leo Kiely rencontrèrent l'ensemble des principaux investisseurs et utilisèrent tout leur pouvoir de persuasion pour vanter le bien-fondé de la fusion. Toutefois, sans le versement d'une prime, il semblait peu probable qu'ils obtiennent le soutien dont ils avaient besoin. Ils devaient trouver un moyen de rendre la transaction plus alléchante tout en conservant l'équilibre de la fusion d'égaux. Une solution consistait à puiser dans les fonds de Molson pour verser un paiement aux actionnaires de Molson ; un dividende exceptionnel en quelque sorte.

Les représentants de Coors eurent des réserves au départ, comme l'explique Giguère : « Les gens de Coors n'étaient pas très heureux au sujet du dividende exceptionnel, mais on leur a dit : "La transaction ne se fera pas à moins que vous rééquilibriez les choses d'une façon ou d'une autre." Et n'oubliez pas que Coors avait besoin, elle aussi, de la transaction. C'était une entreprise de taille moyenne comme Molson, et elle s'est rendu compte que pour être l'une des cinq grandes brasseries d'envergure internationale dans le monde, elle devait le faire. Coors a donc fini par accepter cette mesure. »

Le mercredi 3 novembre, les membres du conseil d'administration de Molson se réunirent pour discuter d'un moyen pour « adoucir » la transaction. O'Neill leur dit : « On a parlé aux gens de Coors. On peut offrir un dividende exceptionnel de 3 $ par action pour un total d'environ 350 millions de dollars qui seront versés une fois la fusion achevée. »

Les administrateurs discutèrent des avantages et des inconvénients de faire ce versement pour accroître le soutien pour la fusion. Eric mit fin au débat au bout d'un certain temps : « Si nous allons de l'avant avec ce dividende exceptionnel, Stephen et moi allons y renoncer. Pentland ne le recevra pas. Je ne veux pas qu'il y ait la moindre confusion sur la raison pour laquelle nous voulons conclure cette entente. Cette fusion d'égaux répond aux intérêts de notre entreprise et de son avenir à long terme. Elle donnera une valeur importante à nos actionnaires pour les années à venir. Il est hors de question pour nous de recevoir un paiement, et je ne veux pas que quiconque pense que c'est la raison pour laquelle nous appuyons cette transaction. Alors nous ne prendrons aucun dividende. Vous pouvez redistribuer l'argent qui devrait nous revenir aux autres actionnaires. »

Puisqu'Eric et Stephen refusèrent d'accepter le dividende pour leurs actions de catégorie B, le dividende versé aux autres actionnaires de Molson augmenta de 3 $ à 3,26 $ par action. La proposition fut approuvée par les administrateurs de Molson et de Coors.

« Selon moi, en refusant de toucher le dividende extraordinaire, Eric a fait un geste très généreux, explique Dan Colson. C'est tout à fait lui. Il a permis d'éviter les discussions. Personne ne pouvait se plaindre du fait que, lui, il refusait de prendre l'argent. Il s'inquiétait de la façon dont tout cela serait perçu. Il ne voulait pas que des gens comme Jarislowsky l'accusent d'exagérer ni rien du genre. Mais pourquoi ne pourrait-il pas recevoir ce dividende extraordinaire ? Il y avait droit comme tous les autres ! Je me rappelle l'avoir dit à Eric, mais son idée était faite et il voulait que rien ne vienne entraver la fusion avec Coors. Il tenait à la transaction. »

Eric a les mêmes souvenirs : « Danny m'a dit que j'aurais dû réclamer le dividende extraordinaire, mais Stephen et moi, on l'a remis quand même. Nous avons permis que l'argent soit versé aux autres actionnaires. Je me suis dit que c'était une bonne initiative. Nous n'avions pas besoin de cet argent et, plus important encore, ça nous a permis de régler d'autres problèmes. Il en allait de notre avenir : le dividende allait faciliter l'approbation de la fusion avec Coors. Il y avait la Fondation Molson : même si nous ne le recevions pas, la fondation allait le recevoir, et ça voulait dire beaucoup d'argent pour les œuvres de bienfaisance et pour le Canada. Et finalement, il y avait mes sœurs. Elles allaient toucher le dividende et, ça, c'était juste d'une certaine façon. »

Concernant ce dernier point, les discussions sur la rupture du pacte de vote avec Ian se déroulaient en même temps que le versement du dividende exceptionnel. Eric fut rassuré de savoir que, même si ses sœurs avaient accepté de convertir leurs actions de catégorie B en actions sans droit de vote afin que Pentland puisse se dissocier de l'entente avec Swiftshure, la société de placement d'Ian, elles pourraient au moins bénéficier du dividende exceptionnel comme tous les autres actionnaires.

Au sujet de cette décision, Eric Stevenson, le fils de Deirdre, dit : « Quand on a appris que Stephen et Eric allaient renoncer au dividende exceptionnel, tout est devenu clair pour nous. Ça devenait acceptable de nous demander de convertir nos actions pour qu'ils puissent se prévaloir de nos droits de vote afin de se sortir de l'entente avec Ian. Pour moi, le fait de renoncer au dividende exceptionnel était la preuve que mes oncles étaient prêts à faire ce qu'il fallait pour conclure la transaction avec Coors. Alors tant mieux pour eux. S'ils étaient prêts à aller jusque-là, on allait les soutenir. »

Eric et Stephen demeurèrent solidaires. « Mon frère a été mon partenaire durant toute cette affaire, raconte Eric. Pendant la période de tension avec Ian et le conseil d'administration, et lors des demandes pour que je donne ma démission, il était là. Et quand est venu le temps de prendre la décision au sujet du dividende exceptionnel, j'ai dit : "On n'en a pas besoin, Stephen. Arrangeons-nous pour faire la transaction et assurer un bon avenir à long terme avec Molson Coors." Stephen a suivi mon avis. Il est un grand partenaire sur ce point. Pas du tout cupide. Il dit qu'il embarque, et il le fait. »

Il restait tout de même certaines personnes à convaincre en plus des actionnaires et des membres de la famille : les employés de Molson. Geoff et d'autres cadres dirent à Eric qu'ils recevaient des messages contradictoires au sujet de la fusion. Comme l'incertitude concernant la transaction commençait à affecter le moral des troupes, Eric décida de rédiger une note de service.

« Je crois fermement que la fusion proposée offre la meilleure solution d'affaires pour Molson et ses employés dans le marché mondial de la bière qui change rapidement », écrivit-il. Il rappela que sa vision à long terme consistait à établir la « présence de Molson à l'échelle mondiale ». Ensuite, il ajouta quelques propos intimes : « Mon engagement envers cette transaction est très personnel. J'en ai fait la preuve de deux façons très concrètes : premièrement, Pentland Securities, l'entité qui possède les actions de la famille, abandonne pour la première fois le contrôle absolu parce que j'ai la certitude que cette fusion répond aux intérêts de l'entreprise et de ses actionnaires. Nous diluons notre propre droit de vote dans la nouvelle entreprise fusionnée à 33 %, comparativement au droit de vote de 51 % que nous possédons actuellement dans Molson. Pour sa part, la famille Coors diminue elle aussi son droit de vote à 33 %, alors qu'il atteignait 100 %. Deuxièmement, Pentland renonce à toucher le dividende extraordinaire de 3,26 $ par action qui sera versé dans le cadre de la fusion pour en donner davantage aux autres actionnaires. Cette décision coûtera à la famille Molson plusieurs dizaines de millions de dollars, qui seront distribués en totalité aux actionnaires de l'entreprise. C'est une décision coûteuse. Toutefois, je crois que les gains ultimes dont profiteront tous les actionnaires à la suite de la fusion avec Coors surpasseront largement cette perte à court terme. »

Ce texte produisit l'effet désiré. Les gens de Molson comprirent qu'Eric et sa famille voulaient que la fusion permette à Molson de survivre dans le marché mondial. Ce n'était pas pour leur profit personnel. Et il ne s'agissait pas non plus d'une prise de contrôle des Américains ni d'une dérobade. Et même si Eric ne pouvait pas leur garantir leur emploi, ils jouissaient au moins d'une meilleure chance en travaillant pour une entreprise maîtresse de sa destinée plutôt que pour une entreprise qui attendait comme une proie d'être avalée par un géant de la bière.

À compter de l'annonce de la fusion d'égaux en juillet 2004, l'équipe de la transaction dut surmonter de multiples obstacles. Le 14 octobre, par exemple, la proposition fut modifiée pour en biffer les modalités les moins acceptables, comme le droit de vote aux détenteurs d'options et le boni de plusieurs millions de dollars à O'Neill. Trois semaines plus tard, le 5 novembre, Molson et Coors annoncèrent l'octroi d'un dividende exceptionnel de 3,26 $ par action de Molson si la fusion était acceptée. Cinq jours après, Pentland annonça avoir recueilli suffisamment d'actions pour rompre le pacte de vote avec Ian. Enfin, le 16 novembre, le groupe d'investisseurs d'Ian annonça qu'il ne déposerait pas d'offre pour Molson à moins que les actionnaires de la brasserie votent d'abord contre la fusion proposée avec Coors. Tout semblait en place pour le vote qui devait se tenir à la mi-décembre.

Malgré toutes ces mesures, les actionnaires n'étaient toujours pas convaincus : « Si vous voulez nos votes, dirent-ils, vous devez faire mieux que 3,26 $ l'action. »

Selon Eric, « les gens ont vu une ouverture et la cupidité a pris le dessus. L'appât du gain a joué un grand rôle ».

Tandis que les équipes s'affairaient à réviser le dividende exceptionnel, il devenait clair qu'elles seraient incapables de respecter le délai original de la semaine du 13 décembre. Elles décidèrent de retarder le vote des actionnaires au 19 janvier 2005 en se disant que cela leur laisserait suffisamment de temps pour revoir leurs grands investisseurs et déterminer le montant du dividende exceptionnel « acceptable ». Pendant ce temps, elles engagèrent la filiale des valeurs mobilières de la Banque de Montréal comme arme supplémentaire pour convaincre les actionnaires de soutenir la transaction.

On mit en place un système de suivi des trente principaux actionnaires. Au cours des semaines et des jours précédant le vote, la tension monta tandis que des défenseurs des deux camps prenaient position :

- *Contre* : Le 20 décembre, Jarislowsky Fraser annonça qu'elle s'opposait à la transaction à cause d'inquiétudes concernant la gouvernance. Le 3 janvier, Burgundy Asset Management (un autre gestionnaire de placements canadien) manifesta elle aussi son opposition en alléguant que la transaction n'accolait pas une valeur assez élevée au secteur brassicole canadien.

- *Pour* : Le 4 janvier, Fairvest, la plus grande agence de conseil en vote du Canada, déclara qu'après avoir « pesé les paramètres économiques et le fondement stratégique de la fusion avec les enjeux de régie d'entreprise » elle recommandait que les actionnaires votent pour la fusion ; le lendemain, Glass Lewis & Co., une agence du même type de San Francisco, manifesta aussi son soutien.
- *Contre* : Le 7 janvier, les gestionnaires de portefeuille chez AGF Management et TAL Global Asset Management annoncèrent que les deux entreprises voteraient contre la fusion.
- *Indécis* : AIM Funds Management, le plus important actionnaire de Molson avec près de 16 millions d'actions de catégorie A, ne communiqua pas sa décision : elle était l'« électron libre ».
- *Contre* : Le 11 janvier, Ian Molson fit sa première déclaration publique concernant la fusion. De son bureau de Londres, il annonça : « Molson ne devrait pas craindre l'avenir. J'ai soigneusement évalué la proposition de fusion Molson Coors et j'en conclus qu'il s'agit d'une mauvaise transaction pour les actionnaires de Molson. Le *statu quo* est une option préférable. Les actionnaires de Molson ne reçoivent rien pour le changement de contrôle ni pour la disparition de l'institution appelée "Molson" qu'on leur demande de faciliter. »
- *Pour* : Dan O'Neill réfuta publiquement les propos d'Ian : « […] les actionnaires doivent comprendre que la vraie différence entre une Molson indépendante et une Molson Coors fusionnée est l'accès à 175 millions de dollars américains de synergie potentielle estimée, l'investissement accru pour supporter les marques clés dans le marché canadien et la taille opérationnelle et financière pour participer à la consolidation de l'industrie brassicole. Tous ces avantages seraient autrement hors de portée des actionnaires de Molson. »
- *Pour* : Le même jour, Teachers', le Régime de retraite des enseignantes et des enseignants de l'Ontario, détenteur de 1,6 million d'actions de Molson de catégorie A, annonça qu'il prévoyait de voter pour la fusion.

- *Contre* : Le 12 janvier, SABMiller annonça qu'elle conseillait aux actionnaires de Molson de refuser et qu'elle comptait présenter une offre pour cette entreprise si la fusion de 3,4 milliards de dollars avec Coors échouait : « Une transaction avec Molson aurait un potentiel stratégiquement et pourrait accroître la valeur de SABMiller. »

Mercredi 12 janvier 2005, 6 h 15. Le ciel est encore sombre. Les journées de l'hiver montréalais sont courtes. Si courtes, si sombres et si froides que même les plus courageux souhaitent parfois hiberner. Le sommeil, toutefois, était la moindre préoccupation d'Eric. Il remplit le moulin à café de fèves foncées et huileuses, pressa trois fois sur le bouton (pour ne pas surchauffer le mélange) et attendit que l'eau bouille. Il lisait pensivement les déclarations émises à Londres quelques heures plus tôt : celle d'Ian et la dernière de SABMiller. Le tic-tac de l'horloge ponctuait le silence de la cuisine. Eric pensa aux actionnaires qui seraient appelés à voter sept jours plus tard. Beaucoup prévoyaient que la différence du nombre de votes serait « mince comme le fil d'une lame ». Sans surprise, la campagne incessante d'Ian contre la transaction et les affirmations comme celle de SABMiller n'aidaient pas la situation.

Les conseillers d'Eric lui avaient recommandé de répliquer publiquement pour expliquer comment la fusion avec Coors serait la meilleure occasion d'affaire pour Molson. Ainsi, la veille, il avait passé des heures à rédiger un communiqué de presse qu'il prévoyait publier ce jour-là sous le titre *Déclaration d'Eric H. Molson, actionnaire détenant le contrôle de Molson inc.* Ce serait une première pour lui. Depuis son arrivée chez Molson quarante-cinq ans auparavant, il n'avait jamais fait de telle déclaration.

Il versa l'eau bouillante dans la cafetière, puis relut ce qu'il avait écrit :

À quelques jours du vote du 19 janvier, je veux réitérer aux actionnaires que la fusion entre égaux de Molson et Coors, telle que proposée dans la circulaire de la direction, est la bonne transaction à réaliser avec le bon partenaire et qu'il s'agit pour eux, à court, moyen et long termes, d'une transaction équitable. […]

En effet, à titre d'actionnaires de contrôle, nous avons posé deux gestes qui démontrent aux autres actionnaires de Molson à quel point nous croyons en cette transaction. Ainsi, notre pourcentage de droits de vote, actuellement de 51 %, passera à 33 % dans l'entreprise fusionnée. Nous avons accepté cette situation, car nous croyons fermement que les bénéfices de la transaction vont plus que compenser la participation plus faible dans l'entreprise.

Nous avons aussi accepté de renoncer à participer au dividende spécial de 3,26 $ par action qui sera payé aux actionnaires en guise de considération additionnelle dans le cadre de la fusion. Cette décision nous coûtera des dizaines de millions de dollars à court terme ; cependant, si elle permet de conclure la fusion avec Coors, il s'agit d'une décision justifiée.

Les actionnaires ne devraient pas être amenés à penser à tort qu'il existe une option alternative, quelle qu'en soit la forme, qui procurerait les mêmes avantages que la fusion Molson Coors. Et les actionnaires ne devraient pas être amenés à penser à tort que nous endosserions une telle autre solution alternative.

Nous ne sacrifierons pas les possibilités de croissance à moyen et long termes en faveur de bénéfices à court terme ou de solutions ne procurant pas de croissance, comme la conversion de l'entreprise en fiducie de revenu. [...] Il n'est pas question non plus que nous vendions l'entreprise à d'autres groupes afin d'obtenir un avantage financier à court terme. Nous allons continuer à placer l'intérêt de l'entreprise devant les nôtres, même si cela veut dire une plus grande dilution de notre participation en vertu de l'arrivée d'un troisième partenaire dans la plateforme mondiale Molson Coors. [...]

Nous nous sommes engagés à créer de la valeur pour nos actionnaires en faisant croître notre entreprise, pas en la vendant. Cette entreprise n'est pas à vendre et la fusion entre égaux avec Coors est la seule option sur la table le 19 janvier.

Pat Palozzi, vice-président de la société de placement canadienne Beutel Goodman (qui est toujours actionnaire, et ce, depuis 1998), se rappelle avoir lu la déclaration d'Eric sur le fil de presse : « Elle a été diffusée le 12 janvier à 18 h 2, après la fermeture des marchés. En la lisant, je me suis rendu compte que ce n'était pas un communiqué de presse de Molson, mais bien d'Eric lui-même. Je n'avais jamais vu ça. Ça m'a semblé inhabituel. Dans la plupart des transactions comme celle-là, les communications passent par l'entreprise ou son conseil d'administration et obéissent à certaines règles de protocole. C'était plus personnel. Elle provenait directement d'Eric. Et il était ferme. Lisez la dernière phrase : "Cette entreprise n'est pas à vendre et la fusion entre égaux avec Coors est la seule option sur la table." C'est très clair. »

❦

Le même jour, Eric rencontra Dan O'Neill et d'autres membres de l'équipe de négociation. O'Neill rentrait tout juste d'une réunion avec Kiely à Golden au Colorado, où ils avaient essayé de trouver des moyens de surmonter l'opposition à la fusion. Eux aussi craignaient que les déclarations négatives de certains actionnaires institutionnels influencent le vote. Les deux chefs de la direction s'entendirent pour améliorer les paramètres économiques de la transaction.

Eric demanda à O'Neill : « Qu'est-ce qu'ils en pensent chez Coors ? »

« Ils semblent prêts à nous permettre de payer 2 $ de plus par action. »

Eric appela lui-même Kiely pour s'assurer que Coors consentait à augmenter le dividende exceptionnel à 5 $ par action. Si les Américains estimaient que les actionnaires de Molson (incluant les membres de la famille) recevaient trop d'argent, ils pourraient décider de se retirer de la transaction.

Après avoir raccroché, Eric annonça à Stephen : « Leo dit qu'ils ont un peu de problèmes avec le dividende à 5 $. Certains chez Coors croient que c'est nul. »

En privé, les frères Molson se demandaient encore s'ils devaient ou non accepter le dividende exceptionnel plus élevé. Étant donné le nombre d'actions qu'ils possédaient, leur part du dividende représentait 51 millions de dollars. « Ce n'est pas rien », remarqua Eric. En outre, comme Colson l'avait dit plus tôt, ils avaient droit à cet argent comme tout autre actionnaire de Molson. Par contre, Eric maintint sa décision antérieure.

« On va laisser aller les 51 millions de dollars pour qu'ils soient versés aux autres actionnaires et on va signer l'entente, dit-il. Molson a besoin de la fusion. » Stephen était d'accord.

Kiely est mal à l'aise en se rappelant sa conversation téléphonique avec Eric : « J'ai bien conseillé à Eric de ne pas empocher ce dividende exceptionnel. Il m'a demandé si je pensais que c'était important qu'il y renonce et j'ai répondu que oui, probablement. […] Je me sens encore mal en y pensant. Avec du recul, je ne crois pas qu'il était forcé de le faire. Mais je me souviens qu'à l'époque je me suis dit que ce serait important pour conclure la transaction. Il y avait trop d'intérêts divergents dans l'air. […] Selon moi, s'il touchait son dividende, ça risquait de compromettre la situation. Mais Eric a eu beaucoup de classe. Il a dit qu'il y renoncerait et il n'a pas fait d'histoires. Ça ne m'a pas surpris parce que, Eric, il est comme ça. »

Sandy Riley reconnaît que « la famille a cédé beaucoup pour que la transaction avec Coors se réalise », mais il dit aussi : « C'était brillant de la part d'Eric. Ça a permis à la famille d'avancer dans une situation où elle continuait à exercer son contrôle et sa participation dans une entreprise brassicole qui n'était plus enclavée au Canada. »

« De toute façon, explique Eric, Stephen et moi, nous ne sommes pas rapaces. Nous ne recommandions pas la transaction avec Coors seulement pour faire un paquet d'argent. Comme actionnaires, nous ne sommes pas des spéculateurs, nous sommes des investisseurs. Nous nous concentrions sur la valeur intrinsèque d'une entreprise et nous sommes là-dedans à long terme. » Il regrette que les entreprises semblent maintenant menées exclusivement en fonction des résultats trimestriels. « C'est allé trop loin. Les actionnaires s'attendent à un rendement immédiat, et les cadres sont motivés par les régimes de rémunération associés au cours de l'action. Le risque, c'est que la cupidité prenne le dessus et que tout le reste passe au second plan. »

À titre d'actionnaire détenant le contrôle d'une entreprise à deux catégories d'actions, Eric croit que son rôle consiste à faire contrepoids à cette courte vue. Warren Buffett a dit : « Notre horizon d'investissement préféré est pour toujours. » Comme lui, Eric se concentre sur la croissance de la véritable valeur sous-jacente d'une entreprise plutôt que de chercher à profiter des fluctuations à court terme en fonction « de ce qui est en vogue sur le marché ».

Stephen et lui souhaitaient que Molson reste active sur la scène brassicole mondiale qui se transformait rapidement. Quatre mois plus tôt à peine, le 27 août 2004, la plus grande brasserie au monde (InBev) fut fondée à la suite de la fusion de la brasserie belge Interbrew SA et de la Companhia de Bebidas das Américas SA (AmBev) du Brésil. En soupesant toutes ces considérations, les frères renoncèrent au dividende exceptionnel de 51 millions de dollars.

J'interromps l'enregistrement et je regarde pensivement Eric assis face à moi. Qu'est-ce que j'aurais fait, moi, si j'avais été dans sa situation ? Est-ce que j'aurais renoncé à une telle somme d'argent ?

❧

Le jeudi 13 janvier 2005, Molson et Coors annoncèrent l'augmentation du dividende exceptionnel. Comme Eric et Stephen avaient refusé leur part, le montant dévolu aux autres actionnaires passa de 5 $ à 5,44 $ l'action.

Francesco Bellini, administrateur de Molson, soutient que le refus d'Eric de toucher son dividende fut une erreur : « Une grosse erreur ! affirme-t-il en secouant la tête. Mais je le répète, c'est son style. Il ne voulait pas que les gens pensent qu'il profitait de sa position. Il était comme ça. Nous lui avons tous conseillé de le prendre. Moi, je l'aurais pris ! Mais je respecte Eric pour ce qu'il a fait. »

Eric explique : « Tout le monde avait l'impression que le refus du dividende était un grand sacrifice, mais pas si on pense aux parties prenantes, pas si on pense à sa famille et pas si on pense à la santé à long terme de l'entreprise. De plus, le marché voulait quelque chose de plus de notre part. [...] Y renoncer a permis de boucler la transaction. Les actionnaires l'ont trouvée plus acceptable. »

« La plupart des gens auraient pris l'argent, explique Stephen. Environ 90 %, je dirais. Mais pas nous, et c'est pourquoi je sens que Molson est spéciale. Une des plus anciennes entreprises. Nous en sommes fiers et nous avons voulu que ça reste comme ça, même si ça voulait dire de partager le contrôle avec une autre famille qui voit les choses de la même façon. »

David Stevenson dit : « Eric et Stephen n'ont pas voulu du dividende exceptionnel. Il n'y a pas un PDG dans le monde qui aurait fait ça. Mais eux, ils l'ont fait. C'est très impressionnant et ça démontre quels sont leur allégeance et leurs intérêts. Ils travaillent pour leurs actionnaires. C'est beau à voir dans notre monde de fous, dans ce monde où les banquiers reçoivent des sommes astronomiques, par exemple. Aujourd'hui, tout ce qu'on voit, c'est de la cupidité. D'après moi, la position de Stephen et d'Eric est unique. Le fait qu'ils aient décidé de laisser les 51 millions de dollars dans l'entreprise est pas mal *cool*. Ce geste résume la personnalité d'Eric. Il voit la situation dans son ensemble. »

En annonçant l'augmentation du dividende exceptionnel, Molson en profita pour informer le public que le vote sur la fusion, prévu à l'origine le 19 janvier 2005, était reporté au 28 janvier. Entre-temps, la prime augmentée produisit l'effet escompté. Un à un, les investisseurs révisèrent leur position : AIM Funds Management, AGF Management et Burgundy Asset Management changèrent d'idée et décidèrent de soutenir la fusion. Il y avait quelques dissidents, comme Jarislowsky Fraser et Highfields Capital Management, mais on sentait que le vent tournait.

« C'était un peu une zone grise, admit Stephen. Jusqu'à la fin, nous ne savions pas comment ça allait se passer. »

« Nous avions une équipe qui révisait les listes d'actionnaires, comptait les votes et vérifiait si nous avions les nombres requis, raconte Eric. C'était une période très tendue. »

🍁

Le vendredi 28 janvier fut une journée d'hiver typiquement montréalaise : ciel partiellement nuageux, rues enneigées, moins 21 degrés Celsius (moins 30 avec le facteur éolien). L'assemblée extraordinaire des actionnaires commençait à 9 heures à l'hôtel Le Reine Elizabeth. Eric, qui tenait à arriver à l'avance, partit tôt de la maison avec Jane pour éviter la circulation. En entrant dans le salon Marquette, il remarqua beaucoup de visages familiers, mais ne vit pas Ian ni aucun représentant de Highfields ou de Jarislowsky Fraser. Les plus énergiques adversaires de la fusion étaient absents. Bon, pensa-t-il, ils ont voté par procuration.

On déclara la séance ouverte et le silence se fit. À 9 h 17, après les présentations et les formalités d'usage, on lut le décompte :

- Actions de catégorie A, sans droit de vote : pour la fusion : 80,2 %, contre : 19,8 %. Total de 88 411 157 voix exprimées, représentant 81,9 % des actions de catégorie A en circulation.
- Actions ordinaires de catégorie B : pour la fusion : 84,3 % ; contre : 15,7 %. Total de 15 540 418 voix exprimées, représentant 78,2 % des actions de catégorie B en circulation.

Eric poussa un soupir de soulagement. C'était réglé : la fusion d'égaux de Molson et de Coors était approuvée. Il s'avança au lutrin et s'adressa à la salle bondée : « Avez-vous des questions ? »

Plus de trois cents actionnaires étaient présents. Un silence surréel planait après le drame, les débats acrimonieux et l'agitation des mois précédents.

Eric s'éclaircit la gorge et félicita tout le monde : « Cette transaction est un chapitre important de l'histoire de Molson. La fusion mise sur le jumelage stratégique et culturel de nos deux entreprises pour donner naissance à une brasserie de calibre mondial qui dispose de l'envergure, des ressources et du territoire nécessaires pour être concurrentielles dans l'industrie brassicole consolidée d'aujourd'hui. […] Ce fut un long processus et je suis reconnaissant à nos actionnaires de leur soutien et de leur faculté de comprendre la valeur stratégique et économique de cette transaction. »

Le public se mit à applaudir.

Dan O'Neill aussi, comme les autres. Enfin, tout était terminé.

Aujourd'hui, il raconte : « L'année a été vraiment difficile jusqu'à la toute fin. Je me souviens que, jusqu'à la dernière minute, on ne savait pas comment le vote allait se passer. La veille, on est restés éveillés jusqu'à minuit, mais on ne le savait toujours pas. On a eu les résultats du vote le matin même. […] Après l'allocution d'Eric, j'ai dû faire ma présentation à l'avant. Après, je me suis dit : "Dieu merci, je n'aurai plus à refaire ça." […] Je suis descendu de la scène, je me suis éloigné et j'ai refusé de faire des entrevues.

« Il y avait des journalistes partout. Je suis allé à ma voiture et il y avait deux femmes, le micro à la main, qui ont demandé à me parler : "Nous savons que vous n'avez rien dit à l'intérieur, mais il y a seulement nous deux." J'ai refusé en leur expliquant que je n'étais plus obligé

Molson Coors Brewing Company Annual Report 2006

Approuvée le 28 janvier 2005, la fusion de Molson et de Coors marque le début d'une ère d'expansion internationale. Couverture du rapport annuel 2006 de Molson Coors.

de le faire. Le lendemain, on a lu dans les journaux : "Le type qui n'a jamais dit non à un micro a refusé de parler." Je n'étais plus capable. Je suis allé à ma ferme et, pendant un mois, j'ai passé mon temps à couper du bois sans parler à personne. »

Cet épisode laissa des cicatrices. Le lendemain du vote, Geoff écrivit à Ian. Dans sa lettre, il parla du dévouement de son père et de son engagement à l'égard de Molson en donnant comme exemple son refus de toucher le dividende exceptionnel. Il compara ensuite le comportement d'Ian à celui de son père et conclut : « À en juger par tes agissements, tu n'as manifestement pas hérité des gènes de l'engagement et de la loyauté. » Les mots de Geoff étaient durs, et sa rage, profonde, mais il n'envoya jamais le message. Il ne voyait pas ce que cela donnerait et prédit que les « tentatives fallacieuses [d'Ian] pour entacher publiquement la réputation de mon père seraient oubliées très rapidement ».

Eric mit l'« affaire Ian » derrière lui. Après tout, bien qu'agressives, ses tentatives pour prendre le contrôle n'étaient pas illégales. Eric choisit plutôt de se concentrer sur l'avenir. « Bien sûr, immédiatement après le dévoilement des résultats, j'ai éprouvé du soulagement, dit Eric, mais je savais aussi que ce serait tout un défi de fusionner ces deux entreprises. J'ai tout de suite pensé : "Les cultures de Molson et de Coors sont-elles compatibles si on tient compte de ce dont elles ont convenu ?" Nous avons plusieurs points communs avec Coors en matière de technologie, de souci d'excellence et de qualité des produits, mais l'intégration de deux entreprises comme les nôtres exige beaucoup de travail, sans compter les risques. » Tout cela valut la peine, selon Eric. Au sein de Molson Coors, Molson avait dorénavant l'occasion de devenir un acteur international. Elle était maintenant de la partie. En outre, l'entreprise possédait de grandes marques comme Molson Canadian et Coors Light. Andrew deviendrait membre du conseil d'administration et il excellerait dans cette fonction : il avait une vision à long terme et savait ce qui se passait. Et bientôt, Geoff se joindrait à lui.

Les larmes montent aux yeux d'Eric pendant qu'il me parle de la passation à ses fils. Ces vers du poème *Au champ d'honneur* qui sont reproduits sur les murs du vestiaire des Canadiens, me reviennent en tête : « Nos bras meurtris vous tendent le flambeau, à vous toujours de le porter bien haut. » Eric avait passé le flambeau à la septième génération et tout semblait indiquer qu'il continuerait à briller.

14 Passer le flambeau à la génération VII

Il n'y a que deux ou trois histoires humaines, et elles se répètent avec autant d'acharnement que si elles n'avaient jamais eu lieu.

WILLA S. CATHER (1873-1947)

Eric dépose son verre de bière fraîche en secouant la tête : « Et ils veulent que je fasse un discours ? Andy, j'ai accroché mes patins il y a des années de cela. Je ne fais plus ce genre de chose. »

Andrew essaie de nouveau de convaincre son père d'assister au Gala des grands bâtisseurs de l'économie du Québec 2016. Même si, cette année, l'événement bisannuel souhaite honorer Eric, Andrew n'a toujours pas réussi. « M. *Niet* » reste fidèle à lui-même.

« Je sais bien, papa, mais c'est un bel événement. C'est organisé par l'IGOPP. »

« Le quoi ? »

« L'Institut sur la gouvernance d'organisations privées et publiques. Tu sais, le groupe qui mène des recherches et rédige des documents d'orientation sur des enjeux de régie d'entreprise. C'est Yvan Allaire, le président. »

« Ah oui, dit Eric, le groupe de réflexion. Tu as raison. J'ai lu ce qu'il fait. C'est du bon travail. »

« J'ai parlé à l'un d'eux et ils veulent rendre hommage à toute la famille Molson. Pas seulement à toi. »

Quelques jours auparavant, Andrew avait dit à Allaire que son père déclinerait probablement l'invitation si l'IGOPP souhaitait honorer uniquement Eric. C'est pourquoi il avait proposé que les projecteurs soient braqués sur l'ensemble de la famille. Je regarde Eric (qui ne semble toujours pas séduit par l'idée) et je pense à son humilité inébranlable. Acceptera-t-il un jour de s'attribuer le mérite d'un travail bien fait ?

« En plus, continue Andrew, cette année, ils vont souligner les mérites de gens qui ont fait profiter de leur succès la société dans son ensemble. C'est en plein dans nos cordes. Et ce qui est mieux encore, c'est que tu serais honoré en même temps qu'André Chagnon. Penses-y : Chagnon et Molson, le franco et l'anglo, la réussite en affaires et l'engagement social. Toutes des combinaisons gagnantes. »

« Tu as raison, admet Eric, c'est toute une combinaison. Et André Chagnon est un grand homme. Imagine : il a bâti Vidéotron, il l'a vendue et il a utilisé l'argent pour mettre sur pied la plus importante fondation au pays. Pense aux milliers de familles aidées par tout son travail pour lutter contre la pauvreté. »

Eric semble avoir changé d'opinion. « C'est bon. On va demander à Stephen, Deirdre et Cynthia de venir. On va y aller tous ensemble, en famille. »

Ainsi, le jeudi 19 mai 2016, nous sommes tous réunis à la salle de bal Le Windsor au centre-ville de Montréal pour rendre hommage à André Chagnon et à la famille Molson. Environ quatre cents personnes sont présentes, pour la plupart des leaders du milieu des affaires et quelques politiciens, dont le premier ministre du Québec, Philippe Couillard, et le maire de Montréal, Denis Coderre. C'est un événement joyeux et, malgré les réserves initiales d'Eric, il semble passer une belle soirée.

En nous dirigeant vers nos tables, je lui demande : « Êtes-vous prêt, Eric ? »

« Non, répond-il en souriant. Il ne faudrait pas que j'aille ailleurs, par hasard ? »

« Ça va très bien se passer, Eric. »

Les allocutions commencent. Yvan Allaire donne le ton à la soirée en citant le pape François. En 2014, il avait lancé aux participants du Forum économique mondial réunis à Davos : « Les affaires sont, en fait, une vocation, et une vocation noble, pourvu que ceux qui s'y engagent se sentent interpellés par un sens plus profond de la vie. Je vous

Eric Molson s'adresse aux invités du gala des Grands bâtisseurs de l'économie du Québec organisé par l'IGOPP, en compagnie de ses fils Geoff, Justin et Andrew, mai 2016. Photo : gracieuseté de l'Institut sur la gouvernance des institutions publiques et privées.

demande de vous assurer que l'humanité est servie par la richesse, et non gouvernée par elle. »

Vient ensuite le tour d'Eric. La foule applaudit tandis qu'il monte sur scène, suivi d'Andrew, de Justin et de Geoff. Le public l'acclame encore tandis qu'il attend derrière le lutrin. Il s'éclaircit la gorge comme s'il voulait dire : « Bon, ça va, ça suffit, tout le monde. » Les applaudissements finissent par arrêter. D'une voix claire, Eric remercie la foule de son accueil chaleureux. Il s'adresse à eux en français et choisit soigneusement ses mots : « Il y a deux cent trente-quatre années. Trois garçons… » Il fait une pause, puis reprend : « Le moment est venu de déléguer la tâche de prononcer un discours comme celui-ci à un de mes fils. C'est ce que John Molson, notre fondateur, un *vrai* bâtisseur, a fait avec ses fils et les générations qui ont suivi. Il a réussi à déléguer. Alors maintenant, c'est à mon tour… Andrew ? Geoffrey ? Qui vient prendre la parole ? » Le public éclate de rire et l'acclame de nouveau.

Et c'est tout. Eric a terminé son allocution en moins de trente secondes. Je pense en souriant : « Il nous avait prévenus ! Il nous avait dit qu'il avait accroché ses patins. » Je me rends compte toutefois que l'image n'est pas tout à fait exacte. Eric a peut-être passé la rondelle à la génération suivante, mais sa présence discrète au bord de la bande comme entraîneur et conseiller fait de ses jeunes coéquipiers de meilleurs hockeyeurs qu'ils ne l'auraient été individuellement.

❦

Selon Eric, ce qui importe, c'est le travail d'équipe, comme l'a dit Babe Ruth un jour : « Vous pouvez avoir les plus grands athlètes au monde, mais s'ils ne jouent pas ensemble, le club ne vaudra pas dix cents. » Chaque fois qu'on lui demande de parler des réussites de l'entreprise sous sa direction, Eric les attribue toujours aux talents et efforts combinés des personnes qui l'entouraient. Son rôle consistait à définir la vision d'ensemble, à choisir le chef de la direction approprié pour la tâche à accomplir et à incarner les *Principes de la famille Molson*.

Eric Molson avec quelques membres de l'équipe de Molson qui l'ont aidé à réaliser la fusion d'égaux Molson Coors lors de la réception du 9 mai 2005 : Stephen Molson, Raynald H. Douin (premier vice-président, Stratégie), Marie Giguère (chef des services juridiques), Eric Molson, Luc Beauregard (administrateur), Brian Burden (chef des services financiers) et Daniel W. Colson (administrateur). Photo : collection de la famille Molson.

Eric et Jane Molson en compagnie de Stephen et de son épouse Nancy Molson lors de la réception du 9 mai 2005. Dans son allocution ce soir-là, Eric déclara : « À de nombreuses occasions récemment, les enfants de Tom Molson se sont ralliés, en famille, et nous l'avons fait de nouveau. Je tiens à les remercier pour leur loyauté, leur vision et leur courage vis-à-vis de l'adversité que nous avons subie l'an dernier : les Baxter, les Stevenson, ma propre famille et mon frère Stephen. » Photo : collection de la famille Molson.

Le 9 mai 2005, trois mois après la création de la Molson Coors Brewing Company, Eric organisa une réception à la brasserie pour remercier les gens d'équipe loyaux qui l'avaient accompagné pendant cette aventure. Après le repas, il dit aux invités rassemblés : « Comme vous le savez, nous avons été témoins de beaucoup de réflexions à courte vue au cours de la dernière année. Des histoires à notre sujet, provenant de sources inconnues, ont circulé. Nous avons été exposés à des médias financiers qui ont colporté des potins, de même qu'à certains personnages peu recommandables. Alors 2004 a été une année horrible sur ce point. » Toutefois, ajouta-t-il, ce fut aussi l'année où l'entreprise fit un grand pas avec Coors pour s'intégrer au milieu international de la bière. Et cela fut possible uniquement grâce à l'aide de collègues et de membres de la famille « qui partagent la culture de cette institution qu'est Molson […] loyauté, intégrité, respect du passé, travail acharné, engagement dans la collectivité et optimisme pour l'avenir. »

Comme les entreprises qui la précédèrent, Molson Coors est dotée d'une structure à deux catégories d'actions. Elle est gérée conjointement par les Molson et les Coors. Avec la fusion, chaque famille abaissa ses propres droits de vote à hauteur de 33 % et elles conclurent une entente pour les combiner. Selon Leo Kiely, cette organisation leur permettait de jouir « continuellement d'une part importante de contrôle sur leur destinée ».

Le seul problème avec cette structure, c'est que les deux familles doivent s'entendre au sujet de toutes les grandes décisions, faute de quoi l'entreprise risque de s'enfoncer dans une impasse. Ce risque est mis en évidence dans les documents publics de l'entreprise : « Si Pentland [Eric Molson] et le Coors Trust [Pete Coors] ne s'entendent pas sur un sujet présenté aux actionnaires, il ne sera généralement pas adopté, même s'il est profitable à la société ou privilégié par d'autres partenaires. » Jusqu'ici, toutefois, tout va bien : depuis la fusion il y a plus d'une décennie, les deux familles s'entendent et leur partenariat fonctionne.

En 2005, par contre, les journalistes d'affaires ne s'attardèrent pas au contrôle exercé conjointement par les familles. Ils alléguaient que la fusion d'égaux était essentiellement une prise de contrôle de la brasserie canadienne par les Américains, et cela, en dépit du fait qu'elles partagent la gestion en parts égales, que les deux familles comptent le même nombre de représentants au conseil d'administration et qu'il y a deux sièges sociaux, à Montréal et à Denver. Les médias s'attardèrent sur le fait que le centre décisionnel de Molson Coors se trouve au Colorado et, comme le chef de la direction et l'équipe de direction s'y trouvent, qu'il s'agissait forcément d'une prise de contrôle par les Américains.

Dan Colson explique : « En affaires, une fusion d'égaux, ça n'existe pas, sinon on ne fusionnerait pas. Il doit y avoir un partenaire dominant. » Robert Coallier, qui quitta ses fonctions de chef des services financiers de Molson peu après la fusion, abonde dans le même sens :

« Je pense que la famille a raté une occasion, après la fusion et alors qu'Eric présidait toujours le conseil, d'améliorer l'équilibre avec Coors. Aujourd'hui, l'équipe de direction est à Denver, mais ça aurait pu être différent. Ça aurait vraiment pu être un siège social double. […] Eric a été le premier président du conseil de Molson Coors et il aurait sans doute pu mieux gérer l'équilibre du pouvoir. Mais Eric venait de livrer la bataille de sa vie avec Ian et de réussir la transaction. Alors je ne pense pas qu'il se sentait prêt à mener un autre combat. »

Leo Kiely ne partage pas son avis : « On pourrait croire que c'était une prise de contrôle de Coors parce que je suis devenu chef de la direction et que plusieurs services étaient basés à Denver, mais ce n'était pas le cas. À vrai dire, selon les règles de gouvernance de l'entreprise, il s'agit *bel et bien* d'une fusion d'égaux. Personne ne règne en maître. Il peut y avoir des différences économiques, puisque Coors produit plus de volume et que Molson est plus rentable, mais aucune ne domine l'autre. »

Sandy Riley est d'accord avec son analyse : « C'est un vrai partenariat. Je siège au conseil d'administration et c'est comme ça que c'est gouverné. Regardez la composition du conseil et les divulgations des conventions entre actionnaires, et vous verrez qu'il s'agit bien d'un partenariat entre les familles Molson et Coors. D'ailleurs, c'est mené comme tel. La seule différence, c'est que Leo Kiely a été choisi pour la diriger plutôt que Dan O'Neill, et c'était le bon choix. Alors, naturellement, le siège social principal est allé à Denver et c'est ce sur quoi les médias se sont attardés. »

Eric comprend pourquoi certains prétendent que la fusion d'égaux était en fait une prise de contrôle masquée, mais il n'est pas d'accord. Oui, l'équipe de direction s'est établie à Denver, parce que c'était là que travaillait Leo Kiely, mais, précise Eric : « C'est *moi* qui voulais que Leo soit notre chef de la direction. Nous n'avions jamais eu personne comme lui avant. Il était un grand *leader* dans le milieu brassicole, il était un penseur stratégique et il excellait sur le plan de l'exploitation. Nous pouvions enfin compter sur un homme apte à diriger des deux côtés de la frontière et à élever l'entreprise à un rang supérieur. »

Andrew fournit une autre manière d'aborder la situation en expliquant comment Molson a pavé la voie en matière de gouvernance.

Comme elle comptait trente années d'expérience de plus à titre de société faisant appel public à l'épargne (Molson avait lancé son premier appel public à l'épargne en 1945, et Coors, en 1975), Molson avait mis en place des pratiques qui influencèrent la façon dont Molson Coors est régie dorénavant. L'une d'elles consiste à inviter des administrateurs indépendants à siéger au conseil. « Nous disposions d'une mesure qui permettait aux actionnaires qui ne faisaient pas partie de la famille d'élire chaque année trois administrateurs indépendants, explique Andrew. Coors n'avait pas cette particularité dans sa structure. Alors elle a été ajoutée à la fusion en 2005. »

Une autre innovation rendue possible grâce à Molson fut les actions avec droit de vote assorties de clauses de protection en cas d'offre publique d'achat. Cette mesure permet à l'ensemble des actionnaires, qu'ils aient le droit de voter ou non, d'être traités équitablement si une offre d'achat est déposée pour les titres de l'actionnaire détenant le contrôle. « Molson s'est dotée de clauses de protection dans les années 1980, rappelle Andrew, mais Coors n'en avait pas à la fusion. Sans elles, on peut vraiment profiter de sa position de contrôle. Mais avec une clause de protection, si quelqu'un approche la famille pour acheter nos actions, tous les actionnaires devront recevoir la même offre. Quand nous avons fusionné avec Coors, nous avons introduit les clauses de protection chez Molson Coors. »

La pratique de gouvernance la plus importante adoptée par Molson Coors, toutefois, fut l'approche d'Eric, employée depuis longtemps, de ne pas interférer avec le chef de la direction. « Nos deux entreprises avaient un degré d'expérience différent en matière de gestion professionnelle, explique Andrew. Molson avait depuis très, très longtemps un chef de la direction qui ne faisait pas partie de la famille. Je pense que, la dernière fois où un Molson a été chef de la direction, c'était au milieu des années 1960. À l'époque où la fusion a eu lieu, nous avions un professionnel de l'extérieur à la tête de l'entreprise depuis près de quarante ans. Coors, par contre, était dirigée par un membre de la famille jusqu'à tout récemment. Leo Kiely est entré à l'emploi de Coors au début des années 1990 à titre de président et chef de l'exploitation, mais Pete Coors a été le chef de la direction de l'entreprise jusqu'à quelques années avant la fusion. Alors cette mentalité concernant les personnes de l'extérieur pour diriger l'entreprise était légèrement différente entre Molson et Coors. Mais nous apprenons ensemble et nous continuons à nous développer. »

Selon Eric, un changement personnellement gratifiant apporté par la fusion fut la participation de la génération suivante dans la gouvernance. Andrew siégeait dorénavant avec lui au conseil d'administration. « On m'a souvent demandé si je voulais que mes gars se joignent à l'entreprise. Je répondais toujours : "Non, pas nécessairement." Il faut leur laisser le choix. [...] Comme père, on surveille ses enfants de très près. On essaie de les protéger de la jalousie et de l'appât du gain, mais on s'assure aussi qu'ils travaillent fort, qu'ils s'entendent avec les autres et qu'ils pensent aux gens autour d'eux.

« Au moment de la fusion avec Coors, j'étais confiant parce que je savais qu'il y avait du talent derrière moi, dans la génération suivante. Andrew était prêt à embarquer comme membre du conseil. Je l'avais vu à l'œuvre et Andrew avait ce qu'il fallait. Geoffrey progressait bien aussi. Il gravissait les échelons. Ni l'un ni l'autre n'avait une attitude hautaine. En plus, Justin apportait une saine perspective externe. Alors je faisais confiance à la prochaine vague de successeurs. C'était un atout pour moi. J'avais mes gars. »

Sandy Riley fut témoin de l'intégration d'Andrew et de Geoff au conseil d'administration de Molson Coors : « La transition d'Eric à ses fils s'est vraiment très, très bien passée. Je sais qu'Eric est encore présent en coulisse. Une personne comme lui ne se retire pas à 100 %. Mais quand la décision a été prise d'accueillir Andrew, puis Geoff au conseil d'administration, il s'est effacé pour les laisser trouver leur propre voie. Il leur a permis d'être eux-mêmes. Au fil du temps, ils ont gagné en aisance et en confiance, même si Andrew s'y connaissait déjà pas mal en gouvernance et avait beaucoup appris auprès de Luc Beauregard. Les deux garçons manifestaient le même respect qu'Eric pour la direction et pour les administrateurs indépendants. Ils se taillent leur place à leur façon. C'est un cadeau merveilleux qu'Eric a donné à ses fils. »

Sur le plan des affaires, Molson Coors connut une crise de croissance après la fusion de 2005. Leo Kiely la décrit comme une « tempête de merde » qui aurait duré deux ans.

« Tout allait mal. Aux États-Unis, les ventes chutaient. Budweiser a baissé ses prix et on ne l'a pas trouvée drôle du tout. Du côté canadien, on a perdu le contrôle des petites brasseries et des parts de marché au bénéfice d'entreprises qui réduisaient leurs prix. En plus, le Brésil était en chute libre. Alors, quelques semaines seulement après la fusion, l'action a plongé de 20 %. On a eu un coup dur. C'était très, très difficile. »

Kiely s'attaqua aux problèmes un à la fois. Pour ce qui était du Brésil, il annonça peu après la fusion qu'il « refusait d'investir davantage dans Kaiser sans avoir de meilleure garantie qu'il s'agissait d'une plateforme viable à long terme pour occuper une place concurrentielle efficace au Brésil ». Il choisit de la gérer en se contentant de faire ses frais jusqu'à ce qu'il trouve une solution. Le 13 janvier 2006, Molson Coors vendit une participation de 68 % dans Kaiser à la société de boissons Femsa du Brésil pour la somme de 68 millions de dollars américains. Ce montant était près de dix fois inférieur à ce qu'O'Neill avait payé quatre ans auparavant.

Par contre, pendant ces années difficiles suivant la fusion, Kiely dit qu'il put compter sur une chose : le soutien du président du conseil. « On s'assoyait régulièrement, Eric et moi, pour discuter de tout ce qui arrivait et, vers la fin de la conversation, j'avais l'impression que tout allait bien se passer. Par exemple, quand le c.a. de Molson Coors a été formé, il m'a vu me casser la tête. Je devais convertir des administrateurs qui provenaient des deux entreprises. Mais tout ce temps-là, Eric me conseillait, toujours d'un ton très encourageant. »

Eric soutenait son chef de la direction même quand les critiques du milieu financier se faisaient plus sévères. Kiely était rassuré de savoir que « personne n'allait essayer de vendre l'entreprise sans notre consentement, peu importe à quel point ça pouvait aller mal. Les actionnaires qui détenaient le contrôle n'ont jamais eu de vision à court terme. Un autre conseil d'administration nous aurait congédiés en moins de deux pour un rendement comme le nôtre. Mais eux, ils sont restés avec nous. »

Le 9 février 2007, Ian Molson ajouta sa voix au concert de critiques. De Londres, il commenta : « L'émotion qui m'habite est la tristesse. En fait, tout ça n'était rien d'autre qu'une prise de contrôle, et les actionnaires de Molson n'ont pas été payés pour. Pire, elle n'a rien apporté à la valeur fondamentale de leurs capitaux propres. »

Ses commentaires, toutefois, furent démentis à peine quelques mois plus tard. Les avantages de la fusion commencèrent à se faire sentir, et le titre de Molson Coors monta. Alors que l'action se négociait à moins de 65 $ américains en octobre 2006, elle grimpa à 97 $ américains en avril 2007. Le 2 août 2007, l'entreprise annonça un fractionnement deux-pour-un de ses actions de catégories A et B afin de les conserver à un prix acceptable. Le journaliste d'affaires Peter Hadekel de *The Gazette* de Montréal reconnut ce revirement : « C'est une douce vengeance pour Kiely qui avait prêché la patience après avoir subi une série de problèmes au début de la fusion. »

« À la fin de 2007, les choses allaient passablement bien, raconte Kiely. On n'y serait jamais parvenus sans des actionnaires détenant le contrôle aussi investis que Pete et Eric. Je trouvais qu'Eric était un président de conseil formidable. Il donnait à tout le monde beaucoup d'espace pour faire son travail et il était absolument engagé. C'étaient ses dernières années à ce poste. Il avait récupéré le secteur brassicole, il avait consolidé tous les éléments, il possédait tout et il en a fait une entreprise durable. C'est pourquoi je croyais en lui. Son comportement me démontrait que je pouvais compter sur lui. Sur ces fondations, nous pouvions bâtir une grande entreprise. »

❦

Dans l'esprit d'Eric, la fusion d'égaux avec Coors était la première de plusieurs étapes. Il avait toujours considéré qu'après la fusion Molson Coors s'allierait avec d'autres brasseurs pour créer une entreprise de calibre mondial. Kiely et son équipe explorèrent différentes options internationales, avec Femsa du Mexique par exemple, mais ce projet ne se concrétisa pas. Ils décidèrent donc d'aller moins loin. Molson Coors avait besoin d'un partenaire aux États-Unis pour se mesurer au « roi de la bière », Anheuser-Busch, qui contrôlait plus de 50 % du marché américain.

SABMiller était une des possibilités. « Je n'arrêtais pas d'embêter Pete avec ça, raconte Eric. Je lui disais : "On devrait s'associer avec Miller aux États-Unis. On a besoin de sa force et de sa capacité de production pour rattraper Anheuser-Busch. C'est la seule chose à faire." »

Le problème, c'était que SABMiller et Coors s'étaient livré une concurrence féroce aux États-Unis pendant des années. Certaines des tactiques sauvages utilisées par les deux parties avaient laissé des cicatrices. « Coors et Miller, c'était comme nous et Labatt, ou comme le Canadien et les Nordiques, explique Eric. Comme c'était une concurrence intense, il a été difficile de convaincre Coors de signer une entente avec SABMiller pour les États-Unis. Pete était contre. Ces brasseurs s'étaient battus toute leur vie. S'il y a de la haine, elle vient entraver les décisions rationnelles. »

Kiely admet que SABMiller était l'« ennemie jurée » de Coors à l'époque. Il n'était pas surpris que Pete Coors refuse de signer une entente avec cette entreprise quand il entendit parler de l'idée en 2007. « Pourquoi on ferait ça ? protesta Pete. On vient d'avoir notre meilleure année à vie ! »

« Ouais, Pete, avait dit Leo. On vient d'avoir notre meilleure année en gagnant un demi-point de part de marché, ce qui signifie que, dans dix ans, on pourrait acquérir cinq points de part si on réalise "notre meilleure année à vie" pendant dix ans ! Quelles sont nos chances, d'après toi ? »

Pete Coors finit par se rallier aux autres membres du conseil et accepta de faire une transaction.

Le 30 juin 2008, SABMiller et Molson Coors combinèrent leurs activités aux États-Unis et à Porto Rico pour créer une coentreprise appelée « MillerCoors ». SABMiller détenait une participation de 58 % de la nouvelle coentreprise, mais le contrôle du vote était partagé en parts égales entre les deux partenaires. MillerCoors réalisait des ventes annuelles de 6,6 milliards de dollars américains et détenait 30 % du marché américain. Elle devint la deuxième brasserie en importance aux États-Unis, après Anheuser-Busch.

Pour ce qui était de la direction de MillerCoors, Pete Coors s'opposait à l'idée de muter un employé de SABMiller à sa tête, et les gens de Molson Coors ne voulaient pas perdre Kiely. Eric, toutefois, voyait les choses autrement, comme l'explique Kiely : « Dès le départ, Eric m'a pris à part pour me dire : "Écoute, si ça marche, pourquoi tu n'irais pas gérer MillerCoors ? Tu deviens le chef de la direction, tu nommes un chef de l'exploitation talentueux et tu t'amuses. Tu le mérites, Leo, fais-le." […] Et c'est ce que j'ai fait. »

Quelques semaines après la signature de l'entente, Eric présenta MillerCoors aux cinquante premiers gestionnaires de Molson Coors lors d'une conférence au Texas. « Notre décision de nous joindre à SABMiller pour faire concurrence à Anheuser-Busch est une grosse affaire et elle aura rapidement un impact positif sur notre entreprise. Cette nouvelle coentreprise nous rendra plus forts aux États-Unis et nous donnera les ressources non seulement pour faire de plus grosses transactions à l'échelle mondiale, mais aussi pour assurer notre indépendance à titre de grande brasserie d'envergure mondiale à l'avenir. »

La prédiction d'Eric s'avéra. La coentreprise MillerCoors les aida à très court terme à affronter le nouveau monstre de la bière qui se développait. Pendant que Molson Coors travaillait à une entente américaine avec SABMiller, InBev s'approchait dangereusement d'Anheuser-Busch. En juin 2008, le géant belgo-brésilien offrit 65 $ pour chaque action de la brasserie américaine (soit une prime de 24 % comparativement au cours du mois précédent). Les actionnaires étaient fébriles devant cette offre d'achat non sollicitée, et Warren Buffett, le deuxième actionnaire en importance d'Anheuser-Busch avec près de 36 millions d'actions, approuva cette initiative. Anheuser-Busch résista, tout comme la famille Busch. Leurs efforts et leur participation limitée étaient toutefois sans commune mesure avec celle de Carlos Brito, le chef de la direction d'InBev, et de ses investisseurs. Le 11 juillet, InBev augmenta son offre à 70 $ l'action, pour un total de 52 milliards de dollars américains, et l'affaire fut dans le sac. Deux jours plus tard, un dimanche soir, Anheuser-Busch accepta d'être vendue à InBev et, quelques mois après, AB InBev fut créée. Il s'agissait de l'une des cinq premières sociétés de produits de consommation au monde, avec près de 50 % du marché américain de la bière, un adversaire redoutable. Eric dit : « Imagine où nous serions si nous n'avions pas combiné nos actifs américains avec SABMiller. Ils nous auraient écrasés. »

Huit ans plus tard, les pronostics d'Eric s'étaient complètement vé-
rifiés. La stratégie qu'il avait défendue (soit de réunir les activités américaines de Molson Coors et celles de SABMiller) permit à l'entreprise
d'être propulsée à un rang supérieur en 2016. Toutefois, à la création
de la coentreprise en 2008, il était loin d'être acquis que les choses se
passeraient ainsi. Sandy Riley explique les risques : « Le problème était
que, lorsque nous avons créé la coentreprise MillerCoors, nous nous
sommes en quelque sorte enclavés et nous étions incapables d'accomplir quoi que ce soit de stratégique avec nos actifs américains. Nous
avions les mains liées parce que nous étions un partenaire minoritaire
d'une entreprise fusionnée et nous devions respecter toutes ces restric-
tions imposées aux coentreprises. Par contre, nous savions que nous
serions sur le chemin de la gloire si les Brésiliens [AB InBev] tentaient
de mettre la main sur SABMiller. Cette éventualité avait toujours été
une possibilité et, si elle se matérialisait, nous savions que nous pourrions mettre la main sur l'ensemble du marché américain. »

C'est exactement ce qui se produisit en 2016. Certains le qualifièrent de coup de chance, mais comme le dit le philosophe romain
Sénèque : « La chance naît d'une rencontre entre la préparation et des
circonstances favorables. » Dans ce cas, les circonstances favorables
se présentèrent lorsque le chef de file mondial, AB InBev, déposa une
offre pour acheter son plus proche rival, SABMiller, pour la somme
de 107 milliards de dollars américains. Cette offre déclencha une
clause de l'entente de coentreprise de MillerCoors en vertu de laquelle
Molson Coors pouvait augmenter sa participation en capital dans
la coentreprise de 42 % à 50 % advenant un changement de contrôle
de SABMiller.

On se rend compte ici du rôle crucial de la préparation. Eric avait
appris à parer à toute éventualité depuis que Tom et Hartland avaient
omis de se réserver le droit de racheter le Club de hockey Canadien de
leurs cousins. Dans le cas de MillerCoors, cette mesure de protection
se présentait sous la forme d'un changement de clause de contrôle.
« Lorsque Sam Walker, notre directeur des affaires juridiques, et son
équipe ont élaboré les modalités de la coentreprise MillerCoors, ils
ont fait un travail brillant, rappelle Eric. Ils se sont assurés que nous
étions bien équipés. Alors quand AB InBev a déposé une offre pour

SABMiller, nous avons eu l'occasion d'augmenter notre participation dans MillerCoors à 50 % à un bon prix. C'est ce que nous avons fait. »

Mais il y avait plus encore : en faisant une offre pour s'emparer de son concurrent immédiat, AB InBev dut se préparer à se conformer aux règles antitrust. Ainsi, dans les pays où les parts de marchés combinées de la nouvelle entreprise fusionnée semblaient excessives, elle décida d'adopter des mesures préventives. Aux États-Unis, par exemple, elle vendit la totalité de sa participation de 58 % dans la coentreprise MillerCoors à Molson Coors, et pas seulement les 8 % requis par le changement de clause de contrôle. (Même après cette vente, elle détiendrait encore 45 % du marché américain.)

La mesure préventive eut l'effet escompté. Le 20 juillet 2016, AB InBev reçut l'approbation des autorités antitrust des États-Unis pour achever le rachat de SABMiller, ce qui laissait la voie libre à Molson Coors. Le 11 octobre, Molson Coors acquit son partenaire de la coentreprise pour 12 milliards de dollars américains, obtenant ainsi la propriété entière de MillerCoors US et le contrôle mondial sur la marque Miller, tout en doublant sa taille. Les critiques financiers louangèrent cette mesure. Le cours de l'action, qui se maintenait à environ 40 $ américains quatre ans auparavant, monta en flèche et atteignit plus de 100 $ américains.

Molson Coors devint la troisième brasserie en importance sur la planète.

« Atteindre ce rang a changé les règles du jeu pour nous, explique Eric. Ça nous rend plus forts pour l'avenir. Nous n'avions jamais trouvé comment avoir des assises solides aux États-Unis. Nous avions essayé un paquet de choses : le contrat avec Hamm, les exportations vers les États-Unis, la mise sur pied d'une entreprise américaine distincte… mais nous n'avions jamais réussi. Puis nous nous sommes diversifiés. Toutefois, lorsque nous sommes retournés à la bière, nous avions encore besoin des États-Unis. Ainsi, nous nous sommes associés avec Coors. Ensuite, nous avons conclu une coentreprise avec SABMiller. Et regarde où nous sommes maintenant : nous possédons Miller et nous sommes le numéro trois dans le monde ! »

Sandy Riley admire le courage d'Eric : « D'après moi, ce qui est arrivé avec la transaction de Miller doit donner à Eric un sentiment d'accomplissement parce qu'il croyait que la famille pouvait jouer un rôle dans une entreprise brassicole mondiale. Afin d'y parvenir, il a dû tenir le coup. Il a dû conclure la transaction avec Coors malgré tout ce qu'Ian faisait. Il a dû faire des concessions sur l'emplacement du siège social principal. Et il a dû faire des compromis pour ce qui était du droit de sa famille à se prévaloir des mêmes récompenses économiques, sous forme de dividendes, que les autres actionnaires. Et puisqu'il croyait en tout ça, la famille a pu au bout du compte continuer à être un acteur important dans une entreprise brassicole d'envergure mondiale qui pourrait voler de ses propres ailes des décennies durant.

« Pendant très longtemps, on se demandait si ça allait marcher. Mais persévérer, rester sur le marché, tenir bon, créer la coentreprise MillerCoors, acheter StarBev en Europe centrale et être dans ce marché, c'est comme lever les yeux pour regarder passer les nuages. Tout à coup, le ciel s'est dégagé et un chemin s'est ouvert pour mener l'entreprise au troisième rang des entreprises brassicoles dans le monde. Et pendant tout ce processus, la famille Molson a maintenu sa position comme l'un des actionnaires détenant le contrôle. »

Leo Kiely est d'accord. Il constate que la vision d'Eric pour bâtir une brasserie durable d'envergure mondiale s'était concrétisée : « On ferme un chapitre dans l'histoire du milieu de la bière. Quand Anheuser-Busch a été achetée par InBev, c'était énorme, n'est-ce pas ? Mais ensuite, AB InBev a consolidé SABMiller pour devenir un mastodonte et a atteint un autre niveau. Et finalement, Molson Coors qui acquiert par le fait même le contrôle d'une part importante du marché américain ? Je pense que la boucle est bouclée pour une entreprise durable. Eric a voulu dès le début demeurer à long terme dans le milieu de la bière, n'est-ce pas ? Après tout ce qui s'est passé, je crois que Molson Coors est dorénavant prête. Je pense que c'est vraiment *cool*. »

Eric sourit en apprenant ce que Kiely a dit : « C'est vrai, c'est *cool*. » Sa récompense après tout ce qu'il a vécu.

Le long de son parcours, Eric fut guidé par sa vision constante de Molson comme acteur international. Il utilisa les outils à sa disposition (son pouvoir de persuasion et son influence) et eut recours à l'artillerie lourde (le contrôle ou la « bombe H », selon Luc Beauregard) lorsqu'elle fut cruciale pour assurer la survie de l'entreprise.

« Je n'ai jamais voulu céder le contrôle, admet Eric. Je l'ai presque perdu dans les années 1990 avec Mickey Cohen, puis de nouveau avec Ian. Ensuite, je me suis rendu compte que non seulement nous avons besoin du contrôle (même s'il est partagé, comme c'est notre cas avec Coors), nous devons aussi l'exercer en respectant les principes de la famille de façon que les employés, les actionnaires, les autres parties prenantes et tout le monde en profitent et que notre avenir à long terme soit assuré. »

Malgré tout, Eric garde une bonne dose de réalisme : étant donné la consolidation qui se poursuit dans l'industrie, il n'est pas acquis que la famille sera en mesure de conserver sa position de contrôle au sein d'une entreprise géante. Il maintient toutefois qu'il y a une chose sur laquelle la famille peut, et doit, garder son emprise : le nom Molson. « C'est pourquoi j'ai créé le concept des "frères Molson", explique-t-il. Nous l'utilisons dorénavant pour nos investissements et nos dons de charité. Molson, c'est plus qu'un bon verre de bière. C'est un nom doté d'une image forte. C'est un nom canadien qui représente des citoyens solides qui contribuent au bien-être de leur collectivité. Nous devons continuer à bâtir sur ces assises. »

❦

L'Ordre du Canada, la plus importante distinction civile au pays, « reconnaît des réalisations exceptionnelles, le dévouement remarquable d'une personne envers la communauté ou une contribution extraordinaire à la nation ». Cet honneur fut accordé à Eric le 26 octobre 2007 à la fois pour sa carrière à la tête de la plus ancienne brasserie en Amérique du Nord et pour ses multiples initiatives philanthropiques, particulièrement à l'Hôpital général de Montréal et à l'Université Concordia.

Eric ne peut réprimer un rire en pensant à une conversation avec Stephen il y a plusieurs années, à son retour d'une rencontre avec le recteur de l'Université Concordia, Fred Lowy.

« Comment ça s'est passé ? », lui demanda Stephen.

« Très bien, dit Eric en accrochant son manteau. On est allés au Newtown sur Crescent. J'aime ça, passer du temps avec Fred. » Eric l'avait connu en 1995 lorsqu'il l'avait recruté pour devenir président et vice-chancelier de Concordia. Au fil des ans, les hommes se rapprochèrent en travaillant ensemble.

« Avez-vous parlé de l'école de commerce ? »

« Eh bien, ils ont besoin de plus d'argent… J'ai peut-être accepté de prolonger le don de notre fondation de quelques années. Je pense que j'ai mentionné cinq années de plus… »

« Quoi ? l'interrompit Stephen. Eric, mais c'est 5 millions de dollars de plus ! »

Eric me jette un regard penaud et me raconte en riant : « Stephen n'a jamais arrêté de m'embêter au sujet de ce coup-là. J'ai craché 5 millions de plus au cours d'un bon repas avec Fred Lowy ! En fait, la Fondation Molson soutenait déjà Concordia. C'était notre université cible depuis longtemps. Mais quand j'ai annoncé à Fred qu'on allait prolonger notre contribution, je n'avais aucune approbation officielle, mais Stephen avait quelque chose à dire, il était le directeur de la fondation, après tout ! J'aime faire les choses correctement, mais j'ai oublié de demander l'approbation pour ce don-là. Il n'arrête pas de me le rappeler. Je me suis dit que la fondation allait accepter de le faire. Pendant des années, on avait travaillé pour améliorer la situation à Concordia. Au bout du compte, ça s'est bien passé. »

Fred Lowy se souvient de la première fois qu'il a fait appel à Eric : « Je me suis assis avec lui pour discuter du projet. À l'époque, la faculté de commerce était bonne, mais les activités et le personnel étaient éparpillés dans toutes sortes de locaux loués. J'ai dit qu'elle pourrait devenir une école bien meilleure si elle avait son propre immeuble. Eric était tout à fait d'accord. Il a saisi la balle au bond. Il a travaillé fort pour nous aider à obtenir les fonds dont nous avions besoin.

« La contribution totale de la famille Molson a atteint 25 millions de dollars, ajoute Lowy. C'était un don très substantiel à l'époque. Aujourd'hui, à voir la façon dont l'argent est lancé aux universités, ça peut ne pas sembler aussi important, mais, à l'époque, cette contribution a vraiment permis à l'université de faire un pas en avant. »

Puis vint la question du nom à donner à cette école. « Beaucoup d'idées circulaient, raconte Lowy. On a notamment pensé à la baptiser "Eric Molson". Après tout, c'est lui qui avait pris les rênes pour réaliser le projet. Stephen et lui ont plutôt eu l'idée de lui donner le nom de John Molson pour honorer l'entrepreneur et le fondateur de la dynastie familiale. Nous avons tous accepté. »

Le 8 septembre 2009, l'École de gestion John-Molson (une nouvelle tour de dix-sept étages au design innovateur) ouvrit ses portes en plein centre-ville et accueillit les professeurs, employés et quelque huit mille cinq cents étudiants.

Au fil des ans, le dévouement d'Eric à l'égard de sa communauté s'étendit bien au-delà de Concordia. En plus de soutenir financièrement une foule de causes, à titre personnel ou par l'entremise de la Fondation Molson, il consacra bénévolement de nombreuses heures au sein de différents conseils d'administration d'autres établissements d'enseignement (l'Université Princeton, l'Université McGill, l'Université Bishop's, Bishop's College School, Selwyn House et la Toronto French School), des établissements de santé (l'Hôpital général de Montréal et l'Institut neurologique de Montréal) et les arts (Les Grands Ballets Canadiens de Montréal et le magazine *Vie des Arts*). Il nous rappelle, en citant son ancêtre John : « Nous sommes tous membres d'une grande communauté où chacun doit faire sa part. »

L'engagement d'Eric inspire non seulement ses fils et les personnes les plus proches de lui, mais de nombreux autres qui l'ont vu à l'œuvre, dont Pierre Boivin : « Eric est un modèle pour nous. Regardez ce qu'il a fait pour nos établissements de santé et d'enseignement comme l'Hôpital général de Montréal et l'Université Concordia. Chapeau ! Il a joué un rôle déterminant pour leur évolution. Ça va au-delà du capital que les Molson ont versé dans leur fondation et de l'argent qu'ils donnent, c'est leur engagement personnel qui est impressionnant. Avant d'entrer chez Molson, je n'étais pas personnellement très engagé dans la communauté. Et quand je pense à ma carrière, je constate que c'est la famille Molson qui a été ma première source d'inspiration en ce qui concerne l'engagement communautaire. »

🍁

Luc Beauregard, administrateur de longue date de Molson et fondateur du Cabinet de relations publiques National, fut lui aussi influencé par Eric. (Malheureusement, il mourut des suites du cancer le 26 juillet 2013, une semaine avant son soixante-douzième anniversaire.) C'est surtout son sens moral, son engagement dans la collectivité et son esprit axé sur la pérennité qu'il admirait le plus. Ce respect était mutuel, et Luc fut toujours présent pour Eric. Il joua notamment un rôle indirect lorsque Eric se demandait, vers la fin de sa carrière, comment transférer son patrimoine à la septième génération.

Il faut des années pour orchestrer la passation vers un successeur. Tout commence dès la petite enfance, selon Eric : « Il faut donner le bon exemple aux enfants. On leur offre une bonne éducation et, pendant tout ce temps, on les surveille comme un faucon… tout en leur laissant de l'espace. Assez d'espace pour leur permettre de faire leurs propres choix et leurs propres erreurs, mais pas trop, pour éviter qu'ils tombent sans pouvoir se relever. Il faut maintenir un équilibre délicat. »

Eric avait soixante-sept ans lorsque la fusion Molson Coors fut conclue en 2005. Après avoir observé et guidé ses fils durant des années, le temps était venu d'agir. « Je voulais aider mes garçons en investissant dans leurs entreprises de mon vivant. Il vaut mieux ne pas attendre de léguer ses biens par testament. Je me suis dit qu'il était préférable de transférer les responsabilités pendant que j'étais toujours là pour voir ce qui allait arriver, pour observer comment ils se comportent et comment ils travaillent ensemble. »

C'est vers cette époque, en 2004, qu'Andrew fit une proposition à son père : pourquoi ne pas acheter National ? Le cabinet de relations publiques fondé par Beauregard en 1976 était devenu le plus grand au pays. Andrew y travaillait depuis sept ans et il adorait l'endroit.

Il raconte : « J'ai approché Luc pour voir s'il souhaiterait me vendre l'entreprise. Il a hésité au début. Au fil des ans, nous avions travaillé en étroite collaboration, mais là, c'était différent : je voulais l'acheter. Il a fini par accepter mon idée. Mais avant d'aller plus loin, j'en ai parlé à papa. Ça représentait un investissement important pour notre famille et c'était la première fois que nous tentions quelque chose à l'extérieur de Molson. Je devais m'assurer que papa était aussi emballé que moi. »

Eric savait bien que son fils tenait à National : « Andrew est venu me voir pour me demander si on pouvait l'acheter. J'ai trouvé que c'était une bonne idée. Andrew était passionné par le domaine des relations publiques. Il travaillait fort. Et Luc était d'accord pour qu'il prenne la relève. Ça avait du bon sens. »

Eric réfléchit à la façon de distribuer l'investissement parmi ses fils. Il fallait que ce soit équitable. « J'insiste pour que les trois frères soient des investisseurs conjoints dans les entreprises auxquelles ils s'associent. Nous partageons tout. Jusqu'à un certain point, je voulais m'assurer que si un des garçons faisait une fortune dans quelque chose, les autres devaient en profiter. C'est la façon dont nous avons structuré nos investissements. Nous l'avons fait avec le hockey aussi : tout le monde partage la cagnotte. Si une personne y travaille davantage, alors elle reçoit un salaire, mais l'investissement de chaque frère dans l'entreprise est le même. »

Luc Beauregard finit par accepter de vendre National à Andrew en partie en raison de son attitude réservée, comme il l'expliqua à des journalistes en 2005 : « Andrew est un peu comme son père, dans le sens où il est très intense, mais très discret. Il n'a pas un comportement tape-à-l'œil. » Mais surtout, Beauregard fut gagné par le fait qu'Andrew avait les mêmes principes qu'Eric. « Andrew est un actionnaire professionnel. Il s'investit dans la pérennité de son entreprise. [...] Quand je la lui ai vendue, je savais qu'il n'allait pas se virer de bord pour la revendre après deux ans. Ce n'est pas le genre de la famille. »

La discrétion et l'humilité d'Andrew facilitèrent la transition avec Beauregard. Plutôt que de remplacer son ancien patron et de prendre agressivement la relève dès qu'il devint actionnaire majoritaire, Andrew fit preuve de la retenue que lui avait léguée son père. Il devint président du conseil seulement lorsque Beauregard fut prêt à s'effacer et à recevoir le titre de « président fondateur ». Ce fut le 1er janvier 2012, sept ans après le transfert de propriété aux Molson.

Pendant ce temps, Eric avait observé le comportement de ses fils comme associés d'affaires. « L'acquisition de National a été un bon test pour moi. J'ai pu voir comment les gars travaillaient ensemble. Est-ce qu'ils se disputaient ? Non. Pensaient-ils seulement à leurs propres intérêts ? Non. Après cela, je savais que les choses allaient bien se passer. »

L'acquisition de National joua un autre rôle. Elle pava la voie à une transaction beaucoup plus publique et émotive : le rachat du Club de hockey Canadien. « Andrew a pavé la voie en négociant avec Luc, explique Eric. Il a acheté National et ça nous a en quelque sorte préparés à l'acquisition des Canadiens en démontrant comment nous structurer pour que ça fonctionne. »

✹

Des rumeurs se mirent à circuler au début de 2009. À court d'argent, George Gillett fils dut se résoudre soit à vendre sa participation dans le Canadien, soit à déclarer faillite. Après avoir acquis de Molson 80,1 % du club et du Centre Bell (qui portait alors le nom de Centre Molson) en janvier 2001, Gillett s'était lancé dans une frénésie d'acquisitions. Il avait acheté 50 % du club de soccer de Liverpool en Angleterre, une équipe de course de la NASCAR, des centres de ski, des terrains de golf, des concessionnaires automobiles et plus encore. Après avoir beaucoup dépensé, il se trouva dans une situation critique lorsque la crise économique mondiale frappa.

Le 23 mars 2009, la direction du Canadien confirma que le club était à vendre : « La famille Gillett a retenu les services de BMO Marché des capitaux et le processus est en cours. » Le président du Canadien, Pierre Boivin, avoua : « On ne le cache pas. On traverse une période économique très difficile. Les banques hésitent à financer même les très bons projets. »

Les gens se mirent à avancer toutes sortes d'hypothèses. L'équipe serait-elle achetée par Guy Laliberté, le fondateur du Cirque du Soleil ? Ou encore par Stephen Bronfman de Claridge Investments ? La famille Desmarais de Power Corp. serait-elle intéressée ? Peut-être Joey Saputo, fils du magnat du fromage Lino Saputo ? Est-ce qu'une vedette comme Céline Dion et son mari et gérant René Angelil seraient sur les rangs ? Jim Balsillie de BlackBerry ? Bien entendu, il y avait évidemment Pierre Karl Péladeau de Québecor… Les suppositions remplirent les pages des journaux montréalais et nationaux pendant des jours.

Dès le début, la vérification diligente fut entourée du plus grand secret. Les soumissionnaires éventuels signèrent des ententes de confidentialité volumineuses pour avoir le droit de consulter les livres de l'équipe. La date limite pour soumettre une offre officielle fut fixée au jeudi 9 avril 2009 à 17 heures.

Malgré tout ce mystère, Geoff Molson suivait le processus de près. À titre de représentant de Molson Coors au conseil d'administration des Canadiens (puisque la brasserie possédait 19,9 % du club), le plus jeune fils d'Eric avait une perspective différente et se trouvait dans une situation délicate. Sa famille était associée depuis si longtemps aux Canadiens que tous savaient qu'il n'était pas improbable que les Molson participent à l'appel d'offres. Pour atténuer tout conflit d'intérêts potentiel, Geoff prit du recul : il ne siégeait pas au comité du conseil chargé de superviser la vente et fut exclu de toutes les discussions à ce sujet. Il ne pouvait connaître ni l'identité des soumissionnaires ni le montant de leur offre.

Pourtant, il ne cessait d'y penser.

La semaine précédant l'annonce de la mise en vente, Gillett avait abordé Geoff après une réunion du conseil d'administration : « Écoute, Geoff, je respecte ta famille au plus haut point. Vous êtes les meilleurs, selon moi. C'est pourquoi j'aimerais vous donner la chance d'acheter l'équipe avant que je lance l'appel d'offres. »

Geoff conserva un air impassible, mais il avoue aujourd'hui : « Ma première pensée a été : "Wow ! Ce serait formidable !" » Il imaginait être associé à un club ayant une feuille de route aussi légendaire, qui alimente une telle passion, quelque chose qui fait partie de l'identité de tant de gens, peu importe la race, le sexe, l'âge, l'allégeance politique ou la religion. Geoff était presque euphorique.

La famille Molson était étroitement associée aux Canadiens depuis 1924, année où l'arrière-grand-père de Geoff et quatre autres membres de sa famille furent parmi les premiers à investir dans la Canadian Arena Company (propriétaire des Glorieux et du Forum). En 1957, Tom et Hartland achetèrent l'équipe qu'ils conservèrent durant quatorze ans. Par la suite, la famille demeura indirectement associée au Canadien lorsque la brasserie acheta l'équipe des Bronfman en 1978. Et même lorsque Gillett devint le principal propriétaire en 2001, Molson conserva un intérêt de 19,9 %. Toutefois, les liens des Molson avec les Canadiens allaient au-delà des considérations financières : ils étaient d'ordre émotif. Comme tant d'autres Montréalais et Québécois, les Molson étaient des amateurs purs et durs.

Le lendemain matin de sa conversation avec Gillett, Geoff rencontra Eric et Andrew. Peu après avoir commandé leur déjeuner, Geoff lança : « George m'a approché. Il vend l'équipe et aimerait savoir si on veut l'acheter. »

Constatant la ferveur dans le regard de son fils, Eric prit garde de ne pas attiser son enthousiasme. « Tu es fou, Geoff. Oublie ça. Tu ne veux pas investir dans quelque chose qui a des cycles de hauts et de bas comme ça », expliqua Eric en mimant des montagnes russes. « Quand tu gagnes la coupe Stanley, tu fais de l'argent, mais si tu ne te rends pas aux séries, tu tombes au fond du trou. Tu n'en veux pas comme investissement. »

Au bout d'une longue discussion, il fut convenu que Geoff n'accepterait pas l'offre de Gillett. « J'ai donc appelé George pour refuser… mais je voulais quand même l'acquérir. Puis j'ai vu tous ces gens qui faisaient des partenariats et je me suis dit : "La famille n'achètera pas l'équipe toute seule, mais si on s'associait à des partenaires ?" » Geoff crut qu'Eric serait peut-être plus ouvert à cette idée s'il trouvait un moyen de répartir le risque.

Geoff organisa une deuxième réunion avec son père et son frère. Cette fois, ils se donnèrent rendez-vous un matin au restaurant Eggspectation à l'angle de la rue de la Montagne et du boulevard De Maisonneuve. Il dit à Andrew et à Eric : « Je pense qu'on peut le faire, mais pas sans ta permission, papa, et je ne peux pas le faire sans que ça devienne public. »

Geoff dessina un diagramme circulaire sur une serviette en papier. « Notre famille pourrait avoir 20 % et Molson conserverait son 20 %. Pour ce qui est des 60 % restants, on pourrait parler à ces gens-là. » Il écrivit plusieurs noms.

Andrew approuva : « Avec les bonnes personnes, ça pourrait marcher. »

Eric regarda ses fils s'animer en discutant des partenaires qui pourraient faire partie de l'équipe de Molson. Ils étaient différents : Geoff était ouvert et demeurait impassible devant les caméras, tandis qu'Andrew était plus à l'aise pour créer des réseaux en coulisse. Toutefois, ils étaient tous les deux intelligents, déterminés et vaillants. Ce qui comptait plus que tout pour Eric, c'était qu'ils travaillaient bien ensemble et se protégeaient mutuellement.

« Et Justin dans tout ça ? » demanda Eric.

« Il acceptera. Il adore le Canadien », répondit Geoff.

« Il faut qu'il participe. Ce sera un projet des frères Molson. »

Geoff et Andrew étaient d'accord.

Andrew ajouta : « Il faudra qu'on gère tous les conflits d'intérêts potentiels. Tu sais, il faudra qu'on cloisonne l'information. »

Geoff était de son avis. « Je vais parler à Sam Walker [le chef des services juridiques de Molson Coors]. On verra ce qu'il nous conseille de faire. » Étant donné sa triple fonction d'employé de Molson Coors, de membre de son conseil d'administration et d'administrateur du Club de hockey Canadien, Geoff savait qu'il marchait sur la corde raide en étant à la tête d'un groupe qui préparait une offre pour acquérir l'équipe.

Le lendemain, il rencontra Pierre Boivin pour lui annoncer que sa famille et lui souhaitaient participer à l'appel d'offres. Le président du Canadien fut surpris : « George Gillett et moi, nous étions sûrs que les Molson seraient les meilleurs acheteurs, mais ils avaient refusé la proposition de George. Et quand les frères Molson ont manifesté leur intention d'être dans la course, le processus était très avancé. Nous en étions déjà à la deuxième ronde. Il y avait trois ou quatre finalistes qui s'affrontaient, mais, comme il s'agissait des Molson, nous leur avons permis de participer. Ils possédaient tout de même 20 % du club par l'entreprise, Geoff siégeait au conseil d'administration, ils étaient associés aux Canadiens depuis longtemps… Nous avons jugé raisonnable de leur permettre de participer. »

Les frères Molson déposèrent leur offre le 10 juin 2009. Même s'il était tard, ils étaient dans la course et en tête du peloton.

Le lendemain, Serge Savard retira sa candidature et déclara : « On a monté un dossier pour l'achat du Canadien et on est prêts, mais la venue des Molson a changé la donne. J'ai toujours été intimement lié à la famille et je n'ai pas le goût de me battre contre elle. Je suis donc sur les lignes de côté. » Il ajouta que les frères Molson étaient « là pour les bonnes raisons, pour l'amour du hockey » et qu'ils devraient être les meneurs.

Les Molson furent reconnaissants à la légende du hockey de ce soutien, comme l'explique Andrew : « Serge Savard a une grande crédibilité auprès du public quand il est question de hockey. Ça nous a beaucoup aidés qu'il annonce publiquement son retrait parce que, selon lui, c'était presque naturel pour les frères Molson de posséder

Les frères Andrew et Geoff Molson en route pour aller déposer leur offre en vue d'acquérir des Canadiens de Montréal, le 10 juin 2009. Photo : Martin Roy.

l'équipe. Ça nous a aidés surtout quand le *Journal de Montréal* a prétendu qu'on ne devrait pas avoir l'équipe parce que les Molson ne sont pas de vrais Québécois. Le fait que Serge Savard affirme exactement le contraire a eu une grande importance. »

Le samedi 20 juin 2009, Geoff Molson et George Gillett échangèrent une poignée de main pour sceller leur entente. Même s'il restait des détails à ficeler, l'offre des frères Molson avait remporté la guerre des enchères.

Les réactions, tant des médias que du public, furent enthousiastes. Un quotidien montréalais titra : *Bienvenue de nouveau aux Molson : la vente des Canadiens se conclut de la meilleure façon possible.* Jean Béliveau, un des plus grands capitaines de l'histoire de l'équipe, a été catégorique : « C'est une excellente nouvelle pour tout le monde. Les frères Molson poursuivent la tradition de leurs ancêtres. Comme je les connais, les Molson prendront tous les moyens nécessaires pour faire du Canadien une équipe gagnante de nouveau. » Même Gary Bettman, le commissaire de la LNH, a qualifié la vente aux Molson de « véritable avantage pour la franchise et pour les *fans* de Montréal ». Il ajouta : « Nous sommes toujours en quête de propriétaires passionnés de hockey. » Le retour de l'équipe dans le giron de la famille avec laquelle elle avait remporté quatorze de ses vingt-quatre coupes Stanley semblait un retour à l'ordre normal des choses.

Malgré toutes ces réactions positives, il restait beaucoup de travail à abattre, notamment conclure les modalités de financement et confirmer les partenaires. Il va sans dire qu'il y eut des surprises, la plus grande provenant, contre toute attente, de Molson Coors. Se fiant aux premières réactions, Geoff avait tenu pour acquis que la brasserie conserverait tel quel son investissement de 19,9 % dans l'équipe. Pourtant, le conseil d'administration n'avait toujours pas donné son accord.

« Pour moi, le plus difficile de la transaction, explique-t-il, a été que je ne suis pas parvenu à convaincre Molson Coors de demeurer comme investisseurs. Ça a même été jusqu'au point où le conseil était mal à l'aise avec mes tentatives pour persuader l'entreprise de conserver son investissement dans les Canadiens. » Sentant la tension monter entre ses collègues du conseil d'administration, Geoff prit du recul. Finalement, Molson Coors décida de vendre sa participation dans l'équipe.

Eric reconnaît aujourd'hui que « toute la situation avec Molson Coors concernant l'achat des Canadiens aurait pu être mieux gérée. Geoff était nouveau au c.a. et il a été mal conseillé sur la façon de les approcher. Il avait tenu pour acquis que le chef de la direction et les administrateurs voudraient continuer avec les Canadiens. Ses conseillers à l'interne lui avaient dit que tout irait bien. Ce qu'on aurait dû faire, c'est amadouer les administrateurs au préalable. Mais on ne l'a pas fait et quand le moment est venu de conclure la transaction, on a dû trouver une façon de faire racheter la part de la brasserie. L'avantage, c'est qu'Andrew et Geoff ont bien travaillé ensemble durant toute cette situation. Ils étaient des alliés et des partenaires, et c'est ce qui est important pour moi. »

Le 1er décembre 2009, trois jours avant que le Club de hockey Canadien célèbre le centième anniversaire de sa première partie, le conseil des gouverneurs de la LNH annonça l'approbation de la vente aux frères Molson et leurs partenaires. Geoff deviendrait le nouveau président et chef de la direction de l'équipe, tandis que Luc Bertrand et Andrew seraient respectivement président et membre du conseil d'administration du nouveau Groupe CH.

Jusqu'ici, l'investissement de la famille s'avère judicieux. Selon le magazine *Forbes,* en 2009 l'équipe valait environ 334 millions de dollars américains. Six ans plus tard, elle se classait au deuxième rang de la LNH pour sa valeur de 1,175 milliard de dollars américains. La seule chose qui manque, c'est cette vingt-cinquième coupe Stanley.

« Je suis fier de ce que Geoff et son clan ont accompli, dit Eric. C'est ce que j'avais annoncé à Morgan McCammon en 1978 : "Tu ne viens pas simplement d'acheter une équipe de hockey. Tu viens d'acheter une entreprise de divertissement, et l'équipe de hockey est l'un de tes spectacles." Comme homme d'affaires, on doit avoir une perspective plus large. Et Geoff l'a, cette perspective. Leur entreprise de divertissement a le vent dans les voiles, et ils développent aussi un secteur immobilier. Imagine !

« C'est la même chose avec Andrew et son entreprise. Le groupe de relations publiques qu'il est en train de bâtir avec ses associés jouit d'une excellente réputation. Mais, comme dans le domaine du hockey, il est à la merci des fluctuations parce qu'il risque de perdre ses talents. Les employés peuvent abandonner la boîte. Il faut donc grossir, étendre ses activités, et c'est ce qu'Andrew fait. Ils sont maintenant d'envergure internationale et ils ont des bureaux à New York, San Francisco, Londres, Copenhague… C'est extraordinaire ! »

Eric fait une pause et s'interroge : « Qui aurait cru que nous serions à la tête de la troisième brasserie au monde ? Que nous serions redevenus propriétaires des Canadiens ? Et que nous posséderions une entreprise comme National qui est si intimement liée aux enjeux d'affaires publiques du pays ? Tout ira bien avec les gars. Andrew et Geoff siègent maintenant au c.a. de Molson Coors et ils ne se disputent pas. Ils sont intelligents, ils adhèrent à nos principes et ils travaillent fort. Grâce à eux, nous avons une immense influence au conseil d'administration. Et ils sont là-dedans ensemble, en vrais partenaires. Ils ont aussi la chance de pouvoir compter sur Justin qui est comme Stephen : il est l'associé solide et discret en coulisse. Il ne se préoccupe pas vraiment des questions d'argent, mais il a de bonnes valeurs et, si jamais un problème survient, il sera là. C'est une vraie source de satisfaction de savoir que tout est bien en place pour l'avenir. »

❦

Avec du recul, Sandy Riley résume ainsi le mandat d'Eric à la présidence du conseil d'administration : « Fondamentalement, Eric est un maître brasseur. Il adore la bière : il aime la fabriquer, il est passionné et il est soucieux de préserver les racines brassicoles de la famille. Mais il s'est retrouvé mêlé malgré lui à des chicanes d'affaires internes et a fait de grosses transactions pour s'assurer que l'entreprise familiale était en position de devenir ce qu'elle est maintenant. Ça n'a pas été facile, mais il a réussi. Il a fait progresser l'entreprise comme il voulait… Et aujourd'hui, Molson Coors est un acteur important dans le marché brassicole à l'échelle internationale. »

Eric prit sa retraite en 2010 en annonçant : « Après cinquante ans, il est temps pour moi d'accrocher mes patins. » Et même s'il était devenu président du conseil d'administration à contrecœur, il fut difficile à arrêter lorsqu'il découvrit sa passion et qu'il en fit sa mission.

Beaucoup de gens l'ont sous-estimé au cours de sa carrière. Son attitude conciliante et sa propension à laisser les autres sous les feux des projecteurs permirent à des gens à l'*ego* plus exigeant d'occuper l'avant-scène. « Eric donne beaucoup de place à tout le monde, explique Leo Kiely. On pourrait dire qu'il cède *trop* de place. […] Je crois que certains ont profité de lui. C'est mon impression, du moins en revenant à l'époque du conglomérat. Avec un président ayant une telle attitude, des gens pourraient être portés à croire qu'il s'agit de leur entreprise. Mais ne vous y trompez pas : c'est bel et bien l'entreprise d'Eric. »

Dans son ouvrage influent *Good to Great* (publié en français sous le titre *De la performance à l'excellence*), l'auteur américain Jim Collins explique ce qui caractérise un « leader de niveau 5 ». Au sommet de la hiérarchie du leadership trône cette personne qui incarne « un mélange paradoxal d'humilité sur le plan personnel et de volonté sur le plan professionnel », et non l'individu reconnu pour son exubérance et son charisme (autrement dit, son gros *ego*). On croirait lire une description d'Eric.

Eric assuma sans se plaindre les fonctions de président du conseil d'administration, d'actionnaire détenant le contrôle et de patriarche de la famille, même s'il caressait peut-être d'autres rêves dans sa jeunesse : « Si je n'avais pas eu à voir au développement de Molson, j'aurais probablement abouti dans un labo pour faire de la recherche ou enseigner. Je me serais certainement amusé, mais, au bout du compte, ça n'aurait jamais été aussi intéressant ni aussi satisfaisant que la carrière que j'ai menée. »

Ses fonctions l'intéressaient parce qu'il les exerça à sa guise. Il accepta la responsabilité qui venait avec l'héritage familial, mais il ne se contenta pas d'exécuter aveuglément les tâches entamées avant lui. « Quand je suis devenu président du conseil, ça m'a pris un certain temps pour déterminer ce qui était préférable pour l'entreprise et pour me permettre de la ramener à ce qui me tenait le plus à cœur. La bière, c'est ce que je connaissais et ce qui me passionnait. Alors on s'y est attelés et ça a marché. C'est pourquoi j'ai laissé mes gars choisir leur domaine d'études. Ils devaient trouver ce qu'ils aimaient, s'y consacrer et travailler fort pour se bâtir leur carrière. Quand on fait cela, on n'a même pas l'impression de travailler. »

« Il y a du courage dans tout ça, explique Kiely. Des gars comme Pete ou Eric n'en ont pas besoin pour assurer leur richesse personnelle ou celle de leur famille. Avec l'héritage vient le courage. En fin de compte, Eric se fichait de ce que les gens pensaient quand ses fils ont acheté les Canadiens. Il a senti que c'était dans son ADN. Et il a vraiment eu beaucoup de cran. Ça peut prendre une vie entière à apprendre à faire preuve de courage et à faire des choses. Et c'est pas mal cool. »

Eric attribue tout de même le mérite à d'autres. « J'ai peut-être eu du cran, mais je n'y serais pas parvenu sans Jane. Quand je pense à tout ce qu'elle a dû endurer pendant ces années... Les discussions sur la bière, le hockey, l'humour douteux... Pauvre Jane ! Son amour, sa compréhension, son soutien… Ça a été une vraie bénédiction pour moi, ajoute Eric avec émotion. Je n'y serais jamais arrivé sans elle. Elle a élevé nos trois garçons pour en faire de bons citoyens solides qui contribuent à leur communauté, qui respectent toutes les cultures et qui défendent nos valeurs familiales. »

Ces valeurs définissent et distinguent Eric. Certains le qualifièrent de « naïf » et d'« idéaliste » (lorsqu'il renonça au dividende exceptionnel de 51 millions de dollars, par exemple), mais ce sont ses principes qui le différencient et en font un leader, à sa façon discrète toute particulière. Les choix qu'Eric a faits démontrent qu'il n'est pas nécessaire d'être un manipulateur égoïste et sournois pour gagner dans le milieu des affaires. On peut atteindre les sommets en respectant les règles et en donnant l'exemple.

« C'est vrai qu'il faut maîtriser son domaine pour réussir, déclara Eric devant une foule de diplômés de Concordia en 2006, mais si vous voulez devenir des leaders, si vous rêvez de faire un monde meilleur, alors ce seront vos valeurs fondamentales qui vous guideront. Ces valeurs vous aideront à garder le cap pour atteindre vos objectifs et vous orienteront lorsque vous devrez prendre des décisions difficiles, particulièrement si elles affectent d'autres personnes. Vos valeurs vous aideront à comprendre ce que signifient l'intégrité et le respect des autres. Imaginez un monde où personne ne jouerait son rôle, un monde où chaque femme et chaque homme ne penseraient qu'à soi, un monde de cupidité et d'inconscience. Nous en constaterions rapidement les conséquences. »

Dans le milieu des affaires, il semble qu'il y a beaucoup plus d'exemples de cupidité et de ses implications néfastes que d'exemples de bienveillance et de souci des autres. Eric est différent. Comme la levure qui fait la bière, il travailla discrètement dans l'ombre en restant fidèle à ses principes et réussit à élever la brasserie à un rang supérieur. Sans lui, Molson ne serait pas ce qu'elle est devenue.

🍁

Chaque année au début de l'automne, les Canadiens inaugurent la saison de hockey par une cérémonie sur leur patinoire. Un flambeau est passé de main en main, depuis les légendes des Glorieux jusqu'aux joueurs actuels, puis est remis au capitaine de l'équipe qui le brandit au milieu de la glace sous les acclamations de la foule.

La cérémonie est une reconstitution des célèbres vers de John McCrae (« Nos bras meurtris vous tendent le flambeau, à vous toujours de le porter bien haut. ») qui ornent les murs du vestiaire des joueurs depuis 1952, à l'initiative du directeur général de l'époque, Frank J. Selke.

Comme l'explique Ken Dryden, le célèbre gardien de but et membre du Temple de la renommée : « La notion de transmission n'est pas un simple concept idéaliste : elle est ancrée dans la réalité. Nous passons tous la torche au suivant. Nous le faisons avec nos enfants comme nos parents l'ont fait avec nous. Nous le faisons avec nos collègues de travail. […] Ceux qui établissent certaines normes et ont suscité certaines attentes… Bien sûr, c'est de cela qu'il s'agit. Les Canadiens de Montréal ont décidé d'incarner ce concept de manière cérémonielle. »

Cette tradition trouve un écho chez Eric : « On veut transmettre quelque chose qui est meilleur que ce qu'on a reçu. Et c'est ce que l'on fait. J'ai hérité d'un conglomérat de mon père. Ensuite, nous sommes retournés à nos origines : la bière. Maintenant, nous sommes la troisième brasserie au monde, et Andrew et Geoff siègent au conseil d'administration. »

Eric a passé le flambeau à la septième génération en dépit de multiples obstacles. Pendant sa carrière, il s'est conduit, selon Sandy Riley, « avec un sens des responsabilités et de la régie que l'on souhaiterait voir chez toute personne occupant ses fonctions. C'est un privilège aujourd'hui d'être l'actionnaire détenant le contrôle d'une société faisant appel public à l'épargne et dotée d'une structure d'actionnariat à droit de vote multiple. On ne doit jamais oublier ce privilège et s'investir dans l'entreprise en conséquence. C'est tout à l'honneur d'Eric, puis de ses fils Andrew et Geoff, d'avoir rempli cette obligation. »

« Les gars font du beau travail pour ce qui est d'améliorer la réputation de Molson, explique Eric. Il y aura quelque chose qui portera le nom Molson à l'avenir. L'institution survivra. Je considère Molson – le nom, la famille, le passé, l'héritage – comme une institution. C'est associé aux brasseries, au hockey, aux relations publiques, à la fondation… Et notre travail, c'est de protéger, de préserver et de mettre en

Eric Molson observe la vue sur Montréal depuis le toit de la brasserie Molson, rue Notre-Dame. Photo : Nicholas Amberg, reproduite sur la couverture du *Concordia University Magazine*, septembre 1993.

valeur l'héritage de Molson. Ce nom est synonyme d'intégrité, une chose facile à perdre et impossible à acheter. L'intégrité, c'est ce qui nous a aidés au fil des siècles.

« On peut vendre et acheter des entreprises – et nous l'avons fait –, mais il faut essayer de garder l'institution en bon état. Et pour ce faire, il faut maintenir la dynamique familiale. Une huitième génération se prépare. Comment seront ces Molson ? Vont-ils croire qu'ils sont spéciaux simplement parce qu'ils s'appellent Molson ? Je ne pense pas, mais qui sait ? Travailleront-ils fort ? Travailleront-ils bien ensemble ? Se soucieront-ils de leur communauté et contribueront-ils à son développement et à celui du Canada ? Veilleront-ils à améliorer la réputation de Molson ? En soigneront-ils l'image ? Je l'ignore. C'est pour ça que je surveille chacun des membres de cette génération. »

J'entends au loin les cris des enfants qui jouent. Eric se tait une minute pour observer ses petits-enfants se chamailler sur la pelouse. Les plus jeunes tentent d'échapper à leurs cousins plus âgés en riant. « C'est tout ? As-tu tout ce qu'il te faut ? » me demande Eric.

« Je pense bien. »

J'éteins mon magnétophone. Est-ce vraiment tout ? C'est vraiment fini ? Nous sommes le samedi 8 octobre 2016. J'ai fait ma première entrevue avec Eric le mardi 27 août 2013. Ne voulant pas mettre un terme définitif à nos conversations, j'ajoute : « Si jamais je me rends compte qu'il me manque quelque chose, est-ce qu'on pourra faire une autre séance ? »

« Bien sûr, pas de problème. Mais tu devrais te dépêcher à me poser tes questions. Ma mémoire n'est plus ce qu'elle était. » Eric prend sa tasse de café et me sourit.

REMERCIEMENTS

Beaucoup d'amis m'ont fait ce commentaire pendant la rédaction de *Le retour à la bière... et au hockey* : « Une biographie de ton beau-père ? C'est intéressant... Mais tu ne trouves pas ça un peu risqué ? »

Un doute me gagnait alors : et s'ils avaient raison ? Et si ce livre était risqué ? Et si mes beaux-parents le détestaient ? Est-ce que je deviendrais celle que tout le monde évite lors des fêtes de famille ? Pire : est-ce que je serais « expulsée » du clan Molson ? Mon mari Andrew a trouvé les mots pour me rassurer : « Aie confiance en toi, Helen. Papa croit en toi, lui. » J'ai donc persévéré en m'accrochant à cette idée.

Une chose est sûre : n'eût été la transparence et la générosité d'Eric en temps et en informations, je n'aurais jamais pu écrire cet ouvrage. Imaginez ce qu'un homme introverti comme Eric, qui ne cherche jamais à attirer l'attention, a enduré en me dévoilant ses pensées et ses émotions pendant des heures. Imaginez ce que c'était pour lui d'être interrogé sur ses décisions et sur des événements du passé, certains douloureux et profondément enfouis dans ses souvenirs, pour permettre aux autres d'apprendre de ses expériences. Imaginez qu'il se prête à tout cela et qu'en plus il décline mon offre de lire le manuscrit avant sa publication parce qu'il ne veut pas interférer avec mon rôle d'auteure et mon droit de raconter l'histoire telle que je la comprends. Si vous parvenez à imaginer tout cela, vous aurez une idée de la gratitude que j'éprouve pour Eric.

Jane, ma belle-mère, a manifesté autant d'ouverture. Elle m'a fait confiance et n'a jamais douté de mes capacités. Son soutien m'a donné des ailes. Geoff et Justin ont été eux aussi d'accord avec mon projet. Ils m'ont encouragée et ils étaient là pour moi quand j'en ai eu besoin. Je peux dire la même chose de mes belles-sœurs, Kate et Julia.

En fait, tous les membres du clan de Tom Molson ont fait preuve d'une générosité inouïe à mon égard. Stephen, Nancy, Deirdre et Cynthia ont accepté d'emblée d'être interviewés et ont partagé sans réserve leurs souvenirs et leurs réflexions. J'ai aussi beaucoup de gratitude pour Eric et David Stevenson, ainsi que pour Brian, Colin et James Baxter.

Même si ma famille n'a pas joué un rôle actif dans ce projet, ma mère, Garyfallia Bouchelou, mon frère, John Antoniou, et son épouse, Johanna Choremis, m'ont toujours soutenue. Ils savent me donner de la force et me rassurer.

J'ai la chance d'avoir un cercle d'amis loyaux qui est une autre source de réconfort. Ils incarnent à la perfection cette maxime du philosophe grec Épicure : « Ce n'est pas tant l'aide de nos amis qui nous aide que notre confiance dans cette aide. » Michel de la Chenelière m'a témoigné une telle confiance dès le départ. Quand je lui ai annoncé mon intention d'écrire un livre, il a spontanément offert d'être mon agent littéraire. J'ai saisi la balle au bond et je me fie à la sagesse de Michel depuis. Il a été à mes côtés durant toute cette aventure et je lui suis des plus reconnaissantes.

Nathalie Bissonnette m'a guidée d'une autre façon. Cette productrice de cinéma talentueuse qui a signé un documentaire sur sa propre famille m'a inspirée afin de trouver l'équilibre délicat entre récit objectif et regard d'initiée. Nathalie m'a aussi fait connaître *Le Héros aux mille et un visages* de Joseph Campbell. Ensemble, nous avons exploré le parcours du héros selon Campbell, et cette lecture m'a aidée à mieux comprendre l'odyssée personnelle d'Eric.

Quand mon amie et auteure à succès Anne Fortier a appris l'existence de mon projet, elle m'a elle aussi spontanément offert son aide. Anne, dont les romans figurent au palmarès du *New York Times*, est devenue ma compagne de rédaction et mon éditrice officieuse. Je lui envoyais un courriel dès que j'étais bloquée, que j'avais une question ou qu'une idée folle me traversait l'esprit. Elle était toujours prête à discuter et à me donner son opinion, sans oublier que ses réponses étaient tellement drôles et spirituelles que je riais encore après avoir éteint mon ordinateur.

Je souhaite exprimer ma plus vive gratitude à d'autres amis intimes qui ont révisé le manuscrit en cours de rédaction : Gregory Charles, Nicole Collet, Adriana Embiricos, Christiane Germain, Vicki Light, Tom Pollack, Lynn Schoener, Howard Steiger et Lorne Steinberg. Merci à tous.

Bien entendu, *Le retour à la bière… et au hockey* n'aurait pas pu devenir ce qu'il est sans le concours de l'équipe de professionnels de McGill-Queen's University Press. Le directeur général, Philip Cercone, a accepté le projet avec enthousiasme. Maureen Garvie, une formidable éditrice, m'a inlassablement fait part de ses commentaires et suggestions. Sa sensibilité et son approche nuancée ont grandement amélioré cette biographie. Rachel Martinez, une traductrice primée, a su exprimer mes idées en français tout en respectant ma voix. Elle a pu compter sur les connaissances linguistiques poussées de la réviseure Sophie Sainte-Marie. David Drummond a mis à contribution son sens artistique pour créer une splendide couverture. Je salue au passage les autres membres de l'équipe de MQUP qui ont été aussi formidables : Natalie Blachere, Ryan Van Huijstee, Jacqueline Michelle Davis, Susan McIntosh et Elena Goranescu. Merci à vous.

Simonne Bienvenue de la Fondation Molson a joué un rôle capital pour débusquer des archives et des photos. L'adjointe d'Eric, Patricia Dell'Elce, m'a été elle aussi d'un grand secours. Lori Ball et Emily Bone de Molson Coors m'ont offert leur concours pour la recherche de photos et l'acquisition de droits d'auteur. Enfin, du côté du Club de hockey Canadien, je remercie Florence Labelle, qui m'a aidée à trouver de saisissantes photos de joueurs, et France Margaret Bélanger. Je me dois de souligner l'expertise inestimable en communications stratégiques de Nicole Delorme, associée au Cabinet de relations publiques National.

Merci à Alan Shepard, président de l'Université Concordia, qui m'a ouvert les portes de la bibliothèque. Elle compte sur une équipe exceptionnelle, dont Guylaine Beaudry, Dee Winn, Danielle Dennie et Satya Miller. Jusqu'à ce que j'entreprenne la rédaction de ce livre, j'ignorais tout des entourloupettes nécessaires pour obtenir les droits de reproduction de photographies. Satya a abattu le plus gros du travail pour obtenir les autorisations requises.

À toutes ces personnes et aux nombreuses autres que je n'ai pas nommées, mais qui ont contribué à ce projet, je dédie ces paroles de Sébastien dans *La Nuit des rois* de Shakespeare (acte III, scène 3) : « [...] je ne puis vous donner pour réponse que des remerciements, des remerciements et toujours des remerciements. »

Il y a un homme, toutefois, à qui je dois beaucoup plus que de simples remerciements, et c'est mon mari, Andrew. Sans lui, je n'aurais jamais trouvé la confiance de me lancer dans cette aventure. En plus de m'encourager, il m'a aidée à garder le cap et m'a facilité les choses. Il a organisé des entrevues, il m'a fait ses commentaires sur les multiples versions du texte et il m'a communiqué inlassablement son point de vue sur tous les sujets, de la politique québécoise à la gouvernance d'entreprise. Il ne s'est jamais plaint, pas même durant mon blitz de quatorze mois lorsque je me levais à 4 h 45 tous les matins pour écrire quelques heures avant le réveil du bébé. Plus encore, Andrew m'a fait rire et il m'a permis de réaliser ce projet dans la joie. Il est celui qui me donne le sourire aux lèvres tous les jours et, avec nos filles, Daphne, Theodora et Sophia, il est ma source d'inspiration et l'amour de ma vie.

INDEX

321, 322, 341, 450-4, 412, 414, 440, 449, 472 ; éducation, 143, 144-7 ; gouvernance d'entreprise, 227, 325-6, 340, 412-3, 447-9 ; parcours professionnel, 226-7, 321, 412

Molson, Betty, 17

Molson, Bill, 380-1, 392-3, 394, 396

Molson, David, 79-80, 100-5, 138, 140, 237. *Voir aussi* Canadien de Montréal

Molson, Dorothy, 17

Molson, Eric H., à la US Brewer's Academy, 50 ; à Princeton, 27-36 ; achat de Formosa, 116-8 ; achat de SABMiller, 454-6 ; à Bishop's College School (BCS), 16-23 ; au Rosey, 27-9 ; Brador, 97-9 ; chancelier de l'Université Concordia, 203-5, 206-8, 221 ; chef de famille, 131, 134, 151, 266, 272, 274, 415, 423-6 ; chef de la direction, 107-8, 127, 150, 178, 201, 213, 281, 341, 366, 406, 419, 447-9, 450 ; comme assistant de Hartland Molson, 58 ; comme Monsieur Tout-le-Monde, 58, 152, 155, 206, 289, 297 ; convention entre actionnaires de la famille Molson, 239, 250, 267, 271-5, 423-6 ; décès de Tom Molson, 128-31 ; écoute et observation, 19, 113-4, 120, 449, 460, 461, 469-70 ; fiduciaire de la succession de Tom Molson, 131-4 ; gouvernance d'entreprise, 107, 156, 189, 256, 286, 306, 316, 319, 321-5, 325-6, 331, 339-43, 366, 377, 379, 391, 418, 419-21 ; intégré au conseil d'administration, 119-20 ; investissement au Brésil, 316-7, 318, 330, 332, 334, 337-8 ; jeunes années, 7-12, 16 ; maître brasseur, 51, 84-5 ; mariage avec Jane Mitchell, 67-9 ; paiement d'un dividende exceptionnel, 427, 430, 432, 433-6, 437, 471 ; philanthropie, 49, 456-9 ; plans à long terme, 245, 307, 323, 335-6, 365, 391, 398, 406, 410, 411, 427, 433, 435, 450 ; premier emploi chez Molson, 51-2 ; premier vice-président des Brasseries Molson du Canada, 121-2, 141 ; président de la division de l'Ontario, 57, 108-22, 288 ; président des Brasseries Molson ltée, 147-9 ; président du conseil d'administration, 168-72, 176-7, 377 ; querelle avec Ian Molson, 330, 338-9, 343-6, 357, 358-61, 364-5, 368, 368-77, 378-80, 390, 391-5, 397-8, 399, 440 ; rencontre avec Jane Mitchell, 61-7 ; retour à la bière, 194-5, 197, 198, 199, 205, 222-5, 226, 230, 243, 244-6, 248, 249, 251, 256, 258, 264, 270, 271, 277-8, 341, 380, 406, 456, 470, 471 ; réunions familiales, 266, 361, 363-4, 389, 396 ; sortie d'Ian, 428, 430 ; style de gestion, 85-6, 96-7, 99, 109, 110-2, 114-5, 150, 151-3, 166-7 ; sur Arnett, 247-8, 253-7 (embauche), 260, 277, 281, 296-7 (congédiement), 406 ; sur Beauregard, 228, 256, 277 ; sur Cohen, 172-6 (embauche), 191, 192, 201, 205-6, 208, 212, 220, 223, 226, 228-31 (congédiement), 406 ; sur Diversey, 126, 193, 213-6, 222 ; sur Kiely, 361, 405, 406 (embauche), 418, 448, 452 ; sur l'éducation, 112, 144-7, 204 ; sur la bière, 74-7, 192-4, 225 ; sur la dispute contractuelle avec

Coors, 218-21, 249-50 ; sur la diversification, 76-7, 83, 89, 121, 150, 193, 212, 226-7, 230-3 ; sur la fusion d'égaux avec Coors, 355, 361, 362-4, 365-7, 381, 400-1, 402, 405, 407, 418, 419, 429, 433, 438, 440 ; sur la succession, 105, 321, 341-2, 411, 414-5, 440, 447-9, 460-1, 469, 471-2 ; sur la vente des actions de la brasserie, 183-6, 195, 199-201 ; sur le Canadien de Montréal, 9, 100-4, 136-41, 152-5, 160-2, 201-3, 280, 289, 291-2, 301, 461, 464, 467, 468 ; sur le Centre Molson, 240-3 ; sur le contrôle, 44, 90, 133-4, 151, 263, 304, 429, 432, 446-7, 457 ; sur le fait de suivre ses passions, 81, 144, 232-3, 470 ; sur le marché américain, 141-2, 194, 199, 303-4 ; sur les bureaux de Montréal, 195, 225, 254, 267, 271, 276, 279, 285, 297-8, 418 ; sur les conseillers, 133, 192, 239, 278, 340, 382, 413 ; sur les discours en public, 155-6, 159, 265-6, 278-9, 331, 388, 441 ; sur *Les principes de la famille Molson*, 107, 273, 286, 291, 324, 326-8, 340, 341, 413, 444, 457 ; sur les valeurs et les responsabilités, 92, 103, 115, 125, 135, 148, 159, 189, 204, 206-7, 210-1, 219, 266, 305, 309, 320, 324-5, 411, 415, 433, 435-6, 442-4, 444-6, 468, 471, 472-4 ; sur la coentreprise MillerCoors, 451-4 ; sur Moosehead, 50 ; sur Norm Seagram, 243-6 (embauche), 250-3 (congédiement), 406 ; sur O'Neill, 282-5 (embauche), 336, 346, 356, 361, 406, 409, 419 ; sur Selwyn House, 8 ; vice-président du conseil d'administration, 146, 243 ; vie familiale, 91-6, 385-7 ; vision internationale, 60, 118-9, 127, 141, 142-3, 157, 158, 195, 225, 232, 243, 260, 283-5, 347, 348-9, 357, 359, 361, 366, 382, 391, 429, 436, 451, 452-4, 455-7

Molson, Geoffrey, 41-2, 60, 75, 92, 93, 94, 95, 112, 123, 128, 147, 221, 264, 308, 363, 382, 439-40, 443 ; achat du Canadien de Montréal, 462-6, 467-8 ; conseil d'administration, 342, 415, 439-40, 449, 472 ; éducation, 144 ; employé de Molson Inc., 286, 321, 337, 398, 411, 413, 426 ; parcours professionnel, 50, 226-8, 413-4

Molson, Hartland de Montarville, 16, 35, 37, 47-9, 57-60, 112, 120, 151, 155, 160, 168, 246, 276, 277, 326, 381, 414, 415 ; Canadien de Montréal, 9, 42-5, 49, 99-105, 129, 140, 202, 237, 269, 454, 463 ; chef de la direction, 46, 54-6, 76 ; comme Québécois, 124 ; décès de Tom Molson, 131-4, 151 ; diversification, 72-3, 77, 88, 89, 90-1, 121, 185 ; expansion de la brasserie, 44-7 ; planification de la succession, 79-80, 82 ; président du conseil d'administration, 81, 110, 167 ; président honoraire du conseil d'administration, 119 ; vente des actions à Ian Molson, 150-2, 267, 272, 280, 346

Molson, Herbert, 25, 78, 93

Molson, Herbert (Bert), 37-9, 100, 105

Molson, Ian, 103, 106, 234-7, 248, 249-50, 255, 277, 283, 287, 291, 309, 316, 382, 414, 415, 421, 438, 440,

381, 391, 396, 425, 445 ; Canadien de Montréal, 9, 42, 43-4, 100, 102, 103, 104, 237, 265, 454, 463 ; construction et achat de brasseries, 37, 38, 44-7, 61, 118, 125 ; décès et héritage, 128, 129-31, 132-3, 134, 135, 151, 170, 263, 274, 423, 424 ; époux et père, 7, 11-4, 16-7, 18, 23-7, 28-9, 30, 36, 56, 62, 68-70, 93, 99-100, 112, 115, 119, 144, 184, 389, 415 ; Fondation Molson, 47-9 ; intégrant Eric dans l'entreprise, 49-52, 110, 119-20 ; planification de la succession, 79-80, 82 ; président du conseil d'administration de Molson, 54, 59-61, 72, 76, 77, 81 ; travail avec Hartland, 37-9, 59-60, 414

Molson, Walter, 78

Molson, William (Billy), 79, 90, 92-5, 140, 237, 262. *Voir aussi* Canadien de Montréal

Molson, Zoe, 79, 262

Monks, Robert, 412

Mulroney, Brian, 160, 174, 202-3

Myers, Arthur D., 259

Newall, Ted, 246

Nordiques de Québec, 139, 154, 452

O'Brien, David, 316, 343, 373-4, 379, 395, 411

O'Neill, Dan, campagne publicitaire *The Rant* 294-5 ; chef de la direction, 298, 303, 304-7, 309-11, 311-2, 320, 335-7, 347-9, 369, 371, 379, 406 ; chef de l'exploitation, 285, 286-8, 292, 293-5, 296 ; dirigeant Molson aux États-Unis, 303-4 ; dynamique du conseil

d'administration, 322-3, 338-9, 346-7, 358, 358-61, 365, 373-6, 377 ; embauche, 282-5 ; entente possible avec Heineken, 349, 359, 364-5 ; fusion d'égaux Molson Coors, 356, 362, 365, 367, 375-6, 379, 419, 426, 431, 434, 438-9 ; rétrogradation, 406, 416, 447 ; sur les investissements au Brésil, 311-2, 313-9, 331, 332-5, 338, 355, 368, 389, 394-5, 450 ; valeur des actions, 287, 302-3, 336, 416-7, 421, 430 ; vente du Canadien de Montréal, 292, 298-302. *Voir aussi* Molson, Ian ; Molson Inc.

Obama, Barack, vii, viii

Oland, Derek, 50

Oland, Philip, 50

Olympia & York Enterprises Ltd, 172, 173, 174, 178

Onex Corporation, collaboration avec Ian Molson, 399-400, 403, 404, 422 ; offre à Labatt, 227-8

Osbaldeston, Gordon F., 246

Osler, Hoskin & Harcourt, 187, 212, 218

Osterman, John, 115, 162

Palmer, Parker, 232

Palozzi, Pat, 433-4

Panamco (PanAmerican Beverages Inc.), 334-5, 337. *Voir aussi* Coca-Cola Bottlers of Brazil

Panthers de la Floride, 299

Parker, Dorian, 116

Parsons, Raymond E. (Benny), 133, 141, 192, 240, 263, 340

Parti québécois, 123-4

Passmore, Godfrey, 57, 62

Pavarotti, Luciano, 136-7

DIAGRAMME CHRONOLOGIQUE DES DIRIGEANTS DE MOLSON

PREMIER
APPEL PUBLIC
À L'ÉPARGNE
DE MOLSON

DIVERSIFICATION

MIC

JOHN ROGERS

ERIC MO

JOHN ROGERS - PRÉSID

ERIC MOLSON - VICE-PRÉSIDENT D

JIM BLACK - PRÉSIDENT D

JIM BLACK - PRÉSIDENT ET CHEF DE LA DIRECTION

BUD WILLMOT - PRÉSIDENT DU CONSEIL D'ADMINISTRATION

BUD WILLMOT - VICE-PRÉSIDENT DU CONSEIL D'ADMINISTRATION

BUD WILLMOT - PRÉSIDENT ET CHEF DE LA DIRECTION

DAVE CHENOWETH - PRÉSIDENT

P.T. MOLSON - PRÉSIDENT

HARTLAND MOLSON - PRÉSIDENT DU CONSEIL D'ADMINISTRATION

HARTLAND MOLSON - PRÉSIDENT

TOM MOLSON - PRÉSIDENT DU CONSEIL D'ADMINISTRATION

BERT MOLSON - CHEF DE LA DIRECTION

1945   1950   1955   1960   1965   1970   1